创新思维法学教材

《国家赔偿法新论》作者简介

石佑启 男，法学博士，广东外语外贸大学教授，中南财经政法大学博士生导师。现任广东外语外贸大学副校长，兼任中国法学会行政法学研究会常务理事，广东省行政法学研究会副会长兼秘书长，湖北省行政法学研究会副会长。被评为湖北省首届十大中青年法学家，入选教育部新世纪优秀人才支持计划。主持国家社科基金项目和省部级项目8项，出版《论公共行政与行政法学范式转换》、《私有财产权公法保护研究》、《论行政体制改革与行政法治》、《行政法与行政诉讼法》等著作与教材二十余部，在《中国法学》等刊物上发表学术论文九十余篇。科研成果获全国第二届法学教材与法学科研成果（著作类）二等奖等多项省部级奖励。

刘嗣元 男，法学硕士，中南财经政法大学教授，硕士生导师。现任湖北省质量技术监督局副局长，兼任中国宪法学研究会常务理事。主持国家社科基金项目和省部级项目多项，出版《国家赔偿法基本问题研究》、《宪法监督的理论与实践》、《宪法学》等著作与教材十余部，在《中国法学》等刊物上发表学术论文五十余篇，多项研究成果获得省部级奖励。

朱最新 男，法学博士，广东外语外贸大学法学院教授，硕士生导师。现任广东外语外贸大学法学院法律与经贸事务研究所主任，兼任中国法学会行政法学研究会理事，广东省法学会理事，广东省宪法学研究会常务理事，广东省行政法学研究会常务理事。主持多项省部级项目，出版《宪政视域下的行政权研究》、《涉外行政法原理与实务》、《行政诉讼法学》、《宪法学》等著作和教材十余部，在《武汉大学学报》、《法商研究》、《现代法学》等刊物上发表学术论文五十余篇。

杨　桦 女，法学博士，广东外语外贸大学法学院副教授，硕士生导师。兼任湖北省行政法学研究会常务理事，广东省行政法学研究会常务理事。参与多项国家社科基金项目和省部级项目的研究工作，出版《论电子政务与行政法治》、《税务行政复议》、《宪法学》等著作与教材四部，在《武汉大学学报》、《行政法学研究》等刊物上发表学术论文二十余篇。

创新思维法学教材

Legal Textbooks of Creative Thinking

国家赔偿法新论

New View on State Compensation Law

石佑启 刘嗣元 朱最新 杨桦 ▸ 著

WUHAN UNIVERSITY PRESS

武汉大学出版社

图书在版编目(CIP)数据

国家赔偿法新论/石佑启,刘嗣元,朱最新,杨桦著.—武汉:武汉大学出版社,2010.10
创新思维法学教材
ISBN 978-7-307-08193-2

Ⅰ.国… Ⅱ.①石… ②刘… ③朱… ④杨… Ⅲ.国家赔偿法—中国—高等学校—教材 Ⅳ.D922.11

中国版本图书馆 CIP 数据核字(2010)第 179279 号

责任编辑:田红恩　　责任校对:黄添生　　版式设计:马　佳

出版发行:武汉大学出版社　(430072　武昌　珞珈山)
(电子邮件:cbs22@whu.edu.cn　网址:www.wdp.com.cn)
印刷:湖北省荆州市今印印务有限公司
开本:720×1000　1/16　印张:22.75　字数:407 千字　插页:2
版次:2010 年 10 月第 1 版　2010 年 10 月第 1 次印刷
ISBN 978-7-307-08193-2/D·1040　定价:32.00 元

目 录

第一章　国家赔偿法概述

【重点】

1. 国家赔偿的含义与特征
2. 国家赔偿的性质
3. 国家赔偿的理论依据
4. 国家赔偿法的作用

第一节　国 家 赔 偿

一、国家赔偿的含义

国家赔偿的概念最早出现在18世纪末19世纪初，是资本主义经济社会发展和人权思想不断进步的产物。① 第二次世界大战以后，很多国家都通过立法或者判例的形式确立了国家赔偿制度，这一阶段的国家赔偿立法甚至成为一个国家民主法治发展的标志。国家赔偿也逐渐脱离民法体系，发展成为独立的法律体系。②“国家赔偿”一词，在各国立法中有不同的称谓，如“国家赔偿”、“国家损害赔偿”、“国家赔偿责任”、“国家责任”，等等。因各国的历史、文化、政治等方面的差异以及所采取的立法结构不同，“国家赔偿”的含义也存在一定的差别，但有个基本的共同点就是：国家赔偿以国家作为责任主体，由其承担因公务侵权行为造成的损害赔偿责任，以为受害人提供救济。在我国，根据《国家赔偿法》的规定，国家赔偿是指国家对国家机关及其工作人员行使职权过程中有法律规定的侵犯公民、法人和其他组织的合法权益并造成损害

---

① 参见江必新主编：《〈中华人民共和国国家赔偿法〉条文理解与适用》，人民法院出版社2010年版，第30页。

② 参见马怀德主编：《完善国家赔偿立法基本问题研究》，北京大学出版社2008年版，第8页。

的，依法给予赔偿的活动。它包括以下几层意思：

1. 国家赔偿是由国家承担的法律责任。国家赔偿实质上是指国家赔偿责任，是国家对被侵权人承担的法律责任。虽然侵权行为是由不同的国家机关及其工作人员实施的，但是，承担责任的主体不是这些机关或工作人员，而是国家。可见，在国家赔偿中，侵权行为主体与赔偿责任主体是分离的：侵权行为主体是国家机关及其工作人员，而赔偿责任主体却是国家。不论国家机关及其工作人员行使职权的主观状态如何，只要给公民、法人及其他组织的合法权益造成实际损害的，国家就应当依法承担赔偿责任，而不由行使职权的国家机关及其工作人员自己对被侵权人承担赔偿责任。

2. 国家赔偿是对国家机关及其工作人员的行为承担的责任。在这里，国家机关包括依照宪法和组织法设置的国家行政机关和司法机关。国家机关工作人员是指在上述机关中履行职务的公务人员。此外，还包括法律、法规授权的组织，受行政机关委托的组织和个人。凡上述机关、组织及个人行使职权给公民、法人及其他组织的合法权益造成损害，法律有规定的，国家便应当承担赔偿责任。

3. 国家赔偿是对国家机关及其工作人员行使职权的行为承担的责任。行使职权的行为属于国家公务行为，是代表国家所为，行为的后果归属于国家，它不同于国家机关的民事行为，也不同于国家机关工作人员的个人行为。对国家机关及其工作人员的民事行为和个人行为，国家不承担赔偿责任。

4. 国家赔偿一般是对违法行使职权的行为承担的赔偿责任。这里违法行使职权中的“违法”，不仅包括违反法律的明文规定，而且包括违反法的基本原则和法的精神；不仅包括实体违法，而且包括程序违法；不仅包括作为行为违法，而且包括不作为行为违法；不仅包括法律行为违法，而且包括事实行为违法。对国家机关及其工作人员合法行使职权的行为造成的损失，国家一般不承担赔偿责任，而会引起国家补偿。

5. 国家赔偿以公民、法人和其他组织的合法权益遭受实际损害为前提。赔偿是针对损害而言的，无损害也就无所谓赔偿，这里的损害必须是现实的实际存在的损害，而不是假想的可能存在的损害。且损害的是合法权益，而不包括非法权益。在我国，无论是国家赔偿的侵权行为范围还是国家承担赔偿责任的侵权损害范围都由法律明文规定，即哪些行为造成的哪些损害能获得国家赔偿都源于法律的规定。①

① 参见薛刚凌主编：《国家赔偿法教程》，中国政法大学出版社 1997 年版，第 4 页。

二、国家赔偿的特征

国家赔偿是国家对国家机关及其工作人员行使职权过程中有法律规定的侵犯公民、法人和其他组织合法权益造成的损害承担的赔偿责任，与其他形式的赔偿责任相比，具有以下特征：

1. 国家承担赔偿责任，机关履行赔偿义务。国家赔偿的一个显著特点就是由国家承担赔偿责任，最终支付赔偿费用，由法律规定的赔偿义务机关代表国家履行赔偿义务。实施侵权行为的公务人员并不直接对受害人承担责任，履行赔偿义务。这与“谁侵权，谁赔偿”的民事赔偿不完全相同。从国外国家赔偿制度产生的过程看，最初国家对公务人员实施的侵权行为并不承担任何责任，在很长一段时间里，由公务人员个人承担责任，直到20世纪初，各国法律才确认由国家自己承担责任。但是，国家是抽象主体，不可能履行具体的赔偿义务，应由具体的国家机关代表国家履行赔偿义务，因此，形成了国家责任，机关赔偿的特殊形式。

2. 赔偿范围有限性。国家赔偿是对国家机关及其工作人员行使职权造成的损害给予的赔偿，属于国家责任的一种形式。从赔偿范围来看，它不同于民事赔偿“有侵权必有赔偿”的原则，国家只对国家机关及其工作人员一部分侵权行为承担赔偿责任。因此，国家赔偿的范围窄于民事赔偿，属于有限赔偿责任。例如，对国家立法机关的行为、军事机关的行为以及司法机关的部分行为，即使造成了损害，国家并不承担赔偿责任。《中华人民共和国国家赔偿法》(以下简称《国家赔偿法》) 第二章、第三章分别规定了行政赔偿和刑事赔偿的范围，明确了国家不承担赔偿责任的各种情形。此外，按照赔偿法定的原则，诸如公有公共设施致人损害，法院作出的民事、行政错判，行政机关实施的抽象行政行为造成的损害，均不在赔偿范围之列，国家不予以赔偿。

3. 赔偿方式和标准法定化。与民事赔偿有所不同，国家赔偿的方式和标准是法定的。我国《国家赔偿法》第四章规定了具体的赔偿方式和计算标准。国家赔偿以支付赔偿金为主要方式，以返还财产、恢复原状为辅助方式。根据侵权损害的对象和程度不同，又有不同的赔偿标准，赔偿数额还有最高限制。对于多数损害，国家并不按受害人的要求和实际损害给予赔偿，而是按照法定的方式和标准，以保障受害人生活和生存的需要为原则，给予适当的赔偿。例如，对于公民人身自由受到的损害，国家根据上年度职工的平均工资给予金钱赔偿，并不考虑受害人的实际工资水平和因此遭受的其他实际损失。吊销许可证和执照、责令停产停业的，国家只赔偿停产停业期间必要的经常性费用开支，而不赔偿生产经营者的实际利益和利润损失。对财产权造成其他损害的，国家只赔偿直接损失，对间接损失和可得利益损失不予赔偿。

4. 赔偿程序特殊性。我国《国家赔偿法》规定了行政赔偿和刑事赔偿的程序。根据《国家赔偿法》的规定，国家赔偿程序的特殊性体现在：第一，赔偿请求要求赔偿，应当先向赔偿义务机关提出，即由赔偿义务机关先行处理。无论是行政赔偿，还是司法赔偿，都是如此。当然，对于行政赔偿而言，赔偿请求人也可以在申请行政复议或者提起行政诉讼时，一并提出赔偿请求。第二，刑事赔偿不经过诉讼程序，赔偿请求人只能通过非诉程序求偿。第三，赔偿请求人要求国家赔偿的，赔偿义务机关、复议机关和人民法院不得向赔偿请求人收取任何费用。对赔偿请求人取得的赔偿金不予征税。

三、国家赔偿与相关概念的区别

（一）国家赔偿与行政赔偿

从各国国家赔偿法规定的内容看，行政赔偿是国家赔偿的重要组成部分。在有些国家，行政赔偿与国家赔偿甚至是同一概念。如在美国，《联邦侵权赔偿法》所规定的侵权赔偿范围仅限于“联邦政府行政机关的行为引起的赔偿”，《联邦侵权赔偿法》第2671条对联邦行政机关作了解释，系指“美国联邦政府所设置的各种行政单位、军事单位及主要执行与联邦行政机关相同公务的公司，但不包括与美国联邦政府有契约的承揽人”。日本国家赔偿法所针对的也主要是行政侵权行为。从各国立法方式看，至今尚未见到哪个国家单独制定行政赔偿法，而大多以行政赔偿为主要内容制定统一的国家赔偿法，目的是为了避免单独制定行政赔偿法所导致的重复和混乱。① 在我国，国家赔偿包括行政赔偿和司法赔偿两个部分，国家赔偿与行政赔偿是属种关系。从本质上看，无论是行政赔偿，还是司法赔偿，都由国家承担赔偿责任，赔偿费用由国家负担，由国家财政列支。

（二）国家赔偿与国家补偿

国家赔偿和国家补偿都是国家对国家机关及其工作人员行使职权给公民、法人或者其他组织合法权益造成损害采取的补救措施。但国家赔偿是国家对国家机关及其工作人员违法行使职权造成的损害给予的补救；而国家补偿是国家对国家机关及其工作人员合法行为造成的损失给予的补救。二者的区别主要表

① 参见皮纯协、何寿生编著：《比较国家赔偿法》，中国法制出版社1998年版，第66~67页。

现在：（1）产生的原因不同。国家赔偿是由违法行为（如违法征收、征用）引起的，而国家补偿是由合法行为（如合法征收、征用）引起的。（2）性质不同。国家赔偿是国家对国家机关及其工作人员违法行使职权行为所承担的一种法律责任，其目的是恢复到合法行为所应有的状态，一般具有可非难性或可谴责性；而国家补偿是一种例外责任，其目的是为因公共利益而遭受特别损失的人提供补救，并不具有对国家职权行为的责难。（3）救济的范围不同。国家赔偿的范围包括侵害人身权引起的赔偿，也包括侵害财产权引起的赔偿，具体范围由法律规定；国家补偿的范围尽管也包括对人身权造成的损害和对财产权造成的损害，但在具体范围上有所不同。在人身权损害上，国家补偿只涉及公民生命健康权的损害，而不包括人身自由权、名誉权、荣誉权的损害；在财产权损害上，只包括财产被损坏、灭失的损害，而不包括诸如罚款、罚金、追缴、查封、扣押、冻结财产等造成的损害。（4）发生的时间不同。国家赔偿只发生在损害发生之后，即在国家机关及其工作人员没有违法行使职权造成损害时，不会产生国家赔偿责任；而国家补偿可以发生在损害发生之前，也可以发生在损害发生之后。在国家补偿中，对受害人何时补偿，取决于法律的规定和双方事先达成的协议。此外，国家赔偿与国家补偿的标准、方式等方面也有所不同。

（三）国家赔偿与民事赔偿

国家赔偿和民事赔偿都是基于侵权行为而产生的，且从渊源上考察，国家赔偿责任是从民事赔偿责任中分化出来、并逐渐发展成为不同于民事侵权赔偿责任的一种特殊赔偿责任。二者的区别主要有：（1）产生的原因不同。国家赔偿是因国家机关及其工作人员行使职权行为侵犯公民、法人和其他组织合法权益引起的国家责任；而民事赔偿是发生在平等民事主体之间的侵权行为引起的民事责任。（2）承担赔偿责任的主体不同。在国家赔偿中，承担赔偿责任的主体是国家，即侵权行为主体与赔偿责任主体是相分离的；而在民事赔偿中，一般实行行为人对自己行为负责的原则，即由实施侵权行为的主体承担赔偿责任，侵权行为主体与赔偿责任主体是一致的。只有在特殊情况下，侵权行为主体与赔偿责任主体是相分离的，如法人的侵权赔偿责任、雇佣人的侵权赔偿责任、监护人的侵权赔偿责任等。在这些侵权赔偿责任中，实施侵权行为的可能是法人工作人员、受雇人或被监护人，但承担赔偿责任的则是法人、雇主或监护人。①

---

①　参见房绍坤、丁乐超、苗生明：《国家赔偿法原理与实务》，北京大学出版社 1998 年版，第 46 页。

(3) 赔偿范围不同。国家赔偿的范围是有限的，实行有限赔偿原则。对于财产损害，国家只赔偿直接损失，而不赔偿间接损失；对于人身损害，国家只赔偿因人身损害所导致的财产损失，一般不赔偿精神损失，只有在致人精神损害造成严重后果的，才支付相应的精神损害抚慰金。① 在民事赔偿中，实行全部赔偿原则。侵害人不仅要赔偿受害人的财产损害，还要赔偿受害人的精神损害；不仅要赔偿直接损失，还要赔偿间接损失。(4) 赔偿程序不同。在国家赔偿中，存在着先行处理程序，即赔偿请求人要求赔偿，应先向赔偿义务机关提出；而在民事赔偿中，不存在先行处理程序。受害人可以与侵权人就赔偿事宜先行协商，也可以直接向法院起诉。(5) 赔偿费用的来源不同。在国家赔偿中，赔偿费用是由国家支付的，而不是由赔偿义务机关支付的；在民事赔偿中，赔偿费用只能由实施侵权行为的人支付，其来源可以是公民个人所有的财产，也可以是法人和其他组织所有或经营管理的财产。(6) 赔偿方式不同。国家赔偿以支付赔偿金为主要方式；而民事赔偿既可以采取金钱赔偿的方式，也可以采取排除妨碍、消除危险、恢复名誉、赔礼道歉等多种方式。

当然，并非国家机关及其工作人员的所有行为引起的赔偿都是国家赔偿。国家机关及其工作人员以民事主体身份实施的侵权行为属于民事侵权行为，国家机关对此承担的赔偿责任便是民事赔偿责任。例如，国家机关因违章建房侵占他人用地的行为是民事侵权行为，该机关须和其他民事主体一样承担民事赔偿责任。②

(四) 国家赔偿与司法赔偿

司法赔偿属于国家赔偿的一部分，它与国家赔偿之间是种属关系。对于司法赔偿，各国一般规定以司法机关在刑事诉讼中的侵权行为为限，因此不少国家也将司法赔偿称为刑事赔偿或冤狱赔偿。我国的司法赔偿包括两类：一类是刑事司法赔偿，简称刑事赔偿，即国家对行使侦查、检察、审判、看守、监狱管理职权的机关及其工作人员行使职权侵犯公民、法人和其他组织的合法权益造成损害的赔偿；另一类是非刑事司法赔偿，又称民事、行政司法赔偿，即国

---

① 《国家赔偿法》第35条规定："有本法第3条或者第17条规定情形之一，致人精神损害的，应当在侵权行为影响的范围内，为受害人消除影响，恢复名誉，赔礼道歉；造成严重后果的，应当支付相应的精神损害抚慰金。"

② 肖峋：《中华人民共和国国家赔偿法的理论与实用指南》，中国民主法制出版社1994年版，第262页以下；马怀德：《国家赔偿法的理论与实务》，中国法制出版社1994年版，第43~48页。

家对人民法院在民事诉讼、行政诉讼过程中，违法采取对妨害诉讼的强制措施、保全措施或者对判决、裁定及其他生效法律文书执行错误造成的损害所给予的赔偿。在这两类司法赔偿中，刑事赔偿是司法赔偿的主体部分，民事、行政司法赔偿适用刑事赔偿的程序。

（五）国家赔偿与公有公共设施致害赔偿

公有公共设施①致害赔偿，是指因公有公共设施的设置、管理存在某种欠缺，造成公民人身、财产损害而引起的赔偿。在有些国家，公有公共设施致害赔偿属于国家赔偿的一部分，受国家赔偿法规范。如日本《国家赔偿法》第2条第（一）项规定："因道路、河川或其他公共营造物之设置或管理有瑕疵，致使他人受损害时，国家或公共团体对此应负赔偿责任。" 德国1981年《国家赔偿法》第1条第2款规定："公权力机关如果是以技术性设施代替其人员独立行使公权力，而这种技术性设施发生事故造成的损害，视为公权力机关人员违反义务造成的损害。造成义务损害的人员不承担责任。" 我国《国家赔偿法》没有将公有公共设施的致人损害的赔偿纳入国家赔偿的范围。《关于〈中华人民共和国国家赔偿法（草案）〉的说明》指出："关于邮电、医院等国有企业、事业单位，桥梁、道路等国有公共设施，因设置、管理欠缺发生的赔偿问题，不属于违法行使职权的问题，不纳入国家赔偿的范围。受害人可以依照民法通则等有关规定，向负责管理的企业、事业单位请求赔偿。"《民法通则》第126条规定，建筑物或者其他设施以及建筑物上的搁置物、悬挂物发生倒塌、脱落、坠地造成他人损害的，它的所有人或者管理人应当承担民事责任，但能够证明自己没有过错的除外。最高人民法院《关于审理人身损害赔偿案件适用法律若干问题的解释》第16条规定，下列情形，适用《民法通则》第126条的规定，由所有人或者管理人承担赔偿责任，但能够证明自己没有过错的除外：（1）道路、桥梁、隧道等人工建造的构筑物因维护、管理瑕疵致人损害的；（2）堆放物品滚落、滑落或者堆放物倒塌致人损害的；（3）树木倾倒、折断或者果实坠落致人损害的。前款第（1）项情形，因设计、施工缺陷造成损害的，由所有人、管理人与设计、施工者承担连带责任。因此，如果公有公共设施致害符合《民法通则》第126条及相应司法解释规定的建筑物责任的要件，将通过适用该条进行赔偿。实定法的规定并未消除理论的争议。相

① 公有公共设施是指行政主体为了公共目的设置或者管理的，供公众使用的有体物或物之设备。马怀德主编：《完善国家赔偿立法基本问题研究》，北京大学出版社2008年版，第269页。

反，实践中暴露的大量问题，促进了学界的争论和探讨。尤其考虑到中国的公有公共设施，如公路、铁路、桥梁、下水井、消防栓等，绝大部分属于国家所有，由国家行政机关的有关部门负责设置或管理，其相应的管理权力和责任由法律明文规定，性质属于公法职责，而对这种责任的违反所造成的损害却适用私法赔偿，从理论上难以自圆其说。① 有学者认为，在财产权明晰的体制下，公有公共设施致害问题始终应当得到重视。我国公有财产及设施的产权是明确的，但管理权、经营权是模糊的，因此出现了公有设施致害无人负责的现象，诸如公路边的树木被风刮倒致人伤亡的例子很多，完全依照《民法通则》解决此类问题是困难的，所以应当由《国家赔偿法》一并加以规范或解决。②

四、国家赔偿的性质

对国家赔偿性质的认识，存有不同的观点，主要包括代位责任说、自己责任说、竞合责任说、中间责任说、折中说等，争论的焦点在于代位责任说与自己责任说之争。

（一）代位责任说

代位责任说认为，公务人员实施侵权行为造成损害的，由国家代为承担赔偿责任。就是说，国家承担的责任并不是自身的责任，而是代公务人员承担责任。从理论上讲，公务人员就其侵权行为所造成的损害应由自己承担责任，但因公务人员财力有限，为确保受害人能够得到实际赔偿，改由国家代替公务人员对受害人承担赔偿责任。日本学者田中二郎认为，国家赔偿责任实际上是代位责任，因为从形式上看，国家承担了赔偿责任后，即取得了对实施侵权行为的公务人员的求偿权；从实质上看，国家赔偿责任与民法上的雇佣人责任并不相同，因为国家并没有雇佣人的免责事由，所以也没有对公务人员选任监督的责任。日本学者根据日本《国家赔偿法》第 1 条第 2 款关于“公务员有故意或重大过失时，国家或公共团体对该公务员有求偿权”的规定，证明国家赔偿责任是代位责任。否则，国家没有求偿权。日本最高法院 1953 年 11 月 10 日的判决认为：“国家依日本《国家赔偿法》第 1 条的规定，对受害人负损害赔偿责任，须以公务员违法执行职务加害于他人时，有故意或重大过失为要

---

① 参见马怀德主编：《完善国家赔偿立法基本问题研究》，北京大学出版社 2008 年版，第 272 ~ 273 页。

② 参见皮纯协、何寿生编著：《比较国家赔偿法》，中国法制出版社 1998 年版，第 68 页。

件。”由此可以看出，日本最高法院的判例所采取的是代位责任说。目前，代位责任说是日本占主导地位的学说。

（二）自己责任说

自己责任说认为，公务人员实施侵权行为造成损害的，国家应直接负赔偿责任，而不是代公务人员承担责任。日本有学者认为，从形式上看，日本《国家赔偿法》第1条并没有明文规定由国家代公务员承担赔偿责任，而是规定就公务员造成的损害应负赔偿责任；从实质上看，国家授予公务员执行职务的权限，该权限就有被公务员违法行使的可能，所以，国家应负危险责任。主张自己责任说的学者倾向于把国家视为法人，所以，国家公务员自然为法定代表人或雇员，由于国家的意志只能通过国家机关和公务员贯彻实施，国家本身并不直接实施具体行为。所以，履行国家职能的机关和公务员的行为是代表国家的，可以视之为国家行为。在这种情况下，作为法人的国家就应当对作为其所属人员的公务员的侵权行为负责。日本学者南博方认为：“国家授予公务员的权限本身，会有两种结果，即合法行使的可能性和违法行使而导致危害的危险性。国家既然将这种含有违法行使的危险性的权限授予公务员，便应该为此承担赔偿责任。”① 今村成和认为，日本《国家赔偿法》第1条所确立的国家赔偿责任与《民法典》第715条所规定的雇主赔偿责任是根本不同的。《国家赔偿法》的目的是要取消国家豁免，强制国家为其公务员的违法行为承担绝对的赔偿责任。从这个意义上讲，国家并不是为公务员的违法行为负代位赔偿责任，而是国家为公务员的行为承担直接的赔偿责任。日本东京法院1964年6月19日的判决认为，国家赔偿责任可以理解为不是代替公务员承担代位责任，而是规定了起因于公务员的行为而需要直接承担的自己的责任。在日本，自己责任说的影响在不断增强。②

在我国，绝大多数学者主张国家赔偿责任的性质为自己责任，且是一种以违法与否为条件的无过错责任。只要受害人的合法权益受到国家机关及其公务人员违法行使职权的侵害，且法律有规定国家就必须承担赔偿责任，而不论公务人员主观上是否有过错。公务人员并不直接与受害人发生赔偿关系，公务人员的过错程度不影响国家赔偿责任的成立，不影响国家赔偿责任为“自己责

① ［日］南博方：《日本行政法》，杨建顺、周作彩译，中国人民大学出版社1988年版，第102页。

② 参见房绍坤、丁乐超、苗生明：《国家赔偿法原理与实务》，北京大学出版社1998年版，第50～51页。

任”的性质。国家对公务人员的追偿只意味着国家机关为了惩戒有责任的公务人员而使其支付部分或全部赔偿费用，支付赔偿费用与承担赔偿责任并不能划等号。我们同意绝大多数学者的观点，认为国家的职能要通过国家机关来履行，而国家机关的行为要通过国家公务人员具体实施，公务人员与国家机关之间是一种公务委托关系，公务人员代表国家机关执行公务，其行为的后果应归属于国家，国家对公务人员违法行使职权行为造成损害所负的赔偿责任是自己责任而不是代位责任。即使公务人员因故意或过失而违法行使职权，也不改变其行为属于公务行为的性质，公务人员并不直接对外承担责任，而只是对国家承担责任。这种责任属于国家机关的内部责任，与国家赔偿责任的性质没有关系。依照我国《国家赔偿法》第2条的规定，只要是国家机关及其工作人员行使职权过程中，有法律规定的侵犯公民、法人和其他组织合法权益的情形并造成损害的，国家即应承担赔偿责任，而不论国家机关及其工作人员在行使职权时主观上是否有过错，这也说明我国国家赔偿责任并不以考察国家机关工作人员行为之主观过错为标准，从而影响其自己责任之性质。①

五、国家赔偿的理论依据

（一）有关国家赔偿理论依据的不同学说②

国家赔偿制度的建立，既是各国抛弃“主权豁免理论”的结果，也是创立和发展国家赔偿理论的结果。在国家赔偿制度的建立和发展过程中，围绕着国家为何承担赔偿责任，即国家承担赔偿责任的理论依据是什么，产生了许多学说，如“国库理论说”、“国家责任说”、“特别牺牲说”、“公平负担平等说”、“法律拟制说”、“国家危险责任说”、“社会保险说”等，其主要内容为：

---

① 参见江必新主编：《〈中华人民共和国国家赔偿法〉条文理解与适用》，人民法院出版社2010年版，第38页。

② 参见王盼主编：《国家赔偿法学》，中国政法大学出版社1994年版，第3~5页；马怀德：《国家赔偿法的理论与实务》，法律出版社1994年版，第34~35页；张正钊主编：《国家赔偿制度研究》，中国人民大学出版社1996年版，第15~19页；皮纯协、冯军主编：《国家赔偿法释论》（修订本），中国法制出版社1996年版，第17~23页；薛刚凌主编：《国家赔偿法教程》，中国政法大学出版社1997年版，第12~13页；马怀德主编：《国家赔偿法学》，中国政法大学出版社2001年版，第13~14页；房绍坤、毕可志编著：《国家赔偿法学》，北京大学出版社2004年版，第85~86页；姜明安主编：《行政法与行政诉讼法》（第二版），北京大学出版社、高等教育出版社2005年版，第645~648页。

1. 国库理论说。国库理论说以“国家为私法上的人格”作为出发点，认为国家具有财产管理人的身份，可以成为法律上的主体，即将国家当作是私法上的特别法人。所以，该学说又称为私经济行政说和国库行政说。国库理论说认为，国家并非主权或统治权的主体，国家亦不具有任何超越私人的特殊地位，国家应以与私人完全相等的地位而存在。对于国家不法行为应课予与私法上不法行为同等的责任，应由统一的独立的法院管辖。这种学说的重点虽然强调国家私人化，但并未排斥责任构成条件的概念，故过失之有无，足以影响国家赔偿责任的成立。

2. 国家责任说。国家责任说认为，国库理论说以主权不负责的观念和将过失归属于国家的理论为出发点，认为国家行为负有与私人不法行为同等的责任，是不能自圆其说的，应当从国家主权的性质本身去寻求国家赔偿责任的根据。此说强调国家机关具有国家强制权，人民仅有单纯服从的义务，而国家应负保证不为不法行为或担负责任的义务。故因国家权力行使的结果而损害人民的权利时，国家自应承担责任。国家责任说理论与公法上损失补偿理论基本相同，且对国家赔偿责任的根据，不重视责任的构成条件，即不以过失为要件，而以主权的性质为出发点，命令服从关系所生的损害，其责任应归属于国家。

3. 特别牺牲说。特别牺牲说认为，国家责任说所谓的国家对人民的一般保证义务观念，是没有任何根据的拟制，且非适用私法上的概念不可。而私法上的损害赔偿义务乃是以责难为中心观念，以过失为前提。但公法上的损害赔偿责任之基础与此完全不同。国家既然不能中止其活动，则人民必然会受到各种损害。这就要求人民要忍受各种可能的牺牲，但这些牺牲必须公平，才符合正义之要求。① 这一学说注重从结果和国家行为的本质来分析国家赔偿责任的性质，而不是从表面的适法性出发来追究国家责任。特别牺牲说的提出意味着学者们已经逐渐认识到国家赔偿不同于私法赔偿的特性和制度价值。它从国家与公民关系的角度，分析国家行为对公民的不可回避性和从某种程度上的不可选择性——主要是就干预行政而言——来界定国家责任的范围，引入了公法思维的基本思路，为国家赔偿理论和实践的发展极大地拓展了空间。同时，这一学说由于同时注重从结果出发来考虑国家责任，因此可以同时为国家赔偿和国家补偿提供理论基础，换言之，为国家赔偿和国家补偿的合流提供了基础。②

---

① 城仲模：《行政法之基础理论》，台湾三民书局1980年版，第566页。

② 参见马怀德主编：《完善国家赔偿立法基本问题研究》，北京大学出版社2008年版，第30页。

4. 公共负担平等说。通说认为，公共负担平等说来源于法国《人权宣言》第13条“个人公共负担平等”的思想，是法国国家赔偿法一个重要理论，是一种公法理论。该说认为，国家公务活动的目的是为了公民的公共利益，人民同等享受公务活动的利益结果，同时应由全体成员平等地分担费用。如果因公务作用致个人遭受损害，实际上是受害人在一般纳税负担以外的额外负担。这种额外负担不应由受害人自己承担，而应当平等地分配于全体社会成员，即由全体成员填补损害，这才符合公平与正义原则。其分配的方法就是国家以全体纳税人交纳的税金赔偿受害人的损害。可见，由国家赔偿受害人的损害，是公共负担平等的一种表现形式。

5. 法律拟制说。法律拟制说主张国家首先是法人，然后才是民族政治实体，在侵权责任问题上，国家和个人没有任何区别。国家作为法人应当像个人一样，对自己的侵权行为承担责任。① 英国、美国等国家的国家赔偿法正是这一理论的产物。美国《联邦侵权赔偿法》第2674条规定：“美国联邦政府，依据本法关于侵权行为求偿的规定，应以同等方式在同等限度内，与个人一样承担民事赔偿责任。”英国《王权诉讼法》第1条规定，王权与有责任能力的成年人一样承担侵权行为责任。事实上，拟人化理论具有较强的虚拟色彩和理想化成分，要求国家对立法、国防、外交等行为造成的损害都像个人一样承担侵权责任，不仅在理论上说不通，而且在实践中也做不到。

6. 国家危险责任说。国家危险责任说主张公务员因行使职权所形成的特别危险状态而使人民权利发生损害时，法律上不评价其原因行为的内容，而由国家承担赔偿责任。即无论公务员是否有过错，国家都应承担赔偿责任。所以，危险责任说又称行政危险说或无过失责任说。这是法国行政法院所独创的特殊的公法理论，德国受其影响也逐步形成了其危险责任理论。

7. 社会保险说。社会保险说将民间保险的理论加以引申，用以说明国家赔偿的实质，它将国家视为全社会的保险人，社会成员向国家纳税，等于向保险公司投保。由于国库收入主要来源于税收，因此，国家赔偿社会成员的损失就等于社会集资填补个人的意外损害，这就是所谓的社会保险，它充满了通过国家进行社会互助的精神。国家赔偿不再是一种责任形式，而是一种“我为人人，人人为我”的社会互助保险的方式。政府的职务侵权损害对受害人而言是一种意外灾害。当这种灾害不幸发生时，受害人即可向社会保险人，也即

---

① 应松年主编：《国家赔偿法研究》，法律出版社1995年版，第57~59页；江必新：《国家赔偿法原理》，中国人民公安大学出版社1994年版，第22~23页。

国家索赔，国家对受害人和同保险公司向被保险人支付保险金一样。根据社会保险理论，国家赔偿当然是无须以国家工作人员在执行职务时有过错或者违法为基础的。

上述各种学说从不同角度论证了国家赔偿的理论依据，都有其产生与发展的土壤与合理性，有其存在的价值，它们在不同历史时期、不同的国家，以不同的程度发挥着各自的作用，各国都根据各自在某一发展阶段的实际情况选择某种学说作为自己的理论依据，并不断地加以修正和完善。但由于各国政治、经济、文化和法律传统等方面的差异，至今没有哪一种学说能够为各国立法和学者所完全接受。

（二）我国学者的观点

我国学者对国家赔偿的理论根据是什么，认识也有所不同。主要有：(1) 认为讨论国家赔偿的理论基础不能不涉及国家的政治制度、司法制度和现有各种条件，也不能不对国家的身份地位做一个明晰的划分。并由此得出结论，我国国家赔偿理论既不同于法律拟制说，也不同于公平负担与强制命令说，而系以人民民主专政为基石，以循序渐进为方式，在区分不同性质国家行为前提下建立起来的“法律责任说”。即一切权力属于人民，国家应在人民立法的限度内，以法定方式行使权力，执行公务活动。凡违反法律，给人民造成非法损害或特别情形下以合法方式损害人民利益的，国家均应负责填补这些损失，赔偿方式及范围应依国家行为的性质而定。① (2) 认为探讨国家赔偿的理论依据要从多方位去把握。首先，从国家的性质来说，现代民主国家基本的任务和目的之一就是要保障公民和其他相对人的基本权利，防止和排除来自任何一方的侵害，当然也包括国家本身的侵害。国家虽然是一个抽象的实体，但国家权力的运作则是靠具体的公务人员完成的，这些公务人员受国家的委托，以国家的名义从事各项管理活动，其行为的后果，包括职务行为的侵权后果及与职务行为有关的侵权后果都归属于国家。国家有责任排除侵害，给受害者予以补救。其次，从公平、正义的理念出发，在现代的法治与民主社会中，公民一律平等，平等地享有权利和机会，平等地承担义务和责任，国家活动的一切费用由全体公民以纳税的方式平等负担，国家因管理而给公民或其他相对人带来的损害意味着让受害人承担了额外负担。当然，这种额外负担由全社会分担才符合公平、正义的理念，如果让受害人个人承担，显然不公正。从这一角度考虑，

① 参见马怀德：《国家赔偿法的理论与实务》，中国法制出版社 1994 年版，第 35 ~ 37 页。

由国家给予受害人救济，赔偿其所受的损失是非常必要的。再次，从保障国家管理秩序的畅通和维护社会的稳定方面看，国家赔偿是必不可少的。一方面，国家赔偿可以及时平息国家侵权而造成的压力，化解公民与国家机关之间的矛盾，消除不安定隐患；另一方面，国家赔偿可以减轻受害人因损失而造成的心理与经济上的压力，增进广大公民对国家的了解和信任，减少管理中的阻力，使管理秩序畅通。因而，国家赔偿不仅是对受害者合法权益的恢复，同时也有利于整个社会，是现代社会自我发展、自我修复的有效途径。① （3）认为中华人民共和国是人民民主专政的社会主义国家，人民是国家的主人，奉行的也是人民主权的原则，中华人民共和国公民在法律面前一律平等。当国家机关及其工作人员违法行使职权侵犯个别公民、法人和其他组织的合法权益，就破坏了法律面前人人平等原则，侵犯了公民的保障权利。因此，国家应对该公民、法人和其他组织承担赔偿责任，以填补其所遭受的损害，这是对平等的重建。可见，法律面前一律平等的原则是中国国家赔偿法的理论基础。② （4）认为我国建立国家赔偿制度与我国的国体、政体及国家职能是分不开的，而这一切都是以国家与人民之间的关系为出发点的。这就是国家赔偿的理论根据。首先，从国体上看，中华人民共和国的一切权力属于人民。人民依照法律规定，通过各种途径和形式，管理国家事务，管理经济和文化事业，管理社会事务。这是我国宪法所确立的基本原则，也是建立国家赔偿制度的政治基础。可见，在我国，国家与人民之间既不是一种权力服从关系，也不是一种契约关系，而是人民是国家的主人。人民的利益是国家一切活动的出发点和归宿，任何时候、任何人都不得侵犯人民的合法权益。如果国家机关及其工作人员在行使职权时，侵犯了人民的利益造成损害，就是破坏了人民作为国家主人翁的地位，国家理应予以保护。其次，从政体上看，我国的政体是人民代表大会制度。人民行使国家权力的机关是全国人民代表大会和地方各级人民代表大会。一切国家机关和国家工作人员必须依靠人民的支持，经常保持同人民的密切联系，倾听人民的意见和建议，接受人民的监督，努力为人民服务。既然如此，国家机关及其工作人员在行使职权、提供服务时对人民造成损害，就应当承担责任。③

---

① 薛刚凌主编：《国家赔偿法教程》，中国政法大学出版社 1997 年版，第 13～14 页。

② 参见刘静仑：《比较国家赔偿法》，群众出版社 2001 年版，第 96 页。

③ 房绍坤、毕可志编著：《国家赔偿法学》，北京大学出版社 2004 年版，第 88～89 页。

我们认为，建立国家赔偿责任制度的理论依据应当包括人权保障理论、法治理论以及公平、正义理论。（1）人权保障理论。现代民主国家最根本的任务和目标之一，就是要尊重和保障人权，防止和排除来自任何方面的侵害，包括来自国家的侵害。国家是一个抽象的实体，国家权力的运作是通过具体的国家机关及其工作人员来完成的，这些国家机关及其工作人员受国家的委托，以国家的名义从事各项管理活动，其行为的后果归属于国家，如果国家机关及其工作人员的违法行使职权的行为给公民的合法权益造成损害的，国家就应承担赔偿责任。国家赔偿制度是与人权理论相伴而生、相互促进并相得益彰的，没有人权理论的产生和发展就没有国家赔偿制度的诞生和演进。我国的《国家赔偿法》是一部重要的人权保障立法，国家赔偿制度的建立，既是社会主义人权理论的成果，也是社会主义人权原则的重要保障。（2）法治理论。法治的核心内容是法律面前人人平等。根据我国宪法的规定，一切国家机关都必须遵守宪法和法律，一切违反宪法和法律的行为，必须予以追究。任何组织或者个人都不得有超越宪法和法律的特权，一切违法的行为都要承担法律责任，造成损害都要进行赔偿和补救，这是法治原则的基本要求和具体体现。（3）公平、正义理论。在现代民主与法治社会中，公民一律平等。公民平等地享有权利和机会，也平等地承担义务与责任。国家活动的一切费用由全体公民以纳税的方式平等负担。国家因管理活动给某一公民造成损害，就意味着让该公民承担了额外的负担。这种额外的负担由全社会分担才符合公平、正义的要求，如果让受害人个人承担，显失公正。从这一角度考虑，由国家给予受害人救济、赔偿其所受的损害也是极其必要的。①

第二节　国家赔偿法

一、国家赔偿法的概念

国家赔偿法的概念有广义、狭义之分。广义的国家赔偿法是指有关国家赔偿的法律规范的总称。它包括宪法、国家赔偿法典、民法、诉讼法、行政法和判例法等中关于国家赔偿的各种法律规范。狭义的国家赔偿法是指专门规定国家赔偿内容的法典。如美国的《联邦侵权赔偿法》，日本的《国家赔偿法》和

① 参见姜明安主编：《行政法与行政诉讼法》（第二版），北京大学出版社、高等教育出版社 2005 年版，第 650 页。

《刑事补偿法》，英国的《王权诉讼法》，我国1994年5月12日第八届全国人民代表大会常务委员会第七次会议通过的《中华人民共和国国家赔偿法》等。本书除特别标明外，均采用广义国家赔偿法概念。对于国家赔偿法的概念，可以从以下几个方面理解：

1. 国家赔偿法是有关国家赔偿的法律规范。国家赔偿是国家对国家机关及其工作人员行使职权过程中有法律规定的侵犯公民、法人和其他组织合法权益造成的损害给予赔偿的活动，调整上述活动的法律规范就是国家赔偿法。在我国《国家赔偿法》颁布之前，调整国家赔偿活动的法律规范主要是《中华人民共和国民法通则》(以下简称《民法通则》)、《中华人民共和国行政诉讼法》(以下简称《行政诉讼法》) 以及有关法律、法规、规章和司法解释。《国家赔偿法》的颁布实施，使得我国国家赔偿法律规范形成了比较完整的体系。

2. 国家赔偿法是一定范围内法律规范的总称。国家赔偿一般是对国家机关及其工作人员违法行使职权造成损害的赔偿，因而，只有调整这类活动的法律规范才称为国家赔偿法。规范和调整国家公有公共设施致害赔偿的法律、有关国家作为民事主体承担赔偿责任的法律，以及规定国家补偿责任的法律均不属于国家赔偿法。

3. 国家赔偿法是集实体规范与程序规范为一体的法律。国家赔偿法中既有调整国家与受害人之间权利和义务关系的实体规范，也有如何实现上述权利和义务关系的程序规范，实体规范是用来解决国家是否承担赔偿责任，赔偿多少的问题。例如，我国《国家赔偿法》关于赔偿的归责原则、赔偿范围、赔偿方式和赔偿的计算标准的规定均属于实体规范，关于请求赔偿的方式、步骤、顺序和时限的规定属于程序规范。

二、国家赔偿法的渊源

国家赔偿法的渊源是指国家赔偿法律规范的根本来源，或国家赔偿法的表现形式。明确国家赔偿法的渊源，对于人们正确适用国家赔偿法，认识国家赔偿法的法律地位以及明确国家赔偿法与其他法律之间的关系具有重要意义。由于各国国家赔偿法的立法体例不同，所以，各国国家赔偿法的渊源也有不同。如法国国家赔偿法以判例为主要渊源，英美国家以单独的国家赔偿法为主要渊源，德国则以民法特别法为主要渊源。① 一般来讲，国家赔偿法的渊源主要有：

① 参见应松年主编：《国家赔偿法研究》，法律出版社1995年版，第19页。

（一）宪法

宪法是国家的根本大法，是确立国家赔偿制度的基石，许多国家的宪法中都有关于国家赔偿的原则性规定。德国1919年的《魏玛宪法》首次以宪法的形式规定了国家赔偿。该法第131条规定："公务员行使法律所委任的职权，对于第三者若违反职务上应尽的义务，其损害赔偿，原则上由任用该公务员的国家或公共团体承担。"此后，各国宪法纷纷效仿，《日本宪法》第17条、第29条，《意大利宪法》第24条，《德国基本法》第14条、第15条、第19条、第34条，美国宪法修正案第5条，《西班牙宪法》第106条等都对国家承担赔偿责任作了原则性规定。这些宪法的原则性规定成为各国制定国家赔偿法、冤狱赔偿法的依据。我国1954年《宪法》第97条和现行《宪法》第41条均规定了国家赔偿责任。现行《宪法》第41条第3款规定："由于国家机关和国家工作人员侵犯公民权利而受到损失的人，有依照法律规定取得赔偿的权利。"这条规定成为我国制定国家赔偿法的重要依据。我国《国家赔偿法》第1条规定："为保障公民、法人和其他组织享有依法取得国家赔偿的权利，促进国家机关依法行使职权，根据宪法，制定本法。"

（二）国家赔偿法等专门法典

在国家赔偿法律制度中，国家赔偿法、冤狱赔偿法等专门法典，是国家赔偿法的基本渊源。制定国家赔偿法法典是一国国家赔偿制度走向成熟的重要标志。就世界范围而言，第二次世界大战后，国家赔偿的专门立法与日俱增，许多国家通过成文法的形式确立了国家赔偿制度，如英国1946年制定了《王权诉讼法》，美国1947年制定了《联邦侵权赔偿法》，日本也于1947年制定了《国家赔偿法》。尽管各国国家赔偿法的构成存有差异，但基本内容大致相同，都规定了国家赔偿的主体、范围、程序及赔偿计算标准等内容。我国1994年5月12日第八届全国人民代表大会常务委员会第七次会议通过了《中华人民共和国国家赔偿法》。这是一部专门规定国家赔偿问题的法律，它具体规定了国家赔偿的范围、国家赔偿法律关系主体、赔偿程序、赔偿方式和计算标准等问题，是我国国家赔偿法律规范的主要组成部分。

（三）民法

历史悠久、内容丰富的民法无疑是国家赔偿法的一个重要渊源。从国家赔偿法产生的历史看，民法发挥了相当重要的作用。首先，民法中"平等、有侵权必有责任"的观念是确立国家赔偿责任的主要依据。其次，民法中的侵权赔偿制度成为制定国家赔偿法的范本，特别是丰富实用的民事赔偿原则、赔偿范围、赔偿标准和方式成为各国国家赔偿立法的参照系。许多国家的国家赔偿法都规定，在国家赔偿法没有规定的情况下，适用民法的规定。如日本《国家赔偿法》第 4 条规定，国家赔偿责任除国家赔偿法的规定外，适用民法的规定。最后，民法确认和保护的人身权和财产权成为国家赔偿法所保护的主要对象。我国在《国家赔偿法》颁布实施前，1986 年制定的《民法通则》一直是调整国家赔偿活动的主要法律规范，是受害人取得国家赔偿的重要依据。《民法通则》第 121 条规定："国家机关或者国家机关工作人员在执行职务中，侵犯公民、法人的合法权益造成损害的，应当承担民事责任。"在《国家赔偿法》实施后，民法仍然是国家赔偿的重要渊源，对国家赔偿法的若干问题的解决仍具有指导作用和借鉴意义，并可以作为补充、辅助性依据解决国家赔偿法以外的国家侵权赔偿问题。

（四）诉讼法

诉讼法是司法机关行使裁判权的程序依据，也是防止司法机关违法、不当行使司法权，纠正冤案、救济无辜的法律保证。正因为如此，诉讼法成为国家赔偿法的重要渊源之一。诉讼法包括刑事诉讼法、民事诉讼法和行政诉讼法。从国外的情况看，很多国家的《刑事诉讼法》中对冤狱赔偿作了规定。如法国《刑事诉讼法》第 626 条规定："由再审之判决（或受理再审之上诉法院之判决），而发现犯人为无辜者，得经其请求而给予损害赔偿，以补偿其前次裁判所造成的损害。"意大利《刑事诉讼法》第 643 条第 1 项规定："在再审中被开释的人，如果未因故意或严重过失而造成司法错误，有权要求根据服刑或收容的时间以及处罚对其个人和家庭所造成的后果获得赔偿。"罗马尼亚、前南斯拉夫的《刑事诉讼法》也有类似的规定。在我国，国家赔偿法不仅与刑事诉讼法有着密切的联系，而且与民事诉讼法、行政诉讼法也有着密切的联系。一方面，我国《国家赔偿法》规定了刑事赔偿；另一方面，《国家赔偿法》又规定了民事诉讼、行政诉讼中法院违法采取对妨害诉讼的强制措施、保全措施或者对判决、裁定及其他生效法律文书执行错误，造成损害的国家赔偿责任。特别需要指出的是，我国《行政诉讼法》专设一章——第九章规定了"侵权赔偿责任"，成为我国第一部规定国家赔偿责任的诉讼法，对我国国家赔偿法律制度的建立起到了重要的推动作用。

（五）行政法

作为调整行政关系的法律规范，行政法也是国家赔偿法的渊源之一。由于行政法没有一部统一的法典，而是分散在法律、法规、规章中的行政法律规范的总称，所以，有关国家赔偿的行政法律规范都是国家赔偿法的渊源。例如，《治安管理处罚法》第 117 条规定："公安机关及其人民警察违法行使职权，侵犯公民、法人和其他组织合法权益的，应当赔礼道歉；造成损害的，应当依法承担赔偿责任。"《行政处罚法》第60条规定，行政机关违法实施检查措施或执行措施，给公民人身或者财产造成损害、给法人或者其他组织造成损失的，应当依法予以赔偿。《行政许可法》第76条规定："行政机关违法实施行政许可，给当事人的合法权益造成损害的，应当依照国家赔偿法的规定给予赔偿。"国务院制定的《国家赔偿费用管理办法》，公安部制定的《关于公安机关贯彻实施〈国家赔偿法〉有关问题的通知》，司法部制定的《司法行政机关行政赔偿、刑事赔偿办法》等行政法律规范均是国家赔偿法的渊源。此外，《海关法》、《税收征收管理法》、《森林法》、《草原法》等也从不同的角度，不同程度地规定了国家赔偿责任。就行政法与国家赔偿法的关系而言，二者有部分重合关系，行政法中的行政赔偿与国家赔偿法中的行政赔偿是同一的，但国家赔偿法中司法赔偿的内容与行政法无关。

（六）判例

法院判例是国家赔偿法的重要渊源之一。从国外国家赔偿法的发展史看，无论是普通法国家，还是大陆法国家，判例对国家赔偿制度的建立发挥了重要的作用。法国是一个不崇尚判例法的国家，但国家侵权的特殊性及立法的滞后性决定了必须采用判例去解决国家侵权赔偿问题，法国1873年权限争议法庭对布朗戈案件的判决，首开现代国家赔偿的先河，标志着法国国家赔偿制度的建立。以判例法为主要渊源的英美法系国家，许多重要的判例成为国家赔偿立法的直接动因。例如，英国1946年法院关于"亚当斯诉内勒"一案的判决，促成了《王权诉讼法》的出台。① 美国"米勒诉霍顿案"因要求政府官员对未经法律授权的行为自负其责的判决引起争论，最终促成了《联邦侵权赔偿法》的出台。② 此外，德国、日本、印度等国的判例对各自国家赔偿制度的建立和发展也起到重要的作用。③ 我国国家赔偿制度是通过立法建立的，但实施

① 原告亚当斯的两个小孩被国防部布置的地雷炸伤，亚当斯向法院起诉，要求国防部赔偿。国防部以享有豁免权为由不作被告，指定公务员工程师内勒作"拟制被告"，内勒声称自己同布雷毫无联系，原告最终败诉。此案连同其他几个类似案件，致使英国舆论哗然，最终促使国会于1947年通过了《王权诉讼法》。王名扬著：《英国行政法》，中国政法大学出版社1987年版，第236页。

② ［美］伯纳德·施瓦茨著：《行政法》，徐炳译，群众出版社1986年版，第517～525页。

③ 马怀德著：《国家赔偿法的理论与实务》，中国法制出版社1994年版，第50～52页。

国家赔偿却离不开法院的判例。一个成功的判例，对适用法律、指导司法实践具有重要的作用，我国最高人民法院所公布的许多案件，实际上都起到了判例的作用。

（七）法律解释

法律解释是指有权机关就法律规范在具体适用过程中，为进一步明确界限或进一步补充以及如何具体运用所作的说明和阐释。它也是国家赔偿法的渊源之一。根据全国人民代表大会常务委员会1981年通过的《关于加强法律解释工作的决议》，法律解释包括立法解释、司法解释、行政解释和地方解释。在《国家赔偿法》颁布之前，我国的国家赔偿活动主要是靠法律解释进行的。例如，1956年劳动部作出的《关于冤狱补助费开支问题的答复》、1963年劳动部作出的《关于被甄别平反人员的补发工资问题》、1986年中共中央组织部、中共中央统战部、最高人民法院、最高人民检察院、公安部、司法部发布的《关于抓紧复查处理政法机关经办的冤假错案的通知》均是有关国家赔偿的解释。《国家赔偿法》颁布实施以后，最高人民法院发布了一系列司法解释，以指导各级人民法院处理国家赔偿争议案件，如最高人民法院1997年出台了《关于审理行政赔偿案件若干问题的规定》，2000年出台了《关于民事、行政诉讼中司法赔偿若干问题的解释》，2003年公布了《关于审理人身赔偿损害案件适用法律若干问题的解释》。最高人民检察院也发布了《人民检察院刑事赔偿工作办法》。这些司法解释对于有效适用《国家赔偿法》，正确处理国家赔偿案件具有重要的意义，是国家赔偿法的渊源。

（八）国际条约

随着各国人权事业的发展，有关国家赔偿的国际条约也不断地增多。这些条约成为缔约国国家赔偿法的重要渊源之一。有学者认为，国际条约在两种意义上成为国家赔偿法的渊源①：一是作为国际法上国家赔偿制度的依据。这方面的主要依据是《联合国国际法委员会章程》的所谓“国家责任条款”。对国家的国际不法行为造成的损害，采取恢复原状、补偿和抵偿三种方式予以充分赔偿。二是作为国内法国家赔偿制度设计的依据。主要是有关人权保护的国际文件中有关公民权利，尤其是赔偿请求权的规定。如我国参加的《公民权利和政治权利国际公约》第9条第5款规定，任何遭受非法逮捕或者拘禁的受害者，有得到补偿的权利。

---

① 参见高家伟：《国家赔偿法》，商务印书馆2004年版，第71页。

三、国家赔偿法的性质

国家赔偿法的性质是指国家赔偿法在某种法律体系中所处的位置。由于各国国家赔偿法产生的历史背景不同，加之各国法律传统的差异，因此，对国家赔偿法的性质有不同的认识。英美法系国家不强调公私法的划分，认为调整个人关系的侵权法同样适用于国家机关，国家赔偿法是普通侵权行为法的一部分；大陆法系国家认为国家机关行使公权力导致的赔偿责任不同于普通的民事责任，需要特殊的规范加以调整，这类规范的性质是公法。我国没有公私法划分的传统，不宜对国家赔偿法作公法抑或私法的定性。国家赔偿法是宪法的实施法，是规范国家赔偿关系的基本法。概括起来，理论界关于国家赔偿法的性质有四种观点：

（一）私法说

私法是相对于公法而言的。如果以法律调整的社会关系内容为基础，可以将调整私人之间的关系的法律称为私法，将调整国家或社会公共团体为一方的关系的法律称为公法。私法说以将国家和私人立于同等地位为出发点，认为国家赔偿法属于私法，它所保护的是私权利，目的是让受到损害的私人得到救济，在赔偿时国家与私人形成平等、自愿的私法关系，处于同等的法律地位。日本有些学者持私法说的观点，认为国家赔偿请求权虽然依国家赔偿法行使，但却与公法上的损害补偿不同，与成为其原因的侵权行为的性质无关，完全属于私法上的请求权。从国家赔偿法的立法来看，英美法系国家多将国家赔偿法置于私法体系之中。例如，美国《联邦侵权赔偿法》规定："美国联邦政府，依据本法关于侵权行为求偿之规定，应于同等方式与限度内，与私人一样承担民事责任。"英国《王权诉讼法》第 2 条规定，国家在侵权行为方面的责任，与"有责任能力的成年人相同"。当然，私法说并不否认国家赔偿法在某些方面的特殊性，认为国家赔偿法是民法的特别法，但本质上仍属于私法。①

（二）公法说

公法说从公权力作用与民法上私经济作用的性质不同为出发点，认为国家

---

① 关于国家赔偿法性质的论述，参见肖峋：《中华人民共和国国家赔偿法的理论与实用指南》，中国民主法制出版社 1994 年版，第 33～35 页；应松年主编：《国家赔偿法研究》，法律出版社 1995 年版，第 38～42 页；马怀德：《国家赔偿法的理论与实务》，中国法制出版社 1994 年版，第 63～66 页；房绍坤、丁乐超、苗生明：《国家赔偿法原理与实务》，北京大学出版社 1998 年版，第 33～34 页。

赔偿法系规定有关公权力致人损害而国家应负赔偿责任的法律，而民法系规定私经济作用的法律，二者截然不同。故国家赔偿法与民法之间不构成特别法与一般法的关系，而是相互独立的法律，国家赔偿法属于公法的范畴。① 这种观点以法国、德国、日本的一些学者为代表。日本学者杉村敏正认为："日本国家赔偿法第1条第1项规定，与日本民法第715条规定不同，它排除了雇佣人的免责条款，而且该法第2条第1项规定，与日本民法第717条规定也不一样，扩大了占有人赔偿责任的适用范围，比私法法规要广，并且尽量为受害人提供救济。因此，不可否认，国家赔偿法实际上是一种超乎调整私人相互间利害关系的特殊法律。"② 从国家赔偿法的立法来看，大陆法系国家多将国家赔偿法置于公法体系之中。法国自1873年布朗戈案件确立国家赔偿制度以来，一直坚持行政赔偿责任应当适用于不同于民事赔偿责任的特殊规则，且行政赔偿诉讼属于行政法院管辖。法国权限争议法庭在布朗戈案件中对此作了明确的阐释："国家由于其雇佣人员在公务中对私人所造成损害的责任，不可能受民法中对私人相互间关系所规定的原则所支配，这个责任既非普遍性的，也非绝对的，它有其本身的特有规则。"③ 在瑞士，公法人的侵权赔偿责任由公法调整，而不受民法调整。1958年瑞士《国家赔偿法》明确规定：联邦对公务员执行公务，行使公权力的行为，承担赔偿责任。其赔偿责任由公法确定，联邦法院以行政法院的身份行使管辖权。概括起来，公法说的理由主要有：首先，国家行为出于维护公益，诸如立法、司法、行政等职能为国家独有，私人不能享有，故国家行为产生的损害赔偿，应当适用特殊规则，不能适用私法；其次，私法上雇佣人赔偿责任以选任、监管受雇人已尽到相当注意为免责事由，而国家则不能以此为由逃避责任；最后，民法上赔偿责任的归责原则是过错原则，即有过错才有可能赔偿。而在国家赔偿领域，许多国家抛弃了过错原则，根据国家侵权的特点，提出了不同的归责原则，如法国的公务过错原则，瑞士的违法原则，德国的违反法定义务原则等；建立在这些原则基础上的国家赔偿法显然已不是私法了。

（三）折中说

鉴于公法说和私法说均难以圆满地解释国家赔偿法的性质，因此，有学者

---

① 参见房绍坤、丁乐超、苗生明：《国家赔偿法原理与实务》，北京大学出版社1998年版，第33～40页。

② 转引自皮纯协、何寿生编：《比较国家赔偿法》，中国法制出版社1998年版，第55页。

③ 王名扬：《法国行政法》，中国政法大学出版社1989年版，第690页。

提出折中说，认为国家赔偿法是兼容公法原则和私法原则的法律。一方面，国家赔偿法源于民法，在赔偿方式、赔偿标准、赔偿原则诸方面与民法有着密切的联系，因而具有较强的私法性质。另一方面，国家赔偿法又不是民法的简单翻版，在很多方面形成了自己特有的规则，具有公法性质。所以，将国家赔偿法定性为公法或私法的意义并不重要。

（四）规范国家赔偿关系的基本法说

我国学术界并未全面接受公私法划分的理论，因而不必囿于公私法划分理论而将国家赔偿法定性为公法或私法。就我国国家赔偿法的立法和实践看，它属于规范国家赔偿关系的基本法，既包含部分民法规范，也包含部分行政法规范，还包括部分刑法和诉讼法规范，是集多种法律规范于一体的特殊法，也是集实体规范与程序规范于一体的综合法。它不是一个独立的法律部门，也不是某一法律部门的特别法，它是宪法的实施法，其地位和效力与一般法律相同。我们无须排斥在其他法律中确定国家赔偿内容，也不必顾及因此造成的不统一和分散，更无须囿于公私法划分理论而将其强行归入某一类部门法。①

四、国家赔偿法的作用

制定国家赔偿法，建立国家赔偿制度，是制约国家权力，防止权力滥用，保护公民、法人及其他组织合法权益的一种有效手段。我国《国家赔偿法》第 1 条规定："为保障公民、法人和其他组织享有依法取得国家赔偿的权利，促进国家机关依法行使职权，根据宪法，制定本法。"该条规定明确指出了《国家赔偿法》的立法依据和宗旨。根据这一规定，国家赔偿法的作用主要体现在以下几个方面：

1. 制定国家赔偿法是落实宪法的需要。我国 1954 年《宪法》第 97 条规定："中华人民共和国公民对于任何违法失职的国家机关工作人员，有向各级国家机关提出书面控告或口头控告的权利。由于国家机关工作人员侵犯公民权利而受到损失的人，有取得赔偿的权利。"1982 年《宪法》重申了这项原则，同时提出了具体的立法要求，其第 41 条规定"由于国家机关和国家工作人员侵犯公民权利而受到损失的人，有依照法律取得赔偿的权利"。虽然宪法对国家赔偿作了原则规定，但由于缺少一部可供具体操作的法律，现实中很难落实宪法的这项原则。当国家机关违法行使职权，侵犯公民、法人或其他组织合法

① 参见应松年主编：《国家赔偿法研究》，法律出版社 1995 年版，第 42 页；马怀德：《国家赔偿法的理论与实务》，中国法制出版社 1994 年版，第 66 页。

权益的事件发生时，受害人因缺少法律依据难以行使宪法赋予的国家赔偿请求权，国家机关也因缺少法律依据，难以承担赔偿责任。1986 年颁布实施的《民法通则》和 1989 年颁布的《行政诉讼法》再一次规定了国家赔偿责任，使宪法原则进一步具体化。但是，要解决国家赔偿的具体范围、标准、方式、程序等问题，还需要更为全面、更为具体的法律规定。1994 年 5 月 12 日第八届全国人民代表大会常务委员会第七次会议通过了《中华人民共和国国家赔偿法》，这标志着我国国家赔偿制度的正式确立，从根本上结束了国家赔偿无法可依的状态，使得宪法所规定的国家赔偿原则转化为具体的制度，为国家赔偿活动提供了一个可操作的依据。2010 年 4 月 29 日第十一届全国人民代表大会常务委员会第十四次会议通过的《关于修改〈中华人民共和国国家赔偿法〉的决定》则是对我国国家赔偿制度的进一步完善。

2. 制定国家赔偿法有利于保护公民、法人和其他组织的合法权益。国家机关及其工作人员在执行公务、行使职权时，不可避免地会发生侵犯公民、法人或其他组织合法权益的现象，这是一个不容回避的现实问题，是不能不承认的。问题的关键在于如何防止、减少这类侵权现象，对遭受损害的公民、法人及其他组织予以补救。这也是许多国家一直在探索的问题。我国国家机关及其工作人员行使职权时的违法侵权现象早已有之且时有发生，但因法制不健全，在很长一段时间里，受害人投诉无门、申冤无据，难以获得有效的赔偿，国家赔偿制度迟迟未能建立，这与我国国体不相适应，迫切需要立法建立国家赔偿制度。制定国家赔偿法，既可使公民、法人和其他组织已经遭受有关国家机关及其工作人员侵害的权益得到恢复和补救，也有助于减少和防止国家侵权行为的发生，从根本上保障人权。

3. 制定国家赔偿法有利于监督和促进国家机关及其工作人员依法行使职权与履行职责。长期以来，由于缺少切实可行的监督机制，国家机关及其工作人员违法行使职权或不依法履行职责，侵犯公民、法人和其他组织合法权益的现象时有发生。行政机关失职、越权、滥用职权，司法机关错拘、错捕、枉法裁判等屡禁不止，即使被发现，也往往以纪律处分等方式草草了事，不作深究。长此以往，使得国家机关及其工作人员丧失责任心，缺乏使命感，难以公正有效地行使国家赋予的职权，也侵害了公民、法人和其他组织的合法权益，损害了政府形象，破坏了政府与公民之间的关系。国家赔偿制度的建立，意味着国家必须对国家机关及其工作人员违法行使职权给公民、法人和其他组织合法权益造成的损害承担责任，对有故意或重大过失的工作人员有权予以追偿。这样，有助于从根本上对国家机关及其工作人员起到监督的作用，防止和减少违法行使职权现象的发生，改进国家机关及其工作人员的工作作风，促使国家机关及其工作人员提高依法办事的能力和水平。

当然，国家赔偿法贵在实施，国家赔偿法的规定只有得到切实贯彻执行，才能发挥其效用。同时，国家赔偿制度不是万能的，不可能解决国家机关及其工作人员违法行使职权的所有问题，它只是众多监督与救济形式的一种，只有和其他监督、救济形式有效地结合起来，才能充分发挥其作用。

【思考与探索】

我国国家赔偿的基本原则①

《国家赔偿法》第2条规定："国家机关和国家机关工作人员行使职权，有本法规定的侵犯公民、法人和其他组织合法权益的情形，造成损害的，受害人有依照本法取得国家赔偿的权利。"本条规定除揭示了国家赔偿的含义与性质、国家赔偿的归责原则与构成要件等主要内容外，还揭示了国家赔偿应当遵循的基本原则。主要包括：

（一）国家赔偿原则

根据《国家赔偿法》第2条的规定，国家机关及其工作人员在行使职权过程中，有本法规定的侵犯公民、法人和其他组织合法权益的情形并造成损害的，由国家承担赔偿责任。该规定在以法律的形式确立我国国家赔偿制度的同时，也标示了适用《国家赔偿法》的一个最基本的原则，即国家赔偿原则。

该原则第一个突出表现在于，在国家赔偿责任中，国家作为责任主体，对于国家机关及其工作人员所为的职务行为（限定在有法律规定的范围内）侵犯公民、法人和其他组织合法权益并造成损害的，承担赔偿责任，而不是由各侵权行为主体自行承担赔偿责任。国家赔偿原则另一个具体表现是，以各级财政支付相关的赔偿费用，作为国家承担赔偿责任的主要表现形式。各级财政依照法律法规规定，对于国家赔偿费用应分别预算，单独立项，负责管理，专款专用。

（二）国家保障原则

《国家赔偿法》作为我国国家赔偿制度的直接载体，通过法律规定的形

① 参见江必新主编：《〈中华人民共和国国家赔偿法〉条文理解与适用》，人民法院出版社2010年版，第54～57页。

式，保障了公民、法人和其他组织获得国家赔偿的权利，体现出国家保障的原则。该原则主要包括两层含义：一是以法律形式保障，即国家以制定成文法律的形式确立国家赔偿制度，通过对赔偿原则、赔偿范围、赔偿程序、赔偿标准等作出具体的法律规定，对公民、法人和其他组织享有依法取得国家赔偿的权利，给予实体与程序上的保障；二是以财政形式保障，即对于受害人依法享有的国家赔偿的权利，以国家各级财政负担赔偿费用的形式，保障赔偿权利得以最终实现。

（三）法定赔偿原则

法定赔偿原则是我国国家赔偿基本原则中最为重要的一个原则，即指在适用我国《国家赔偿法》时，有关赔偿的原则、赔偿义务机关、赔偿范围、赔偿项目、赔偿程序、赔偿方式及数额标准等，均应依照法律规定执行。《国家赔偿法》第2条中“有本法规定的侵犯公民、法人和其他组织合法权益的情形，造成损害的，受害人有依照本法取得国家赔偿的权利”的规定，是对该原则最好的诠释。此外，各章中关于赔偿范围、赔偿程序、赔偿义务机关、赔偿方式及标准等，多采用列举方式规定，也是这一原则的具体体现。根据《国家赔偿法》的规定，法定赔偿原则主要体现在以下几个方面：赔偿义务机关法定；赔偿范围法定；赔偿程序法定；赔偿项目、赔偿数额及标准法定；赔偿费用列支方式法定。

（四）及时方便赔偿原则

及时让受害人获得赔偿，是《国家赔偿法》保障人权立法宗旨的一个具体体现。《国家赔偿法》第2条第2款规定的“本法规定的赔偿义务机关，应当依照本法及时履行赔偿义务”以及分则中的部分规定，体现了我国国家赔偿的又一基本原则——及时方便赔偿原则。具体包括以下内容：

1. 赔偿义务机关及时履行赔偿义务。赔偿义务机关是代表国家在具体个案中履行赔偿义务的机关。《国家赔偿法》在刑事赔偿程序中规定了赔偿义务机关先行处理程序，其目的在于让赔偿义务机关有机会及时纠正错误，履行各项赔偿义务，及时决定，方便受害人快速获得救济和赔偿。同时，赔偿义务机关履行赔偿义务也不仅局限于及时作出决定，给予赔付这一方面，还应体现在积极配合复议机关、人民法院赔偿委员会审查案件及调查取证，及时向财政机关提出支付申请等环节。

2. 刑事赔偿程序的整体设计思路在于让请求人及时方便获得赔偿。刑事赔偿程序规定了赔偿义务机关先行处理程序、复议程序以及人民法院赔偿委员会决定程序，且法律同时对各程序的适用时间、审限及衔接作出相应规定，其目的在于力求以最短的时间和最快捷的程序解决问题，对受害人的合法权益给予补救。具体表现为：规定赔偿义务机关先行处理，及时决定，以及设计复议程序，是让赔偿义务机关、复议机关尽量在第一时间对受害人之合法权益予以有效救济；规定赔偿义务机关、复议机关逾期不作决定时，申请人可直接向法院赔偿委员会申请，可避免赔偿义务机关、复议机关久拖不决的情况；规定赔偿委员会决定一经作出即发生法律效力且必须执行，可减少赔偿请求人之诉累，等等。

3. 对赔偿金支付方式的修订亦体现及时方便原则。修改后的《国家赔偿法》将赔偿金的支付由修改前《国家赔偿法》规定的“由赔偿义务机关先行垫付后再向财政机关申请核拨”，修改为“赔偿义务机关不再垫付赔偿费用，而应自接到赔偿请求人提出的赔偿金支付申请之日起 7 日内向有关财政部门申请支付，财政部门则应自收到支付申请之日起 15 日内支付赔偿金”。这意味着，赔偿请求人自递交支付赔偿金申请后，最多 22 天就可以拿到国家赔偿金。此处关于赔偿金支付方式的修订，简化了原来法律规定的先行垫付及申请核拨环节，有利于赔偿金的快速支付，更有效地保障了赔偿请求人及时方便获得国家赔偿。

【练习题】

1. 简述国家赔偿的含义与特征。
2. 简述国家赔偿的性质。
3. 简述国家赔偿法的概念与渊源。
4. 试述国家赔偿的理论依据。
5. 试述国家赔偿法的作用。

第二章　国家赔偿法的历史发展

【重点】

1. 西方国家赔偿制度历史演变的一般过程
2. 我国国家赔偿制度的历史发展
3. 国家赔偿的发展趋势

第一节　西方国家赔偿制度的历史发展

一、西方国家赔偿制度历史演变的一般过程

“公务员违法执行职务行使公权力之结果，苟无应归责于该被害人之事由，国家对该损害应负赔偿责任，系法治国家之基本思想。”① 然而，国家赔偿制度的形成并非一蹴而就，而是一个与法律思想变迁有着密切联系的自然的历史演变过程。美国联邦法院大法官霍姆斯在其传世巨著《普通法》一书中曾指出，“法包含了一个民族经历了多少世纪风雨沧桑的发展故事，因而绝不能将它仅仅当做一本数学教科书里的定理公式来研究。为了探究法的真谛，我们必须了解它的过去以及未来趋势”。要完整准确地理解国家赔偿制度，首先必须了解国家赔偿制度的历史演变。对于国家赔偿制度的历史演变过程，由于各个国家的发展史以及政治、经济与文化背景存在差异，各国的具体表现均有所不同。但从总体上来说，国家赔偿制度的一般过程经历了三个阶段。②

---

① 张家洋：《行政法》，台湾三民书局 1989 年版，第 220 页。

② 也有不少学者分四阶段论述，如我国台湾地区叶百修先生。本书概括了国内三阶段论的理论成果，并结合四阶段论的相关内容进行整理而得，而将四阶段论的“发展时期”作为国家赔偿制度的发展趋势单节介绍。参见翁岳生编：《行政法》(下册)，中国法制出版社 2002 年版，第 1550～1558 页；房绍坤、毕可志编著：《国家赔偿法学》，北京大学出版社 2004 年版，第 4～6 页；皮纯协等编著：《比较国家赔偿法》，中国法制出版社 1998 年版，第 25～30 页；石均正主编：《国家赔偿法教程》，中国人民公安大学出版社 2003 年版，第 11～14 页；周友军、马锦亮：《国家赔偿法教程》，中国人民大学出版社 2008 年版，第 14～17 页。

（一）否定时期

19世纪以前，也就是现代国家建立之前，可称之为国家赔偿的全面否定时期。① 也称国家无责任时期。西方资本主义国家由于受封建专制制度的影响，“国家绝对主权论”②、“过失责任主义”③ 等思想和观念占统治地位，认为“国家与人民间，系属权力服从关系，国家为统治者，享有绝对权力，而人民为被统治者，应服从其权力，其统治权之作用与私人间之行为异其性质。故国家不服从外部所课予其负担之义务，公务员执行职务，如违法侵害人民之权利者，须由该加害之公务员个人自负其责，国家不负赔偿责任”。④ 在英国，英王是大英帝国的主宰，是国家最高主权的代表，他的一切活动都是为人民造福，“国王不能为非”。因此法律上推定“国王无过错”，即使某些政府官员侵犯了公民的合法权益，也被认为那不是国王的本意，应归责于具体实施侵害行为的个人，国家不能为此承担任何责任。如英国在1765年的一起案件中，国王的属下依命令闯入原告家里，搜走文稿，被法院判定“非法侵害”行为，并由搜查官员自负责任。在美国，奉行的是“国家主权豁免”原则，美国联邦最高法院在1884年“蓝福”案中明确指出，国家拥有至高无上的权力，未经国家同意，任何人皆不得向国家起诉。在法国，实行“绝对国家主权原则”，认为国家享有最高的主权，而主权属于绝对权力，不承担法律责任，因而国家不负赔偿责任。在德国，在1896年公布的民法中规定：“官吏因故意或过失，违反对于第三人所应尽的职务时，对于该第三人因此所发生的损害负赔偿义务。”在日本明治维新时期，国家一切权力归属于天皇，官吏对天皇负责，因此官吏违法行为所造成的损害不可能由国家赔偿。

（二）相对肯定时期

从历史渊源上考察，国家赔偿系发端于冤狱赔偿。早在18世纪末期，就有学者提出了冤狱赔偿的思想，有的国家还在立法中作了规定。如1786年意大利《赖奥普法典》规定，“因司法机关审判错误而受损害的人，依法均得申

---

① 参见吴庚：《行政法之理论与实用》，中国人民大学出版社2005年版，第441页。

② 主权命令说的核心观点是，主权是在公民与臣民之上的最高权力，它不受法律的限制。参见刘春堂：《国家赔偿法》，台湾三民书局1982年版，第3页。

③ 过失责任主义是18世纪民法的三大基本原则之一。这种思想认为，公务人员在执行职务之际，因故意或过失而侵害他人权利，这仍然是该公务人员个人的行为，并非国家的行为，应当由公务人员自负其责，国家不承担任何责任。参见刘春堂：《国家赔偿法》，台湾三民书局1982年版，第3页。

④ 城仲模：《行政法之基础理论》，台湾三民书局1980年版，第552页。

请国家赔偿”。1790 年法国《刑事诉讼法（草案）》也曾规定国家冤狱赔偿条款。但由于“国家绝对主权论”的影响，这时候的冤狱赔偿尚未形成确定的法律制度，只是国家采取的权宜之计。①

19 世纪中叶以后，由于“主权在民”、“天赋人权”、“社会契约”等资产阶级民主思想深入人心，人民的民主意识大大加强，“王权神圣不可侵犯”的训条被彻底废除。国王统治国家是基于人民的委托和社会契约，无论国家还是国家的统治者都无权随意侵犯公民的合法权益。因而，立法学逐渐抛弃了国家无责任理论而采相对肯定国家责任的态度。② 理论上，以论证国家仅有限地承担赔偿责任的国家赔偿理论不断涌现。如，德国学者提出的国库理论。此种理论认为，国家具有双重人格，这就是说，国家除了是公权力主体外，还是财产权主体，当国家作为财产权主体就被称为国库。③ 在行使公权力时，国家作为公权力主体不承担责任，而由公务人员负责；但在从事私法行为时，国家作为财产权主体应当承担私法上的责任。而在法国，学说将国家行为分为权力行为与管理行为两种。权力行为是指国家基于其统治权的作用而实施的行为，如征兵、课税、征收土地、拆除违建等，公务人员实施权力行为时，即使导致人民权利遭受损害，国家也不负赔偿责任。反之，如果公务人员实施的是非权力作用的管理行为，侵害了人民的权利，国家就应当依据民法上关于雇主与雇员，或法人与其代表机关等有关的规定，由国家代替公务人员负损害赔偿责任。④ 国家赔偿的实践是以法国为先的。1873 年的法国“布朗戈（Blange）”案件，标志着法国率先承认并实行国家赔偿责任。案件是一名叫布朗戈的小孩，在横过马路时，被一辆国营烟草工厂的货车撞伤，小孩家属请求国家赔偿。当时的法国普通法院认为此案应由普通法院管辖，适用民法原则；而行政法院则认为这一案件应由行政法院管辖，适用行政法原则。由于对此案的管辖发生争议，于是提交至“权限争议法庭”（当时法国司法系统中专门处理法院管辖争议的裁判机构，由最高普通法院和最高行政法院分别派出同等人数的法官组成），法庭在判词中指出：“国家由于公务中所使用的人，对于私人造成的损害赔偿

---

① 房绍坤、毕可志编著：《国家赔偿法学》，北京大学出版社 2004 年版，第 5 页。

② 参见翁岳生编：《行政法》（下册），中国法制出版社 2002 年版，第 1551 页。

③ 参见郑秋洪：《国家赔偿责任之实证研究》，台湾中山大学 2001 年硕士学位论文，第 19 页。

④ 参见郑秋洪：《国家赔偿责任之实证研究》，台湾中山大学 2001 年硕士学位论文，第 19 页。

责任，不受民法中对私人相互关系所规定的相互原则的支配。”这一裁定，否定了国家公务人员在执行公务中侵害公民合法权益时，适用民法原则和国家不负赔偿责任的惯例，确立了如下三项原则：（1）国家应当为其公务员的过错负责；（2）行政赔偿责任应当适用不同于民法的特别规则；（3）行政赔偿责任的诉讼属于行政法院管辖。由此，法国形成了一整套独具特色的国家赔偿法理论，并开创了国家赔偿理论的先河。于是，国家承担赔偿责任的观念逐渐在西方许多资本主义国家形成，并陆续在法律上予以规定。19 世纪末 20 世纪初，国家赔偿责任的发展表现出三个方面的特点：（1）出现了法典化趋向。如，德国在 1909 年颁布了《普鲁士国家责任法》，1910 年又颁布了《公职责任法》。（2）从宪法层面肯定了国家赔偿责任。如，德国 1919 年《魏玛宪法》第 131 条规定，“官吏行使受委托之权时，对于第三者违反职务上的义务，其责任应由该官吏服役之国家及政治机关负责，不得起诉官吏”。奥地利 1920 年联邦宪法第 23 条也有类似规定。（3）国家赔偿责任得到完善。如，法国这时的“个人过错”和“公务过错”的划分，为责任划分提供了准则。这一时期，各国还把国家权力分为公权力和私权力，对于公权力致使损害，因其具有统治性而不承担赔偿责任，同时，承担赔偿责任的前提是行政机关公务员的违法行为致使公民的权利受到损害。对于这种只对一定范围内并有条件地承担的赔偿责任，被认为是一种国家负有的相对赔偿责任。尽管只是相对赔偿责任，但从历史发展来看，这也是一种进步。

（三）全面肯定时期

“第一次世界大战以后，学说因认国家与人民之关系，已非从前之权力服从关系，而系基于社会契约所生之权利义务关系。故在学说、裁判以及立法例上均相继承认国家对公务员违法执行职务，不问是公法行为或私法行为所生之损害，均应负赔偿责任。”① 同时，更认识到：（1）国家行使公权力虽无损害人民之本意，然其假手于机关成员从事各种活动，事实上难免使人民遭受损害；（2）国家对其行为若不负赔偿责任，则公务员执行职务时将毫无顾忌，为所欲为，实非修明政治之道；（3）由国家负赔偿责任，正可以减少公务员过失的发生，加重其责任感，足以提高政府的威信，加强人民的向心力；（4）以人民之税收赔偿人民的损害，符合“取之于民，用之于民”之旨；（5）国家为公法人，在法律上有意思能力及行为能力，系权利义务主体，因行使公权力致人损害的，自应负赔偿责任；（6）保障人民权利为法治国家基本任务之

① 翁岳生编：《行政法》（下册），中国法制出版社 2002 年版，第 1552 页。

一，负担损害赔偿系法治国家无可旁贷之责。① 这时的西方，大多数国家都建立了国家赔偿制度，特别是随着“社会保险”思想的发达和认为国家行政权力的行使会给社会和公民带来更大风险观念的形成，根据公平负担原则，许多国家制定和颁布了对国家赔偿责任进行专门规定的法律。这一时期是为全面肯定时期。这一时期，国家赔偿责任在西方各国得到了全面的肯定和确认，国家赔偿还呈现出以下特点：（1）国家赔偿呈现法典化趋势。美国于1946年、英国于1947年、日本于1947年、奥地利于1948年、韩国于1967年、我国台湾地区于1980年、德国于1981年等先后制定了正规化程序化、法制化的国家赔偿法典。制定统一的国家赔偿法典已成为一种世界性的立法潮流。（2）国家赔偿对象得到扩大。各国国家赔偿制度都普遍地确立了国家对其执行公务的行为不分权力行为与非权力行为都应当承担损害赔偿责任的原则，② 逐步缩小国家赔偿责任豁免的范围，除法律明文规定不予以赔偿的少数情况外，在行政活动中，没有不负赔偿责任的领域。（3）国家赔偿范围得以扩充。其中，侵权损害赔偿范围，已从物质损害发展到精神损害，从直接损失发展到间接损失；侵权行为赔偿范围，已从行政领域，扩大到司法领域，甚至扩大到立法领域。（4）在行政主体赔偿责任与公务员赔偿责任方面，国家的赔偿责任越来越大，而公务员的赔偿责任只限于法定的情形之下才予以追偿。

二、西方主要国家赔偿制度的历史发展

国家赔偿制度的产生是人类社会发展的必然趋势。“二战”以来，国家赔偿理论得到现代国家的普遍承认，但各国基于本国特殊国情其具体制度设计却是千差万别。了解各国，尤其是西方主要国家赔偿制度的历史发展，无疑将为我们理解和完善我国的国家赔偿制度提供借鉴。③

（一）法国国家赔偿的历史发展

法国是资产阶级革命最彻底的国家，也是西方最早确立国家赔偿制度的国家。早在1799年法国就在一项法律中规定了行政机关对因实施公共建筑工程

① 参见曹竞辉：《国家赔偿实用》，台湾五南图书出版公司1984年版，第27页。

② 参见张正钊主编：《国家赔偿制度研究》，中国人民大学出版社1996年版，第13页。

③ 以下内容参见薛刚凌主编：《国家赔偿法教程》，中国政法大学出版社1997年版，第21～25页；皮纯协、何寿生编著：《比较国家赔偿法》，中国法制出版社1998年版，第31～33页；高家伟：《国家赔偿法》，商务印书馆2004年版，第38～48页；陈春龙：《中国司法赔偿实务操作与理论探讨》，法律出版社2002年版，第32～37页。

所致损害，应当予以赔偿。但此时国家赔偿作为一种制度还未建立。法国建立国家赔偿制度的标志，是1873年权限争议法庭对“布朗戈案件”的判决。该判决确立的是行政赔偿制度，其主要特点是：（1）行政主体赔偿责任的原则由判例产生。（2）其领域局限于行政领域，不涉及立法和司法领域。（3）行政赔偿责任应当由行政法院适用于不同于民法的特殊法规则处理，普通法院不得过问。（4）行政赔偿采取公务过错概念（即公务活动不完善，有缺陷），打破了民事赔偿个人过错概念的桎梏。此后，法国国家赔偿制度有了很大发展，赔偿领域从行政领域逐渐拓宽到立法、司法职能领域，国家赔偿范围及其归责原则也有了很大发展。

立法赔偿方面，法国对立法行为负赔偿责任，是法国最高行政法院对“小花牛奶公司案件”的判决中所确认的。1938年，生产人工奶制品的小花公司以1934年制定的禁止生产人工奶制品的法律侵犯其合法权益为由，向行政法院起诉，请求国家赔偿。最高行政法院认为，国家的法律不能为一部分公民的利益而牺牲特定少数人的利益，而且1934年的法律中没有禁止国家赔偿法的规定，因此根据公共负担平等的原则，判决国家赔偿该公司的损失。这一案例，开创了立法赔偿的先例。随后，1938年判例中则明确确认了国家对合同以外的立法行为所致的损害给予赔偿的责任。1960年，立法赔偿责任又推及国家因签订国际条约而对一个或数个特定人造成严重损害上。法国在强调国家承担立法赔偿责任的同时，也对其作了特别严格的限制，强调立法赔偿仅限于其行为所造成的特定性损害，而对不违反公共负担平等原则的普遍性的损害不承担赔偿责任。

司法赔偿方面，法国不仅规定冤狱赔偿，而且对其他司法侵权行为也规定了相应的国家赔偿责任。1895年在刑事诉讼法中规定了国家对再审改判无罪的被告承担赔偿责任。1956年法院判决国家对司法警察活动负赔偿责任。1970年的刑事诉讼法又将司法赔偿的范围扩大到刑事追诉的全过程，国家对于临时拘禁但无罪的人，对预审结果决定不起诉或起诉后无罪释放的人，如果他们受到了损害，承担赔偿责任。1972年法国制定的《建立执行法官和关于民事诉讼程序改革法》规定，国家对民事审判中的重公务过错和拒绝司法而产生的损害也承担赔偿责任。现行1992年刑事诉讼法的规定更加具体明确，其基本内容是：（1）任何人如能证明因无辜定罪受到损害，均有权要求赔偿。但本人对新证据未及时出示、新事实未及时了解负有部分或全部责任的除外。（2）赔偿金由国家开支并依法律规定发放。如因民事当事人、检举人、证人的错误致其受到损害的，赔偿金由这些人员作为审判费用缴纳。（3）应受害人要求，宣告无罪的判决或裁定应在原定罪地、犯罪地、住所地、出生地张贴，在官方公报上刊登，并在有关报纸上摘要发表。公布判决或裁定的费用由国库开支。① 至今，法国已建立了一套较完整的司法赔偿制度。

国家赔偿范围方面，侵权行为赔偿范围已从行政领域、扩展到司法和立法领域；侵权损害赔偿范围，也从物质损害的赔偿发展到精神损害赔偿。1964年的公共工程部长诉“Letisserand 家属案件”中，最高行政法院判决赔偿死者近亲感情上的损害。此后，法国行政主体对物质损害和精神损害等一切损害承担赔偿责任。另外，对于国家不负赔偿责任的范围也有明确规定，如，政府行为②不负赔偿责任。

国家赔偿归责原则方面，法国首先确立了公务员过错原则，此后，又确立了国家的无过错责任。在公法上通常只对有过错的执行公务的行为所产生的损害负赔偿责任。这种过错称之为公务过错，是一种客观过错。它与民法上的主观过错不一样，在特殊情况下，只要行为与损害之间有因果关系，这时对执行公务的无过错行为所造成的损害，国家也承担赔偿责任。公务过错适用于除无过错责任之外的全部赔偿责任。无过错责任还包括危险责任，例如，行政法院于 1919 年判决国家对因弹药库爆炸而造成的损害承担赔偿责任。无过错责任只适用某些特定事项，但它的范围也呈扩大趋势。

（二）德国国家赔偿的历史发展

德国是建立国家赔偿制度较早的国家。其国家赔偿范围经历了一个不断扩充的过程。1898 年德国颁布的《再审宣告无罪人补偿法》规定，如果在再审程序中撤销了原判决，宣告被告无罪，或者减轻其刑而原判决之全部或一部分已经执行者，被告有赔偿请求权。1900 年施行的《德国民法典》规定，公共团体对其公务员执行职务致第三人的损害，承担该法典第 893 条所规定的法人对其法人代表所负的责任。1904 年的《无辜羁押赔偿法》明确规定，“刑事被告经审判程序，认为无犯罪事实而宣告无罪，或经法院判决，认为罪嫌不足，免于诉迫者，得因羁押所受之损害，请求国家赔偿”。该法将赔偿的范围从再审程序扩大到整个审判程序。1910 年的《国家责任法》明确规定，官吏在执行公务时因故意或过失致第三人损害，国家应代为承担民法第 893 条的责任，

① 参见高家伟：《国家赔偿法》，工商出版社 2000 年版，第 266 页。

② 政府行为是指政府与议会之间关系的行为和政府履行国际条约的行为，其责任只受议会监督，国家遇到严重威胁时总统履行宪法特别授权的行为也是政府行为。参见薛刚凌主编：《国家赔偿法教程》，中国政法大学出版社 1997 年版，第 22 页。

从而确认了国家赔偿责任。1919 年的《魏玛宪法》明确规定，“官吏行使受委托之权时，对于第三者违反其职务上的义务，其责任应由该官吏所服役之国家及统治机关负担，不得起诉官吏”。1971 年的《刑事追诉措施赔偿法》规定，对于司法机关采取的诉讼保全、没收、扣押以及搜查、暂时吊销驾驶执照、暂时营业禁止等直接对被告采取措施，如果当事人已经释放，或者针对他的刑事诉讼已经终止，或者法院拒绝对他开庭审判，当事人由于受到上述刑事追诉措施而遭受的财产损失，由国库予以赔偿。该法在废除 1898 年法和 1904 年法的基础上，将司法赔偿责任扩大到非财产权损害赔偿。1981 年联邦德国颁布的《国家赔偿法》规定在法律规定的情况下，国家对立法、司法、行政领域里一切侵权行为承担赔偿责任。同时规定，自本法颁布时起，以前《德国民法典》、《国家责任法》等法律中一切有关条款均予以废止，从而以立法形式统一了国家赔偿责任。然而，联邦宪法法院在 1982 年判决这部法律为违宪立法，使该法至今未能生效。此外，德国有关国家赔偿的法律还有关于公用征收的赔偿，关于公权力主体对劳工、公务员、法官、军人、儿童及其他人发生意外事故的赔偿等众多的特别法。

（三）英国国家赔偿的历史发展

英国的法律传统中没有国家的概念，英王即是国家。而英国资产阶级革命的不彻底性，封建传统仍有较大市场，“国王不能为非”的传统理念得到长期固守。因而，在相当长的时期内，官吏侵犯人民权益的行为，国家不承担责任，而由公务员自行承担责任。19 世纪以后，随着行政权的扩张，国家豁免带来的问题日益严重，英国上议院于是开始停止豁免权的扩张，它声称，赋予国家机关公共管理职能本身并不意味着授予豁免权，只有国家的中央政府的有关机构享有国家豁免，然而这种界限很难划清。

1947 年《王权诉讼法》的颁布实施，标志着英国放弃了国家豁免原则，确立了国家赔偿制度。《王权诉讼法》规定，“任何人对王权有控诉请求权”，“国王对其雇佣人或代理人的侵权行为承担赔偿责任”，明确肯定了国家赔偿责任。依据英国相关法律规定，公务员在执行职务时的侵权行为由英王和实施侵权行为的行政人员负连带责任。英王主要负有以下侵权责任：（1）对英王的公仆及代理人在执行职务中的侵权行为；（2）有关普通法上作为一个雇主对他的雇员或代理人所负的义务；（3）有关普通法上的任何违反了作为财产所有者所负的义务。

《王权诉讼法》在肯定国家赔偿责任的同时，又明确规定，“任何人当履行或准备履行其司法上应负之责任，或与司法上执行程序有关之责任，就其作为或不作为之行为”不能对君权提起诉讼。其理论依据是，法官虽然是英王的仆人，司法职务虽然也以英王的名义执行，但法官与行政官员不同，英王不能操纵或影响法官，因此国家对司法职务所造成的损害不负赔偿责任。对侵犯人身自由权的救济，一是通过法律确保在恰当条件下使人从监禁状态重新获得自由，二是按照普通法传统通过侵权之诉向受害人提供赔偿。因司法机关的错误判决造成的损害，可向内政大臣提起诉愿。内政大臣将审查后可以采取两种方法处理：（1）指示上诉法院就此案进行部分或全部重审。（2）根据补充调查和举证后，提出一项建议，给予被误判的人一项授予自由的“原谅”或“宽恕”。这也就是说，被告并未犯罪，但其结果并非明白无误的平反昭雪，而是一项宽恕。错误判决按司法途径被推翻后，当事人并不能获得国家赔偿，而是可以申请一笔“特惠”支付。支付数额由刑事伤害赔偿委员会提出，内政大臣作出支付决定。但这种支付数额没有具体法律标准，因此，司法侵权救济得不到充分的法律保障。另外，在《王权诉讼法》中，还规定了许多国家不负赔偿责任的例外。可见，与其他国家相比，英国的国家赔偿是相当保守和落后的。

（四）美国国家赔偿的历史发展

美国法律制度深受英国的影响，与英国并称普通法系。在美国，由于在国家豁免学说的影响下，公民受到政府侵害，只能请求国会“立法特惠”获取补偿，或由国会直接处理，或由侵权公务员个人赔偿。随着行政范围的扩张，行政侵权行为日益增多，公民请求国家承担赔偿责任呼声高涨。美国法院在判例中逐渐明确公务员个人的赔偿责任，联邦政府也逐渐放弃主权豁免特权。

1938 年，美国联邦政府制定了对于人民受联邦法院错误判决之救济法。该法典规定，“对于因不公正判决有罪或拘押所受侵害或判决已全部或部分执行，因上诉或重新审理而认为对所判之罪不正确或事后认为无辜而获赦免者，允许其向国家请求赔偿。赔偿方式为支付金钱，但最高限额不得超过 5000 美元”。“根据被不公正地宣判为对美国犯有罪行并被监禁的人要求赔偿损失的请求，索赔法院对宣判有管辖权。”1946 年美国公布了《联邦侵权赔偿法》，确认了联邦政府的赔偿责任。1948 年吸收该法主要内容，制定了《联邦司法法》。《联邦司法法》的制定，确立了美国国家赔偿制度的基本原则，凡政府之任何人员于其职务范围内因过失、不法或不作为，致人民财产上之损害或损失，或人身上之伤害或死亡，联邦政府同公民一样，依据行为或不行为发生地之法律负有其被提起损害赔偿诉讼之责任。同时，《联邦司法法》还规定赔偿的范围和程序，也规定了许多免责条款，如政府机关的自由裁量行为所产生的损害，不属于政府责任的范围。官员在执行职务中故意殴打、非法拘禁、不法逮捕、恶意起诉、滥用程序的行为所产生的侵权责任不属于政府责任等。此外，在国家赔偿归责原则上，美国联邦政府始终坚持过错责任原则，而不承认危险责任，国家只对政府人员因过失、不法行为或不行为造成的损害负责，不承担无过失责任。随着《联邦侵权赔偿法》的公布实施，美国的各州政府也开始放弃主权豁免原则，逐步确认自己的侵权赔偿责任。

(五) 日本国家赔偿的历史发展

由于历史和战争因素，日本的法律制度受到普通法与大陆法的交叉影响，具有普通法与大陆法交融的特点。这一特点也反映在国家赔偿制度上。日本国家赔偿的历史发展主要分为两个阶段①：

1. 明治宪法下的国家赔偿。在明治宪法下，日本遵循着主权豁免的法理。在此法理影响下，日本的国家赔偿制度呈现出如下特色：(1) 明确否定行政损害赔偿责任。日本旧《行政法院法》第 16 条规定，“行政法院不受理要求损害赔偿的诉讼”，明文拒绝受理因行使行政权造成损害而请求国家赔偿的诉讼，否定行政损害赔偿责任。(2) 公权力性活动以外的活动，要服从民法的不法行为法。根据日本《民法》上使用者责任规定，可以请求对私经济性行政活动造成的损害赔偿，进而请求对公共事业的实施及公务管理的瑕疵所造成的损害的赔偿也是可能的。但是，对行政权力造成的损害提出赔偿请求，以及对除公务管理以外的非权力性行政损害赔偿请求，都不予承认。(3) 承认公务员个人的赔偿责任。根据判例，因执行公法上的职务而造成的损害，即使存在过错，公务员也不承担赔偿责任；如果是职务外行为或形式上属于职务行为而滥用职权侵害私权时，则作为私人行为处理，公务员个人要负赔偿责任。(4) 在一定程度上承认司法赔偿。根据日本 1930 年颁布的《刑事补偿法》，在以下两种情况下国家要承担刑事补偿责任：一是在刑事诉讼法规定的普通程序、再审和非常上告程序中，作出了宣告被告无罪的判决，但被告正因前一个司法行为而受到拘禁；二是在根据恢复上诉权的规定而提起的上诉、再审和非常上告程序中，作出了被告无罪的判决，但被告已因前一个判决而受到拘禁。

2.《日本国宪法》下的国家赔偿。1946 年 11 月 3 日制定的《日本国宪法》第 17 条规定，“如果因为任何公共官员的违法行为而蒙受损失，每一个人都可以根据法律规定，对国家或公共团体提起赔偿诉讼”。这一规定，全面

① 参见［日］盐野宏：《行政法》，法律出版社 1998 年版，第 446～449 页；杨建顺编著：《日本行政法通论》，中国法制出版社 1998 年版，第 620～623 页。

否定了主权豁免的法理和“国家无过错原则”，确定了日本国家赔偿责任的宪法基础，其目的在于谋求对人权保护的实效性。为了具体实施这一规定，1947年，日本依据德国1910年公布的《国家责任法》，颁布了《国家赔偿法》。该法的主要内容是：(1) 规定了基于公权力的行使的国家或公共团体的损害赔偿责任。(2) 规定了对因供公共之用的设施之设置、管理瑕疵所造成的损害予以赔偿的责任。(3) 规定了官营公费事业（事业的管理主体是国家，而费用负担者是地方公共团体的情况）的损害赔偿责任人。(4) 规定了国家赔偿中有关《民法》适用的问题。(5) 规定其他法律有特别规定的，依其规定。(6) 规定了受害人是外国人时的对等原则。该法的制定实施，标志着日本国家赔偿制度在法制上的确立。

第二节 中国国家赔偿制度的历史发展

一、旧中国国家赔偿制度的历史发展

旧中国经历了两千多年的封建专制统治，是一个家天下的国度。“普天之下，莫非王土，率土之滨，莫非王臣。”皇帝拥有至高无上的权力，国家的一切，包括所有的臣民都是属于皇帝所有。因此，皇帝无论在法律上还是事实上都只享有权力而不履行任何法律义务。所有的臣民本身就为皇帝所有，皇帝对臣民造成损害，也就不存在赔偿的问题。但是如果皇帝和其他封建官吏对臣民造成的损害太大，冤狱太多，必然会引起广大臣民对皇帝和其他封建官吏的不满，从而动摇皇权的统治。为此，中国历代王朝对冤狱十分重视，普遍建立了监察机构，其职能之一就是“掌律令、审重重、察冤枉”。在个别情况下，也会对冤狱进行赔偿，如复官、封爵、赐钱、赐地、赠谥号等。这种赔偿既没有法律依据，也没有法定程序，完全取决于皇帝的个人意志，所以不是现代意义上的冤狱赔偿制度，是最高统治者出于政治需要对极少数受害人的一种“恩典”，是皇帝施行“仁政”的体现，不能将其同近、现代的国家赔偿制度相提并论。

1911年，孙中山领导的辛亥革命推翻了清政府统治，建立了资产阶级民主共和国——中华民国，为国家赔偿法律制度的建立奠定了政治基础。中华民国政府开始在某些法规中规定国家赔偿内容，如1930年的《土地法》、1932年的《行政诉讼法》、1933年的《警械使用条例》、1934年的《戒严法》、1944年的《国家总动员法》等。其中，1932年的《行政诉讼法》中规定，

"行政诉讼得附带请求赔偿"；1933年的《警械使用条例》规定，"警察人员非遇第4条各款情形之一，而使用警刀、枪械或其他经核定之器械者，由该管长官惩戒之。其因而伤人或致死者，除加害之警察人员依刑法处罚外，被害人由各该级政府先给予医药费或抚恤费。但出于故意之行为，各级政府得向行为人求偿"；1934年的《戒严法》第11条规定，"因戒严上不得已时，得破坏人民之不动产，但应当酌量补偿"；1944年的《国家总动员法》中第28条规定，"本法实行后，政府对人民因国家总动员所受之损失，得予以相当之赔偿或救济，并得设置赔偿委员会"。1946年国民代表大会通过《中华民国宪法》第24条规定，"凡公务员违法侵害人民自由或权利者，除依法惩戒外，应负刑事及民事责任，被害人民就其所受损害，并可依法律向国家请求赔偿"。《中华民国宪法》第24条的规定正式从宪法层面承认了国家赔偿制度。①

二、新中国国家赔偿制度的历史发展

新中国国家赔偿制度的雏形源于新民主主义革命时期。这一时期，中国共产党领导人民在广大农村建立了革命根据地，创建了新民主主义的政治与法律制度，它们是新中国社会主义法制的前身和渊源。在这一时期由于革命战争形势紧张，革命根据地政府没有专门的国家赔偿立法。但革命根据地政府非常重视人民合法权益的保护，因此也制定了一些相关的法律、法规和政策。如，1942年陕甘宁边区政府颁布的《陕甘宁边区保证人权财权条例》，该条例第1条规定，"本条例以保障边区人民之人权财权不受非法侵害为目的"。又如，《山东省人权保障条例》第10条规定："凡各级政府公务人员违法侵害人民之自由或权利者，除依法惩办外，应负刑事及民事责任。被害人得就其所受损害依法请求赔偿。"中国人民解放军的"三大纪律、八项注意"中的"损坏东西要赔"也可以看做是新中国国家赔偿的历史渊源。

1949年新中国成立后，国家一切权力属于人民，从而为建立行政赔偿制度奠定了政治基础。1949年制定的《共同纲领》第49条规定，"人民和人民团体有权向人民监察机关或人民司法机关控告任何国家机关和任何公务人员的

① 我国台湾地区国家赔偿制度是中华民国国家赔偿制度的延续，1959年我国台湾地区公布了"冤狱赔偿法"，规定了赔偿请求权的范围和限制、赔偿程序、赔偿金的支付等内容，并于1966年、1967年和1983年作了修改。1980年我国台湾地区又公布了"国家赔偿法"，规定了赔偿范围、赔偿主体、赔偿方式、赔偿时效、赔偿程序、法律的适用等内容。

违法失职行为”。这实际上表明我国已经实际承认国家担负赔偿责任的可能性。从立法上看，新中国最早规定国家赔偿内容的法律是1954年1月制定的《海港管理暂行条例》。该法第20条规定，“港务局如无任何法令根据，擅自下令禁止船舶离港，船舶得向港务局要求赔偿由于禁止离港所受之直接损失，并保留对港务局的起诉权”。同年9月我国第一部《宪法》颁布。该宪法第97条原则规定，“由于国家机关工作人员侵犯公民权利而受到损失的，有取得赔偿的权利”。这就从宪法上确立了国家赔偿制度。

1957年以后，尤其是“文化大革命”期间，整个国家法制遭到破坏，公民的人身权利成了一纸空文，国家赔偿制度也被否定。1975年宪法、1978年宪法都没有规定有关国家赔偿的问题，其他法律、法规更没有国家赔偿的相关内容。“文化大革命”后，国家恢复和发展民主与法制，对于冤假错案，也是本着恢复名誉、职务、工作以及给予适当金钱赔偿的原则予以平反昭雪。这些都带有国家赔偿性质，但这不是真正意义上的国家赔偿。

1982年《宪法》第41条规定，“由于国家机关和国家工作人员侵犯公民权利而受到损失的人，有依照法律规定取得赔偿的权利”。这再次重申了国家赔偿原则。根据《宪法》的精神，1986年颁布的《民法通则》第121条明确规定，“国家机关或者国家机关工作人员在执行职务中，侵犯公民、法人的合法权益造成损害的，应当承担民事责任”。1988年最高人民法院《关于贯彻执行《中华人民共和国民法通则》若干问题的意见》第152条进一步明确规定，“国家机关工作人员在执行职务中，给公民、法人的合法权益造成损害的，国家应当承担赔偿责任”。这一规定是新中国国家赔偿制度产生的重要标志。此后，一些法律、法规中也有一些有关国家赔偿的内容，如《治安管理处罚条例》第42条、《海关法》第54条、《草原法》第18条、《森林法》第37条等。但由于这些法律只是原则性地规定公民对国家侵权损害享有赔偿请求权，而对赔偿范围、方式、主体、程序等重要问题没有规定，而且这些规定比较分散凌乱，其实施大多是根据法律原则和相关政策，其结果是公民的赔偿请求权难以得到具体实现。

1989年制定的《行政诉讼法》以专章形式规定对行政侵权赔偿责任作了概括性规定。该法规定了行政赔偿责任主体、赔偿义务机关、承担赔偿的条件、请求赔偿的程序、行政追偿以及赔偿经费等问题，从而建立和健全了我国行政赔偿制度。

虽然《宪法》、《民法通则》、《行政诉讼法》、《治安管理条例》、《海关法》、《草原法》、《森林法》等对国家赔偿作了进一步的规定，但这些规定并不完善：（1）这些法律规定非常原则，普遍缺乏可操作性；（2）这些法律规定之间相互不协调甚至自相矛盾；（3）这些法律规定都带有部门法的局限，不能构成一个体系。为了弥补我国法律的空白，保证行政诉讼法中规定的行政赔偿制度的实施，1989 年七届全国人大二次会议制定行政诉讼法后，全国人大常委会法制工作委员会即组织有关法律专家组成了起草小组。该起草小组在总结实践经验的基础上，借鉴国外有关国家赔偿法的规定，历经数载，数易其稿，于 1992 年 10 月拿出了《国家赔偿法（试拟稿）》，印发有关部门、各地方和法律专家征求意见，并进一步研究和修改，拟订了《国家赔偿法（草案）》。1993 年 10 月 22 日人大法制工作委员会副主任胡康生在人大常委会上对草案进行了说明，以后又协调和修改。1994 年 5 月 18 日第八届全国人大常委会第七次会议通过，1995 年 1 月 1 日起实施。《国家赔偿法》的实施是新中国民主法治史上的里程碑，标志着国家赔偿制度的正式全面确立。《国家赔偿法》实施以来，在国家的法制化进程中发挥了积极作用。与此同时，国家赔偿法在实施中也存在一些问题，主要是：赔偿程序的规定比较原则，对赔偿义务机关约束不够，有的机关对应予赔偿的案件拖延不予赔偿，当事人的合法权益难以得到保障；有的地方赔偿经费保障不到位，赔偿金支付机制不尽合理；赔偿项目的规定难以适应变化了的情况。此外，刑事赔偿范围的规定不够明确，实施中存在分歧。这些问题不同程度地阻碍了赔偿请求人及时有效地获得国家赔偿。据立法机关介绍，在《国家赔偿法》修正案草案公布征求意见之前，全国人大代表共有 2053 人次提出了 61 件关于修改该法的议案和 14 件建议。① 2005 年全国人大常委会法制工作委员会开始着手研究修改《国家赔偿法》的工作，先后多次召开座谈会、研讨会，并在全国 10 余个省市进行了大量的调研。2008 年全国人大常委会法制工作委员会起草了《国家赔偿法修正案（草案）》。第十一届全国人大常委会先后于 2008 年 10 月第五次会议、2009 年 6 月第九次会议、2009 年 10 月第十一次会议、2010 年 4 月第十四次会议对《国家赔偿法修正案》进行了四次审议。2010 年 4 月第十四次会议通过了《国家赔偿法修正案》，并决定自 2010 年 12 月 1 日施行。新《国家赔偿法》的亮点主要有：（1）承认国家赔偿归责原则多元化。国家赔偿归责原则是整个赔偿立法的基石，采用哪种原则直接影响赔偿的范围、赔偿的程序等问题。新《国家赔偿法》第 2 条第 1 款规定："国家机关和国家机关工作人员行

① 转引自江必新主编：《〈中华人民共和国国家赔偿法〉条文理解与适用》，人民法院出版社 2010 年版，序，第 1 页。

使职权，有本法规定的侵犯公民、法人和其他组织合法权益的情形，造成损害的，受害人有依照本法取得国家赔偿的权利。”与原《国家赔偿法》第2条相比较，去掉了“违法”二字。可以说，新《国家赔偿法》将过去的违法归责原则取消，从而在实质上承认了包括违法归责原则和结果归责原则的多元归责原则，顺应了时代的发展，对国家赔偿制度的发展将起到极大的推动作用。(2) 拓宽了国家赔偿的范围。原《国家赔偿法》采用了违法归责原则，即只有国家机关或工作人员违法了，才能纳入国家赔偿范围，这就人为限制了国家赔偿的范围，造成了国家赔偿范围过窄。新《国家赔偿法》第2条删去了“违法行使职权”的前提，规定“有本法规定的侵犯公民、法人和其他组织合法权益的情形，造成损害的，受害人有依照本法取得国家赔偿的权利”，并从两个方面完善了国家赔偿的范围：一是完善了国家机关及其工作人员行使职权造成公民身体伤害或者死亡的国家赔偿。二是完善了采取刑事拘留、逮捕措施侵犯人身权的国家赔偿。(3) 注重对请求人的权利保护，在较大程度上完善了国家赔偿程序。新《国家赔偿法》程序的完善，首先体现在赔偿程序的畅通。如，取消了刑事赔偿中的确认程序。新《国家赔偿法》规定，赔偿请求人向赔偿义务机关提出赔偿请求，赔偿义务机关应当在两个月内作出赔偿决定。如果没有按照法定期限作出赔偿决定或者当事人对赔偿决定有异议，可以向上一级国家机关提出复议。如果对复议结果不服，还可以向人民法院的赔偿委员会提出赔偿请求，这样从程序上保障了赔偿请求人的救济权利。其次，国家赔偿程序的操作性也更强了。如新《国家赔偿法》规定，赔偿义务机关收到赔偿申请书，应当出具加盖本行政机关专用印章并注明收讫日期的书面凭证；对申请材料不齐全的，应当当场或者在5日内一次性告知赔偿请求人需要补正的全部内容。又如，新《国家赔偿法》规定：被限制人身自由的人死亡或者丧失行为能力的，赔偿义务机关要对损害和行为是否存在因果关系承担举证责任。(4) 明确精神损害赔偿。原《国家赔偿法》没有关于精神损害赔偿的规定。但新《国家赔偿法》规定，致人精神损害的，赔偿义务机关应当消除影响、恢复名誉、赔礼道歉；对造成严重后果的，应当支付相应的精神损害抚慰金。这将有利于保障公民、法人和其他组织的合法权益。(5) 赔偿费用支付有保障。能不能真正拿到赔偿金，是赔偿请求人最为关心的问题。原《国家赔偿法》没有对赔偿费用的支付机制作出具体规定，赔偿金支付并没有法律保障。新《国家赔偿法》对赔偿费用的支付机制作了完善，规定国家赔偿的费用要列入各级财政预算。赔偿请求人凭生效的判决书、复议决定书、赔偿决定书或者调解书，向赔偿义务机关申请支付赔偿金。赔偿义务机关应当自收到支付赔偿金申请之日起7日内，依照预算管理权限向有关的财政部门提出支付申请。财政部门应当自收到支付申请之日起15日内支付赔偿金。相信经过这一修改，国家赔偿费用的支付会有真正的保障。这一切对于保护公民、法人和其他组织依法取得国家赔偿的权利，促使国家机关依法行使职权，化解社会矛盾、维护社会稳定，促进社会和谐具有非常重大的意义。

第三节　国家赔偿的发展趋势

在全球化的时代，西方各国的国家赔偿制度进入了全面深入发展的新时期，许多发展中国家也开始重视国家赔偿制度的建设，整个世界国家赔偿制度呈现出新的发展趋势①。

一、国家赔偿制度的法典化

国家赔偿作为一项保障基本人权、促进国家活动依法进行的法律制度自诞生以来，日益受到世界各国的重视。对于国家赔偿的法律规定，不同国家、不同时期用以确立的法律渊源不尽相同。有的以根本法确立，有的以民法确立，有的以判例确立，有的以专门的国家赔偿法确立。在国家赔偿发展过程中，判例起了十分重要的作用。以制定法为特色的法国，却以判例开创了行政赔偿的先河，并成为国家赔偿制度的主要法律渊源。以判例为主的英、美等国，成文法形式得到很好采用，但判例至今仍在赔偿领域起着重要作用。随着科技发展、生产力水平提高、经济全球化程度的加剧、人权保障的日益深入，国家赔偿制度日益发展、完善。随着国家赔偿制度的完善，人们更加重视国家承担赔偿责任的统一性和标准化，不愿长期停留在早期立法的分散交叉状态。制定统一的国家赔偿法既有利于解决原有法规零乱、重复、矛盾的缺点，有利于统一执法，而且更能集中反映国家赔偿制度中实体和程序两方面都具有的特殊性。于是美国于1946年、英国于1947年、日本于1947年、奥地利于1948年、韩国于1967年、德国于1981年、中国于1995年等先后制定了正规化、程序化、法制化的国家赔偿法典。制定统一的国家赔偿法典已成为一种世界性的立法潮流。

---

① 以下参见陈春龙：《中国司法赔偿实务操作与理论探讨》，法律出版社2002年版，第62～68页；张正钊主编：《国家赔偿制度研究》，中国人民大学出版社1996年版，第20～23页。

二、国家赔偿范围的扩大化

由于国家权力的范围不断扩张、人权保障的日益深入，国家赔偿范围日益扩大。这主要体现在四个方面：

1. 国家赔偿归责原则的兼容化。国家赔偿归责原则是确立国家承担赔偿责任的依据，是衡量国家赔偿民主性的标尺。在国家赔偿制度建立和发展过程中出现过多种赔偿归责原则，如过错责任原则，违法责任原则，过错兼违法责任原则，无过错责任原则等。在确立国家赔偿制度时，一般均采用过错责任原则，即只有对国家工作人员故意或过失的职务行为造成的损害或公务活动有欠缺造成的损害，国家才承担赔偿责任。后来虽然对此原则作了改进，“通过扩大对政府官员过失的解释，扩大过失的范围，减轻受害人对过失的举证责任以及在公务过失与个人过失并存时尽量把个人过失解释为公务过失，而不断放宽国家赔偿的条件”。① 瑞士、意大利、比利时等国不再强调公务人员主观上有无过错，但还要求公务活动只有在违法情况下，国家才承担赔偿责任。如瑞士规定：“对于公务员在执行公职活动中对第三人因违法造成的损害，不论公务员有无过错，均由联邦承担责任。”随着社会经济发展和公民福利水平提高，加之过错责任原则的局限性，单一的过错责任原则无法解决社会发展中出现的新问题，采用多元化归责原则相结合体系是国家赔偿制度发展的必然要求。由于各个国家情况不同，在多元化归责原则体系的设置上，有不同的侧重点，比较有代表性的有：以法国为代表的采用过错责任为主、危险责任为辅的归责原则体系；以英、美、德、日为代表的过错责任原则体系；以瑞士为代表的违法责任原则体系②。

2. 国家赔偿侵权行为范围的扩大化，即由传统的行政赔偿、司法赔偿发展到立法赔偿。由于行政行为和刑事司法行为在国家公务活动中的地位及其造成损害的频率与程度，各国的国家赔偿一般都以二者造成的损害为赔偿范围。随着社会发展，国家赔偿已逐步扩大到军事领域、立法领域和司法领域中的民事司法、行政司法和执行司法。在立法赔偿方面，1936 年法国最高行政法院以判例的形式开创了立法赔偿的先例，随后通过判例不断扩大立法赔偿范畴。

---

① 皮纯协、冯军主编：《国家赔偿法释论》(修订本)，中国法制出版社 1996 年版，第 28 页。

② 参见皮纯协、冯军主编：《国家赔偿法释论》(修订本)，中国法制出版社 1996 年版，第 81 页。

1981 年德国《国家赔偿法》第 5 条规定："如果损害为立法者的违法行为所造成，只有在法律有规定并在规定的范围内发生赔偿责任。"英国参加欧盟以后，也开始承担立法赔偿责任，欧洲人权法院曾判处英国承担国家赔偿责任。立法赔偿已逐渐成为一种世界性趋势。在军事领域，英国、美国、瑞士等国家对军事行动和军人职务行为造成的损害，承担国家赔偿责任。在司法领域，赔偿范围也出现从刑事赔偿扩大到非刑事赔偿的趋势。1971 年德国刑事追诉措施赔偿法规定，对于司法机关采取的诉讼保全、没收、扣押以及搜查，暂时吊销驾驶执照、暂时停止营业等措施使当事人遭受财产损失的，由国库予以赔偿。1972 年法国关于建立执行法官和民事诉讼改革法规定，国家对民事审判中的重公务过错和拒绝司法产生的损害承担赔偿责任。在行政领域，行政不作为所致损害也被纳入国家赔偿责任范围。如《美国联邦侵权法》第 1346 条第 6 款规定，"由于政府雇员在他的职务或工作范围内活动时的疏忽或错误的作为或不作为所引起财产的破坏或损失，人身的伤害或死亡等属于美利坚合众国的侵权赔偿范围"。显然，它将国家机关及其公务人员的行政不作为所造成的损害归于国家赔偿责任范围。德国 1981 年《国家赔偿法》第 1 条第 1 款规定，"公权力机关违反对他人承担义务时，公权力机关应依据本法对他人赔偿就此产生的损害"。另外，随着国家行政服务和管理活动深化，许多国家将公共设施致害普遍纳入国家赔偿范围①。如，德国在 1981 年颁行的《国家赔偿法》第 1 款明确规定，"国家对其因技术性设施和故障所产生的侵权行为，应该负赔偿责任：因违反对街道、土地、领水、违章建筑物的交通安全义务所造成的损害，国家应负赔偿责任"。法国通过判例确定了国家对特定的公共工程活动和公共建筑物造成的损害承担赔偿责任。英国则在 1866 年英国上议院审理的吉布斯诉默西码头和海港管理局一案中判决国家机构承担公共设施致害的赔偿责任，并在 1947 年的《王权诉讼法》中以法条形式确认中央政府对其所有、占有和控制的财产应当负危险责任。

3. 国家赔偿标准的规范化。在国家赔偿制度发展过程中，赔偿标准也日渐规范化，形成抚慰性赔偿，补偿性赔偿和惩罚性赔偿三种标准。惩罚性赔偿是一种加重赔偿。赔偿数额对侵权方具有警戒性和除足以弥补受害人实际损失外，还应加上对侵权行为负责的惩戒费用，以儆效尤。补偿性赔偿是一种弥补赔偿。赔偿数额能够填平补齐受害人的实际损失，赔偿后能使受害人在物质方

---

① 季金华：《国家赔偿制度的成长及其发展趋势》，载《南京师范大学学报（社会科学版）》2005 年第 3 期。

面恢复到受害前的状态。抚慰性赔偿是一种象征赔偿。赔偿数额一般均低于受害人受到的实际损失，它是在法律上为受害人平反正名以后，从物质上作出的一种象征性表示。在国家赔偿制度建立初期，世界各国通常采用抚慰性标准。随着赔偿实践经验积累、公民法律意识提高和国家经济实力增强，逐步采用补偿性标准或惩罚性标准。

4. 国家赔偿侵权损害范围的扩大化，即由仅赔偿直接损失和物质损失发展到适当赔偿间接损失和精神损失。如，奥地利有侵犯他人人格权的赔偿规定；瑞士有精神损害赔偿规定：日本在国家赔偿法中规定，财产损害、非财产损害包括精神损害，均属于赔偿范围；法国对精神损害赔偿范围包括对信仰、名誉、美观的损害，甚至感情损害、精神痛苦均可得到赔偿。《韩国国家赔偿法》第3条第5款规定："对于生命或身体之被害人之直系尊亲属及配偶、以及因身体等受伤害之其他被害者，应在总统令所定之标准内，参照被害者之社会地位、过失程度、生机状况及损害赔偿额等，赔偿其精神慰问金。"此外，"既不完全等同于物质损害，也与精神损害有别的一些机遇的丧失在今后的一些国家赔偿立法中，也有逐步给予赔偿的可能"。① 如，美国的《联邦侵权赔偿法》规定，对预期利益的行政侵权给予赔偿，并适用私法侵权赔偿原则，其赔偿标准相当于当事人一般情况下能获得的利益。《韩国国家赔偿法》则明确规定，"因生命、身体之侵害及物品之减损等，致生直接损害以外其他损害时，在不法行为之有相当因果关系之范围的，得赔偿之"。

三、国家赔偿主体的宽泛化

国家赔偿的主体是国家，即国家机关及其工作人员违法行使职权造成损害时，由国家而不是由侵权机关或工作人员承担赔偿责任。在大多数国家，公务人员并不是国家赔偿主体，但在一些普通法系国家，由于历史原因，还保留了公务人员也是赔偿主体的做法。随着社会生活的日益复杂化和公益事业的日益社会化，国家赔偿主体日益宽泛化。国家赔偿主体日益宽泛化主要体现在两个方面：

1. 对具有赔偿主体资格的国家机构认定的宽泛化。在国家赔偿确立之初，国家一般只对行政机关和司法机关的职务侵权行为承担赔偿责任。随着社会发展，对公有（国有）公益组织的职务侵权行为以及受委托行使公权力组织的

① 皮纯协、冯军主编：《国家赔偿法释论》(修订本)，中国法制出版社1996年版，第40页。

职务侵权行为等都应该承担赔偿责任。如，德国联邦基本法第 34 条第 1 款规定："任何人于执行公务时，如违反对第三者应负之职务上义务，原则上由其所服务之国家和公共团体负责。"本条规定的赔偿主体是国家、州、公共团体，公共团体又包括地方自治团体和公法人。奥地利公职责任法规定联邦、州、区、乡镇、其他公法团体和社会保险机构等行使公权力的组织为国家赔偿责任主体。

2. 对公务活动执行人公务资格认定的宽泛化。对公务活动执行人是否具有公务资格的认定，是涉及国家是否构成赔偿主体的另一方面。许多情况下，国家公务活动并非由国家机关及其工作人员直接执行，对这些活动造成的损害能否由国家承担赔偿责任，实践中做法不一，但总的趋势是扩大国家赔偿责任的。具体表现在侵权人是否具备公务员身份不是判断责任归属的关键，重要的是其行为性质是否属于公务行为。而划分公务与非公务行为的标准多种多样，如以行为目的、行为结果、行为方式为标准，或以职责权限、实质意义为标准，但总的原则是有利于被侵权人能得到合法赔偿。如"日本就在 1956 年的一个判例中确立，只要该行为具备公务行为的外在特征，就足以使国家承担赔偿责任。哪怕能证明行为人主观上是为了个人的利益，也要由国家承担责任"。①

四、国家赔偿程序的合理化

对国家赔偿案件的审理，不少国家采用民事诉讼或一般行政诉讼程序办理。但是，国家赔偿程序本身具有其自身的许多特点，在设有司法赔偿和立法赔偿的国家更是如此。随着国家赔偿实践经验的不断积累和总结，国家赔偿程序日趋合理化。国家赔偿程序的合理化主要表现在两个方面：

1. 国家赔偿程序的专门化。在国家赔偿实践中，一些国家逐步摸索建立一些专门机构、方式、步骤和制度，以适应审理国家赔偿案件的特性。如，美国司法赔偿的机构与程序，原则上由普通法院系统之外的专门机构依特别程序解决；法国在最高法院内设立独立的补偿委员会，受理因拘禁后不起诉或判决无罪者的赔偿案件；我国台湾地区亦在司法院设冤狱赔偿复议委员会，受理不服赔偿决定的复议案件。由于审理国家赔偿案件程序上的特殊性，各国的国家赔偿立法均十分重视程序问题，有的为此专门立法，有的在赔偿法中就程序问

① 皮纯协、冯军主编：《国家赔偿法释论》(修订本)，中国法制出版社 1996 年版，第 39 页。

题作出专门规定。如，美国除制定有联邦侵权赔偿法外，还颁布了联邦侵权赔偿法请求协议规则；瑞士也制定有专门的瑞士责任法执行法；奥地利的公职责任法全文14条中，规定程序的占7条；我国台湾地区的国家赔偿法共17条，其中8条是关于程序的规定；我国全文共35条的国家赔偿法中，程序规定也达11条之多。国家赔偿程序的专门化已成为国家赔偿制度的一大发展趋势。

2. 国家赔偿程序的公正化。程序公正是实体公正的基础。赔偿程序是国家赔偿责任的落实过程，也是受害人合法权益得到救济的途径。程序的公正、合理决定着赔偿请求权的实现与否以及实现的方式。国家赔偿程序虽然有着自己的特点，但是不能违背正当程序的一般要求。因此，国家赔偿程序的公正化是国家赔偿制度发展的必然要求。如，在保证国家赔偿请求权的实现的程序制度设计上，基本上采用国家赔偿终局性决定的准司法化或司法化。在行政赔偿程序中，世界许多国家一般采用先由行政机关内部解决赔偿责任的先行程序、后由法院解决赔偿问题的终局性程序两个阶段的处理办法。美国、奥地利和韩国基本上采用这种程序架构处理国家赔偿案件。就先行处理程序而言，一般有两种具体的模式。一种是由行政赔偿义务机关采用单方面决定的方式对受害人的请求进行先行处理，在通常的情况下不与请求人进行商谈，受害人只能对此种决定做出被动接受或拒绝接受的选择。韩国《国家赔偿法》第9条明确规定："依本法提起损害赔偿诉讼，非经赔偿审议会作出赔偿金给付的决定后，不得提起。但自赔偿决定申请之日起，超过两个月时，有权不经其决定，提起诉讼。"韩国在侵权事实确认程序构造方面较为特殊，采用了设立专门的行政赔偿确认主体，由独立的第三者作出相关法律决定的制度机制。韩国国家赔偿法规定，行政赔偿请求的法定处理机关不是赔偿义务机关，而是依法特别设立的各级赔偿审议会。这就避免了当事者成为自己案件的裁判者的非理性现象。奥地利《国家赔偿法》第2条规定："被害人应先向有赔偿责任之官署以书面请求赔偿。书面送达官署三个月后，未经官署确认，或在此期间内对赔偿义务全部或一部分拒绝，被害人得以官署为被告提起民事诉讼。"可见，这些国家都以诉讼形式作为解决行政赔偿的最后手段，以确保其公正性。同时，又利用先行处理程序由赔偿请求人和行政赔偿的义务机关就侵权事实、赔偿范围、方式和金额等事项进行协商或由赔偿机关单独作出决定，从而减少国家赔偿争议。对于司法赔偿，法国、美国和日本等许多国家一般规定于刑事诉讼法中，因此，司法赔偿程序就采用刑事诉讼程序中的相关规定。由于这些国家审判人员的高素质以及司法能够保持独立性，加之重视辩论、质证等程序性权利的保障，刑事诉讼程序基本上能够保障刑事赔偿的公正裁决。①

五、国家赔偿制度的国际化

尊重人权的基本理论和有损害即有赔偿的法律原则，使得国家赔偿制度自产生之日起就突破了国家界限而带有国际性。一百多年来，国家承担侵权赔偿责任法律制度不仅在大多数国家建立，而且已成为国际公认准则进入国际法领域。世界人权公约宣布，“人人于其宪法或法律所赋予之基本权利被侵害时，有权享受国家行政法庭之有效救济”。各国在制定本国国家赔偿法时，关于在平等互利条件下外国人可向本国请求国家侵权损害赔偿的规定，也加速了赔偿制度的国际化进程。

【思考与探索】

一、国家对可得利益应否赔偿？

可得利益，就是可能得到的利益。比如，一个工厂被政府下令关闭，关闭以后就没有利润了，不关闭的话，它可能有几万、几十万元的利润，甚至更多的收益。目前我国《国家赔偿法》对于可得利益是不给予赔偿的，姜明安教授认为，这至少有两个弊端：一是不赔偿可得利益很不公正。相对人的工厂如果不关闭，当然有可能赚钱，也有可能赚不到钱，但是赚钱的可能性还是很大的。假设一个出租车司机的车被扣了，如果不扣，一般来说在北京一个月可以挣两三千元。而他一家人的生活来源就是靠这辆车。这种情况下，你把他的车扣了几个月，后来发现弄错了，只是把车还给他就行了吗？他的可得利益一分钱不赔，这公正吗？二是可得利益不赔，使政府不能吸取教训，进而导致了权力的滥用。曾经发生过这样的现象，中部地区的某个县，一个工厂出了事故，政府把全县的同类工厂都关了；以前北京也有过，一个网吧发生火灾，全市的网吧都被关了。其他的工厂、网吧证照齐全，安全措施到位，你凭什么给人家关了，损失怎么办？如果有可得利益赔偿制度，政府在下令关闭的时候就会想一想，万一搞错了可能面临巨额赔偿，那它就要三思而后行，先要把情况搞清楚，再去采取措施。因此，可得利益应该赔。可得利益虽并不是实实在在的利益，难以计算和确定准确的赔偿标准，但还是可以确定一个大致赔偿标准的。

① 季金华：《国家赔偿制度的成长及其发展趋势》，载《南京师范大学学报（社会科学版）》2005 年第 3 期。

例如，可把企业前三年收入算一下，取平均数，以此来赔偿。这个赔偿当然可能不公正，因为做不到完全准确，但这个不公正是小不公正，显然要优于完全不赔的大不公正。①

二、2010 年《国家赔偿法》修改之简要评析

2010 年 4 月 29 日全国人大常委会第十四次会议通过了《国家赔偿法》修正案。这次《国家赔偿法》修改承认了国家赔偿归责原则的多元化，拓宽了国家赔偿的范围，完善了国家赔偿程序，明确了精神损害赔偿，同时确保了赔偿费用的支付。这对于国家赔偿制度的完善、国家法制的进步具有重要的促进作用，对于保护公民、法人和其他组织依法取得国家赔偿的权利，促使国家机关依法行使职权，化解社会矛盾、维护社会稳定，促进社会和谐也具有非常重大的意义。然而，此次《国家赔偿法》修改也存在不足。不同学者从不同角度对《国家赔偿法》修改的不足进行了分析阐述②。概括起来主要有以下方面：

1.《国家赔偿法》修正案虽然确立了多元化归责原则，但是其第 2 条却规定，“有本法规定的侵犯公民、法人和其他组织合法权益的情形”时，受害人才能享有获得国家赔偿的权利。这就是说，新《国家赔偿法》虽然确立了多样的归责原则，但却将赔偿的范围局限于该法所列举的情形。也就说，如果国家机关或国家机关工作人员的职务行为，造成了公民、法人或者其他组织合法权益的损害，但不属于该法所列举的情形，则不能获得赔偿。这样一来，修正案废除违法归责原则的作用将十分有限。更为严重的是还堵塞了实践中拓展国家赔偿范围的各种可能。

2.《国家赔偿法》修正案有部分依然原地踏步，突出表现在刑事赔偿方面，仍坚持“错拘在法定时限内不赔”及“错捕后酌定不起诉的不赔”两项内容，使得刑事赔偿范围大打折扣。如果乐观一些来看，除去以上“合法错拘”的“豁免权”外，综合赔偿范围的扩大和举证责任等亮点，也可以算作是改变原有违法责任原则，有了一定进步。但门槛降低了多少不好说，同时修

① 袁祥、王逸吟:《国家赔偿法：受侵害人的救济法》，中国人大网 http：//www.npc. gov. cn/npc/xinwen/2010 ~04/29/content_1571220. htm。查阅时间：2010 年 5 月 6 日。

② 王太高：《国家赔偿法修正案亮点与不足》，检察风云 http：//www. jcfyzz. com/Article/lt/zjsd/2010/06/29/509. html. 2010 年 7 月 6 日访问；杨颖：《国家赔偿法修正案之不足之二：整体遗忘》，http：//blog. sina. com. cn/s/blog_679b71f70100j6o8. html. 2010 年 7 月 6 日访问；李良：《新〈国家赔偿法〉维稳使命大过救济》，凤凰网 http：//finance. ifeng. com/opinion/zjgc/20100506/2150476. shtml. 2010 年 5 月 6 日访问。

法的结果也很难清晰地体现修法的初衷。

3.《国家赔偿法》修正案将“违反国家规定征收财物、摊派费用的”修改为“违法征收、征用财产的”，这里不仅将“摊派费用”从应当赔偿的情形中排除掉了，而且这里用“违法”代替“违反国家规定”的做法还明显缩小了行政赔偿的范围，更与删除“违法”归责原则的做法相矛盾。

4. 追偿制度作为国家赔偿制度的重要组成部分，而且是实施得最不好的一项制度，在这次国家赔偿法的修改过程中，却被整体遗忘。环顾我国现实，以行政赔偿为例，自国家赔偿法实施以来，行政赔偿案件数量很少，而能够追偿的更是寥寥无几。据报道，重庆某单位工作人员因滥用公权造成国家赔偿，按规定应当责令其承担部分或者全部赔偿费用，然而，这位工作人员却一分钱也未赔偿。从2001年到2005年，由重庆市财政局审核行政赔偿费用的有6起案件，但没有一起案件的责任人被追偿。虽然我国法律对有“故意或重大过失”的执法人员规定了责令其承担赔偿的责任，但未对行政赔偿的“故意或重大过失”的具体情形及认定程序以及追偿的监督等作出规定，现行行政追偿制度中存在的诸多不足，致使启动并实施行政追偿都不能够有效地进行。

【练习题】

1. 简述西方国家赔偿制度历史演变的一般过程。
2. 简述法国国家赔偿的历史发展。
3. 简述新中国国家赔偿制度的历史发展。
4. 试述国家赔偿的发展趋势。

第三章　国家赔偿的归责原则

【重点】

1. 国家赔偿归责原则的含义与类型
2. 我国《国家赔偿法》对归责原则的确定
3. 行政赔偿的归责原则
4. 司法赔偿的归责原则

第一节　国家赔偿归责原则概述

一、国家赔偿归责原则的含义

归责即责任的归属，是指行为和物件造成他人损害后应根据何种依据使侵权行为人或物件所有人、使用人承担损害赔偿责任。归责原则实际上是归责的规则，确定侵权行为承担责任的依据，贯穿于侵权行为法之中①。国家对归责原则的确定反映了国家的价值取向。

国家赔偿法属于一种特殊的侵权行为法，以国家赔偿责任为核心内容，而国家赔偿责任的确定，首先应解决以何种依据确定国家对侵权损害负责，即归责原则问题。可以说归责原则是其他许多制度建立的基础。

国家赔偿的归责原则，是从民事侵权赔偿的归责原则发展而来，是指在法律上确定国家承担赔偿责任所依据的标准，即在损害事实发生后，以何种标准判断国家是否承担赔偿责任，是基于行为人的过错，已发生之损害结果，还是行为的违法性等作为判断衡量标准。归责原则在国家赔偿法律制度中占有极为重要的地位，它既是国家赔偿法的基本原则，也是国家赔偿责任的依据。确立国家赔偿的归责原则，对于从法律价值上判断国家承担赔偿责任的依据和标

---

① 参见王利明：《侵权行为法归责原则研究》，中国政法大学出版社 1997 年版，第 18 页。

准，对于确定国家责任的构成要件及免责条件以及对于确定国家赔偿的范围、确定国家赔偿中的举证责任分配等，都有较重要的影响。① 从权利救济的角度而言，归责原则的设定还直接关系着受损害的权利是否能够得到有效的救济，如采用违法责任原则就有可能将一些自由裁量不当或滥用的职务行为致害排除在国家赔偿范围之外；采用过错责任原则就可能将一些无过错职务行为致害排除在国家赔偿范围之外，等等。

归责原则所要确定的是责任主体承担责任的依据，不同于侵权责任。侵权责任，是指主体侵害他人权利或违反法定义务而依法应承担强制性的法律后果，它缘起于对绝对权利的侵害或预先存在的法定义务的违反。② 责任是归责的后果。归责原则是承担责任的依据，它不解决怎样承担责任的问题。

国家赔偿的归责原则也不同国家对于损害的赔偿原则。损害的赔偿原则是在损害发生后，国家从客观损害的角度出发，确定具体赔偿的基本准则。损害的赔偿原则虽然也涉及具体责任的承担，但它是以归责原则为指导，以国家赔偿责任的构成为条件，将国家赔偿责任具体化，没有归责原则为指导，赔偿原则是难以形成。

国家对国家赔偿归责原则的确定一个系统的、科学化的过程，也极为谨慎，其中受许多因素的左右，如法律文化传统、法律制度体系、法律实施的进程、经济发展状况、权利观念等，在立法的初创阶段还要考虑到法律的渐进性特点，不可能一蹴而就。西方国家对国家赔偿归责原则的确立也是在现实中不断完善，从实践中吸收营养，并以权利救济为核心不断延伸国家赔偿的深度和广度。

二、归责原则的类型

为了能够充分了解归责原则的内涵，有必要对其类型作一介绍。侵权行为法中的归责原则，由于受罗马法影响，一直采用过错责任的原则。但单一的过错责任原则无法解决社会在发展中所出现的新问题，过错责任原则在某些范围内存在着局限性。多元归责原则的出现是社会发展的必然要求。国家赔偿法晚于民法以及其他许多法律，吸收了民法中的归责原则演进与发展的成果。许多

---

① 参见江必新主编：《〈中华人民共和国国家赔偿法〉条文理解与适用》，人民法院出版社 2010 年版，第 39 页。

② 参见王利明：《侵权行为法归责原则研究》，中国政法大学出版社 1997 年版，第 17 ~ 18 页。

国家的国家赔偿法在制定中就考虑设置多元的归责原则体系，但由于各个国家的国情差异和法律制度不同，又有不同特色。比较有代表性的有：以法国为代表的采用过错责任为主、危险责任为辅的归责原则体系；以英、美、德、日为代表的过错责任原则体系；以瑞士为代表的违法责任原则体系①。也有极个别的国家采用单一的危险责任或结果责任的原则。

（一）过错责任原则

侵权行为法的归责原则一直贯穿着一个古老的法律原则"无过错即无责任"(no liability without fault)。它和"有过错即有责任"相对应而存在。过错责任最先为罗马法所创。早在公元前5世纪的《十二铜表法》中的第八表第10条规定了"烧毁房屋或堆放在房屋附近的谷物堆的，如属故意，则捆绑而鞭打之，然后将其烧死，如为过失，则责令赔偿损失，如无力赔偿，则从轻处罚"。公元前287年罗马平民会议通过的《阿奎利亚法》明确和比较全面地规定了过错责任的内容，将过错作为责任的依据，并以客观的标准确定过错，等等。该法律奠定了罗马法中过错责任的基础，对以后世界各国法律，特别是对归责原则产生着巨大的影响②。过错责任原则在侵权行为法中强调过错作为责任的构成要件，如果侵权行为人在主观上存在着故意或过失，并造成损害，侵权行为人应当承担责任。由于过错存在着故意和过失之分，过失也就成为归责的最后界点或根本要素，或者说承担责任的最外边缘。这样就实现了"无过错即无责任"的法则。17世纪法国法学家让·多马（Jean Domat）认为，如果损害是作为一个无害行为的出乎意料的结果而发生，那么鉴于没有任何过错可以归咎于行为人，就不应当对这一结果承担责任。18世纪另一法国法学家波蒂埃（Robert Joseph Pothier）进一步阐述了过错责任的内涵，认为：因债务不履行要求损害赔偿时，其赔偿范围应区分过失与故意，如果债务不履行是由债务人单纯过失造成的，仅就缔约时债务人一般能够预见到的损害范围作出赔偿；如果是出于故意，则应对债权的所有损失作出赔偿③。法国1804年民法典吸收了众多法学家的观点，对过错责任作了高度概括，其中第1382条、第1383条规定："任何行为使他人受损害时，因自己的过失而致行为发生之人对

① 参见皮纯协、冯军主编：《国家赔偿法释论》(修订本)，中国法制出版社1996年版，第81页。

② 参见王利明：《侵权行为法归责原则研究》，中国政法大学出版社1997年版，第43~44页。

③ 参见彭俊良：《民事责任论》，希望出版社2004年版，第228页。

该他人负赔偿的责任。”“任何人不仅对其行为所致的损害，而且对其过失或懈怠所致的损害，负赔偿责任。”

过错存在着程度的区分，罗马法将过错分为故意、重大过失和轻过失三种形态。过错的大小虽不影响归责原则的成立，但对责任的承担具有一定的意义。19 世纪以后，法学界提出“过错与损害赔偿保持平衡”的观点，这种观点经过激烈的争论，但最终还是为许多国家所接受。我国法律，特别是民法首先接受了这种观点，根据侵权行为人过错的大小判定承担民事责任的大小，在两者之间确定平衡的比例关系。当受害人存在着过错时，加害人可以适当减轻民事责任或免除民事责任。我国国家赔偿法在国家追偿制度中采用根据过错大小确定追偿金额的原则，当侵权的国家机关或国家机关工作人身存在着故意或重大过失时，国家对其行使追偿权。

国家赔偿法中的过错责任是从民法中演绎而来的，在规范意义上是指“公务过错”。法国行政法院自 Pelletier 案件审理后，通过判决形成了公务过错的观点，使这种过错责任从民法中分离出来。目前，国家赔偿法中的过错责任主要就是指“公务过错责任”，排除了“个人过错”而承担国家赔偿责任的情形，其功能主要在于设定了政府的行为模式和标准，使政府依据这种模式和标准行使职权，否则就要承担相应的责任。同时，它使从事公务活动的国家机关工作人员加深了对公务的认识，认清了自己的责任。

过错责任因历史的继承性和一定程度的合理性，为众多国家的国家赔偿法所吸收。美国在 1946 年制定的《联邦侵权赔偿法》确立了过错责任，后来于 1948 年将该法律整理于《联邦司法法》之中，规定了凡政府之任何人员在其职务范围内因过失、不法行为或不作为，致人民财产的损害或损失、人身伤亡或死亡，美国联邦政府处于私人地位，承担赔偿责任。日本的《国家赔偿法》第 1 条规定：“行使国家或公共团体公权力之公务员，就其执行职务，因故意或过失，违法损害他人者，应由国家或公共团体负赔偿责任。”韩国《国家赔偿法》第 2 条规定：“公务员执行职务，因故意或过失违反法令损害于他人者，国家或地方自治团体应赔偿其损害。”奥地利、英国、匈牙利等都在有关法律中对此原则加以规定。

（二）无过错责任原则

无过错责任原则是相对于过错责任原则而存在的另一种归责原则。在过错责任中，“有过错就有责任，无过错就无责任”是一种基本准则，但这种准则却不能完全适应现代社会的经济、科技等方面高速发展的要求。在现代社会中，国家公务活动于异常危险状态下，在不存在过错和违法时，也可能导致公民合法权益的损害。国家在确定承担赔偿责任的依据时，不得不考虑无过错情况时的责任问题。

无过错责任实质上是过错责任的延续，是为了弥补过错责任的不足而设立的，其特点主要体现在：

第一，从结果出发，实行客观归责。无过错责任主要从损害的结果出发，不管侵权行为人主观上是故意还是过失，只要是行为造成损害事实的发生，侵权行为人就要对损害结果承担责任。

第二，不能推定侵权行为人有过错。侵权行为人有无过错主要依据法律对其义务的设定，如果侵权行为人违反法定义务造成了损害，那么可以认定有过错，由此产生的责任是过错责任。无过错责任是法律难以对加害人的行为作否定评价而确定的责任形式。加害人实施这种行为可能是有益于国家和社会，是法律应当推举和鼓励的，或法律没有明确规定，却不能推定加害人有过错的。但是由于损害是客观存在的，国家如果不予救济，则有失社会公正。

第三，因果关系构成责任承担的先决条件。在过错责任中，过错是责任承担的先决条件，有过错就有责任，国家是否承担赔偿责任首先应考虑行为人有无过错。无过错责任先从结果出发，不考虑行为人有无过错，只需要判明行为或物件与损害结果之间是否有因果联系，如果有因果联系，国家就承担赔偿责任。

无过错责任原则并非绝对化和泛化，只存在于特定的情形中。法国国家赔偿制度中的"危险责任"实质上就是一种无过错责任。美国是一个坚持过错责任的国家，国家对无过错情况下造成的损害由法律设定的其他救济途径解决，其目的是为了保证政府在人民中的形象。然而，美国是一个联邦制的国家，各州的法律自成一体，现在各州普遍接受了无过错责任的观念。① 英国的侵权行为法也有向无过错责任发展的趋势，如 1965 年颁布的《原子能装置法》，1972 年的《有毒废品安置法》就对无过错情况下的损害作了救济性规定。新西兰在 1972 年颁布的《事故赔偿法》规定了任何人在新西兰因事故造成人身伤亡，任何受该法保护的人在新西兰之外因事故造成人身伤亡，不必因人身伤亡而引起的损害赔偿权利在法院中提起诉讼，而由新西兰政府支付一定的赔偿金。但新西兰的《事故赔偿法》对财产损失和利润损失不负责赔偿。瑞士 1959 年的《联邦责任法》规定联邦对公务员执行职务时，不法加害他人

① Peter. L. Strauss: *An Introduction to Administrutive Justice in the United States*, Carclina Academic press, 1989, pp. 274-275.

权利者，不论该公务员有无过失，均应负赔偿责任。但瑞士的铁路法、邮政法以及军事行动规程则作了免责规定，免除了因不可抗力的事由以及战争条件下的国家赔偿。从各国的立法例来看，无过错责任是有限的，在作用和范围上，与过错责任不能相提并论。无过错责任“在性质上已经不具有一般法律责任的含义；因为任何法律责任是以过错为基础，从而体现法律责任对不法行为的制裁和教育作用”。① 然而，无过错责任原则在于其注重损害的客观性，体现着社会的公平和正义，即要求国家最大限度地保护受害人的合法权益，实现由国家承担受害人不幸的“分配正义”。

无过错责任作为归责原则正受到法学理论和法学实践的挑战。国外一些学者对无过错责任进行了批判，认为它的存在构成了对当代侵权行为法的威胁，使传统过错责任的理论受到冲击，使法律责任失去其价值，还使法律规范中的合法与非法、正义与非正义的界限变得混乱不堪。② 我国也有学者认为：从各国的立法与司法来看，并不存在绝对的“无过错责任”，不可抗力在任何情况下都可以成为自己主观无过错而不承担责任的抗辩理由，因此，应当摈弃“无过错责任”的提法。所谓“无过错责任”容易使人们误以为任何情况下行为人均须对损害结果负责③。当然，这些批判只是对无过错责任的无限推广的忧虑。实际上无过错责任原则的存在并没有否定过错责任原则的价值，它只是作为一种辅助形式。一个国家只要有法律，在大多数的情形中会坚持过错责任的原则，用无过错责任原则作为过错责任原则的补充是社会发展的趋势，完全采取否定的态度也是不利于权利救济的。

（三）危险责任原则

危险责任原则产生于19世纪末期，20世纪逐步被法国、德国、日本、瑞士等国所采用。危险责任又称为“高度危险活动责任”和“异常危险活动责任”，在性质上应属无过错责任中的一种特殊形式。开始时，危险责任主要适用于民事损害赔偿方面，后来逐步地推广到其他领域。许多国家的国家赔偿法或其他法律也逐步地接受了这种归责原则，但各国一般根据本国国情将其限定在特定的领域中，如火车、汽车、电气、煤气、核能装置、航空航天等。

---

①　参见王利明：《侵权行为法归责原则研究》，中国政法大学出版社1997年版，第128页。

②　参见王利明：《侵权行为法归责原则研究》，中国政法大学出版社1997年版，第163页。

③　参见彭俊良：《民事责任论》，希望出版社2004年版，第231页。

我国法律也使用高度危险责任的概念，如《民法通则》第123条规定："从事高空、高压、易燃、易爆、剧毒、放射性、高速运输工具等对周围环境有高度危险的作业造成他人损害的，应当承担民事责任；如果能证明损害是由受害人故意造成的，不承担民事责任。"该条所确定的危险责任只适用于民事方面，而公权力的运用因高度危险致害是否引入国家赔偿制度中，我国学术界有一定的争议。我国《国家赔偿法》否定了危险责任作为我国国家赔偿责任的归责原则。危险责任原则的适用有特定条件的限制，只有符合下列条件才能引起国家赔偿责任：

首先，作出高度危险的行为是合法的。国家机关或国家机关工作人员作出高度危险的行为必须是经法律许可，符合法律规定的一般条件，或法律对此行为并未否定。该行为既有利于国计民生，又有利于促进国家和社会的进步与发展，主观动机是良好的，不能推定这种行为有过错，如政府为了推动科学技术的发展，从事空间运载工具的研制和运用，由于火箭在太空中的自动解体，其物件造成人身伤亡，政府虽无过错，但应对此承担赔偿责任。但是，如果作出高度危险的行为是违法的，那已说明行为存在着过错，而不属于危险责任的范畴。

其次，损害的不可避免性。由于在现代科学技术的条件下，人们无法控制自然力量和某些物质属性，尽管尽到了高度注意的程度和完全按照操作规程，但还是造成损害的发生，对此损害不能以不可抗力作为免责事由而不承担损害赔偿责任。法律在危险责任中不能将不可抗力作为免责事由，否则就没有危险责任的概念。

最后，受害人并无故意。在危险责任中，唯一能免除加害人责任的是受害人存在着故意，采用危险责任的国家都接受了这个规则。但是，受害人在有过失的情况下造成损害的，各国法律并没有免除国家赔偿责任。

（四）严格责任原则

严格责任是英美法中采用的一个概念，是指："当被告造成了对原告的某些明显的损害，应对此损害负责。"① 严格责任与过错责任有明显区分，即不考虑侵权行为人主观上是故意还是过失，只要行为与结果存在着因果关系就应对损害承担赔偿责任。严格责任包括侵占、侵害、动物责任、极度和异常危险活动责任、妨碍等。它并不是一种绝对责任，也并非完全不考虑行为人的过

① 王利明：《侵权行为法归责原则研究》，中国政法大学出版社1997年版，第146页。

错。行为人可以提出特定的抗辩事由和免责事由，如受害人存在过错、第三人的过错或由于自然原因造成损害等，可以减轻责任或免除责任。严格责任在英美法中逐步被无过错责任所取代。

严格责任介于过错责任和无过错责任之间，它保持了法律责任的教育和惩罚的功能，同时又弥补了受害人的损失，具有一定程度的适用性。

（五）公平责任原则

公平责任又称为衡平责任，是在审理侵权案件中，法官在加害人和受害人均无过错的情况下基于公平的观念，根据双方的财产状况和其他有关情况责令加害人对受害人的财产损害或其他损害承担一定的赔偿责任。公平责任体现了平衡、公正的思想，虽然其他的归责原则也在不同程度上体现着这种思想，但相比较而言体现得不是那么明显。

公平责任是商品经济和科学技术发展的产物，最初产生了未成年人和精神病人的赔偿案件。古代法律制度中，未成年人和精神病人造成侵权损害通常是要承担责任的，即由未成年人和精神病人对受害人负责赔偿。19 世纪以后，随着过错责任的发展，人们对这个问题提出了新的思考，认为未成年人或精神病人不具备意思能力，不能认定有过错，他们对造成的损害应不负责任。各国法律采取了两种不同的态度，有的确认不承担责任，有的确认应承担完全的责任。20 世纪以后，各国法律从公平正义的角度出发授予法官对此类案件一定的自由裁量权，法官根据受害人的不幸，结合加害人的具体实际情况，责令加害人承担一定的责任，以体现“公平正义”。公平责任是一种法律责任，它将道德规范中的“公平”上升为法律责任领域。有的学者认为它属于一种无过错责任。① 公平责任并非等同于无过错责任，因为无过错责任虽不考虑过错，但过错有可能存在，而公平责任是在加害人没有任何过错的情况下，由法官确定其承担责任的一种形式。从传统的过错理论来看，似乎对加害人是不公平的。然而公平的价值判断要以全社会的价值观念为准则，特别是在损害已经客观存在的情况下，而这种损害是由加害人的行为所致，将责任转由加害人承担部分或全部是正当和合理的。在国家赔偿领域中，只有极少数国家采用公平责任的原则。公平责任原则适用的范围相对较小，如国家机关及其工作人员在紧急避险情况下造成他人损害的；个人为了集体利益和国家利益而蒙受特殊牺牲；国家的立法活动造成公民、法人和其他组织权益损害的；等等，因而，它

① 参见宋章：《谈谈〈民法通则〉中侵权损害三个责任原则的规定》，载《北京律师》1987 年第 1 期。

不能作为普遍适用的侵权行为的规则①。

公平责任原则在国家赔偿制度中大体有如下情形：（1）国家赔偿适用民法中的有关规定；（2）国家通过专门法律确定国家赔偿中的公平责任；（3）在国家赔偿判例中使用公平责任原则。公平责任原则和其他的归责原则相比较，其适用的范围相对有限，但它仍然是归责原则发展中的一个重要标志。

上述类型的划分并非具有绝对的意义，只是在侧重点或思考问题的角度上存在着一定的差异，如无过错责任与严格责任、结果责任的分界点就没有绝对性，无过错责任与公平责任的区分就非常微小，再加上各个国家对法律概念理解上的差异，因而，类型化的归责原则只具有相对意义。

三、我国的选择

我国《国家赔偿法》第 2 条规定："国家机关和国家机关工作人员行使职权，有本法规定的侵犯公民、法人和其他组织合法权益的情形，造成损害的，受害人有依照本法取得国家赔偿的权利。"该条款是一个原则性规定，未直接指向归责原则，与修改前的规定有一定的差异。② 对照一下修改前后的《国家赔偿法》，我们不难发现两者都是在第 2 条确立了受害人有取得国家赔偿的权利，但在权利发生的根据上却有明显的不同。新的《国家赔偿法》删除了"违法"一词，意味着我国已经意识到违法责任原则在适用中的确存在着一些不容忽视的问题，到了非改不可的程度，需要建构新的归责原则或归责原则体系。按照修改后的《国家赔偿法》第 2 条和其他有关条款的规定，我们认为，我国国家赔偿的归责原则应是以违法责任原则为主，以结果责任原则为辅，呈现出一种新的体系结构，在法律的演进史上是一个重大的进步。

（一）以违法责任原则为主

违法责任原则强调的是以职务行为的违法性作为承担国家赔偿责任的根据。在这个意义上，受害人是否能够获得国家赔偿取决于对国家机关及其工作人员职务行为违法性的判断和认定，在此，"违法"就成为一个实实存在的关键词。违法责任原则侧重于对侵权主体行为的法律评价，将视点放在侵权主体的

---

① 参见房绍坤、武利中：《公平责任原则质疑》，载《西北政法学院学报》1988 年第 1 期。

② 修改前的《国家赔偿法》第 2 条规定："国家机关和国家机关工作人员违法行使职权侵犯公民、法人和其他组织的合法权益造成损害的，受害人有依照本法取得国家赔偿的权利。"

行为上，损害结果只是视点的延伸，在一定的意义上起到了遏止违法行为发生的作用，不可否认，也同时忽视了对行为后果的关注和对受害人的权利救济。

我国《国家赔偿法》在制定及实施过程中，学术界对国家赔偿归责原则提出了不同的观点，着重表现为如下几个方面：

第一种观点：我国应当采用过错责任的归责原则。① 其理由主要有：过错责任的原则体现了法律传统的习惯；具有法律责任的一般功能；我国司法实践中早已确定国家机关及其工作人员在民事活动中的过错责任；采用过错责任的原则能合理地、有效地确定国家赔偿范围，等等。

第二种观点：我国应当采用无过错责任原则。无过错责任是一种结果责任，它能最大限度地将一切损害纳入赔偿的范围中，对于促进我国的福利国家建设，保护公民、法人和其他组织的合法权益是有裨益的。况且我国宪法第41条和《民法通则》中关于国家机关和国家机关工作人员的侵权行为责任并没有限定为过错责任和其他的责任形式。

第三种观点：我国应采用过错责任兼无过错责任的混合的归责原则。② 过错责任是一种基本的归责原则，但它有其适用范围，不能囊括社会生活的方方面面，而无过错责任原则则解决了适用过错责任条件下无法解决的问题，拓宽了国家赔偿的范围。

第四种观点：我国应当采用违法和明显不当的归责原则。③ 这种归责原则的适用既便于操作，又能扩大国家赔偿的范围，弥补单纯采用违法责任原则的不足，特别是在法律较原则的情况下，自由裁量权的幅度过大会直接影响相对人的合法权益。因而采用违法和明显不当的原则能限定自由裁量权，保护相对人的合法权益。

第五种观点：我国应当采用违法责任原则。违法责任原则与我国法律、法规协调一致，适用此原则简明、操作性强，避免了过错责任原则适用中因对过错在判断上困难而带来的一系列问题。

第六种观点：我国应当采用以违法责任和结果责任相结合的混合责任原

---

① 参见张辉：《建立我国行政损害赔偿制度的几个问题》，载《法律科学》1990年第1期。

② 参见许崇德、皮纯协主编：《新中国行政法研究综述》，法律出版社1991年版，第552～556页。

③ 罗豪才、袁曙宏：《论我国国家赔偿的原则》，载《中国法学》1991年第2期。

则。① 与这种观点相类似的还有：我国国家赔偿法的归责原则应该从单一的违法原则走向违法原则为主，过错责任和结果责任为辅的多元归责体系②。

1. 选择违法责任原则的理由。上述每一种观点都从不同的角度对归责原则作了探讨。《国家赔偿法》对归责原则的确定直接关系到国家赔偿范围和国家对公民权利救济的价值取向。我国《国家赔偿法》在借鉴国外赔偿制度的有益经验的基础上，对归责原则进行了适当的调整，选择了以违法责任原则为主、以结果责任原则为辅的多元归责体系，体现了国家的价值取向，同时还考虑到国家赔偿法发展的渐进性特点。新的国家赔偿法仍然保留着违法责任原则，主要是基于如下几点理由：

第一，违法责任原则克服了过错责任中的不确定性，便于操作。过错责任原则虽然作为法律责任的基础，强调了过错对承担责任的意义，但在具体责任的确定上则具有弹性，人们很难以把握实施侵权行为时的主观状态。同时举证责任在侵权方，侵权方实施侵权行为时的主观状态依赖其举证，如采取行政拘留或者限制人身自由的强制措施期间，受害人死亡或丧失行为能力，赔偿请求人难以知晓其实施侵权行为时的主观状态。因此，过错责任也存在着难以全面保护受害人合法权益的情形。西方国家在坚持过错责任的同时，也不得不采用其他辅助性的归责原则用来弥补其不足。违法责任原则提供了承担责任的具体依据，即不管实施侵权行为的行为人主观状态如何，只要违反法律规定的义务，就由国家承担赔偿责任。

第二，违法责任原则也体现了法律责任的一般功能。法律最根本的目的就是要在社会中建立秩序，规范权力的运行，保护公民权利。违法责任的原则突出了法律规范在运作中的意义。国家机关及其工作人员的行为是以法律规范的明确界定为依据，并受法律规范所约束，行为的合法性与违法性直接与国家赔偿责任相联系。这就造就了国家机关及其工作人员在执法中尽量使自己的行为与法律规范保持一致，自觉约束自己的行为，尽到法律要求注意的程度。

第三，违法责任原则并未否定过错责任。违法是过错的一种表现，违法责任是过错责任的延伸，在一定意义上，违法责任与过错责任在内涵上相同，因为法律规范包含着国家的价值取向，过错观念已融入法律规范之中。

---

① 参见杨建顺：《国家赔偿法应该修改什么，如何修改》，载人大报刊复印资料《宪法学·行政法学》2008 年第 6 期。

② 参见马怀德：《国家赔偿法修改需要一揽子的解决方案》，载《21 世纪经济报道》2008 年 11 月 18 日。

第四，违法责任原则在适用中也产生了一定的法律效果，实践中所出现的问题尽管与该原则有关联，但最主要的是由于归责原则单一所致，如果能够以其他的归责原则为补充并建构多元的体系也是可行的，此外，我国的国家赔偿与补偿相分割，在《国家赔偿法》中因不便确立国家补偿的内容，所以仍然需要坚持违法责任原则。

2. 违法责任原则的特点。违法责任虽然以过错责任为其基础，但两者并不能等同，这主要取决于各自的特点。违法责任原则具有如下特点：

(1) 国家机关及其工作人员行为的违法性是国家承担赔偿责任的依据。我国法律坚持职权法定的原则，规定了国家机关及其工作人员行为的范围，"违法"意味着不符合法律所认可的行为准则，在本质上应认定为过错，这和传统的有过错就有责任的观念基本一致。在具体操作中，司法机关或有关机关只需要对照法律对某种义务的设定，就可以判断加害人是否违反法定的义务，而无需考察加害人行为时的主观状态。

(2) 违法责任原则排除了合法行为致害的国家赔偿责任。违法责任原则突出了法律在规范与教育方面的作用，便于实际操作，将责任的范围限定违法行为方面。从这个意义上讲，一些合法行为以及其他有过错并不违法的行为，即使造成了特定的损害，受害人不能够要求国家赔偿。当然，依据国家赔偿法获得救济只是救济的一个方面，受害人在其权利遭受损害的情况下还可以通过其他的途径获得救济。

(3) 违法责任原则将各种法律责任的承担及其免除联系起来。国家有众多的法律，各种法律确定了不同形式的法律责任和不尽相同的免责事由，只要法律体系中某一法律对一行为认定为合法，那么该行为不会导致国家承担赔偿责任。在另一方面，只要某一法律对一行为设定了免责条款，那么这一行为同样也不会导致国家承担赔偿责任。

(4) 适用违法责任原则仍然强调违法行为与损害事实的因果关系。违法责任原则虽然确定职务行为的违法性是判定国家承担赔偿责任的依据，但并没有否定违法行为与损害事实之间的因果关系，如果仅有违法行为，而没有法律确定的损害事实，国家也不会承担赔偿责任。损害事实仍然是国家赔偿责任的构成要件之一。

3. 违法责任原则适用中的应当关注的几个问题。违法责任原则不同于过错责任，也不同于结果责任，以法律确定的行为规范为依据，其中有合理的地方，但也有不足之处，在适用违法责任原则时应当关注以下几个问题：

(1) 适用违法责任原则必须以"良法"为基础。"良法"与"恶法"是相对应的概念，明确了“良法”的标准在一定程度上也可以对“恶法”作出大体的判断。有的学者认为，“良法”的标准可以概括为以下几个方面：在内容和形式方面，应符合科学性的要求；在价值取向方面，应符合公平正义的原则，代表广大人民的利益；在社会功能方面，应有利于社会进步，促进生产力的发展①。违法责任原则是以“良法”为假设的前提，即先假定法律、法规和行政规章全部都是“良法”，如果国家机关及其工作人员违反了“良法”，受害人可以要求国家赔偿，但是，从另一个角度上讲，如果国家机关及其工作人员依据“恶法”行使职权造成他人损害，受害人则无法请求国家赔偿。我们的法律、法规和行政规章在总体上可以认定为“良法”，但并不排除一些在实施中容易造成他人合法权益损害的瑕疵，同时，立法的质量提升也是一个不断进步的过程，因而，适用违法责任原则还必须以法律的正当性原则为指导。

(2) 适用违法责任原则必须对“违法”的概念作广义解释。何谓“违法”以及对其解释的宽窄如何直接涉及国家赔偿的范围和对受损害权利的救济。由于法律对国家机关及其工作人员行为规范的设置不可能全部具体化、个别化，在合法与违法之间往往存在着一定的空间，如果对“违法”解释得过于狭窄，那么公民、法人和其他组织在特定情况遭受的损害就难以获得有效的救济。因而对“违法”的解释应站在权利救济的角度，将外延扩大到违法与合法之间的地带。有学者提出将违反法律原则也应纳入“违法”概念所包含的范围之中。认为国家机关及其工作人员虽未违背严格意义上的法律，但其行为却有悖于法律原则，应认定为“违法。”② 这种对“违法”的解释在当前法制还不很健全的状况下具有一定的意义，但却将违法解释得过于抽象，理论上具有可能性，但操作困难。

(3) 适用违法责任原则应以其他有关归责原则为辅。法律只是对于社会某一历史发展阶段的现象的静态规定，当某一新的情况出现后，法律又往往不能适应其要求。特别是20世纪中期以后，科学技术在世界范围内得到迅猛发展，法律中肯定的某些行为有时造成公民、法人和其他组织合法权益的损害，而根据归责原则又找不到承担责任的依据。很显然，这不利于对受损害的合法权益的救济，违反了社会的公平正义。为此，许多国家逐步采用公平责任、无过错责任、危险责任来弥补违法责任原则的不足。我国《国家赔偿法》主要

---

① 参见孙霞：《良法标准之我见》，载《江苏行政学院学报》2004年第3期。

② 参见皮纯协、冯军主编：《国家赔偿法释论》(修订本)，中国法制出版社1996年版，第94页。

采用违法责任原则，对其他的归责原则的适用作了严格的限定，同时排除了合法行为致害的国家赔偿责任，虽然现阶段具有一定程度的合理性、可行性，但随着社会的发展，公民权利救济观念的增强和权利保障的强化，应适当地采用其他的一种或几种归责原则，将其作为违法责任原则的补充。2010年，我国对《国家赔偿法》的修改并以结果责任原则为补充就是对违法责任原则在适用中的完善。

（4）适用违法责任原则必须限定自由裁量权的范围。国家机关及其工作人员行使职权拥有自由裁量权，无论是在行政执法还是在司法活动中都较普遍地存在，但自由裁量权的运用往往直接涉及权利的保护与救济，其中的“度”的选择会造成公民、法人和其他组织权利实现的不同结果。法律之所以设定自由裁量权，是因为法律的普适性和社会现实多样性、多变性的矛盾的存在，为了使国家机关及其工作人员能根据客观情况公正并合理地处理案件和特定事项，贯穿着公平正义的价值观念，同时，也使相对人的合法权益能够得到维护，不得不明确其在职权法定的条件下又具有选择性的裁量权力。在现代法治社会中，自由裁量权不可能被消灭，也必须存在，对其只能在坚持合法性原则和合理性原则的条件下加以控制，片面地遏止，既不利于提高效率，又不利于对某些特定事项的合理判断和公正处理。我们对自由裁量权要看到其消极的一面，同时也要看到其积极的一面，不能因为其有可能被滥用就大谈彻底消灭之。当然，自由裁量权运用不当或滥用的确构成了对相对人权利的威胁，如果不加以控制也是一场灾难。这就需要充分利用法律的智慧，将自由裁量权纳人理性化的秩序中。我们通常所讲的滥用自由裁量权往往是违背客观事实，根据自己的好恶的决断行为，与法律所设定的自由裁量的目标相违背。英国法官科克讲道：“如果我们说由某当局在其自由裁量之内做某事的时候，自由裁量权意味着，根据合理和公正的原则做某事，而不是根据个人意见做某事……根据法律做某事，而不是根据个人好恶做某事。自由裁量权不应是专断的、含糊不清的、捉摸不定的权力，而是法定的、有一定之规的权力。”① 在适用违法责任原则条件下，滥用自由裁量权容易造成相对人权益的损害，而相对人又得不到国家赔偿的情形。如《中华人民共和国产品质量法》第49条规定：“生产、销售不符合保障人体健康和人身、财产安全的国家标准、行业标准的产品的，责令停止生产、销售，没收违法生产、销售的产品，并处违法生产、销售产品货值金额等值以上三倍以下的罚款；有违法所得的，并处没收违法所得；情节

① ［美］伯纳德·施瓦茨：《行政法》，徐炳译，群众出版社1986年版，第568页。

严重的，吊销营业执照；构成犯罪的，依法追究刑事责任。”这一条款就涉及极为宽泛的自由裁量权：一是在对某些概念理解上的自由裁量权，如国家标准、行业标准的合理性评价；二是行政处罚上的自由裁量权，如果运用不当或滥用会给生产企业造成极大的影响。针对这种现象，国家应通过程序法限定自由裁量权的运用和范围，同时吸取过错责任中的精髓，来弥补违法责任原则的不足。

（二）以结果责任原则为辅

结果责任原则应该是古代民法中的一个概念，其基本思想就是客观责任，即只要有损害的结果，而这种结果不是由受害人自己的行为所造成的，就由加害人承担赔偿责任。古代民法之所以强调客观责任，是因为当时生产力的落后，人们还没有意识到人的行为是主观意识支配的结果，所面对的是活生生的损害事实，对于损害事实后面隐藏的主观意志看不见、摸不着，因而，就无所谓故意与过失①。随着社会的发展，民事法律中的归责原则在过错责任的引领下特别关注侵权行为背后的主观意志，发展了无过错责任、严格责任，等等，对结果责任只是从抽象意义角度进行考虑。我国《国家赔偿法》采用了结果责任原则并不是古代民事法律中结果责任原则的简单复苏，而是基于国家侵权行为的特点以及国家赔偿制度不断向前发展的需要，同时还考虑受损害的合法权益的救济。古代民事法律中的结果责任原则是在人们的智识非常有限的条件下产生的，尽管在范围上比较广泛，但也容易造成不公正的结果，不利于培植社会正义。我国《国家赔偿法》中的结果责任原则是基于社会的公平正义而形成，虽然范围具有有限性，但是能有利于对受损害合法权益的救济并在国家赔偿制度的发展上留下了广泛的空间。我国《国家赔偿法》对结果责任原则的适用提出了如下要求：

第一，范围的有限性。从理论上讲，结果责任原则应该是一个范围极为宽泛的概念，包含着无过错责任、严格责任、公平责任、危险责任等。我国《国家赔偿法》中的结果责任并未沿着过错或无过错这样的思路向前推移，而与违法责任原则相衔接，将范围局限于职务侵权行为所造成的损害，将其他的无过错行为以及公有公共设施造成的损害等排除在国家赔偿的范围之外。按照我国《国家赔偿法》的规定，结果责任原则主要适用于刑事赔偿方面。

第二，地位上的辅助性。在没有故意与过失划分的年代，结果责任原则处于统治地位，法律对于人们行为的规范和引导非常有限，一些重要的价值观念

① 参见彭俊良：《民事责任论》，希望出版社 2004 年版，第 234 页。

隐藏于朴素的裁量行为中。在近现代社会中，人们对行为的认识更加客观、公正，通过在行为与结果之间建立合理的、科学的责任机理培植起社会正义，体现出主流的价值观念。过错责任就在过错行为和损害结果之间搭建了责任追究与承担责任的桥梁，体现了有过错就有责任的思想，虽然违法责任原则避开了过错的概念，但其基本点还是在过错的问题上。我们可以认为，过错责任原则是近现代社会侵权行为法中占主导地位的归责原则。我们对结果责任原则的理解不能简单、机械，如在任何情况下不可抗力就是一种抗辩事由。结果责任原则提供给我们的是视野的转换和赔偿范围的拓宽，直接指向受损害的合法权益，但适用范围非常有限，只能作为违法责任原则的补充，其理由是：（1）归责原则的设置要体现出法律的价值取向，体现出社会的公平正义，有利于社会秩序的建构以及公权力行为的正常运行；（2）我国国家赔偿制度是以违法责任原则为基点建立起来的，要彻底改变违法责任原则就必须要对《国家赔偿法》作根本性的修改；（3）结果责任原则的范围极为宽泛，其全面适用一方面不利于法律秩序的建构，另一方面也不利于对行为的规范和引导；（4）在世界上还没有哪一个国家将结果责任原则作为占主导地位的归责原则。

第三，与违法责任原则的连接性。违法责任原则是以对行为合法性进行法律评价为价值取向的归责原则，其宗旨是要打破传统过错归责原则标准的非客观化，代之以一个客观可控的法律标准，并非立足于对受害人进行赔偿为宗旨①。我们肯定地指出：单纯地采用违法责任原则的确在实践中留下了很多无法解决的问题，也不利于受损害的合法权益的救济，多元的归责体系是国家赔偿制度发展的趋势。多元的归责体系建构就涉及归责原则之间的匹配问题，不同的归责原则叠加在一起将会产生不同的结果，这也是一个科学与非科学、合理与不合理的事情。我国以违法责任为主线的国家赔偿制度体系需要从损害结果的维度来补充，如果仍然从侵权行为的角度来谋划，其结果是主线不明确、价值观念不清晰，例如在以违法责任原则为主的条件下，就不宜采用以过错责任原则为辅，因为违法责任原则就是以过错责任原则为基础，假设以过错责任原则为主，就可以考虑以无过错责任或严格责任、公平责任、危险责任为辅。结果责任原则是一个大概念，包含着非常丰富的内容，如果能够限定其适用范围，是可以作为一个重要的归责原则，特别是在以违法责任原则为主的情况下，用它可以作为重要的补充就可以将对国家行为合法性的价值判断延伸到对

① 参见简海燕：《对我国国家赔偿违法归责原则的反思》，载《国家行政学院学报》2008 年第 3 期。

损害结果赔偿的考量。

第四，内涵的延伸性。结果责任原则预留了一个极为广泛的空间，可供国家根据社会经济的发展、权利救济观念的延伸作适当的调整，尽管目前所能包容的东西较少，但可以在今后发展的过程中不断地添加。从立法技术上看，现行《国家赔偿法》对结果责任原则适用范围的确定具有一定程度的合理性。

第二节　行政赔偿的归责原则

一、行政赔偿归责原则的功能

行政赔偿是国家赔偿制度的一个重要组成部分，是国家对行政机关及其工作人员行使职权侵犯公民、法人和其他组织的合法权益并造成损害的，依法予以赔偿的法律制度。行政赔偿的归责原则是据以确定行政赔偿责任由国家承担的根据或准则，体现了行政赔偿的价值取向。行政赔偿归责原则是行政赔偿制度建立的基石，决定了行政赔偿的构成以及受损害的合法权益的救济。行政赔偿归责原则具有下列功能①：

（一）行政赔偿归责原则体现了行政赔偿的价值取向

行政赔偿要达到什么样的目标，可以在归责原则中反映出来，归责原则承载着行政赔偿的价值目标，是连接赔偿目的与具体制度的桥梁。如采用违法归责原则，意味着行政赔偿不仅要救济受害人，而且旨在为行政机关的活动设定标准，行政机关及其工作人员必须在法定范围内活动，违法致害的行为要导致赔偿的后果。若采用无过错原则，则意味着在行政管理活动中，不管行政机关有无过错，只要给行政相对人的合法权益造成了损害，就要承担赔偿责任，这一归责原则不是建立在制裁的基础上，而以赔偿为主要目的。我国不同于其他国家，正处于社会转型时期，在行政赔偿归责原则的价值取向上，坚持行政效率、秩序以及公平、正义，与严格的法治主义有一定的分别，为了克服市场经济失灵所带来的财富分配不公、弱者生存危机、垄断导致的不公平竞争以及影响人类生存和发展的环境恶化等问题，还必须给予行政权的有效率的运用以必要的制度环境。② 现代中国社会以发展经济为主要目标，实现由计划经济体制

① 参见薛刚凌主编：《国家赔偿法教程》，中国政法大学出版社 1997 年版，第 42 ~ 43 页。

② 参见梁量：《国家赔偿归责原则之重构》，载《前沿》2009 年第 5 期。

向市场经济体制转型，政府权力相对集中并不断扩大。这既是社会转型时期的必然要求，也是走强国之路的举国体制之所在。国家对行政权一方面要实行严格的控制，防止其滥用，另一方面也要体现行政效率的价值取向。在这种特定的历史背景下，行政赔偿的归责原则着重要以控权为主要目标，同时也兼顾权利救济，虽然权利保障与救济是任何法律制度中的核心价值，但在特定时期也可以在制度层面上选择不同的侧重点。国家赔偿作为一种制度设计也有责任追究的功能，从恶性的程度上看，作为公权力的享有者，人们把权力让与政府，是希望从那里得到福利，而非是让其滥用权力损害人民①。国家赔偿法以及归责原则选取了违法责任至少在当前可以说具有合理性，虽然不是最理想的选择，却是最合理的选择。

（二）行政赔偿归责原则是构成要件的基础和前提，对赔偿构成要件起决定作用

行政赔偿构成要件以归责原则为核心，是归责原则的具体化。不同的归责原则决定了构成要件的不同内容，如采用过错原则意味着以行为人的主观过错或客观过错为最基本的构成要件；若采用违法原则就必须以侵权行为人的行为违法为最基本的构成要件。

（三）行政赔偿归责原则决定了可引起行政赔偿的行为范围

侵权行为能否引起行政赔偿是由多种因素决定的，如行为性质、损害结果等。其中，侵权行为应当具备何种可责难性才导致赔偿，这一标准是由归责原则确定的。在采用违法归责原则的条件下，行政机关及其工作人员的违法行为导致行政相对人合法权益损害的，可引起赔偿；合法行为导致行政相对人合法权益损害的，只引起补偿而不引起赔偿。

（四）行政赔偿归责原则直接影响到行政赔偿的程序

1. 行政赔偿归责原则决定了举证责任的内容和分担，采用无过错责任原则，则只要证明损害存在，且损害由行政机关及其工作人员的职务行为所致即可，举证责任主要由受害人承担。若采用违法责任原则，则适用“初步证明规则”，即由受害人就损害事实的存在以及损害事实系某种行为所致初步举证，而该行为是否合法，行政机关是否实施了该行为，损害是不是由该行为所致等都要由行政机关负举证责任。

2. 归责原则直接影响到解决赔偿纠纷环节，采用违法归责原则必须首先对致害行为是否违法加以确认，而采用无过错原则就无须对致害行为合法与否

① 参见章剑生：《现代行政法基础理论》，法律出版社 2008 年版，第 15 页。

进行鉴别，只要损害存在，符合法定条件，即引起赔偿。

总之，行政赔偿归责原则对行政赔偿纠纷的解决具有指导意义，是处理纠纷时所应遵循的基本准则，因而，科学地设定归责原则具有重要意义。

二、行政赔偿归责原则的设定

我国的行政赔偿采用何种归责原则，面临多种选择，一方面，行政赔偿发源于民事赔偿，民事赔偿中的归责原则具有重要的参考价值，提供了一个参照系；另一方面，西方许多国家都建立了行政赔偿制度，且由于历史文化及法律传统等方面的原因，归责原则体系结构上存在较大差异，但这对我国行政赔偿归责原则的设定也具有一定的借鉴和参考作用。一般来说，一国行政赔偿归责原则的确立往往受到该国民主政治的发展进程、国家财政的承受能力、归责原则的价值取向等多种因素的制约。我国在制定《国家赔偿法》的过程中，人们曾围绕归责原则这一核心问题提出过多种不同的方案，有人主张采用过错原则，也有人主张采用违法原则，甚至采用无过错原则；有主张单一归责原则的，也有主张采用多元化归责原则体系的，还有人主张采用过错违法双重归责原则。① 立法者在反复权衡、比较各种归责原则的利弊、优劣的基础上，最终选择了违法责任原则作为归责原则，其直接表现就是原《国家赔偿法》第2条的规定，即“国家机关和国家机关工作人员违法行使职权侵犯公民、法人和其他组织的合法权益造成损害的，受害人有依照本法取得国家赔偿的权利”。新《国家赔偿法》承继了原《国家赔偿法》的有关规定，尽管在第2条中删除了“违法”二字，但在行政赔偿归责原则上仍然采用了违法责任原则。《国家赔偿法》仍然将违法原则作为行政赔偿的归责原则，主要是基于下列考虑：(1) 违法责任原则与《宪法》、《行政诉讼法》、《行政复议法》、《行政处罚法》的规定相协调，与法治原则、依法行政原则所强调的职权法定、依程序行政等要求相一致；(2) 违法责任原则简单明了，易于接受，可操作性强；(3) 违法责任原则避免了主观过错原则对主观方面认定的困难，便利于受害人及时获得国家赔偿；(4) 违法责任原则以执行职务违法作为承担赔偿责任的前提，排除了对合法行为造成的损害给予赔偿的可能性，有效地区分了行政赔偿和行政补偿两种不同性质的责任形式；(5) 违法责任原则与社会转型时期的控权和权利救济的目标相一致，体现了现阶段行政赔偿的价值取向。

① 参见江必新：《国家赔偿法原理》，中国人民公安大学出版社1994年版，第115～116页。

三、行政赔偿归责原则的应用

(一)“违法”含义之解说

在一般的意义上，违法是指特定主体违反了法律规定，致使法律保护的社会关系和社会秩序受到破坏，依法应当承担法律责任的行为。我国行政赔偿采用了违法责任的归责原则，但违法的含义究竟何指，尚无法律明确规定和解释，也无法借用一般意义上的违法的概念。行政法学界对此的认识也不统一，主要有两种不同的观点：一种观点认为违法是指国家机关和国家机关工作人员行使职权时作出的行为违反法律、法规的规定，① 即严格意义上的违法。有学者指出，从我国《行政诉讼法》第54条规定的精神看，违法应指违反严格意义上的法律，这里的法律包括宪法、法律、行政法规与规章、地方性法规与规章以及其他规范性文件和我国承认或参加的国际公约、条约等。违法的种类可以是适用法律、法规错误、违反法定程序、超越职权、滥用职权或者不履行或拖延履行法定职责等。违法的形式可以是作为，也可以是不作为，唯不作为必须以存在法定作为义务为前提。② 另一种观点认为违法包含下列含义：违反明确的法律规范，干涉他人权益；违反诚信原则、尊重人权原则及公序良俗原则，干涉他人权益；滥用或超越行使自由裁量权，提供错误信息、错误的指导及许可或批准，造成他人权益损害；没有履行对特定人的法定义务或尽到合理注意。③ 这里所解释的违法即为广义上的违法。我们倾向于第二种观点，认为：(1) 这里违法的“法”，既包括实体法，也包括程序法；既包括法律、法规和规章以及其他具有普遍约束力的规范性文件，也包括法的基本原则和精神。(2) 违法既包括作为行为违法，也包括不作为行为违法；既包括法律行为违法，也包括事实行为违法。只有这样理解，才能最大限度地保护行政相对人的合法权益，才能严格地规范行政机关及其工作人员的行为，才能真正弘扬法治理念和人权保障精神。对“违法”作广义解释的具体理由是：第一，在行政机关的管理活动中，事实行为很多，法律不可能对所有的事实行为进行规定，设立统一的标准。若采用严格的违法概念，将不利于对受害人进行法律保

---

① 肖峋：《中华人民共和国国家赔偿法的理论与实用指南》，中国民主法制出版社1994年版，第90页。

② 皮纯协、冯军主编：《国家赔偿法释论》(修订本)，中国法制出版社1996年版，第76页。

③ 应松年主编：《国家赔偿法研究》，法律出版社1995年版，第84页。

护与救济。第二，目前法制尚不健全，某些领域尚无法可依，若对违法理解过严，将会使相当一部分受害人得不到法律救济。①

（二）行政违法行为与赔偿责任之间的逻辑联系

归责原则承载着法律的价值，将行为与责任联系了起来，对于社会秩序的建构以及人们的行为起着导向作用。行政赔偿中的违法责任原则将行政机关及其工作人员行为的违法性与国家赔偿责任连接在一起，形成了有违法行为就有可能导致国家承担赔偿责任的逻辑机理。这里的逻辑联系是原因与结果之间的关系，体现了点与点之间的单向维度，其他的因素只会产生其他的责任形态，如合法行政行为致害的问题可以通过行政补偿来解决；公有公共设施致害的问题可以通过民事以及社会救济的方式予以解决。从权利救济的角度而言，这种单向维度的逻辑机理排除了多种情形的国家赔偿责任，虽然不能实现有损害就有救济的基本思想，但简单且易操作，同时也毕竟是我国法制在历史进程中的一大进步。我们也主张在行政赔偿归责原则的建构中也适当地采用其他的归责原则为补充，用以解决一些通过私法的方法不能很好解决的一些问题，如公有公共设施致害就是一个不能简单地通过私法来解决的事情，在很多情况下，权利的救济超越了私法所能承受的范围，如果适当地引入公法，可以在一定范围内化解矛盾、维护社会秩序并对受损害的权益实行有效的救济。逻辑的单向维度只能构成一种点与线的状态，而多维才能构成一个平面或立体。我们期望行政赔偿的归责原则是一个多维的立体结构，形成不同维度的逻辑联系，用以实现权利救济的有效化和最大化。

（三）违法责任原则应用的限制

违法责任原则所提供的是承担责任的依据，并不直接指明具体的赔偿责任构成以及承担责任的方式，在应用中受到许多的限制：（1）抽象行政行为对违法责任原则应用的限制。从违法责任原则的一般理论来看，抽象行政行为违法所造成的损害理应给予国家赔偿，国外也有这样的法例，由于《国家赔偿法》是整个法律体系中的一个组成部分，与众多的法律相衔接，尽管《国家赔偿法》没有对抽象行政行为和具体行政行为作一划分，但是，相关法律却有一定范围的限制。最高人民法院在《关于审理行政赔偿案件若干问题的规定》中明确规定了不能对抽象行政行为提出赔偿要求。（2）行政自由裁量行为对违法责任原则应用的限制。行政自由裁量行为是在法定的范围内进行选择

① 参见姜明安主编：《行政法与行政诉讼法》（第二版），北京大学出版社、高等教育出版社 2005 年版，第 655 页。

并实施的行为，一般而言不存在违法的问题。有的学者从实质违法的角度论证了行政自由裁量行为的违法性，认为其表现有：逾越、懈怠、滥用、失衡、歧视①。部分国家也肯定了一些行政自由裁量行为的违法性，如德国、英国、加拿大等。在我国，学术界对这个问题也作了较深入的研究，认为明显不当、显失公正的行政自由裁量行为就是违法，造成的损害，国家应当承担行政赔偿责任，其他的一些不适当行为造成的损害，国家不承担赔偿责任②。实践中，违法责任原则是否能在行政裁量范围内应用却非常复杂，需要结合个案来分析。(3) 行政不作为对违法责任原则应用的限制。在法理上，行为违法可以分为作为违法和不作为违法。违法责任原则中的违法应包括作为违法和不作为违法两个方面，也即作为违法和不作为违法所造成的损害，国家都应当承担赔偿责任。我国《国家赔偿法》对行政不作为违法致害的国家赔偿问题虽有所涉及，但不是很全面，如第3条中规定的"……放纵他人以殴打、虐待等行为造成公民身体伤害或者死亡的"就属于不作为违法所造成的损害，对于其他因不作为违法造成的损害则没有明确规定。司法实践中，人民法院在处理因行政不作为违法致害的行政赔偿问题上往往基于缺乏法律的直接依据而作出不利于受害人的判决。除了上述列举之外，还有许多情形使违法责任原则在应用中受到限制或阻碍，如行政机关对于公务员的管理行为违法致害、行政事实行为违法致害，等等，尽管有的限制具有合理性，但限制过多就不甚合理，需要以后进一步地改革和完善。

第三节　司法赔偿的归责原则

一、司法赔偿归责原则的功能

司法赔偿直接涉及人身自由权、生命健康权、财产权以及精神权利的救济，往往是社会关注热点，其归责原则的功能主要体现在如下几个方面：

(一) 司法赔偿归责原则体现了司法赔偿的价值取向

司法赔偿以何为归责原则在一定程度上取决于价值取向，是侧重于规范司法权的运用，还是侧重于对受损害的合法权利的救济，或者说两者都加以兼

① 参见高家伟：《国家赔偿法》，商务印书馆2004年版，第108页。

② 参见刘嗣元、石佑启编著：《国家赔偿法要论》，北京大学出版社2005年版，第172页。

顾，这是在制定以及修改国家赔偿法的过程中不得不考虑的问题。我们认为，司法赔偿制度是基于司法权的性质以及一个国家的国情，包括法律制度、法律文化、社会发展状况等来设计的，司法权不同于行政权，不能简单地把它理解为执行法律的权力，因为它处于中立者的角色并具有裁判的功能。我国对司法权以及司法机关的理解不同于西方国家，通常从广义上界定司法权以及司法机关，因而，与司法权以及司法机关相关联的司法赔偿制度也就有别于西方国家。我国司法赔偿归责原则的建构需根植于本土资源上，还应充分考虑到司法权的运用和权利救济两个方面的需要，以控权和权利救济为价值取向，侧重于权利救济的有效性，虽然效率的问题也要有所体现，但最主要的是体现结果的公正。

（二）司法赔偿归责原则决定了司法赔偿的范围

司法活动是特定机关通过行使法律赋予的职权遵循严格的法律程序证明案件事实并依法裁判、处理的过程，其目标就是实现社会正义，使案件处理的结果公正。按照这一逻辑思路，司法赔偿的范围就以损害的结果为逻辑起点，只要是受害人的合法权益因司法行为所造成损害，就应由国家承担司法赔偿责任。

（三）司法赔偿归责原则决定了司法赔偿程序的设置

司法赔偿程序一般都采用特别程序，由于归责原则的不同，程序的设置也存在着一定的差异。如在违法责任原则的条件下，就要对司法行为的违法性作出判断和确认，由于司法机关具有裁判的功能，因而，就出现了自己对自己行为违法性进行判断和确认的程序；如在结果责任原则的条件下，就无需对司法行为违法性作出判断，只需要证明司法行为与损害结果之间存在着因果关系即可。

二、司法赔偿归责原则的设定

司法赔偿不同于行政赔偿，具有自己的特点，其归责原则的设计应考虑到司法权的性质以及权利救济的需要，不能用同一标准来对待。

关于司法赔偿的归责原则问题，学术界在《国家赔偿法》制定与修改中都有不同的观点，有的学者认为，我国应划分一般的国家侵权行为和特殊的国家侵权行为并分别建立不同的归责原则，针对司法赔偿中的若干问题可采用无过错责任原则和结果责任原则，如错误拘留的可以采用无过错责任原则；错判的可以采用结果责任原则①。还有的学者认为："我国对错捕、错拘，应当采

① 郑宏敏：《浅论〈国家赔偿法〉的归责原则》，载《民主与法制》2010年第2期。

用结果责任原则，以使受害人获得救济，同时可解除公安检察机关的困惑，保护其打击犯罪的积极性。"① 我国《国家赔偿法》的修改吸收了学术界的观点，在以违法责任原则为主、以结果责任原则为辅的框架下，根据《国家赔偿法》的实践，司法赔偿方面采用了违法责任原则与结果责任原则相结合的二元体系。原《国家赔偿法》第 15 条中规定，"对没有犯罪事实或者没有事实证明有犯罪重大嫌疑的人错误拘留"；"对没有犯罪事实的人错误逮捕的"就属于采用违法责任原则。这样的规定于实践中就容易出现"合法的错拘错捕"的情形，受害人不能请求司法赔偿。新《国家赔偿法》将违法责任原则与结果责任原则结合了起来，在该法第 17 条中规定了：违反刑事诉讼法的规定对公民采取拘留措施的，或者依照刑事诉讼法规定的条件和程序对公民采取拘留措施，但是拘留时间超过刑事诉讼法规定的时限，其后决定撤销案件、不起诉或者判决宣告无罪终止追究刑事责任的；对公民采取逮捕措施后，决定撤销案件、不起诉或者判决宣告无罪终止追究刑事责任的，等等，受害人可以请求国家赔偿。第 18 条规定：违法对财产采取查封、扣押、冻结、追缴等措施的，等等，受害人可以请求国家赔偿。此外，第 38 条规定：人民法院在民事诉讼、行政诉讼过程中，违法采取对妨害诉讼的强制措施、保全措施或者对判决、裁定及其他生效法律文书执行错误，造成损害的，受害人也可以请求国家赔偿。新《国家赔偿法》对司法赔偿部分的修改是归责原则价值取向转换的结果，开创了由单一的违法责任原则向多元归责的发展趋势，使司法赔偿制度更加合理。在国外的司法赔偿中有的采用无过错责任原则，也有的采用无过错责任原则兼公平责任原则或者结果责任的原则，如德国《刑事追诉措施赔偿法》规定："如果当事人已被释放，或者针对他的刑事追诉措施已经终止，或者法院拒绝对他开庭审判，当事人由于羁押或者其他刑事追诉措施而遭受的损失，由国家予以赔偿。"法国在 1970 年颁布的《刑事诉讼法》中确立了无过错责任原则，第 149 条规定：在诉讼程序中被临时拘禁的人，如果在程序结束时作出了不予起诉、免予起诉或无罪释放的决定，而且羁押给他造成显然不正常的损害或特别重大的损害，可以请求赔偿。法国又于 1972 年颁布的《建立执行法官和关于民事诉讼程序改革法》中对归责原则问题作了补充，即肯定了过错责任原则，该法律规定：国家必须赔偿由于司法公务活动的缺陷而产生的损害。我国司法赔偿归责原则的变更吸收了国外司法赔偿立法以及实践中的

① 马怀德：《制度变革中的行政赔偿》，载应松年主编《走向法治政府》，法律出版社 2001 年版，第 383 页。

成果，尽管有很多的限制，但在司法赔偿制度的发展史上是一个重大的突破。

三、司法赔偿归责原则的应用

我国司法赔偿的归责原则是违法责任原则和结果责任原则的结合体，其应用明显地不同于行政赔偿的归责原则。

（一）违法责任原则在司法赔偿中的应用

我国通常将司法权分解为侦查权、检察权、审判权、羁押权和监狱管理权，等等，在范围上要广于西方国家对司法权的界定，因而，规范司法权的运用仍然是我国一项极为紧迫的任务。司法赔偿归责原则的设定毫无疑问地要考虑到司法行为的违法性问题，从行为的过程上严格规范司法权的运用以保证最后结果的公正。因此，违法责任原则仍然是司法赔偿的主要归责原则。违法责任原则的适用主要表现在司法行为的过程中，如违反刑事诉讼法的规定对公民采取拘留措施，或者依照刑事诉讼法规定的条件和程序对公民采取拘留措施，但是拘留的时间超过刑事诉讼法规定的时限，其后决定撤销案件、不起诉或者判决宣告无罪终止追究刑事责任的；刑讯逼供、殴打、虐待等或唆使、放纵他人以殴打、虐待等行为；违法使用武器、警械；违法对财产采取查封、扣押、冻结、追缴等措施；违法采取对妨害诉讼的强制措施、保全措施或者对判决、裁定以及其他生效法律文书执行措施，司法行为的过程违法并造成损害，国家是应当承担赔偿责任的。我们应当明确的是：违法责任原则在司法赔偿中不具有绝对意义，即并非所有的违法行为都会引起国家承担赔偿责任，如未按照法定的程序将某公民逮捕，后经过查实该公民的确实施了犯罪行为，虽然逮捕行为是违法的，但国家也不承担赔偿责任，等等。司法赔偿体现了公平、正义的价值观念，对于无辜的受害人是应当给予救济，对于犯罪者则不能因为程序违法而给予国家赔偿。

（二）结果责任原则在司法赔偿中的应用

结果责任原则是一个范围极为宽泛的概念，法律只能是选择性地适用，如采用无过错责任原则、严格责任原则以及公平责任原则都在一定范围上展现了结果责任原则的内涵。世界上也没有哪一个国家采用无限的结果责任原则，都主要是从某一个特定的角度来归责，如危险责任原则就是基于公务活动中的一些危险性因素的增加而确定的责任承担依据。我国在司法赔偿中也采用了结果责任原则，侧重于权利救济的有效性，反映出无罪推定的法治精神，并为扩大司法赔偿的范围提供制度空间。结果责任原则在性质上是一种客观归责，只要损害是因司法行为而引起的，即使司法行为是按照法律规定的条件和程序，也应当由国家承担赔偿责任。《国家赔偿法》第 17 条、第 18 条规定了结果责任原则适用的情形：对公民采取逮捕措施后，决定撤销案件、不起诉或者判决宣告无罪终止追究刑事责任的；依照审判监督程序再审改判无罪，原判刑罚已经执行的；依照审判监督程序再审改判无罪，原判罚金、没收财产已经执行的。结果责任原则将视点移植到损害结果方面，对于权利救济是有利的，同时也对司法行为提出了更高的要求。在违法责任原则的条件下，司法行为只要是符合法律规定的条件和程序，一般来说不会引起赔偿责任问题。实践中，部分司法工作人员对于结果归责备感压力，害怕承担赔偿责任和被追究责任。社会中也有一些误解，往往将司法赔偿与司法不公、司法腐败、刑讯逼供等现象直接挂钩，并大加责难。我们认为，《国家赔偿法》不是责任追究法，主要目标是为了实现权利救济，结果责任原则的适用只是加大了权利救济的力度，并非涉及责任追究，即使存在着国家追偿，也是在一定条件下实施。

《国家赔偿法》通过列举的方法明确了结果责任原则在司法赔偿中的适用范围，主要基于以下几个方面的考虑：首先是以权利救济为价值取向，使无辜者的合法权益得到维护；其次是使惩恶扬善的价值观念得到张扬，体现出社会的公平、正义；再次是为了操作上的便利、简洁。按照《国家赔偿法》的规定，有的情形是不能适用结果责任原则，如因公民自己故意作虚伪的供述，或者伪造其他有罪证据被羁押或者被判处刑罚的；依刑法规定不负刑事责任的人被羁押的；依刑事诉讼法的规定不追究刑事责任的人被羁押的；司法工作人员个人行为致使损害发生的；因公民自伤、自残等故意行为致使损害发生的；法律规定的其他情形。结果责任原则在司法赔偿中的适用是非常有限的，只能起着辅助作用。

【思考与探索】

我国国家赔偿归责原则的定位

在制定和修改《国家赔偿法》的过程中，理论界关于我国应当采用何种归责原则问题有不同的观点，可以概括为一元论、二元论与多元论。一元论是以某一特定的原则为归责原则，如坚持以违法责任原则为唯一归责原则。二元论主张采用两种不同的归责原则，其中又分为两种情形：一种情形是以某一原则为主，另一种原则为辅；另一种情形是两种原则不分主辅，共同构成一个归责体系。多元论主张应根据不同的侵权损害适用不同的归责原则，如行政赔偿可以适用违法责任原则，司法赔偿可以适用结果责任原则，公有公共设置致害可以适用无过错责任原则，立法赔偿可以适用无过错责任原则。2010年，我国对《国家赔偿法》进行了修改，改变了归责原则的单一性，使之由一元走向二元，采用了以违法责任原则为主，以结果责任原则为辅的二元结构。我国之所以作出这样的选择，是由于价值取向转换的合理需要和权利救济的现实需要所决定。归责原则蕴涵着法律的价值，在对公权力行为规范和对私权利救济中起着导向作用。国家对归责原则的确定在很大的程度上与价值取向相关联，不同的价值取向会造成对归责原则的不同选择。在制定国家赔偿法时，我国主要是以控制公权力的运用为价值取向，选取了违法责任原则①。《国家赔偿法》在性质上应是权利救济法，侧重于对损害结果的判断和对受损害合法权益的救济，与责任追究制度在方向上不同。违法责任原则的适用尽管也取得了一定的成效，但也有许多不尽如人意的地方，最明显的缺陷是不能从损害结果的角度来确定责任承担的依据。理论界和实际工作部门对此提出了许多颇有价值的观点，要求修改国家赔偿法，特别是其中的归责原则。实践中，也有一些符合法定的条件和程序的职务行为给他人造成损害后，受害人得不到赔偿的情形。《国家赔偿法》的修改反映了我国民主政治和法治的发展进程，其中对归责原则的修改顺应了民意，将价值取向从单一的控权目标调整到控权与权利救济相结合的轨道上，有利于对受损害的合法权益的救济。《国家赔偿法》对归责原则的改变毫无疑问是一个重大的进步，尽管所造就的赔偿范围还是十分有限，离人们的期望值还有一定的距离，但预示着一个发展的态势。我们不能期望通过一部法律、一个制度、一夜之间解决所有的问题，许多问题的解决是理性思维的不断深化、法律制度不断成熟的结果。

多元归责是一个前沿性的理论问题，尽管《国家赔偿法》采用了二元归

---

① 在法律的价值层面上讲，违法责任原则是建立在法律具有正当性的基础上的，即立法机关制定的法律都是良法，都是以保障公民权利为核心价值。一旦立法机关制定的法律在正当性上存在着缺失情形，违法责任原则就有可能变成侵犯公民、法人和其他组织合法权益的工具，与国家设立赔偿制度的目标相背离。我国的立法体制是多级立法，在现实的生活中，还存在着“部门立法”的问题，如果在“部门立法”不能脱离部门利益的情况下，适用违法责任原则是不利于对受损害合法权益的保护。在这个意义上讲，违法责任原则如果要得到真正和有效的适用，并成为对受损害合法权益救济的一条重要原则，就必须要提升立法质量，必须要使各种法律、法规以及其他的规范性文件以保障公民权利为核心价值。

责，但我们还必须对多元归责有一定的探讨。有的学者认为："我国国家赔偿归责原则的逻辑基点应是多方位的、多层次的，动态的。"① 也有的认为："以过错原则为主、以无过错责任为辅的归责原则体系是一个具有内在逻辑联系的系统，划定每一种归责原则所调整的范围，在实践中能应变日益复杂的社会现象。"② 有的提出：在国家赔偿领域应根据侵权行为发生的领域分别适用不同的归责原则③。我们认为，多元归责是国家赔偿归责原则的发展趋势，与侵权行为的多样性、复杂性和权利救济的有效性、全面性相适用，单纯采用违法责任原则的确是存在较大的局限性，可以在归责原则的体系下，建立以违法责任原则为主、以其他责任原则为辅的多元模式，辅助性的归责原则也不能只是一元，应根据侵权行为发生的领域采用不同的归责原则。随着国家赔偿范围的扩大，归责原则不是一个封闭的体系，具有开放性，假如建立公有公共设置致害的国家赔偿制度，可以添加危险责任原则，假如建立立法赔偿制度，可以添加无过错责任原则，等。在我国社会转型时期，公权力渗入社会生活的方方面面，相对而言比较强大，私权利不能与之对峙和平衡，因此，规范公权力的运用仍然是一个非常重要的任务，国家赔偿归责原则的价值取向依旧不能失去控权目标，违法责任原则还是一个主要的归责原则。

【练习题】

1. 简述国家赔偿归责原则的含义与类型。
2. 试述我国国家赔偿的归责原则。
3. 试述行政赔偿归责原则的设定与应用。
4. 试述司法赔偿归责原则的设定与应用。

① 梁量：《国家赔偿归责原则之重构》，载《前沿》2009 年第 5 期。该作者认为，我国国家赔偿归责原则应是以违法责任原则为主，同时也要采用严格责任。

② 简海燕：《对我国国家赔偿违法归责原则的反思》，载《国家行政学院学报》2008 年第 3 期。

③ 参见高家伟：《国家赔偿法》，商务印书馆 2004 年版，第 164 页。

第四章　国家赔偿的构成要件

【重点】

1. 国家赔偿的一般构成要件
2. 行政赔偿的构成要件
3. 司法赔偿的构成要件
4. 精神损害赔偿

第一节　国家赔偿构成要件概述

一、国家赔偿构成要件的概念与特征

国家赔偿构成要件，即国家赔偿责任的构成要件，是指国家承担国家机关及其工作人员在执行职务中实施侵权行为而造成的损害赔偿责任所应具备的条件。国家赔偿构成要件是判断国家赔偿责任是否成立的重要标准，是审理裁判国家赔偿案件的主要依据。国家赔偿构成要件是从民事侵权责任构成要件发展而来的，但国家赔偿责任构成要件又具有自身特点，具体表现为①：

1. 国家赔偿构成要件是国家赔偿的一般成立要件。国家赔偿构成要件是对各种具体国家赔偿成立要件的抽象和概括，它反映了行政赔偿和司法赔偿的共同构成要件。行政赔偿构成要件，是指行政机关代表国家承担行政赔偿责任所应具备的条件，即只有在符合一定条件的前提下，行政机关才代表国家承担赔偿责任。与行政赔偿不同，司法赔偿的价值取向主要不在于规范司法权的运用，而在于对受损害的合法权益的救济，因为司法权的运用直接涉及公民、法人和其他组织权利的根本性改变。在理论与实务中，司法机关的自我抑制虽然有不合理的地方，但能动司法也不一定能带来合理的价值判断。我们对司法行

① 参见周友军、麻锦亮：《国家赔偿法教程》，中国人民大学出版社 2008 年版，第 61～62 页。

为的认知不能将其放在一个能动的视野下，而应该从公平、公正的结果来考量。司法赔偿的构成要件基于归责原则的定位，在内涵上不同于行政赔偿。但作为国家赔偿组成部分的行政赔偿和司法赔偿，其构成要件都包括主体要件、行为要件、结果要件、因果关系要件等。

2. 国家赔偿构成要件是国家赔偿归责原则的具体化。国家赔偿归责原则反映了国家赔偿的价值取向。国家赔偿的构成要件是以一定的归责原则为指导，并与国家经济发展、政治民主、法律体系和法律文化传统相联系，其目的在于明确国家赔偿的范围和有效地保障受害人赔偿请求权的实现。但国家赔偿构成要件与归责原则还是存在一定的区别:①（1）归责原则是国家赔偿的核心原则，它反映了国家赔偿的价值取向，具有普遍指导意义，对国家赔偿的致害行为范围的确定、举证责任的分担以及赔偿程序的设计有很大的决定作用。国家赔偿构成要件是国家赔偿责任是否成立的具体判断标准，主要作用于国家赔偿案件的实际处理。（2）归责原则只确立了国家承担赔偿责任的主要依据和标准，单凭这一标准，无法作出国家赔偿责任是否构成的判断；而国家赔偿构成要件则包括了国家承担赔偿责任的全部要件。

3. 国家赔偿构成要件是人民法院认定国家赔偿是否成立的标准。国家赔偿构成要件包括了国家承担国家赔偿的全部构成因素。借助于这些具体要件，国家赔偿案件的审判人员和裁决人员可以较准确地作出是否构成国家赔偿责任的判断，使国家赔偿标准和尺度得以统一，从而实现法的安定性和统一性。

4. 国家赔偿构成要件，是指导受害人请求国家赔偿的指南。受害人请求国家赔偿的前提是，国家赔偿责任构成要件已经满足。国家赔偿责任构成要件是对各种具体国家赔偿成立要件的抽象和概括，可以为受害人提供向国家提起赔偿诉讼的标准。因此，国家赔偿责任构成要件发挥着路标的指示作用。

5. 国家赔偿构成要件是构成国家赔偿一般条款的基础。只有深入研究国家赔偿构成要件，才能拟定比较完备的国家赔偿一般条款。因为国家赔偿的一般条款，实际上就是其构成要件的提炼和浓缩。

二、国家赔偿构成要件的内容

霍姆斯法官曾说过，“我们法律的一般原则是，意外事件的损害，应停留在它发生的地方”。② 也就是说，要让他人承担损害赔偿责任必须满足责任的

① 参见薛刚凌：《国家赔偿法教程》，中国政法大学出版社 1997 年版，第 38 页。

② 陈聪富：《侵权归责原则与损害赔偿》，台湾元照出版公司 2004 年版，第 12 页。

构成要件，否则无辜的受害人应自我承担生命中的不幸和损害。国家赔偿责任的承担也是如此。然而，国家赔偿构成要件具体包含哪些内容，学界观点不一。根据我国现实国情和国家赔偿的具体实践，我们认为，国家赔偿构成要件应该包括侵权主体、职务过错、职务侵权行为、损害事实和因果关系。只有在完全具备这五个要件的情况下，国家才承担赔偿责任，缺少任何一个条件，国家都不承担赔偿责任，受害人也得不到赔偿。

（一）侵权主体

国家赔偿责任是国家承担的一种法律责任，而国家是抽象的政治实体，其意志必须通过国家机关和公务员的行为来表达和实现。对国家赔偿责任构成的研究，首先应判定主体范围，即确定侵权主体。所谓侵权主体，是指实施侵权行为能够引起国家承担赔偿责任的机关或个人。国家赔偿责任是一定范围的责任。“国家就其财力和政策而言，不可能对所有的人的侵权行为所造成的损害承担赔偿责任，而只能对它应当负责的人或在当时的社会观念看来必须负责任的人的损害行为承担赔偿责任。”① 任何一个国家，即使是自称为社会福利的国家，都不可能做到将侵权行为的致害全部由国家赔偿。这除了涉及国家财政能力外，还有一个重要因素就是国家赔偿责任功能所应达到的法律效应和社会效应。

1. 关于侵权主体设定的比较。在实施国家赔偿制度的国家，法律对侵权主体的设定尽管有相类似之处，但对有关概念的界定却有很大的差别。我们本着求同存异的思维将不同国家对侵权主体的设定分为如下几大类：

（1）以公务员为侵权主体。大多数国家和地区倾向于以公务员为侵权主体，如日本、瑞士、法国、英国、韩国等。日本《国家赔偿法》第1条规定：“行使国家或公共团体权力之公务员，就其执行职务，因故意或过失不法加害于他人者，国家或公共团体对此应负赔偿责任。”《瑞士联邦责任法》规定：“联邦对于公务员执行公务时，不法侵害他人权利者，不问该公务员有无过失，应负赔偿责任。”上述国家尽管以公务员为侵权主体，但一般没有在国家赔偿法中对公务员加以界定。我国台湾地区“国家赔偿法”规定：“本法所称公务员者，谓依法令从事于公务之人员。”日本在宪法中将公务员规定为在国家、地方公共团体以及公共企业等公共团体中从事公务的人员。韩国公务员的概念分为广义和狭义两种：广义的公务员是指履行国家或地方自治团体的所有的人；狭义的公务员是指与国家或地方自治团体有公法关系的人。其他国家也

① 江必新：《国家赔偿法原理》，中国人民公安大学出版社1994年版，第47页。

在有关法律中对公务员作了解释。由于对公务员界定的不同，国家赔偿范围也就存在较大差异。

(2) 以政府雇员为侵权主体。美国在国家赔偿制度中将政府雇员确定为侵权主体，有别于其他国家。根据美国《联邦侵权赔偿法》的规定："'政府雇员'是指联邦行政机关之官员或受雇人、美国陆海军之成员，以及以官方身份，暂时的或永久的为美国联邦政府服务之人员，至于是否接受领报酬，在所不问。"很明显，美国《联邦侵权赔偿法》将联邦法院的法官排除在侵权主体的范围之外。

(3) 以国家机关为侵权主体。目前，世界上只有少数国家单纯以国家机关为侵权主体，最为典型的是罗马尼亚。罗马尼亚在1975年宪法中规定："由于国家机关的违法行为为其权利受侵害的人，可以依照法律规定的条件，请求主管机关宣告此项行为无效并赔偿损失。"

(4) 以国家机关和公务人员为侵权主体。保加利亚在1971年宪法中规定："国家对国家机关和负责人的非法指令或渎职行为而造成的损害负责。""公民因公务人员渎职违法而遭受损失时，有权依照法律规定的条件取得赔偿。"

(5) 以执行公务的任何人为侵权主体。德国基本法规定："任何人于执行公务时，如违反其对于第三者应负之职务上的义务，原则上由其所服务之国家或公共团体负责。"

(6) 以国家或其他公共实体及其主管官员、执行官员或代理人为侵权主体。葡萄牙宪法规定："国家或其他公共实体及其主管官员、执行官员或代理人，应对履行职能时的行为或者行为所造成的侵犯权利、自由与保障或妨害他人，承担民事责任。"

除上述列举的外，其他国家也在宪法和有关法律中对侵权主体作了符合本国国情和法律制度的规定。苏联将国家机关、社会团体及其公职人员为侵权主体；南斯拉夫以国家机关、公共团体及工作人员为侵权主体；民主德国以政府机关和行政机构的工作人员为侵权主体。我国是以国家机关及其工作人员为侵权主体。

尽管各国法律对侵权主体的设定不相一致，但不外乎三种模式：一元、二元和多元模式。一元模式主要以单一的国家机关或单一的个人为侵权主体，大多数国家倾向于以单一的个人为侵权主体，认为国家的行为、国家机关行为最终要通过个人的行为来实现，在表象上，国家或国家机关没有实施侵权行为的可能性，因而侵权主体只能是个人，特别是在行政管理独任制的国家尤为明显。二元模式主要以国家机关和特定个人为侵权主体。在这种模式下，国家机关的行为和特定的个人行为一样，都有可能造成相对人权利的损害，仅以特定个人为侵权主体不能反映现代社会中公共权力运用的客观实际情况，如经合议而为的行为不能认定为是几个特定的个人而为的行为，只能理解为整体行为。多元模式除了确定国家机关、特定个人为侵权主体外，还将某些组织或公共实体确定为侵权主体。前苏联在1977年宪法中就将社会团体作为侵权主体，这是由苏联社会团体在国家生活中的地位所决定。将某些组织或公共实体作为侵权主体是现代国家赔偿制度的发展趋势，因为现代社会中，独立个人要想参与国家政权或实现某种愿望必须借助集体力量，社会团体或公共实体的出现是客观要求。然而，社会团体或公共实体只能反映部分人的利益要求，其行为既可能侵犯本团体或实体成员的利益，又可能侵犯团体之外其他人的利益，对团体或实体内部成员的损害可以通过内部程序救济，对团体或实体外部的他人权利的损害必须借助于国家的救济程序，特别是在社会团体掌握国家权力的情况下，团体的行为和国家行为合二为一，如果不将某些团体列入侵权主体的范围，很显然，是不利于保护受害人的合法权益。

2. 我国国家赔偿中的侵权主体。《国家赔偿法》第2条规定："国家机关和国家机关工作人员行使职权，有本法规定的侵犯公民、法人和其他组织合法权益的情形，造成损害的，受害人有依照本法取得国家赔偿的权利。"从这一规定来看，我国国家赔偿中的侵权主体是国家机关和国家机关工作人员，但是，由于社会事务的纷繁复杂，公权力主体的多元化，《国家赔偿法》也明确了法律、法规授权的组织和受国家机关委托的组织和个人也是一种特殊的侵权主体①。

(1) 国家机关。国家机关是从事国家管理和行使国家权力的机关，在我国，主要包括国家权力机关、国家行政机关、国家司法机关和国家军事机关。

第一，国家权力机关。我国的国家权力机关为全国人民代表大会和地方各级人民代表大会。我国法学界对国家权力机关是否可以作为国家赔偿中的侵权主体问题有一定的争论，主要表现为两种相反的观点：一种观点认为国家权力机关虽然行使的是国家权力，但其职权的运用具有抽象性、民意的表现性和普遍性，因而其责任是可以豁免的。"公民由于国家所制定的法律而受到损失，

① 有人认为我国《国家赔偿法》所确定的侵权主体是国家机关中的行政机关、检察机关、审判机关及其工作人员，它们是合格主体，权力机关和军事机关则不能作为侵权主体。参见君培：《试析国家赔偿责任的构成要件》，载《人大研究》1998年第10期。

传统上国家不负赔偿责任。因为法律是国民的公意，民族主权的体现，行使主权的行为国家不负责任。”① 另一种观点则相反，即认为国家权力机关可以作为国家赔偿责任中的侵权主体②。我们同意后一种观点。权力机关的职务侵权行为所造成的损害赔偿，在我国司法实践中尚未见此类案件，但在理论上是可能的。《国家赔偿法》应从法律的发展观出发，将权力机关纳入侵权主体的范围之中，主要理由在于：

一是在法律上，我国现行法律并未在侵权主体的范围中排除了国家权力机关。《宪法》第41条第3款规定：“由于国家机关和国家工作人员侵犯公民权利而受到损失的人，有依照法律规定取得赔偿的权利。”《民法通则》第121条也规定了“国家机关或者国家机关工作人员在执行职务中，侵犯公民、法人的合法权益造成损害的，应当承担民事责任”。《国家赔偿法》第2条也作了类似的规定。很明显，我国各种法律所提到的国家机关理应包括国家权力机关。

二是在理论上，“国家豁免论”已为世界各国所抛弃，公共负担平等的观念已为人们所普遍接受。法国早在《人权宣言》中确立了这样的原则：立法机关不得制定任何法律来损害或妨碍为宪法保障的那些自然权利和公民权利的行使。我国在理论上早已放弃“国家豁免论”的思想，肯定了国家权力机关是代表人民行使国家权力的机关，其行为应对人民负责。

三是在权力和权利的关系上，国家权力机关行使的是公权力，其权力运用的目的是为了保护公民的权利，同时也受到公民权利的抑制，当其侵权行为造成公民合法权益损害时，国家应对其行为承担赔偿责任。

四是国家权力机关的某些职务行为也容易导致公民、法人或其他组织合法权益的损害。如全国人大常委会作出的不适当决定被全国人大改变或撤销，在改变或撤销前，有可能给部分的公民、法人或其他组织造成损害。全国人大中设立的特别问题调查委员会在对特定事件调查的过程中，由于主观或客观的原因，没有根据事实而作出错误的决定，可能侵犯特定公民、法人或其他组织的合法权益。在一般情况下，国家权力机关的职务行为带有抽象性，但并非全部都是抽象的，有的职务行为就是一种具体的行为，如调查、视察、罢免等，即使是抽象的行为也仍然有可能使特定的人（包括法人和其他组织）的权益遭

① 参见王德祥主编：《国家赔偿法概论》，海洋出版社1991年版，第48页。

② 参见余能斌：《职务侵权损害民事责任的构成与限制》，载《法学研究》1987年第3期。

受损害。因此，我们在对侵权主体的认识中没有必要将国家权力机关排除在外。

五是国家权力机关的意志与民意的非一致性。国家权力机关的意志与民意是两个不同的概念，虽然国家权力机关是由民意代表所组成，但是民意代表不可能将民意简单、机械地传递，往往带有自己的主观认知，其认知的民意是否就是真正的民意是一个难以用标准来判断的问题，因此，在国家权力机关的意志与民意不相吻合时，就有可能侵犯民意，致使特定的损害事实的发生。

基于上述理由，我们认为，国家权力机关应作为国家赔偿中的侵权主体，现阶段，我国没有建立立法赔偿制度并非对其作为侵权主体的否定。

第二，国家行政机关。国家行政机关是行使国家行政管理职能的机关，包括各级人民政府及其所属的工作部门。在国家赔偿制度中，国家行政机关行使职权侵犯公民、法人和其他组织的合法权益，造成损害的，国家承担赔偿责任。对此，理论上并无争议。我国《行政诉讼法》第 67 条、第 68 条也作了明确规定，但该法只是解决了具体行政行为造成损害的赔偿问题。

第三，国家司法机关。在国家司法机关中，无论是人民法院，还是人民检察院都可以构成国家赔偿中的侵权主体。我国司法赔偿制度的产生较之行政赔偿晚。在 1989 年《行政诉讼法》通过后，行政赔偿制度已逐步地付诸实践，而此时还没有司法赔偿。《国家赔偿法》对司法赔偿的规定，一方面完善了我国的国家赔偿制度，另一方面对国家司法机关行使职权提出了更高的要求。

第四，国家军事机关。国家军事机关是否构成国家赔偿责任中的侵权主体，理论界对此有一定的分歧。有学者认为："中央军事委员会是我国的军事机关。按照我国国家赔偿法的有关规定，军事机关不是国家赔偿法的侵权主体。"① 另一种观点则相反。"国家军事机关及其工作人员违法行使军事职权侵犯公民、法人和其他组织的合法权益造成损害的，应由军队代表国家承担赔偿责任。"② 我们认为，军事机关也可以构成国家赔偿的侵权主体，因为，我国宪法、《国家赔偿法》并没有豁免国家军事机关的侵权行为责任，国家军事机关也属国家机关的一种，其行使军事职权的行为同样是代表国家而为的行为，由国家对其侵权行为所造成的损害负责赔偿，体现了我国政权的性质，符合民主政治建设发展的要求。

（2）国家机关工作人员。在侵权主体中，国家机关工作人员是重要的构

① 王盼主编：《国家赔偿法学》，中国政法大学出版社 1994 年版，第 53 页。

② 莫颜强：《略论军事赔偿》，载《政法论坛》1996 年第 1 期。

成单位。《国家赔偿法》中的国家机关工作人员是指在国家机关中能够行使法定职权的工作人员。在国家机关中，既有能行使法律所赋予职权的工作人员，也有其他的工勤人员。前者行使职权，代表国家，其行为具有国家属性，后者不能行使法律所规定的职权，其行为不具有国家属性。在理论上，明确两者的关系，对于国家承担赔偿责任具有一定的意义，尽管两者同处于一国家机关中，但国家对两者行为的后果表明了不同的态度，即国家只对行使职权的国家机关工作人员的侵权行为负责。有学者提出国家机关工作人员“即国家机关编制以内，有一定的级别、职称的在册人员”。① 还有学者认为：“国家机关工作人员泛指在国家机关工作的所有人员，包括干部、工勤人员、聘用人员。”② 我们认为，对国家赔偿法中的国家机关工作人员的界定，不能以国家机关的本身作为概念的外延，而要考虑到国家机关中特定人员与职权的关系，特定人员与外部的公民、法人或其他组织的关系，不能撇开内涵和外部关系来解释法律中的概念。国家机关工作人员的范围是特定的，不同于公务员。我国的公务员具有特定的范围，与其他国家的公务员在范围上有区别，如法国的公务员范围扩大到私法上的合同雇用人员、征用人员、事实上的公务员、志愿自动当行政主体工作的人员等。“在德国，行政法院对这个概念的解释一直是采取任意的态度，认为即使代表国家实施行为的个人并没有获得国家的正式任命，国家也应对其行为负责。”③ 许多国家就以公务员作为侵权主体。《国家赔偿法》并没有以公务员为侵权主体，因为“公务员”在概念的外延上相对狭小。我国《公务员法》将公务员界定为“依法履行公职、纳入国家行政编制、由国家财政负担工资福利的工作人员”。很显然，我国公务员不同于国家机关工作人员，只是国家机关工作人员中的一部分，在国家机关中还有一些能够依法履行公职务并非公务员的人员，比如参照公务员管理的人员。

国家机关工作人员不同于许多法律中的国家工作人员的概念。如刑法中的国家工作人员是指在国家机关、企业、事业单位和其他依照法律从事公务的人员。在国家管理体制转型时期，行政本位的体制逐步被打破，国有企业、事业单位中的管理人员不再属于国家机关工作人员，也不能以行政级别来衡量，其侵权行为所造成的损害，国家不承担赔偿责任。

---

① 林准、马原主编：《国家赔偿问题研究》，人民法院出版社 1992 年版，第 64 页。

② 王盼主编：《国家赔偿法学》，中国政法大学出版社 1994 年版，第 54 页。

③ 皮纯协、冯军主编：《国家赔偿法释论》（修订本），中国法制出版社 1996 年版，第 97 页。

(3) 法律、法规授权的组织。国家机关和国家机关工作人员可以作为国家赔偿的侵权主体，但在特定情形下，侵权主体范围可以延伸于国家机关和国家机关工作人员的范围之外。这是由国家职能的多样性和适应性所决定，因为法律、法规对国家机关及其职权的配置只是建立了静态的、阶段性的基础上，不能全面预测未来的发展方向，当社会中出现某一法律、法规未确定的现象时，静态的法律、法规往往显得无能为力，同时，有的事项的处理是一种专业性、技术性很强的活动，国家机关和国家机关工作人员对特定事项的处理缺乏必要的专业技术知识。为了弥补这一缺陷，法律、法规中必须有授权性规范，授予国家机关之外某些组织以一定的职权，准予其灵活地、具体地解决某些特定问题。这些组织基于法律、法规的授权，在行使职权时代表着国家，在性质上与一般的国家机关没有分别，因而其侵权行为所造成的损害，国家理应承担赔偿责任。如 1987 年国务院批准的《中华人民共和国计量法实施细则》第 30 条就确立了一个授权性规范，规定了“县级以上人民政府计量行政部门可以根据需要，采取以下形式授权其他单位的计量检定机构和技术机构，在规定的范围内执行强制检定和其他检定、测试任务：（一）授权专业性或区域性计量检定机构，作为法定计量检定机构；（二）授权建立社会公用计量标准；（三）授权某一部门或某一单位的计量检定机构，对其内部使用的强制检定计量器具执行强制检定；（四）授权有关技术机构，承担法律规定的其他检定、测试任务”。

(4) 受国家机关委托的组织或个人。国家机关根据需要可以委托某些组织或个人行使指定职权。这些组织或个人基于委托关系，其行为是委托机关行为的延伸，具有国家属性，如果造成了侵权损害，国家应承担赔偿责任。但是，由于委托关系的限定，受委托的组织或个人只能在委托的范围内，根据委托的国家机关的意思表示行使职权，如果不是因委托的事项而发生的侵权损害，只能由受委托的组织或个人自己负责，国家不承担赔偿责任。

（二）职务过错

职务过错是否作为国家赔偿的构成要件，因各国设定归责原则的价值取向不同而有所差异，如我国实行以违法责任原则为主、以结果责任原则为辅，那么在国家赔偿的构成方面则不强调职务过错。但是，过错仍然是责任的根本，我国并未否定职务过错在国家赔偿构成中的作用和意义。

1. 关于过错的主客观理论及分析。

(1) 主观过错理论。主观过错理论是以个人自由主义为基点，强调行为人对自己行为后果的认识。在哲学上，它是近代意志自由哲学的产物。洛克在

《政府论》中指出："人的自由和依照他自己的意志来行动的自由，是以他具有理性为基础，理性能教导他了解他用以支配自己行动的法律。并使他知道他对自己的自由意志听从到什么程度。"① 康德从经验主义的理性哲学出发认为：理性是完全自由的，个人应对其行为的过失负责。他指出："自由必须不被认为是无规律。自由不过是服从自然界的定律罢了，自由的原因必须遵照不变的规律发挥作用，但这些规律是自由原因所特有的。"② 一个人自由的程度取决于他的行动被理性或道德所决定的程度，如果完全受理性控制，就有完全的自由。行为过失的评价应从理性的角度出发。康德的思想对于19世纪的主观过错理论有重大的影响。黑格尔在《法哲学原理》中讲道："行为只有作为意志的过错才能归责于我。"③ 意志的过错是过错的本质，只有当行为人意识到自己有过错时才承担责任。滥用意志自由，违反道德标准的意志常常也是法律所应谴责的。以意志自由为基础的主观过错对于法学有重大影响。苏联的阿尔加科夫认为："过错是违法行为人的一定的心理状态。"马尔维也夫认为："过错的特征，是违法行为人对自己的违法行为及其后果的一种心理态度。"④ 由于过错在主观上表现为道德的应受非难性和滥用意志自由的应受非难性，过错就是承担法律责任的前提和条件。有过错就有责任，无过错就无责任的原则就是社会道德和法律的必然要求。通过对违法行为人一定心理状态的判断来确定过错，就使法律责任具有一定的惩罚和教育功能。

以"意志自由"为基础的过错理论建立在唯心的基础上，假定了一个理性世界的存在，认为人之所以有过错是因为人在意志上有缺陷。判断行为人主观上的过错责任是法院的工作。然而，"主观过错说常常否定了人的社会性，把人的意志的活动孤立化、绝对化"。⑤ 仅仅从主观领域活动来考察过错是片面的，因为人的意志的活动要通过一定的行为表现出来。"从孤立的主观状态

① ［英］洛克著：《政府论》(下)，翟菊龙、叶启芳译，商务印书馆1996年版，第39～40页。

② ［德］康德著：《道德行而上学读本》，沈叔平译，商务印书馆1996年版，第60页。

③ ［德］黑格尔著：《法哲学原理》，范扬、张企泰译，商务印书馆1982年版，第119页。

④ 参见林准、马原主编：《国家赔偿问题研究》，人民法院出版社1992年版，第79页。

⑤ 王利明著：《侵权行为法的归责原则研究》，中国政法大学出版社1997年版，第191页。

来评价过错是不妥当的。”① 现在，大多数国家的民法和国家赔偿法已不再坚持主观过错理论，而采用客观过错理论。

（2）客观过错理论。客观过错理论主张从客观行为上判断行为人有无过错，认为过错并非在于行为人的主观心理状态的应受非难性，而在于行为的应受非难性。“行为人的行为若不符合某种行为标准即为过错。”② 客观过错理论主要受罗马法的影响。在罗马法中，过错是行为人违反了社会义务，不符合社会要求，也指行为人没有依法或依照公共准则遵循其所应遵循的行为准则标准。法国学者萨瓦蒂厄认为：过错是对义务的违反，这种义务是加害人能够意识到和能够履行的。③ 比利时的德帕热指出：过错是谨慎、明智之人所不会做的行为或行动，这种人随时都会考虑到给他人带来不幸结果的危险。④ 著名行政法学家王名扬教授认为，“行政机关欠缺合理的注意，即有过失的存在，应对过失的侵害行为负责，称之为过失责任”。⑤ 客观过错理论除了将过错解释为对注意义务违反外，还解释为：不符合某种行为标准的行为和对权利的侵犯，⑥ 等等。客观过错理论主要受实证主义哲学思想的影响，否定了内在意志和外在行为之间的联系，认为对过错的确定和判断只能依据行为人客观的外在行为，对行为人主观状态的确定不具有可能性和必要性。“法官在确定行为人有无过错时，没有必要对每个人实施行为时的心理状态作出一种善或恶的道德评价。”⑦ 法官只需要对行为人的行为与应负的义务关系作一判断，就可以判定行为人是否有过错。

客观过错理论与主观过错理论相比较具有明显的优点。首先，它不拘泥于

---

① 王利明著：《侵权行为法的归责原则研究》，中国政法大学出版社 1997 年版，第 191 页。

② 王利明著：《侵权行为法的归责原则研究》，中国政法大学出版社 1997 年版，第 193 页。

③ 参见林准、马原主编：《国家赔偿问题研究》，人民法院出版社 1992 年版，第 80 页。

④ 参见林准、马原主编：《国家赔偿问题研究》，人民法院出版社 1992 年版，第 80 页。

⑤ 王名扬著：《英国行政法》，中国政法大学出版社 1987 年版，第 103 页。

⑥ 参见王利明著：《侵权行为法的归责原则研究》，中国政法大学出版社 1997 年版，第 197～198 页。

⑦ 参见王利明著：《侵权行为法的归责原则研究》，中国政法大学出版社 1997 年版，第 200 页。

意志领域的狭小圈子，而把视野投向行为人的行为。其次，将过错理解为一种社会概念，因为过错不在于行为人主观上的感觉，而在于社会的评价和道德的评价。再次，便于法官的判断。客观过错理论对过错的解释扩大了责任的范围，适合现代社会大生产发展的需要，也与国家民主政治发展相吻合的，伯纳德·施瓦茨讲道："法律正在做的是，以社会责任的概念取代个人过失的思想。过失本身也由于过错责任的客观化而发生了变化。这意味着从日益扩大的侵权行为法领域中消除道德因素。尽管责任的确定在名义上仍然是根据传统的过失概念，然而越来越多地涉及的是，被告本身并无'真正'的过失。"① 因而客观过错理论在法律中被广泛地采用。客观过错理论将违法与过错联系了起来，可以认为违法责任原则是客观过错理论在法律上的发展。"违法"或"违反法定的义务"都等同于过错。这种对过错的判定特别适应于国家机关或国家机关工作人员的侵权行为之中，只要国家机关或国家机关工作人员违反了法定的义务，就可以认定其行为有过错。

然而，客观过错理论也有其局限性。它割裂了意志与行为之间的内在联系，不能说明侵权行为内在的本质，在操作上用同一标准适用于不同类型的侵权主体，虽然扩大了责任的范围，但却不能体现"客观公正"和"事实上的平等"。伯纳德·施瓦茨指出："法律平等只可能存在于这样一种情况下，即社会每一成员在事实上而非仅仅在形式上拥有使用其天赋的平等机会。由于每人社会的环境不同，与此相反，一部分人缺乏能力或能力受到阻碍，而同时他人的能力却高出一筹，或得天独厚，权利平等就成为一种'漂亮的然而是空虚的浮夸之词。'"② 因而，客观过错理论的适用必须结合特定侵权主体的具体实际情况，使责任的承担因侵权主体自身条件不同而有所差异。国家赔偿制度中，法律可以根据侵权主体的不同，确定免责或有限责任制度，使客观过错理论贴近实际。

2. 职务过错的含义及其应用。职务过错是一个主客观相统一的概念，在主观上，国家机关或国家机关工作人员没有尽到法律要求注意的程度，客观上产生违反义务行为，如警察在追捕逃犯的过程中，开枪射击误伤周围的群众，其过错表现为违反法律规定的义务，没有尽到法律要求注意的程度。它是客观

① ［美］伯纳德·施瓦茨著：《美国法律史》，王军等译，中国政法大学出版社 1996 年版，第 204 页。

② ［美］伯纳德·施瓦茨著：《美国法律史》，王军等译，中国政法大学出版社 1996 年版，第 252 页。

过错理论在国家赔偿法中的表现。判定国家机关及其工作人员是否有过错，依赖主观过错理论很难以得到一个确切的答案，同时也往往给法官以较大的自由裁量权，特别是在一个国家监督机制相当脆弱的情况下，公民、法人和其他组织的合法权益会因法官判定加害人无过错而得不到保障。客观过错理论引入国家赔偿制度中后，判定国家机关及其工作人员是否有过错，可以根据法律对其义务设定来判断，考察其是否注意到自己应承担的义务或责任，是否达到法律要求注意的程度。违反与不违反义务的要求，注意到与没有注意到，依法律的规定可以作出结论。在法律不能完全提供一个明确的标准时，可以依据一个正常人是否“注意到”为标准。大陆法采用“良家父”的标准，英美法采用“理性之人”的标准。在不可抗力的情况下，侵权行为人已经尽到法律要求注意的程度，但损害还是发生，此时不能认定侵权行为人存在着职务过错。然而，侵权行为人由于自身条件的障碍，不能尽到要求注意的程度，不能作为职务过错的抗辩理由。

职务过错一般表现为国家机关工作人员的过错，但是职务过错并非完全与执行职务的国家机关工作人员的过错相一致，在特定情况下，即使执行职务的国家机关工作人员并无过错，但同样可以确定职务过错的成立。① 如执行职务的国家机关工作人员在执行职务时精神病突发而造成损害事实的发生，不能否定职务过错的成立。

在范围上，职务过错只是客观过错的一个组成部分，限定在特定的范围之中，只有当国家机关或国家机关工作人员在执行职务时违反义务、没有尽到应注意的程度，才能认定为职务过错。如果过错不是发生在执行职务时或与执行职务无关，即使侵权主体是国家机关或国家机关工作人员，都不能确定为职务过错。

职务过错包含两个方面的内容：一是认识，即“明知”或“应知”；二是态度，即国家机关及其工作人员对职务行为所造成的或可能造成的危害后果所持的心态，包括：希望、放任、不忍②。在理论上，过错可以分为故意和过失。故意一般是指：“行为人希望损害发生并以自己的作为或不作为促使之发生。”过失一般是指：“行为人没有希望损害发生的意图，但对于防止损害发

---

① 参见林准、马原主编：《国家赔偿问题研究》，人民法院出版社 1992 年版，第 84～85 页。

② 参见彭俊良著：《民事责任论》，希望出版社 2004 年版，第 209 页。

生，本应注意而且能够注意竟未加注意，致使损害发生。”① 职务过错同样包括故意和过失两种形态，无论是哪种形态都存在认识和态度的问题。国家赔偿法对职务过错的认识侧重于损害结果，不拘泥于行为人方面，如果过多地考虑侵权行为人的因素，则不利于权利救济。在这点上与刑法是有所不同。我国采用的是违法责任原则与结果责任原则相结合的架构，职务过错的实际意义在国家追偿制度中才有所体现。这并不影响它作为国家赔偿的构成要件，其精髓被吸收到其他的构成要件中。

（三）职务侵权行为

行为范围是国家赔偿范围中最基本的内容。主体范围只是构建国家赔偿责任外围的框架，一定的侵权主体并不必然导致国家承担赔偿责任。“随着国家赔偿制度的发展，主体范围已经显得越来越不重要，主体范围在许多国家已被行为范围所吸收。”② 行为范围所要揭示的是行为与责任之间的关系，即明确国家对侵权主体的哪些行为承担赔偿责任。各国国家赔偿法一般都接受“职务侵权行为”作为国家赔偿责任的行为界线，在界线以内，国家可能承担赔偿责任，界线以外的其他任何行为，国家不承担赔偿责任。

1. 职务行为判断的两种观念。职务侵权行为作为国家赔偿的构成要件，必须要解决何谓职务行为。职务行为的概念在理论上有一定的争议，主要表现为主观说和客观说。

（1）主观说。主观说是根据雇佣人或受雇人的意思为标准来判断是否执行职务。在主观说中又分两种情形：其一是以雇佣人的意思为标准，如果受雇人超出雇佣人所委托事项的范围，不能认定为是执行职务，例如美国。其二是以受雇人的意思为标准，只要受雇人是为了雇佣人（国家或国家机关）的利益而为的行为，就属于执行职务的行为。主观说主要受传统民法的影响，将职务行为的判断建立在雇佣人或受雇人意思的基础上，举证责任完全在受害方，受害人无法知晓侵权行为人的意思，因而不利于保护受害人的合法权益。

（2）客观说。这种观念强调职务行为的外在表现，以常理（社会通常认知的标准）为依据，不管行为人的主观态度如何，只要根据常理认为是执行职务或受害人确信是在执行职务，那便可以认定是执行职务。台湾学者认为：“所谓受雇人用执行职务不法侵害他人之权利，不仅指受雇人因执行其受命令，或委托之职务自体，或执行该职务所必要之行为，而不法侵害他人之权利

① 佟柔等主编：《民法概论》，中国人民大学出版社 1982 年版，第 309 页。

② 江必新著：《国家赔偿法原理》，中国人民公安大学出版社 1994 年版，第 55 页。

者而言，即受雇人之行为，在客观上是认为与其执行职务有关，而不法侵害他人之权利者。就令其为自己利益所为亦应包括在内。”① 许多国家采用客观说，不问行为人的意思如何，凡是职务行为的本身以及与职务行为有牵连的行为都可以认定为职务行为。

2. 职务侵权行为之解析。

简而言之，职务侵权行为是执行职务中侵犯他人权利的行为。为了弄清职务侵权行为的涵义，我们必须明确如下几个问题。

（1）职权与责任。职权在法律制度中是一个常见的概念，是权力和责任的结合体。我们对职权的理解，一是要明确其产生的根据。公法意义上的职权是基于法律、法规的授予，在本质上是人民对国家权力的让渡，与私法意义上的职权有着明显的分别。职权法定是现代公法中的一项重要原则，国家机关及其工作人员不能为自己创设谋取私利的职权，也不能超越法定的范围行使职权。二是要明确其结构。职权在构成上包含着权力和责任，在法律上是“权利和义务的统一”。② 权力只是职权中的一个要素，用美国社会学家戴维·波普诺的话讲：“是对他人的行为实行控制和影响的能力，不管他人是否愿意接受这样的控制和影响。”③ 职权也不同于权利。权利是指：“国家通过宪法和法律保障的，公民实现的某种愿意或获得利益的可能性。”④ 权利的确定虽然明确了国家与公民的关系，但其实现并不具有国家属性，公民可以放弃权利。职权既是权力，又是责任，国家机关在任何情况下都不能放弃职权，放弃了职权就意味着抛弃了人民的意志。三是要明确其与职务的关系。职权是职务的前提，有了职权才有可能产生职务。我们通常所讲的职务行为也就代表国家行使职权的行为，其中的职务侧重于义务的履行。

（2）侵权行为。侵权行为在法律中是一个常见的概念，但法律几乎没有对其作具体的解释。学术界以及实务中有三种代表性的观点：一是过错说，认为侵权行为就是一种过错行为；二是违反法定义务说，认为侵权行为是违反法律事先规定的义务的行为；三是责任说，认为侵权行为就是应负损害赔偿责任

---

① 转引自林准、马原主编：《国家赔偿问题研究》，人民法院出版社 1992 年版，第 97 页。

② 谢邦宇著：《行为法学》，法律出版社 1993 年版，第 224 ~ 225 页。

③ ［美］戴维·波普诺著：《社会学》，刘云德、王戈译，辽宁人民出版社 1987 年版，第 399 ~ 400 页。

④ 魏定仁主编：《宪法学》，北京大学出版社 1994 年版，第 165 ~ 166 页。

的行为①。学者们对侵权行为的概念有多种界定。有的认为："所谓侵权行为，就是当某人违法侵害他人的权利或利益给他人造成损害时，使加害者负担应该赔偿受害者损害的债务的制度。这种违法的利益侵害行为本身也叫做侵权行为。"② 有的认为："侵权行为者，因故意或过失不法侵害他人之权利或故意以违背善良风俗之方法，加害于他人之行为也。简而言之，为侵害他人权利或利益之违法行为。"③ 还有的认为："侵权行为是指行为人由于过错，或者在法律特别规定的场合无过错，违反法律规定的义务，以作为或不作为的方式，侵害他人人身权利和财产权利，依法应当承担损害赔偿等法律后果的行为。"④ 从学术界的各种观点来看，侵权行为具有两个典型的特征，即行为的违法性和受害权利的绝对性。这在民事法律领域中是没有疑问的。现在需要研究的是：职务侵权行为是否都具有违法性的特征，有没有合法的侵权行为。我们认为，职务侵权行为与一般意义上的民事侵权行为有着一定的差异，职务侵权行为的背后带有国家意志的属性，在某些特定的情况下，即使是依据法定的条件和程序行使职权也仍然有可能侵害他人的权利或利益，如"合法的错拘错捕"，所以，对职务侵权行为的理解还应考虑造成损害结果的原因。

（3）职务侵权行为。国家机关和国家机关工作人员虽为侵权主体，但其行为所造成的损害并不全由国家承担赔偿责任，国家只对职务侵权行为所造成的损害负责。职务侵权行为与一般的侵权行为不同，是在行使职权时致使他人的权利遭受损害的行为，具有三个典型的特征：第一是时间上具有延续性，即从执行职务开始到任务的完成，表现为"执行职务时"；第二是在职责范围内，即法律对行使职权所要求的范围、方式、程序、幅度等责任内容有明确的规定，侵权主体的行为与其职责存在着关联性，如某公民以警察的身份入室查赌，给他人造成财产损害就不是一种职务行为；第三是使他人的权利遭受损害。如工商行政管理局对某一行政相对人实施罚款的行政处罚，违反法律、法规所规定的工商行政管理义务，在结果上使他人的财产权遭受损害。我们需要说明的是：国家机关及其工作人员违法行使职权侵害他人的一些不正当利益，有关相对人是不能请求国家赔偿。因为，《国家赔偿法》的立法宗旨是为了保护公民、法人和其他组织的合法权益，促进国家机关依法行使职权，即使国家

① 参见彭俊良著：《民事责任论》，希望出版社 2004 年版，第 132 页。

② 于敏著：《日本侵权行为法》，法律出版社 1998 年版，第 2 页。

③ 史尚宽著：《债法总论》，台湾荣泰印书馆股份有限公司 1978 年版，第 101 页。

④ 杨立新著：《侵权法论》（上册），吉林人民出版社 1998 年版，第 12 页。

机关及其工作人员违法行使职权且也有一定损害事实的发生，但是相对人的一些不正当利益是不受法律保护的，如果给予了国家赔偿，就会在社会中形成价值取向的误导。当然，国家机关及其工作人员的违法行为是应该依法处理的，但这不属于国家赔偿法所调整的范围。《国家赔偿法》所要保护的是法律上的权利以及正当的利益。

3. 职务侵权行为之表现。职务侵权行为在现象上主要表现为两大方面，作为违法或不作为违法，在特殊情况下还包括一些合法行为致害。作为是行使职权的积极行为，不作为是怠于行使职权的行为，兹分述如下：

（1）行使职权中的违法行为。行使职权中的违法行为主要表现为：国家机关或国家机关工作人员行使职权的法律依据选择的错误；行使职权的程序不当；行使职权的方式、方法不当；行使职权适用对象的错误；超越职权的范围等。这里面既包括故意滥用职权的行为，也包括过失的误用职权的行为，但无论是故意或过失，都属于职务侵权行为。需要说明的是，有的职务行为要依据行为发生的客观环境、时间、地点以及法律责任的范围综合分析。如勤务时间外行使职权的行为和管辖区域之外执行职务的行为不能认定是个人行为，因侵权而造成的损害，国家也应承担损害赔偿责任。

（2）与行使职权有牵连关系并密不可分的行为。受害人所遭受的损害可以是因行使职权的行为而产生，也可以是因其他行为，只要损害发生在国家机关、国家机关工作人员行使职权的过程中，并与其职责相关联，那么就属于职务侵权行为所造成的损害。我们将行使职权的行为称为主行为，将与行使职权有牵连关系且密不可分的行为称为从行为，主行为和从行为如果违法，都可以称为职务违法行为。如国家税务工作人员在执行职务中，因与其纳税人发生争执，系将某纳税人非法拘禁起来，这就属于从行为违法。

（3）怠于行使职权的行为。怠于行使职权的行为也称消极的行为或不作为。在国外法律制度中，一般都对此类行为作了规定。国家赔偿法也将这类行为吸纳进去，作为国家承担赔偿责任的依据之一。此类行为的确定，以法律确定国家机关、国家机关工作人员有作为义务为前提。法律上有作为的义务归纳为：①基于法律上的规定有作为的义务；②基于服务关系有作为的义务；③基于公法上的契约关系有作为的义务；④因自身无责任之行为所产生危险有防止的义务；⑤因其有防止危险发生的机会而依公序良俗有防止的义务。[①] 我国学

① 参见江必新著：《国家赔偿法原理》，中国人民公安大学出版社 1994 年版，第 70 页。

者龚祥瑞教授在《行政法与行政诉讼法》中将公务员的义务总结为：法律、政策上所定的义务；上级命令、指令中的义务；职务要求的义务；职业操守上的义务。国家赔偿法上有作为的义务需为第三人（受到损害的人）的利益而设，其目的是为了保障第三人的利益，只有当第三人直接利益遭受损失的情况下，才能请求国家赔偿。如果有作为的义务是为了公共利益的话，第三人也没有遭受直接损害，第三人不能因国家机关或国家机关工作人员不作为要求国家赔偿。长期以来，在我国法律概念中，由于受旧有的法律观念的束缚，仍然存在着“行使职权易承担责任，不行使职权则不承担责任”的观念，即“多一事不如少一事”，导致了在立法以及司法实践中对不作为而引起的法律责任问题欠缺合理的注意，使受害人的合法权益得不到应有的保护。实际上，怠于执行职务的情形有很多：如消防部门接到火警电话后拖延时间致使损害扩大；公安机关接到受害人要求保护的请求后，没有保护或拖延保护，致使受害人人身伤亡、财产损失；法院执行错误经申请仍不回转或纠正；公证机关的错误公证经申请仍不撤销，等等。因此，在国家赔偿制度中，建立怠于执行职务的损害赔偿，对于国家机关、国家机关工作人员的勤政，以及保护公民、法人或其他组织的合法权益不仅有理论意义，而且还有现实意义。怠于行使职权的行为所引起的国家赔偿责任一般要具备三个条件：一是有作为的义务；二是有作为的能力和条件，即在客观环境下能够履行职责，如果是客观不能则不能归责；三是在权利救济合理范围内不及时采取有效的措施，如拒绝、迟延、不充分作为或者疏忽①。《国家赔偿法》对怠于行使职权（不作为）的国家赔偿责任也有所体现，如第3条和第17条中规定了“……放纵他人以殴打、虐待等行为造成公民身体伤害或者死亡的”。

（4）合法致害行为。一般来说，合法行为是国家和社会所认可的，即使给他人造成了损害，加害人在主观上应认定为是无过错的。在公平责任或结果责任的条件下，加害人和受害人均无过错，其中的损害赔偿责任就根据公平正义的基本原则来划分，由加害人适当地承担损害赔偿责任。职务行为不同于一般的侵权行为，附加着权力的承受者对职权的信赖，即使符合法律规定，在造成损害的情况下也应该对行为的后果负责。《国家赔偿法》主要是基于违法行为致害而建立的国家赔偿制度，基本上排除了合法行为致害的国家赔偿责任，但是，为了保护无辜的受害者的合法权益，也规定了在特定情况下的国家赔偿

① 参见陈春龙著：《中国司法赔偿实务操作与理论探讨》，法律出版社2002年版，第337页。

责任，如合法的错捕等，其他的合法行为致害则没有作出规定。

（四）损害事实

损害是一种事实状态，是指侵权行为使受害人处于不利状态，表现为财产毁损、灭失、减少，肌体的损伤，精神痛苦和精神利益的损失等，或者受害人财产权利和人身权利处于危险状态，在特征上表现为：是已经发生的事实和真实存在的事实。国家赔偿法上的损害在本质上与其他法律上的损害并没有多大的差别，都是一种客观事实，不同的是引发损害的根据。损害与救济是相关联的，有损害就有救济，损害的可救济性是其在法律制度层面上的要求。损害事实是习惯性用语，与损害并没有什么差别。人们研究中经常用损害事实的概念主要基于其特点而言，强调其现实性和真实性。

1. 损害事实的特点。

（1）现实性。损害事实的现实性是指损害已经发生并在现实中确实存在，而不是指想象之中或未来可能发生的损害。想象之中的损害不具有客观性，未来可能发生的损害不具有确定性和现实性，国家均不承担赔偿责任。

值得说明的是：损害事实本身的现实性并不代表国家只对现实存在的损害负责赔偿，国家在一定的条件下还可以或必须对将来发生的损害负责赔偿。有的国家将将来发生的损害分为必然的损害和或然的损害，因必然损害具有确定性，国家负责赔偿，而或然损害具有不确定性，国家不负责赔偿。如造成某一公民全部丧失劳动能力的，该公民的损害不只是现实的人身伤害，而涉及将来的生存以及其所抚养子女未来的生存、教育和抚养等问题，因而，国家赔偿必须将这些现实的以及将来损害全部考虑进去。法国行政法院在 1947 年对法国电力公司案件的判决中指出："如果将来的损害是可以立即估价的，则应当对其进行赔偿。因为它是对于现状的直接现实的延伸。"① 法国的这一判例把将来的损害区分为可以立即估价的和不能立即估价的。还有的国家把将来发生的损害分为高概率损害和低概率损害、可以确定的损害和不可确定的损害、直接损失和间接损失等。

（2）特定性。损害的特定性是指损害只有符合法律规定的条件，国家才承担赔偿责任。就损害的程度而言，损害有一般损害和特别损害之分。特别损害是符合法律规定条件的损害，而一般损害是不符合法律规定的条件，没有达到法律规定的应予赔偿的那种损害的最低程度，如国家机关工作人员在执行公

① 参见江必新著：《国家赔偿法原理》，中国人民公安大学出版社 1994 年版，第 133 页。

务中工作粗暴、恶语伤人，致使相对人精神暂时痛苦，就属于一般损害。国家对一般损害不负责赔偿。就受损害的对象而言，损害分为一个人或少数人的损害和一般人的普遍共有的损害。大范围内或举国上下人所共有的损害，国家不承担赔偿责任，如国家实施戒严的行为所造成的损害。就受损害的客体而言，有实体权利的损害和程序性权利损害之分，对于实体权利的损害，国家一般应承担赔偿责任，而程序权利的损害在大多数的情况下，国家不承担赔偿责任，国家赔偿法中的损害的特定性还表现为其他方面，本章在此不一一分析。

确定损害的特定性主要是为了限定范围，确定一个“度”的问题。世界各国没有一个国家实行无“度”的损害赔偿，而对“度”的选择反映了一个国家的经济状况以及国家对受损害利益的态度。由于“度”的选择与确定直接涉及公民权利的救济和国家财政承受能力，畸高畸低的“度”都会带来政治、经济的不稳定。

（3）非法性。损害事实的非法性是职务行为主体对法律保护的法律关系、法律秩序正常状态的破坏，或对法律保护合法权益施加不利的影响。在合法行为下，职务行为主体造成的损害事实，国家一般不承担赔偿责任，特殊情况除外。与此相联系的，职务行为主体造成非法利益损害，国家同样也不承担赔偿责任。

2. 损害事实的分类。损害事实按不同的标准可以作不同的分类，如财产损害与人身损害、物质损害与精神损害、直接损害与间接损害；有形损害与无形损害；可能发生的损害与必然发生的损害等。在国家赔偿法中一般分财产权损害和人身权损害两大部分。

（1）财产权损害。财产权损害在形态上表现已有财产的毁损、灭失或减少和可得利益的丧失。财产权损害从直观上讲是一种可计算的损害，即能够从货币单位计量财产价值上的减少或灭失，有可供衡量的客观尺度。从《国家赔偿法》的规定来看，导致财产权损害的职务侵权行为有：行政行为中的违法罚款、吊销许可证和执照、责令停产停业、没收财物，违法征收、征用财产的；司法行为中的违法对财产采取查封、扣押、冻结、追缴等措施，违法采取的保全措施或对判决、裁定和其他生效的法律文书执行错误所造成的财产损害等。

财产权损害中的“可得利益的丧失”是一种有法律根据的、合乎社会公认准则的一种利益的损失，受害者可得到的利益具有客观性和必然性，如银行利息、正常的营业利润、固定的劳动收入，投资所得的红利等，而那些仅凭主观推断的具有或然性的利益就不属于“可得利益”。“可得利益丧失”作为国家赔偿构成要件是有一定条件限制，因为它不同于既得利益，受害人尚未实际取得。

（2）人身权损害。人身权损害是对公民生命健康权、人身自由权、人格权等的侵犯并由此而造成损害。公民拥有生命健康权、人身自由权、人格权，其不受侵犯性源于宪法和法律对基本权利的确认。侵犯人身自由权主要表现为对人身自由的非法限制或剥夺，如错误拘留、逮捕、判决及劳动改造等。侵犯生命健康权主要表现为职务侵权行为致使公民身体受到损害或者死亡。侵犯人格权主要表现为职务侵权行为致使公民遭受精神损害。

人身权损害的赔偿不同于财产权损害的赔偿，它难以通过一定的货币单位衡量，虽然损害是有形的，但有形的损害不能通过一个精确的量来确定。世界各国只能将人身权损害相对量化并借助货币以及其他的财产方式予以补偿，如非法拘留5天，国家不可能恢复或修复拘留期间被破坏的权利状态，只能通过金钱的方式予以补偿。

3. 精神损害的国家赔偿问题。在法学中，精神损害是指侵害公民人身权，造成公民精神痛苦和精神利益丧失或减损。精神痛苦包含两个方面的内容：一是指侵害公民的身体所造成生理损害，使其在精神上产生痛苦；二是指侵害公民心理所造成的心理损害。当公民的人身权利遭受侵害时往往伴随的是人的情绪、感情、思维、意识等方面的损害，导致精神活动的障碍，使人产生愤怒、恐惧、焦虑、沮丧、悲伤、抑郁、绝望等不良情感。精神利益丧失或减损是指公民维护其人格利益、身份利益和其他财产利益的活动受到破坏，因而导致其人格利益、身份利益和财产利益造成损害①。精神损害具有下列特征：（1）精神损害的主体限于自然人。精神现象为自然人所特有。精神损害仅发生在自然人受不法侵害的情况。法人有一些人格权，但没有自然人所特有的生理、心理和精神现象，也就不存在精神损害问题。但是，法人的人格权受到损害时，法律也规定予以救济。这主要是为了维护法人的物质利益，而不是维护其精神利益。②（2）精神损害是一个具有法律意义的特定概念，不同于医学上的精

---

① 参见杨立新著：《人身权法论》，中国检察出版社1996年版，第253页。

② 在学界，关于法人是否可以提出精神损害赔偿的问题有一定的争议。我们认为：法人是一种组织，不可能像自然人一样具有思维活动和心理状态。法人的人格权遭受损害，是不可能产生精神痛苦，在法人的人格利益遭受侵害的情况下，主要是财产上的损失。最高人民法院在《关于确定民事侵权精神损害赔偿责任若干问题的解释》就否定了法人有精神损害赔偿问题。

神损害或者人们在日常生活中所谈论的一般精神方面的不快。(3) 精神损害的实质是一种非财产性损害。(4) 精神权利作为自然人的一项重要权利是与财产权利相对应的人身权利中的重要组成部分。

关于精神损害与赔偿的关联性问题，学界已接受了精神损害赔偿的概念。从字面上讲，要准确地界定精神损害赔偿是比较困难的，因为赔偿一般是造成他人有形财产损害之后以财产方式予以弥补受害人的损失，使之恢复到侵害之前的状态或以等量的价值填补等量的损失，而精神损害本身表现为精神痛苦或精神利益的减损、灭失，是无形的，并不直接体现为财产上的减损，用金钱赔偿的方式来弥补受害人并非财产损失的精神损害，在形式逻辑上是相悖的。一般来说，只有财产损失才能进行精确的计算，精神损失是难以用精确的金钱额度进行衡量的，并且财产损失有可能恢复到被侵害之前的状态，但精神痛苦造成以后是不可能予以恢复的，即使侵害人赔偿了一定的金钱，也不会使受害人的痛苦经历消失，或者说不再痛苦。美国的贝勒斯指出："损害赔偿不能提供完全或恰当的补偿，尤其是那些对于名誉及隐私的损害，以及因人身伤害而遭受的痛苦①。"在这样的意义上，对精神损害用金钱赔偿所起的作用是为了补偿、抚慰受害人受到伤害的心灵，或说是对受害人起到弥补其心理失衡作用。有的学者用"精神损害抚慰金"的概念②，它比较准确地反映了对精神损害的救济。在瑞士、日本等国的立法中也采取的是抚慰金制度。采取精神损害抚慰金的概念反映了权利救济的实质及作用，较为科学③。但由于精神损害赔偿在一定程度上是对加害人的惩戒，考虑到我国法律界对其几乎是约定俗成的称呼，只有在法律上对其严格界定，因而，在理论与实践上仍然是可以使用"赔偿"这一概念的④。在实务上，我国最高人民法院司法解释已使用这一概念。

最先开始对精神损害予以赔偿的应该是民事法律制度。《德国民法典》第

---

① [美] 迈克尔·D. 贝勒斯著：《法律的原则——一个规范的分析》，张文显等译，中国大百科全书出版社 1996 年版，第 311 页。

② 参见何俊：《精神损害赔偿应注意把握的几个问题》，载《北京行政学院学报》2001 年第 6 期。

③ 王泽鉴先生认为：慰抚金系于非财产上的损害，不能恢复原状或恢复原状显有困难时，对被害人支付金钱。就其本质也属于损害赔偿，与财产上损害之金钱赔偿并无不同，从而也具有损害赔偿所具有之基本机能。参见王泽鉴著：《民法学说与判例研究》(第二册)，中国政法大学出版社 2005 年版，第 222 页。

④ 参见张新宝、王增勤：《精神损害赔偿的几个问题》，载《人民法院报》2000 年 9 月 23 日。

823条规定："因故意或过失不法侵害他人的生命、身体、健康、自由、所有权或其他权利者，对被害人负赔偿损害的义务。"第847条规定："不法侵害他人的身体或健康，或侵夺他人自由者，被害人所受侵害虽非财产上的损失，亦得因受损害，请求赔偿相当的金额。"瑞士《联邦债务法》第55条规定："由他人之侵权行为，于人格关系上受到严重损害者，纵无财产损害之证明，裁判官亦得判定相当金额之赔偿。"第49条规定："人格关系受到损害时，对其侵害情节及加害人过失重大者，得请求慰抚金。"我国最早明确精神损害赔偿的法律文件是《大清民律（草案）》和《中华民国民律（草案）》，其中《中华民国民律（草案）》第26条规定："不法侵害他人之身体、名誉或自由，被害人于非财产之损害，亦得请求赔偿相当之金额。"我国台湾地区"民法"第18条规定："人格权受侵害时，得请求法院除去其侵害；有受侵害之虞时，得请求防止之。前项情形，以法律特别规定者为限，得请求损害赔偿或慰抚金。"《中华人民共和国民法通则》明确规定了精神损害赔偿问题，其中第120条规定："公民的姓名权、肖像权、名誉权、荣誉权受到侵害的，有权要求停止侵害，恢复名誉，消除影响，赔礼道歉，并可以要求赔偿损失。""法人的名称权、名誉权、荣誉权受到侵害的，适用前款规定。"

国家赔偿法上的精神损害赔偿是指公民因其人身权利受到职务行为的侵害，使其人格利益和身份利益丧失、减损或遭受精神痛苦，要求国家通过财产赔偿等方法进行救济和保护的法律制度。精神损害赔偿进入国家赔偿制度是20世纪中后期的一项重大成果，此前，国家赔偿制度只是关注物质损害现象。德国于1981年颁布的《国家赔偿法》明确地将精神损害作为了国家赔偿的内容，该法第2条第4款规定，"应予赔偿的损害包括所失利益以及依据第7条标准发生的非财产损害"，该法第7条的规定为："对于损伤身体的完整、健康、自由或者严重损害人格等非财产损害，应参照第2条第4款予以金钱赔偿。"在日本，国家承担赔偿责任的方式，除特别规定外，都适用民法之规定。这不仅因为日本将国家当作公法人来看待，更主要是因为民法关于侵权赔偿责任的规定较国家赔偿法更完备，更容易保护受害人的权利。1994年，我国在制定《国家赔偿法》时没有明确将精神损害赔偿纳入其范围。学术界也有的学者认为，精神损害是无形的，客观上无法衡量，无法确定一个合理的赔偿幅度，精神损害可以通过其他的救济途径来解决。① 2010年《国家赔偿法》

① 参见皮纯协、冯军主编：《国家赔偿法释论》（修订本），中国法制出版社1996年版，第104页。

修正案中明确了精神损害的国家赔偿，其中第 35 条规定："致人精神损害的，应当在侵权行为影响的范围内，为受害人消除影响，恢复名誉，赔礼道歉；造成严重后果的，应当支付相应的精神损害抚慰金。"《国家赔偿法》对精神损害赔偿的规定主要基于以下理由：

（1）民事立法及实践为国家赔偿法对精神损害赔偿作出规定奠定了立法以及实践基础。我国《民法通则》实施以后，最高人民法院也根据实际制定了一系列有关精神损害赔偿的司法解释，如 1988 年的《关于贯彻实施〈民法通则〉若干问题的意见》、1993 年的《关于审理名誉权案件若干问题的解答》、2001 年的《关于确定民事侵权精神损害赔偿若干问题的解释》、2002 年的《关于人民法院是否受理刑事案件被害人提起精神损害赔偿民事诉讼问题的批复》等，其中 2001 年的《关于确定民事侵权精神损害赔偿若干问题的解释》就对精神损害赔偿问题作了较系统的规定，如第 1 条规定了："自然人因下列人格权利遭受非法侵害，向人民法院起诉请求赔偿精神损失的，人民法院应当依法受理：（一）生命权、健康权、身体权；（二）姓名权、肖像权、名誉权、荣誉权；（三）人格尊严权、人身自由权。违反社会公共利益、社会公德侵害他人隐私或者其他人格利益，受害人以侵权为由向人民法院起诉请求赔偿精神损失的，人民法院应当依法予以受理。"国家赔偿法中的精神损害赔偿虽与民事方面有一个差别，但在基本原理上则大体相同。民事立法及实践为《国家赔偿法》确定精神损害赔偿打下了非常好的基础。

（2）精神损害虽属无形损害，但终归特殊形式的损害。有损害就有赔偿是一个古老的法律原则，精神损害是损害的一个方面，对其承担赔偿责任符合人类法律、伦理道德规范的理性要求。《国家赔偿法》没有理由将其排除在外。

（3）国家机关或国家机关工作人员是行使公权力的主体，其职权运用的目的在于保障法律所确定的社会秩序，从而维护公民的合法权益，当职务侵权行为造成公民合法权益损害时，没有理由将部分损害排除在外，或者说只认定部分损害。《国家赔偿法》对损害范围的定位不能低于民事法律，因为现代民主政治要求公权力主体比一般的民事主体具有更高的注意力和自律性。

（4）在国家对人身权利损害和财产权利损害赔偿标准偏低的状况下，更应该考虑精神损害赔偿问题，只有这样才能使受害人从物质损害和精神损害两个方面获得救济。

（5）国家可以针对精神损害的无形性和抽象性，可建立一个可供操作的规范体系。西方国家在这方面已经有很好的经验可供借鉴。

(五) 因果关系

在国家赔偿构成中，职务侵权行为是损害事实发生的原因，而损害事实则是职务侵权行为的后果，两者之间的关系就是一种因果关系。

因果关系在国家赔偿构成中具有极为重要的意义，构成了归责原则的条件和基础。它所要解决的是损害事实是何种行为所致，而这种行为是否就是职务侵权行为，将纷繁多变的客观联系抽象出或孤立出一些有紧密联系的范畴，从这些范畴中找到责任的依据。然而事物之间联系的多样性和多变性往往是人的意识无法用简单的逻辑关系来穷尽的，人们只能抓住事物之间联系的一根主线，即找到一个社会公众以及法律规则所能接受的居主导地位的关系。我们理顺了关系，就能明确责任，无论是一因一果，一因多果，还是多因一果、多因多果，总的规则是因在前，果在后。

为了探究行为与结果之间的内在联系，理论界针对多样、复杂的因果关系提出诸多学说，如条件说、原因说、相当因果关系说、必然因果关系说和法规目的说等①。

条件说认为凡是结果发生具有原因力的事实均属原因。根据条件说的观点，造成损害事实的所有因素都具有同等的作用和意义，缺乏其中的任何一个因素都不可能造成损害事实的发生，因而因果关系的确定必须把具有原因力的事实作为原因。条件说扩大了责任的范围，混淆了原因和条件的关系，实务中难以确定实际应负责任的人和主要承担责任的人。

原因说认为损害事实的发生只能由某一原因或某几种原因造成，其余的均为条件。在原因说中又有：必然原因说、直接原因说、最近原因说、最重要原因说、决定原因说等。相对而言，原因说比条件说要合理一些，因为它抓住了事物之间联系的主要方面，从复杂的现象中找到问题症结，简化了关系。但原因说建立在理性抽象的基础上，原因和条件的区分虽然在理念的范畴中可以区分开来，但事实上则难以把握，同时，也往往缩小了责任的范围。

相当因果关系说认为行为与损害事实之间的因果关系建立在客观现实的基础上，不管谁是原因谁是条件，如果有某一行为必须会有与该行为相应的损害事实，如果没有这一行为则不会产生该损害事实，据此可以推定其中的因果关系。相对因果关系说并未否定原因与结果之间的客观联系，而是通过对客观情况的观察，以事实为根据作出合乎实际的判断。相对因果关系说较之前面两种学说，便于操作。

---

① 参见彭俊良著：《民事责任论》，希望出版社2004年版，第196~202页。

必然因果关系说认为原因与结果之间存在本质的、内在的、具有规律性的联系，一定的损害事实的发生是侵权行为所引起的必然结果，具有不可避免性，如果没有这一行为就不会发生损害事实。这种观点是我国法学界比较流行的观点，为众多学者所接受。

法规目的说认为对于行为与损害之间的关系着重在于探究相关法规的意义和目的，不在于它们之间的因果关系。曾世雄指出："因果关系之学说甚多，却无一精确。以抽象不确定内容之标准为标准，徒增问题之复杂性，对于问题之解决并无助益……因果关系如此虚化之结果，可以将无具体合理答案之因果关系争论置之不理，使问题回归就法论法之单纯层次。"①

客观现象是多样和复杂的，既有原因也有条件，既有原因也有结果，在不同的范畴中，原因可以转化为结果，结果也可以成为一个新的事实的原因。在实践中，职务侵权行为可能是部分或全部损害事实发生的原因，也可能与具体的损害没有联系，还可能成为损害发生的条件，因此，我们必须根据某一具体的职务侵权行为案件作出具体分析，在原则上把握如下几点：

1. 因果关系的确定是否将国家赔偿限定在一个合理的范围。关于因果关系的各种学说都试图准确表述行为与结果的关系，追求一定的"准确度"，但任何一种学说都无法准确地穷尽行为与结果之间联系的各种因素并表达其中的复杂关系，因此，确定因果关系不一定要采取某种固定的学说，或认为某一学说就是绝对正确的。

2. 因果关系的确定是否注意到行为与结果联系的客观环境。行为与结果之间的因果关系只是事物之间联系的一个环节，仅就行为分析结果或仅就结果分析行为，都难以揭示行为与结果之间的内在联系。考察与确定因果关系还必须注意到行为与结果存在的客观环境，在客观环境准确中找到因与果的关系。

3. 因果关系确定的相对性。国家赔偿中的因果关系不同于其他法律责任中的因果关系，不能绝对地强调因与果之间的内在的、必然的联系，因为对因果关系要求的程度越高会越限定权利救济的范围。这一点与刑事、民事等法律中的要求有差别。目前西方国家已放松了对因果关系的严格要求，不再追求直接的对应关系，以体现国家在权利救济上的立场。鉴于国家赔偿的特殊性，我们认为对侵权行为与损害结果之间因果关系的理解只能站在一种相对的维度上来把握，在一定情形下还可以考虑公共负担平等以及其他的基本原则，不能孤立地就因果关系而论因果关系。

---

① 曾世雄著：《损害赔偿法原理》，中国政法大学出版社2001年版，第114页。

第二节 行政赔偿的构成要件

一、主体要件

行政赔偿责任的行为主体要件所要解决的是谁的行为引起行政赔偿责任的问题，即行政侵权行为的主体是谁。从民法角度而言，公民、法人及其他组织等民事主体都可以成为侵权行为主体。但在行政赔偿中，侵权行为的主体是有严格限制的，只有国家行政机关及其工作人员、法律法规授权的组织及其工作人员、受行政机关委托的组织（简称受委托组织）或个人才能成为侵权行为的主体，其他公民、法人或其他组织都不能成为行政侵权行为的主体。

国家行政机关是指依法享有行政权，进行行政管理活动的各级政府及其所属的部门或机构。具体包括：第一，国务院及其组成部门，包括国务院、国务院的各部、各委员会、中国人民银行和审计署等；第二，国务院的直属机构、办事机构，它们由国务院自行设立，列入国务院编制序列；第三，部委归口的国家局；第四，地方各级人民政府；第五，县级以上地方各级人民政府的工作部门；第六，派出机关及派出机构，前者是一级人民政府的派出机关，如行政公署、区公所和街道办事处；后者是政府工作部门派出的机构，如公安派出所、工商所、税务所等；第七，非常设机构，包括为行政管理的需要而临时成立的机构以及为协调管理而成立的各种办公室、领导小组，此外还包括联合执法机构等。原则上，只要是行政机关，无论是常设机构，还是非常设机构，无论是依法设置，还是违法设置，都可以成为行政侵权行为主体。行政机关作为行政侵权主体还有几个问题需要注意：第一，行政机关内部机构侵权的，视为所属行政机关侵权，因为任何行政机关都负有监督其内部机构的职责，内部机构侵权当然视为该行政机关侵权；第二，各级地方人民政府及其职能部门在没有法律依据的情况下自行设立的行政机构侵权的，视为设立该机构的政府或机关侵权；第三，两个以上的行政机关共同行使职权造成损害的，共同致害的行政机关是共同的行政侵权行为主体。

法律、法规授权的组织是指依照法律、法规的授权以自己的名义行使行政管理职能的社会组织，它具有行政主体资格，国家对其行使职权时造成的损害承担赔偿责任。法律、法规授权的组织包括以下几种类型：（1）法律、法规授权的社会公权力组织，如行业协会、基层群众性自治组织、工青妇一类社会团体等；（2）法律、法规授权的国有企事单位，如烟草专卖公司、盐业公司、电力公司、高等学校、中国科学院等；（3）私法人或民办非法人组织，如民营企业、民间社团组织等；（4）行政机关的内设机构、派出机构等。①

受委托组织是指受行政机关的委托行使一定行政职能的非国家行政机关的组织。在我国，委托行政有两种类型：一种是行政机关按照法律、法规的规定在必要时，将自己享有的职权委托有关组织行使；另一种是在没有法律规定情况下将自己的职权委托其他组织行使。在委托行政中受委托组织以委托行政机关的名义行使职权，其行为的后果归属于委托的行政机关。虽然受委托组织的行为后果由委托的行政机关承担，但受委托组织可成为行政侵权行为主体。受委托组织的类型与法律、法规授权组织的类型大致相同。

行政机关工作人员，是指任职于国家行政机关，行使国家行政权，执行国家公务的人员。行政机关的侵权行为大多为其工作人员直接所为，因而国家行政机关工作人员作为侵权行为主体是没有疑义的。但关于侵权人员的范围，各国的规定存在较大的差异，有的国家规定较严。例如，在英国，按照英国《王权诉讼法》的规定，实施侵权行为而又由国家承担责任的官员限于以下三种情况：第一，由英国直接或间接任命的官员；第二，依照制定法和普通法规定行使权力而该权力又被视为是国王合法授予的；第三，作为国王仆人或代理人违反普通法义务的。② 对于与国家有临时雇佣关系或委托关系的人能否成为侵权主体没有明确规定。而在另一些国家，如法国、美国对侵权人员的理解较为广泛，不要求侵权主体具有正式公务员身份或必须是领取国家薪金的雇员，而是以他在客观上是否执行公务为标准，只要是基于法律授权或行政机关委托从事公务者均可成为侵权主体。从《国家赔偿法》的有关规定来看，行政侵权人员的范围包括国家行政机关的工作人员、法律法规授权组织的工作人员、受行政机关委托的人员。此外，还应包括事实上执行公务的人员或自愿协助执行公务的人员。

二、行为要件

行政赔偿责任的行为要件所要解决的是行政侵权主体的哪些行为可以引起行政赔偿责任的问题，即界定行政侵权主体的行为范围。一般说来，只有行政侵权主体的职务侵权行为才能引起行政赔偿责任。它包括以下两个方面的

① 参见姜明安主编：《行政法与行政诉讼法》（第二版），北京大学出版社、高等教育出版社 2004 年版，第 137 页。

② 马怀德著：《国家赔偿法的理论与实务》，中国法制出版社 1994 年版，第 82 页。

内容：

1. 行政侵权主体的行为必须是执行职务的行为。行政机关及其工作人员执行职务的行为，又可称为行使职权或履行职责的行为，是产生行政赔偿责任的根本条件，没有行政机关及其工作人员执行职务的行为，就不可能产生行政赔偿责任。但如何判断行政机关及其工作人员的行为是执行职务的行为呢？对此，有主观说和客观说两种主张。主观说认为，是否为“执行职务的行为”应以行为人的主观意识为标准来判断。如果行为人在主观上认识到其行为为执行职务，则该行为为执行职务的行为。反之，客观上虽有执行职务的特征，但行为人无执行职务的主观意识，则不构成执行职务的行为。英国和美国似乎倾向于采取主观说，即以雇佣人的意思为判断标准，执行职务的范围也仅限于雇佣人命令受雇人办理的事项范围。在美国，执行职务的活动限于“进行不超出职责界限的活动”。例如，如果雇佣人仅告诉受雇人执行职务的地点，而未告诉其具体前往路线，结果受雇人在途中发生车祸，这种情况就属于执行职务范围。反之，如果雇佣人明确告诉受雇人执行职务的地点及路线，而受雇人却自己另行选择前往路线而致人伤亡，这就不属于执行职务的范围。在英国，执行职务的行为应当是违反对特定人的法定义务或受雇人对雇佣人的义务的行为。例如，在 G. VS. G 案中，被告所辖之铁路工友，误认为原告未购买车票而将其拘留，由于铁路对未购买车票的旅客，照例有拘留的习惯，因此，法院认为这种行为属于执行职务。而在 E. V. L 案中，被告的工友误认为原告有盗窃嫌疑而将其逮捕，这种行为则超出了铁路日常的业务范围，因此，法院认为其不属于执行职务。① 客观说认为，是否为“执行职务行为”应以行为的外在表现为标准来判断。即从行为的外在表现形式看，只要具有利用职务的形式，便构成执行职务。如执行命令或受委托执行职务的行为、执行职务所必要的行为、客观上足以认为其与执行职务有关的行为等，都属于执行职务的行为。日本、法国、瑞士、德国及我国台湾地区都倾向于采用客观说。在日本，客观说被称为“外界标准理论”，也称“外表理论”。按照这种理论，执行职务是指在客观上、外形上可视为社会观念所称的“职务范围”，无论行为人的主观意思如何，凡职务行为或与职务有关的行为均属之。法国和瑞士也同样采用了这种外表理论，只要受害人有可信的理由相信国家公务人员是在履行职务，国家就必须负责赔偿。

---

① 曹竸辉著：《国家赔偿法之理论与实务》，台湾新文丰出版公司 1981 年版，第 43、228、229 页。

在我国，绝大多数学者都主张，在认定执行职务的问题上，应当采取客观说，即一切与执行职务有关的行为，无论是否在自己的业务范围内，是否在自己管辖区内，只要公务员造成损害结果的行为具有行使职权的外在形式，就应认定为公务行为。我们认为，客观说排除了行为人的主观因素，从外观上将侵害行为与执行职务行为联系起来，从而扩大了职务侵权行为的领域，更加有利于保护受害人的合法权益。因而，客观说是可取的。采取客观说认定执行职务行为，学者们提出了许多具体的标准。如有学者认为，应当以时间、地点、目的、行为方式为标准；① 有学者认为，应当以时间、职责权限、名义、实质意义为标准；② 还有学者认为，判断一个行为是否属于行使职权的行为，不仅应考虑行为的时间、空间及行为时的名义，而且还应考虑侵权行为与职权之间的相互关系，只有将这些条件结合起来考虑，才能够有效地判断某一行为是否属于执行职务的行为。③ 虽然各种区分标准不尽相同，但都倾向于采用多元标准而非单一标准，因为执行职务的行为与非执行职务的行为常常涉及诸多因素，需要综合分析才能定性。具体来说，分析一个行为是否属于执行职务的行为要从以下几个方面着手：

第一，从职责权限出发分析致害行为是否属于执行职务的行为。即看行为人实施的行为是否与其职责有关。行为人实施的行为只有与其职责有关，才能构成执行职务的行为；如果行为人实施的行为与其职责无关，则只能认定是其个人行为，而不构成执行职务的行为。例如，工商管理人员实施的市场管理行为、税务人员实施的征税行为、公安人员实施的治安处罚行为等，即使超越职权，也是执行职务的行为。但是，检察人员管理市场的行为，审判人员的治安处罚行为等，都是与其职责无关的行为，不能构成执行职务的行为。

第二，从实施致害行为时的外形进行分析。凡外在形式上具有执行职务行为的特征，可视为执行职务，如某公务员以行政机关的名义实施某管理行为，或通过公务人员的着装、佩带的标志表明其代表行政机关行使职权。如公务人员以个人名义出现，所实施的致害行为还要结合其他因素，如行为时间、地点等进行分析。

第三，从实施致害行为的时间、地点进行分析。一般来说，公务人员在上

① 姜明安：《国家侵权责任的构成》，载罗豪才、应松年主编《国家赔偿法研究》，中国政法大学出版社 1991 年版，第 41 页。

② 张树义著：《行政诉讼实务详解》，中国政法大学出版社 1991 年版，第 44～45 页。

③ 参见应松年主编：《国家赔偿法研究》，法律出版社 1995 年版，第 76 页。

班时间和工作地点所为的行为大多为执行职务的行为，如工商管理人员在上班时间对其所管辖的农贸市场巡查，和某个体摊贩发生口角，致人重伤的行为。但也不排除个人行为，如公民甲在国家工作人员乙上班时间内从乙办公室门前路过，乙发现甲是自己的情敌，故意向外摔出一墨水瓶，将甲的头打破。① 此外，侵权人不在其工作时间和工作地点内发生的侵权行为也可能属于执行职务行为的范畴。如某公安人员在一旅游景点旅游时发现一在逃犯，在抓获逃犯时，将某游客的贵重物品损坏。

总之，对某一致害行为是否属于执行职务的行为要从各方面予以综合考虑，以力求作出正确的认定。

依客观说的标准，下列行为可认定为属于执行职务的行为：第一，执行职务本身的行为。这类行为的特点是，行为本身属于执行职务行为，如工商机关违法吊销执照，税务机关违法征税等。第二，与执行职务的行为有关联而不可分的行为。这类行为的特点是其本身不是职务行为，但却与职务内容密切相关，如税务人员在征税的过程中殴打纳税义务人的行为，警察刑讯逼供行为等。第三，怠于履行职务的行为。这类行为的特点是，行为人应当执行职务而没有执行职务，即应当作为而不为。前两种行为都属于积极的作为，而怠于履行职务属于消极的不作为。怠于履行职务是执行职务的一种特殊表现形式，以行政机关及其工作人员负有法律上的特定的作为义务为前提。没有特定的作为义务，不能产生怠于履行职务问题。如《行政诉讼法》第 11 条规定，公民、法人和其他组织认为符合法定条件申请行政机关颁发许可证和执照，行政机关拒绝颁发或不予答复的；申请行政机关履行保护人身权、财产权的法定职责，行政机关拒绝履行或不予答复的，当事人均可对怠于履行职责的行政机关提起行政诉讼。如果这种不作为行为侵犯了公民、法人和其他组织的合法权益并造成损害，国家应承担赔偿责任。

2. 执行职务的行为违法。行政机关及其工作人员执行职务的行为是否违法，是确定行政赔偿责任的一个必要条件，也是区分行政赔偿与行政补偿的根本标志，只有行政机关及其工作人员执行职务的行为违法，即违法行使职权或者不依法履行职责，才能产生行政赔偿问题。对此，《国家赔偿法》第 3 条、第 4 条予以明确肯定。

---

① 姜明安：《国家侵权责任的构成》，载罗豪才、应松年主编《国家赔偿法研究》，中国政法大学出版社 1991 年版，第 41 页。

三、损害事实要件

损害事实要件所要解决的是行政赔偿责任应当以什么样的损害事实为发生条件的问题，确立行政赔偿责任的目的在于对受害人进行赔偿。因此，损害事实的发生是行政赔偿责任产生的必备条件。损害事实是违法行使职权的客观后果，但不是必然结果。因此，只有违法行使职权行为，而没有损害结果，也不会产生行政赔偿责任。

从各国国家赔偿法的立法及实务来看，所谓的损害与民法中的损害并无什么差别，是指行为人对他人合法权益所造成的不利后果。在行政赔偿中，损害事实具有如下特点：第一，它仅限于公民、法人和其他组织人身权、财产权等合法权益造成的损害，而不包括对公民、法人和其他组织的其他权利，如政治权利的损害。第二，损害必须具有现实性和确定性。即损害必须是已经发生、确实存在的，凡虚构的、主观臆想的损害都不引起损害赔偿。至于将来可能发生的损害是否具有现实性和确定性，各国有不同理解，大多数国家采用司法判例对其进行界定。如有的国家将未来发生的损害区分为确定性的损害和非确定性的损害，前者指受害人能有充分证据证明利益的获得已经确定，或者将来的损害是可以立即估价的或可以作出评估的；后者指受害人没有充分理由证明其利益的获得已经确定，或者将来的损害目前无法作出评估。对于确定性损害予以赔偿，对于非确定性损害不予赔偿。如一演员乘车去剧场演出，途中被警察错误拘留，警察局不仅应按日赔偿其一定损害，还要赔偿该演员与组织演出单位预订的演出报酬。① 在我国，依照《国家赔偿法》的规定，对于将来可能发生的损害一般不予赔偿。第三，损害不限于财产损害，还包括精神损害。财产损害是指财产利益的减少、丧失，其具体表现为财产的灭失、支出、损坏、收益的减少等，这是行政赔偿的主要对象。根据我国《国家赔偿法》的规定，违法实施罚款、吊销许可证和执照、责令停产停业、没收财物等行政处罚；违法对财产采取查封、扣押、冻结、追缴等强制措施；违反国家规定征收、征用财产等，都会造成财产损害。此外，侵害人身权也会造成财产损害，如医疗费、护理费、残疾生活辅助具费、康复费的支出；工资的丧失等。在一般情况下国家对直接损失进行行政赔偿，对于间接损失只有在特定的情况下才予赔偿。《国家赔偿法》第 36 条第 7 项规定："返还执行的罚款或者罚金、追缴或者没收的金钱，解除冻结的存款或者汇款的，应当支付银行同期存款利息。"

① 江必新著：《国家赔偿法原理》，中国人民公安大学出版社 1994 年版，第 132 页。

精神损害是指非财产利益的减少、丧失。这里的非财产利益即精神利益，包括名誉、荣誉、姓名、肖像利益等。精神损害是因人格权受侵害而引起的，表现为精神上的痛苦、心灵上的创伤、神经损失等。精神损害与财产损害的区别在于受损害的利益不同，因而恢复受损害的利益的方式也有不同，即对财产损害须承担财产责任，而对精神损害一般须承担非财产责任，法律有规定的，也可以采取财产责任形式。第四，损害的必须是合法权益，非法利益不受法律保护，不引起行政赔偿责任。如违章建筑、非法所得、不当得利等，一般不受法律保护。

四、因果关系要件

行政赔偿责任中的因果关系要件所要解决的是行政机关及其工作人员职权违法行为与受害人的损害之间是否存在因果关系问题。因果关系是哲学上的范畴，是指客观事物之间的前因后果的关联性。若一个现象的出现，是由另一现象的存在所引起的，则两者之间具有前因后果的关联性，即为有因果关系。行政赔偿责任中的因果关系是解决职务违法行为与损害结果之间的关系问题，即受害人的损害结果是否为行政机关及其工作人员职务违法行为所造成的，如果它们之间存在因果关系，则国家应对受害人的损害负责赔偿；反之，国家则没有赔偿的义务。所以，因果关系是联结责任主体与损害的纽带，是责任主体对损害承担赔偿责任的基础。

因果关系的存在与否及宽严程度，直接影响到受害人的合法权益的救济范围。在行政赔偿中，有人也主张必然因果关系说，认为因果关系是一个十分复杂的问题，有两个原因产生一个结果，也有一个原因产生数个结果的，有的原因是决定性原因，有的是辅助性条件，等等，如果对这个十分复杂的问题确立一个比较合适的学说来识别，也许就是必然因果关系说，即行为与结果之间联系应当是必然的联系。此结果必然是某行为而不是其他行为造成的。反之，如果有了这一行为，就必然产生此结果。在行为与结果之间如果没有这种紧密的联系，因果关系就不可能存在。① 也有学者主张直接因果关系说，认为行政赔偿责任中的因果关系应当是客观、恰当、符合理性的，而不是机械随意的。作为原因的现象，不仅在时间顺序上应出现在成为结果的现象之前，而且还必须起着引起和决定结果发生的作用，只有与损害结果有直接联系的原因，才是行

① 肖峋著：《中华人民共和国国有赔偿法理论与实务指南》，中国民主法制出版社1994年版，第118～119页。

政赔偿责任因果关系中的原因。当然，直接的原因不一定就是损害的最近的原因，而是损害产生的正常原因和决定性原因。① 尽管在理论上对行政赔偿责任中的因果关系存有不同的意见，但最具影响力的学说是直接因果关系说。所谓直接因果关系是指行为与结果之间有着逻辑上的直接的关系，其中行为并不要求是结果的必然或根本原因，而仅仅是导致结果发生的一个较近的原因。至于其间关联性紧密程度，则完全要依靠法官根据具体案件的情况来决定。② 近些年来，西方国家在实务中也逐渐放松了对因果关系的要求，而倾向于采取直接因果关系理论。法国行政司法判例认为，因果关系应是行为和结果有直接的因果关系，或者说，有恰当的因果关系。例如，由于车辆不按规定随意停车，造成交通特别拥挤，致使救护车无法及时赶到得重病的居民处，导致该居民死亡，法国行政法院认为居民的死亡与交通管理不善之间存着直接因果关系，因此，交通部门对此应负赔偿责任；在美国，行为与结果之间是否有因果关系则为两个条件衡量，一是因果之间具有逻辑关系；二是因果之间具有直接关联性，依据人的经验和正常理解，行为与结果之间有牵连。英国实务中也不乏适用直接因果关系的判例。例如，Read V. Groydon Corporation 案中，原告由于饮用了受污染的水面而得了伤寒，因此，他向法院起诉，要求供应自来水的部门负赔偿责任，法院准许了他的要求。在该案中，被告未能提供洁净用水的行为只是导致原告生病的一个直接原因或主要原因，而非必然原因。③

我们认为，与一般的民事侵权行为相比，行政侵权行为更为复杂，具体表现在：第一，行政侵权行为有时与民事侵权行为甚至与犯罪行为交织在一起。例如，某公民进城卖西瓜被人哄抢，请求公安机关予以保护，公安机关不予理睬，西瓜被哄抢造成损失，这里既存在哄抢人的违法侵权行为，也存在公安机关不履行保护公民财产权的法定职责的行为。第二，行政侵权行为对公民合法权益造成的损害有时是间接的，而不是直接的。例如，某乡政府批准了公民甲的建房申请，但甲的房屋被规划部门以违章建筑为由强制拆除，如果规划部门的强制拆除决定合法，则拆房所造成的损失虽与乡政府的批准建房行为不存在直接联系，但存在间接联系，可以认定乡政府的批准建房行为是造成损失的原

① 应松年主编：《国家赔偿法研究》，法律出版社 1995 年版，第 89 页。

② 皮纯协、冯军主编：《国家赔偿法释论》(修订本)，中国法制出版社 1996 年版，第 86 页。

③ 转引自皮纯协、冯军主编：《国家赔偿法释论》(修订本)，中国法制出版社 1996 年版，第 85～86 页。

因。第三，行政侵权行为有时与行政机关及其工作人员不履行法定职责联系在一起。这里的法定职责指法律明确规定的义务或可以推定的义务。如警察发现有人殴打他人而不予制止，即为不履行法定职责。因为保护公民人身权、财产权是警察的法定职责。

针对行政侵权行为的特殊性和复杂性，在认定行政赔偿责任中的因果关系时，很难用一个固定理论加以解决，而应综合各种方法确定因果关系的存在与否。对不同的情况，可采用不同的标准来判断违法行为与损害结果之间是否存在因果关系。当损害结果仅与行政侵权行为相联系时，可运用民法上的因果关系理论进行分析，如某警察侮辱某公民甲，公民甲一气之下心脏病复发致死。这里死亡的原因，按照相当因果关系理论，只能是公民甲患有心脏病而非该警察的侮辱行为，当然侮辱行为是引起心脏病复发的原因，公安机关也要承担部分赔偿责任。当损害结果与行政侵权行为、民事侵权行为以及犯罪行为等多种因素相联系时，要结合行政侵权行为主体的法定职责进行分析。只要行政侵权行为与损害结果之间有间接的关联性，即可认为行政侵权行为与损害结果之间存在因果关系。当受害人不能从直接侵害人那里得到赔偿时，可请求行政赔偿。例如，当一幢大楼失火时，主人向消防机关报告并要求及时灭火，如消防机关故意拖延以致酿成火灾，那么受害人可先向失火责任人求偿，如果得不到赔偿，则可向消防机关请求赔偿。这里消防机关拖延救火的行为虽不是损害的直接原因，但是一种不履行职责的行为，且与损害有间接联系，因而可认为与损害结果之间存在因果关系。

第三节　司法赔偿的构成要件

一、主体要件

司法赔偿的侵权主体是指能够引起国家承担赔偿责任的司法机关及其工作人员。在我国宪政体制设计上，司法机关主要是指国家的审判机关和检察机关，但由于司法权的运用还牵涉到其他的机关，因而，国家赔偿法中的司法机关在范围上相对宽泛一些，如公安机关、国家安全机关在行使侦查权时可以作为侵权主体，由此引起的损害由国家承担赔偿责任。除此之外还有监狱管理机关、看守所。

1. 侦查机关及其工作人员。侦查权是指在刑事诉讼中，特定的国家机关依法享有的对刑事案件进行立案、调查、勘察、取证等行为，从而侦破案件并确定犯罪事实、证据和嫌疑人的一种国家权力。在我国，行使侦查权的机关是公安机关、检察机关、国家安全机关和军队中的保卫部门，这些机关可以构成司法赔偿中的侵权主体。在公安机关、检察机关、国家安全机关、军队中的保卫部门中行使侦查权的工作人员也是司法赔偿的侵权主体。我国《刑事诉讼法》第 83 条规定："公安机关或者人民检察院发现犯罪事实或者犯罪嫌疑人，应当按照管辖范围，立案侦查。"第 4 条规定："国家安全机关依照法律规定，办理危害国家安全的刑事案件，行使与公安机关相同的职权。"第 225 条规定："军队保卫部门对军队内部发生的刑事案件行使侦查权。"公安机关和检察机关在行使侦查权上有一定的分工。根据《刑事诉讼法》的规定，人民检察院立案侦查的案件有：国家工作人员渎职犯罪案件；国家机关工作人员利用职务实施的非法拘禁、刑讯逼供、报复陷害、非法搜查的侵犯公民人身权利的犯罪案件；侵犯公民民主权利的犯罪案件；国家机关工作人员利用职权实施的其他重大的犯罪案件案件。公安机关对其他刑事案件行使侦查权。

2. 检察机关及其工作人员。检察权是人民检察院依照法律规定行使的法律监督权。检察权与检察机关的职权是两个不同概念。我国法律授予检察机关以特定的职权，有的职权不能认定为就是检察权，如检察机关对特定案件的侦查权。我国的检察机关是指各级人民检察院和专门人民检察院。根据我国宪法的规定，人民检察院是法律监督机关，行使着检察权。检察机关及其工作人员行使职权侵犯他人合法权益，造成损害的，国家承担赔偿责任。

3. 审判机关及其工作人员。审判权是依法审理和裁决刑事、民事、行政案件和其他案件的权力。我国行使审判机关是指各级人民法院和专门人民法院。根据我国宪法的规定，人民法院是审判机关，行使审判权。人民法院及其工作人员行使职权，造成他人损害的，国家承担赔偿责任。

4. 监狱管理机关及其工作人员。监狱管理机关是我国刑罚的执行机关。按照我国《刑罚》和《刑事诉讼法》的规定，被判处死刑缓期两年执行、无期徒刑、有期徒刑的罪犯在监狱内执行刑罚。监狱管理机关及其工作人员行使职权造成他人合法权益损害的，受害人有权要求国家赔偿。

5. 看守所及其工作人员。看守所是羁押依法被逮捕、刑事拘留的人犯的机关。按照法律规定，被判处有期徒刑一年以下，或者余刑在一年以下，不便送往劳动改造场所执行的罪犯，也可以由看守所监管。我国看守所以县级以上行政区域为单位设置，由本级公安机关管辖。看守所及其工作人员行使职权造成他人合法权益损害的，受害人有权要求国家赔偿。

二、行为要件

国家赔偿法对于司法赔偿中的职务侵权行为作了严格的限定，国家只对特定的侵权行为承担赔偿责任。我国《国家赔偿法》以违法责任原则与结果责任原则相结合为基点确定了司法赔偿的行为要件，实现“无罪羁押赔偿”。我们从如下三个方面进行分析：

（一）合法行为

在原理上，合法行为是无所谓过错的问题，因为法律对行为性质的认定是基于社会成员共同认可的价值准则，在通常情况下，违法行为往往就是有过错的行为，合法行为是国家和社会认可的行为。合法行为致害可以根据公平责任的原则对遭受损害的合法权益予以救济，也可以通过补偿的方法来解决。《国家赔偿法》在制定的过程中正是基于这样的考虑排除了合法行为致害的国家赔偿责任。但是，由于国家补偿制度的缺失，一些合法行为致害造成受害人的合法权益不能得到救济，《国家赔偿法》的价值和功能不能得以充分体现。2010 年《国家赔偿法》的修改本着有效地实现权利救济的基本思想，采用了一定程度的结果责任原则，将一些合法的司法行为致害纳入司法赔偿的范围，如第 17 条中规定：“对公民采取逮捕措施后，决定撤销案件、不起诉或者判决宣告无罪终止追究刑事责任的。”我国《刑事诉讼法》规定了逮捕的条件和程序，司法机关即使根据法定的条件和程序对公民实施逮捕，也仍然有可能使无辜者的人身自由权遭受损害，在无辜者的人身自由权遭受损害的情况下，国家给予赔偿是合理的。合法行为作为司法赔偿的行为要件只存在于一个非常狭小的空间里，也很难以得到延伸。其实，在司法赔偿中，对行为性质的判断并无多大的意义，而主要在于对结果的评价和分析，有特定的损害结果且与司法行为存在着职务上的关联性，就应当予以赔偿。司法机关办理刑事案件是多个程序运作的过程，最大限度地实现客观事实与法律事实的统一，在操作的层面上，要绝对地还原客观事实是不可能的，只能通过一系列技术化手段和方法来证明，如勘验、鉴定，最后在证据的支撑下用法律语言重构和再现客观事实即法律事实。因而，在形成法律事实的过程中，由于技术条件、智识水平等客观因素的作用，会出现客观事实与法律事实不相一致，甚至完全不同的情形，如错案。对此，我们很难对这样的司法行为作出具有“违法性”的评判。

（二）违法行为

与行政赔偿一样，司法赔偿也坚持违法责任原则。国家对违法的司法行为所造成的损害承担赔偿责任。违法行为分为作为违法和不作为违法两个方面。

《国家赔偿法》在司法赔偿中主要是针对作为违法，如违法拘留、逮捕；违法使用武器；违法对财产采取查封、扣押、冻结、追缴等措施，而对于不作为违法的问题也有所体现，如“放纵他人以殴打、虐待等行为造成公民身体伤害或者死亡的”。

（三）裁量行为

在司法权的运用中，裁量行为也容易造成他人的人身权、财产权，甚至生命权的损害，如轻罪重判等。虽然《国家赔偿法》也在一定程度上采用了结果责任的原则，但是对于裁量行为造成的错误结果则没有明确的救济规定。我们认为，司法上的裁量行为具有特别的意义，一方面司法机关能够根据案件的实际客观公正地处理案件，使罪刑相适应，另一方面特定的公民也容易因司法裁量行为造成权益的损害，且所遭受的损害是人身自由权、人格权、财产权，有时是生命健康权，如某公民因犯罪不应被判处死刑而被判处死刑，就直接涉及生命权的问题。因此，一些裁量行为可以考虑作为司法赔偿中的行为要件。

三、损害事实要件

司法赔偿中的损害事实是特定的司法行为使一定的权利状态发生变更，具有现实性和确定性，主要包括人身权利、财产权利的损害。在范围上，司法赔偿中的损害事实与一些法律中所规定的大体相同，不同的是在程度上的差异。司法行为所造成的人身权利、财产权利损害在程度上比其他同种类型的损害严重得多，如无辜的公民被错判有期徒刑所造成的损害就在程度上要高于对公民违法实施行政拘留所造成的损害。我们对司法赔偿中损害事实的关注必须要考虑到范围和程度的关系问题，某一种损害尽管在类型上是单一的、直接的，但往往与众多隐形的损害连接在一起，如对无辜公民错判较长时间的有期徒刑就涉及受教育权、婚姻权、对老人的赡养和对未成年子女的抚养，有时候还牵涉到政治权利的行使。我国《刑法》第34条规定了三种附加刑：罚金、剥夺政治权利、没收财产，还明确规定了附加刑可以独立适用。这就涉及政治权利在遭受损害情况下的权利救济问题，按照《国家赔偿法》的规定，公民因司法行为致使其政治权利被剥夺是不能请求国家赔偿的，即使是无辜的公民。我们认为，公民政治权利的损害虽然不直接影响到单个权利主体的物质利益和人身权利，但在特定的情况下容易附带地产生精神损害，如果剥夺政治权利独立适用并给特定公民造成精神痛苦，应当从精神损害赔偿的角度来考虑权利救济问题。

四、因果关系要件

司法赔偿中的因果关系是指职务侵权行为与损害事实之间所存在的内在的必然的联系，特定的司法行为是损害事实产生的原因，损害事实是行为发生的结果。因果关系作为司法赔偿的构成要件与刑事法律不同，在刑事法律中，因果关系是一个关键性的构成要件，强调因果之间的必然性、直接性，以便使无辜的公民不受法律追究，在司法赔偿中，为了使受害人的合法权益能够得到救济，侧重于从结果的角度来考量，因而，因果关系不像刑事法律那么严苛。但是，因果关系仍然是司法赔偿的构成要件，可以决定国家是否赔偿以及怎样进行赔偿。

【思考与探索】

一、社会团体以及政党组织能否作为我国国家赔偿的侵权主体？

社会团体是社会中的一部分人基于一定的目的，为实现一定的利益而成立的组织，其中有政治性社会团体，也有非政治性的社会团体。社会团体的形成在法律上源于宪法中所确定的结社自由权利，是该宪法权利实现的表现形式。在性质上，结社自由是公民的一项宪法权利，不同于国家权力，国家权力虽然是要以公民权利为其基础，但与公民权利仍然是相对应的范畴。社会团体不属于国家机关的范畴，其权力也不属于国家权力，如果说这种权力具有公共属性的话，充其量只能认定为是一种公共权力。当然，某些社会团体基于政治、社会、历史等原因从一般意义上的社会团体范畴中超脱出来，异化为支配和左右国家权力的组织，如政党。在一般意义上，社会团体的侵权行为不会导致国家承担赔偿责任。世界上只要极少数国家将社会团体作为国家赔偿的侵权主体，如前苏联，而大多数国家采取了否定的态度。

我国在国家赔偿立法的过程中，社会中出现一种主张，即要求将党的各级组织及其工作人员作为国家赔偿的侵权主体。其理由主要是因为中国共产党是我国的执政党，是领导力量。社会中不少的地方仍然出现党政不分、以党代政的现象，如果不将其纳入主体范围，不利于全面保护公民、法人和其他组织的合法权益。

我国《国家赔偿法》没有吸收这种观点。中国共产党的各级组织及其工作人员，其他的社会团体，如共青团、妇联、工会等，均不作为国家赔偿中的侵权主体。中国共产党作为社会团体中的一种，虽然在我国处于执政的地位，但其性质不同于国家机关，不能直接行使国家权力。《中国共产党党章》中明确规定："党的领导主要是政治、思想和组织的领导。""各级党政机关中党的基层组织，不领导本单位的业务工作。""党也必须在宪法和法律范围内活动。"由于历史上长期形成的党政不分、以党代政的问题还没有从根本上解决，现实生活中还存在着党的某些组织管理着本属于国家机关管理的具体事务，党的组织和行政机关共同实施侵权行为的现象时有发生。在理论上，人们易产生一些误解，即认为中国共产党的组织实施了侵权行为，国家应承担一定的赔偿责任。① 马克思主义认为："政党是阶级和阶级斗争发展到一定历史阶段的产物，由阶级和阶层中的积极分子所组成，基于共同意志、为了共同利益、采取共同行动，以期取得和维持政权而建立的政治组织。"② 政党不是国家机关的组成部分。列宁指出："无论党有怎样的领导作用，它毕竟是本阶级的一部分，因此，谁把党的领导作用和无产阶级专政看作一个东西，谁就是以党代替本阶级。"③ 邓小平指出："党要管党内纪律的问题，法律范围的问题应该由国家和政府管。党干预太多，不利于在全体人民中树立法制观念。这是一个党和政府的关系问题，是一个政治体制的问题。"④ 尽管目前仍然存在着党政不分的现象，但不能认为党的组织及其工作人员就可以作为国家赔偿中的侵权主体。随着我国政治体制改革的不断深入进行，党政不分、以党代政的现象终将会消失。

二、关于不作为的国家赔偿责任构成问题

法律行为包括两个方面即作为和不作为，而法律责任既可以由作为引起，也可以由不作为引起。我们在理论研究中明确作为与不作为的法律责任对于权利的救济具有十分重要的意义。许多国家的国家赔偿法在国家赔偿范围中明确了不作为违法的国家赔偿责任，将不作为与作为同等看待。如美国的《联邦侵权损害赔偿法》1346 条就规定了"过失"、"不法行为"、"不行为"，致人民财产上的损失或人身上的伤害或死亡，受害人可以请求国家赔偿。我国的国家赔偿法用列举和概括相结合的方式规定了行政赔偿和刑事赔偿的范围，对不作为的赔偿责任也很少涉及，其中只有第 3 条和第 17 条仅对"放纵他人以殴

① 参见余能斌：《职务侵权损害民事责任的构成与限制》，载《法学研究》1997 年第 3 期。

② 龚祥瑞著：《比较宪法与行政法》，法律出版社 1985 年版，第 189 页。

③ 《列宁选集》第 4 卷，人民出版社 1977 年版，第 457 页。

④ 《邓小平文选》第 3 卷，人民出版社 1989 年版，第 163 页。

打、虐待等行为造成公民身体伤害或者死亡”的情形加以规定，其他的不作为情形几乎没有涉及。学术界对此进行了许多的探讨，提出了一些很有价值的建设性意见。绝大多数学者认为在国家赔偿责任中应当包括不作为的赔偿责任，这对于保障受损害的合法权益具有极为重要的意义。我们也同意这种观点。当然，不作为的赔偿责任问题非常复杂，其难点在于赔偿责任构成。有的学者认为：不作为得以确认、存在损害事实、不作为与损害事实之间存在着因果关系、赔偿的穷尽性是不作为的赔偿责任的构成要件①。我们认为不作为赔偿责任的构成要件也可以按照一般的赔偿责任构成要件来对待，只是在对每一个具体要件的理解上要有所侧重罢了。在实务中，国家机关及其工作人员的不作为责任往往与其他的责任形态交织在一起，很难确定其中的国家赔偿责任。如四川“綦江虹桥塌垮事件”就涉及多个责任主体：立项审批、规划设计、工程招投标、工程监理、工程施工，在工程施工中又可分若干单元，同时还有政府部门的监管等。再如“三鹿奶粉事件”的责任主体也十分复杂，有养殖的奶农、奶站、加工的工厂、销售商、监管部门等。在这样的损害中，政府监管部门都存在着一定的不作为问题，但这种不作为是否就是损害发生的直接原因，是否就应承担不作为的国家赔偿责任。在此，我们应当分清楚直接原因与间接原因，直接原因是行为与损害存在着客观的必然的联系，间接原因是行为与损害之间没有直接的、客观的、必然的因果联系，但也是损害发生的条件之一。如果行为是损害发生的直接原因，有关责任主体就应当承担主要责任，如果是行为是损害发生的条件，就应根据情况承担部分责任或不承担责任。有的学者认为：“凡不作为是造成损害的直接原因，与损害事实之间存在着直接因果关系，则不作为行为主体应承担赔偿责任；凡不作为行为只是损害得以扩大的外部条件的，则不作为行为主体不承担赔偿责任。”② 这种观点虽然绝对化了一点，但对于明确不作为的国家赔偿责任有一定的借鉴意义。我们认为，不作为国家赔偿责任仍然要强调具体的构成要件，脱离构成要件谈国家赔偿会使国家赔偿制度泛化，同时也会淡化其他的责任形态。

三、关于精神损害国家赔偿的性质、功能与标准问题

精神损害赔偿与一般意义的损害赔偿不同，甚至可以说不能用“赔偿”二字，因为我们通常所讲的损害赔偿主要是指责任人以一定的财产向受害人承担法律责任，填补受害人遭受的实际损害。赔偿与财产观念有着不可分割的血

---

① 参见周佑勇：《论行政不作为的救济与责任》，载《法商研究》1997年第4期。

② 程时菊：《浅析国家赔偿范围的几个问题》，载《法商研究》1996年第2期。

缘联系，当财产观念得深化，且财产具有交换价值后，赔偿就应运而生①。精神损害与赔偿合并为一个概念是一种习惯性的用语，不是表明可以用财产来交换精神所遭受的损害，而是为了补偿、慰抚受害人受到伤害的心灵。美国学者贝勒斯指出："损害赔偿不能提供完全或恰当的补偿，尤其是那些对于名誉及隐私的损害，以及因人身伤害而遭受的痛苦。"② 因此，精神损害赔偿在性质是慰抚，不是用财产的方式来弥补受害人所遭受的损失，更不是用财产来交换受到损害的精神权利（人格权）。精神损害国家赔偿的性质也是一样。

关于精神损害赔偿的功能，有诸多学说，归纳起来，分为以下基本观点：③（1）单一功能说。单一功能说又有不同理解，一是认为精神损害赔偿具有惩罚功能，强调侵权人必然具备故意和重大过失，在赔偿的形式下隐藏着的是对侵权行为的惩罚。二是认为精神损害赔偿的功能是补偿，强调精神损害的物质赔偿是以补偿受害人所遭受的精神损失为目的。三是认为精神损害赔偿的功能是满足，强调其目的在于满足受害人的心理平衡，从而使其痛苦得以解决。四是认为精神损害的功能是克服，精神损害赔偿是通过改变其外环境的方法，帮助受害人克服侵权行为所造成的消极影响，尽快恢复身心上的健康。五是认为精神损害赔偿的功能是调整，强调其他的赔偿方式不能完全弥补受害人所遭受的损害时，法官可以用精神损害赔偿作为调整手段。（2）双重功能说。这种观点认为精神损害赔偿的功能具有双重性，即慰抚功能和惩罚功能，两种功能互相作用。（3）三重功能说。认为精神损害赔偿具备着填补损害、抚慰受害人和制裁违法这三种功能。（4）四重功能说。认为精神损害赔偿具备满足功能、惩罚功能、抚慰功能、补偿功能④。上述各种学说从不同的角度对精神损害赔偿的功能进行了分析，具有一定的合理性。我们认为：单一功能说仅把精神损害赔偿的功能限定在某一个方面或层面，未免失之过窄。后面的几种学说，虽然着眼点不同，表述各异，但其共同点表现在两个方面：一是从对受害人角度看，具有补偿、抚慰的功能；二是从对加害人角度看，具有惩罚功能。

---

① 参见［美］约翰·麦·赞恩著：《法律的故事》，刘昕、胡凝译，江苏人民出版社1998年版，第36页。

② ［美］迈克尔·D. 贝勒斯著：《法律的原则——一个规范的分析》，张文显等译，中国大百科全书出版社1996年版，第311页。

③ 王利明、杨立新编著：《侵权行为法》，法律出版社1996年版，第368页。

④ 胡平著：《精神损害赔偿制度研究》，中国政法大学出版社2003年版，第14页。

国家赔偿制度中的精神损害赔偿具有自己的特点，不同于一般意义上的损害赔偿制度，对于国家行为不具有惩罚功能。国家赔偿制度创设目的是保障公民权利，规范国家权力的运行，促进国家机关依法行使职权，因而其功能主要体现了国家与公民的关系方面。基于这样的认识，我们认为国家赔偿法中的精神损害赔偿具有这样的几项功能：（1）权利救济功能。① 指当公民的人格权益受到国家机关或国家机关工作人员职务行为侵犯并造成损害时，精神损害赔偿所具有对受侵害的人格权益给予恢复或弥补的功能。权利的设定与对权利救济是法律制度中不可缺少的内容。民主政治的国家对权利的设定不是为了取悦于人民大众，也不是用来标榜自己的成就和政绩，而是为了在现实中构筑起国家权力与公民权利的动态平衡状态，并站在弱势的一方（公民权利）采取各种方法保障权利的实现②。国家通过法律对权利设定已经意味着救济的存在，但法律不能仅仅如此，还应该针对性地规定救济制度，并为权利的实现创造条件。这在一定的意义上也能使国家的统治行为获得合法性和正当性③。权利需要救济，没有救济不能说明法律具有正义，同时，救济不完善也不能反映法律的正义。职务侵权行为造成精神损害所涉及的是国家权力与公民权利的关系问题，国家没有理由不对自己所保护的公民权利进行救济，也更没有理由不规范自己行为的运行。（2）补偿功能与抚慰功能。精神损害的补偿功能与抚慰功能，彼此之间有着密不可分的关系。一般情况下对受害人的精神损害进行金钱补偿，无疑也是对其所受的精神痛苦进行抚慰；对受害人的精神损害用支付金钱的形式予以抚慰，也是对受害人进行补偿的一种手段。（3）制约和预防功能。它表现为预防和控制国家机关及其工作人员侵害公民的人格权益，从而达到规范国家权力行为运行目标。虽然对精神损害赔偿只是一种治标之策，但在客观上制约了国家权力的滥用。在国家权力与公民权利的关系上，国家权力来源于公民权利，从属公民权利，因而应当处于公民权利的约束之下④。公民权利对国家权力的制约不是停留在理论上，而主要是通过法律来完成，法律规定

---

① 皮纯协、冯军主编：《国家赔偿法释论》（修订本），中国法制出版社1996年版，第10~13页。

② 参见刘嗣元：《公民宪法权利救济中的几个问题》，载《中国法学》2002年特刊，第125页。

③ 参见张文显著：《法学基本范畴研究》，中国政法大学出版社1993年版，第111页。

④ 参见童之伟：《公民权利国家权力对立统一关系论纲》，载《中国法学》1995年第6期。

了两者行为的界限，并在规则和程序中调整两者之间的关系，使他们达到动态平衡的状态①。(4) 调整公、私利益的功能。国家公务活动侵害公民人格权益的可能性是不可能彻底排除的，对公务活动的效率要求越高，侵权的风险一般说来也就越大。国家不能因为公务活动有侵害公民人格权益的风险就放弃维护和促进社会公共利益的职责。但也不能强调国家利益，要求个人利益无条件服从整体利益。建立精神损害赔偿制度，使因国家公务活动给人格权益受侵害的公民可以从国家那里得到相应的赔偿，消除或缓解了国家与个人之间的矛盾。

精神损害是无形损害，难以通过量的方式来精确计算，建立精神损害赔偿制度最难解决的问题是其赔偿金的确定，即依据怎样的标准来赔偿。贝勒斯指出："很显然，痛苦的价值是无法精确地计算的。确定原告事实上遭受了多少痛苦常常是很困难的（原告倾向于夸大其词），所以应对其补偿多少钱就不清楚了。"② 精神损害赔偿金，各国称谓不同。德国民法上称之为"金钱赔偿"，在判例及学说上多称为"痛苦金"，在瑞士法上称"慰抚"或"金钱给付之慰抚"。我国目前关于精神损害赔偿金亦无统一称谓，有的称"赔偿金"，有的称"慰抚金"、"抚慰金"。《国家赔偿法》第35条用了"精神损害慰抚金"的概念。不论称谓如何，都是指在精神损害赔偿案件中向受害人支付的一定数额的金钱，目的在于慰抚受害人精神痛苦并适当补偿其损失。精神损害赔偿金的确定应当以一定的原则为指导，法官在裁判中尽可能地做到客观公正。在国外关于确定精神损害赔偿的原则主要有如下几种：(1) 酌定原则。不制定统一的赔偿标准，而是法院根据案件的具体情况酌定。英美法系法院通常根据具体案情，法官自由裁量赔偿金的具体数额。(2) 比例赔偿原则。通过确定与有关医疗费的一定比例而使精神损害赔偿的数额标准化。德国的精神损害赔偿数额是通过与医疗费用相比较来估算。秘鲁规定按受害人所必须花费的医疗费的半数和两倍之间来估算赔偿金数额。(3) 标准赔偿原则。确定每日赔偿标准。如丹麦法院判决每日赔偿标准为住院的25丹麦马克，不住院的为10丹麦马克。(4) 固定赔偿原则。在日本，对于慰抚金赔偿，制定有关精神损害的

① 近代一些思想家在对权利保护问题的研究时，把眼光放在与公民权利相对立的公权力运行上，认为公民权利被侵害的最大威胁不是公民个人行为的不法，而是政府权力的滥用。参见王人博、程燎原著：《权利及救济》，山东人民出版社1998年版，第350页。

② [美] 迈克尔·D. 贝勒斯著：《法律的原则——一个规范的分析》，张文显等译，中国大百科全书出版社1996年版，第318页。

固定的慰抚金赔偿表格，只要查表即可确定。（5）限额赔偿原则。规定精神损害赔偿的最高限额，法官可在最高限额下酌定具体数额。如哥伦比亚规定不得超过2000比索。

我们认为，我国在确定国家赔偿中精神损害赔偿金额时除了要参照和借鉴国外的一些做法外，还要结合国家赔偿的实际，针对精神损害的特点，建构起一些指导性原则。下列原则可以作为参考：（1）慰抚为主、补偿为辅①。这一原则是由精神损害赔偿的性质和功能决定的。精神损害不同于其他形式的损害，无法以货币予以度量，因此数额不宜太高，但数额也不能太低，否则起不到慰抚的作用。法律规定精神损害赔偿的目的，在于通过这种方式来缓和或解除受害人精神上所遭受的痛苦，对受害人起到慰抚的作用。这一原则说明，精神损害赔偿并不是法律救济中的主要目的，更不是唯一方式。我国著名法学家佟柔教授就指出，“对于人格权受到侵害的主体来说，赔偿损失毕竟只是一种辅助性质的补偿手段，更重要的是保护并恢复其人格权”②。国家赔偿法第35条也规定了赔礼道歉、消除影响、恢复名誉等具体的承担责任形式。在实践中，赔偿义务机关首先应考虑非金钱的形式，对于没有造成精神损害后果的，或精神损害非常轻的，一般不适用精神损害赔偿。另一方面，在确定精神损害的赔偿金额时，应限定一个最高额，防止误导人们盲目追求高额赔偿的倾向。如1986年，美国的佛罗里达州通过了一项法律，将痛苦的赔偿金额上限规定为45万美元。(2）赔偿义务机关自由酌量原则。这是确定精神损害赔偿金额的基本原则，目前很多学者提出了许多量化或参考的标准及方法，但在很多情况下，仍然难以准确量化。因而，赔偿义务机关依据一定的准则自由裁量作出裁判，是十分必要的。但该原则的运用并不是说赔偿义务机关有无限制的自由权，而是在一定“度”的范围内裁量。最高人民法院《关于贯彻执行〈民法通则〉若干问题的意见（试行）》第150条规定：“人民法院可以根据侵权人的过错程度、侵权行为的具体情节、后果和影响确定其赔偿责任。”《关于审理名誉权案件若干问题的解答》第10条规定：“提出精神损害赔偿要求的，人民法院可根据侵权人的过错程度、侵权行为的具体情节、给受害人造成精神损

---

① 参见万刚俊、袁银平、黄豫：《完善精神损害赔偿制度的几点思考》，载《人民法院报》2000年5月30日。

② 佟柔主编：《中华人民共和国民法通则疑难问题解答（第一辑）》，中国政法大学出版社1986年版，第42页。

害的后果等情况酌定。”其中所用“酌定”一词，主要就是指的法官自由裁量权。① (3) 综合考虑、区别对待原则。在赔偿义务机关在具体确定精神损害赔偿金额时，必须对精神损害的有关因素综合考虑，将不同权利主体、不同利益因素区别开来，计算出单项应赔偿的数额，最后酌定总的赔偿金数额。实行综合考虑、区别对待的原则，有利于克服自由酌量原则的不利因素。此原则实质是对赔偿义务机关自由酌量原则的限定和补充。

确定精神损害赔偿金额，应当从设定的原则出发，充分考虑精神损害赔偿的性质和功能，全面反映三个方面内容②：(1) 法律设立这一制度的目的。(2) 侵权的具体情况，包括加害人的主观方面（过错程度）和加害行为的客观方面（如行为的恶劣影响程度等），受害人的受害程度。(3) 社会经济发展水平。过高的标准和过低的标准均是不可取的。最高人民法院《关于确定民事侵权精神损害赔偿责任若干问题的解释》第 10 条规定了精神损害的赔偿数额根据以下因素确定：(1) 侵权人的过错程度，法律另有规定除外；(2) 侵权的手段、场合、行为方式等具体情节；(3) 侵权行为所造成的后果；(4) 侵权人的获利情况；(5) 侵权人承担责任的经济能力；(6) 受诉法院所在地平均生活水平。同时规定，法律、法规对残疾赔偿金、死亡赔偿金等有规定的，适用法律法规的规定。最高人民法院所作的司法解释依据了《民法通则》的基本原则，并结合审判经验，具有一定程度的合理性，为建立精神损害国家赔偿制度作了铺垫。在国家赔偿制度中，确定精神损害赔偿金额可以参照民事法律的有关规定以及相关司法精神，最后形成合理的赔偿计算标准。

【练习题】

1. 试述国家赔偿责任的构成。
2. 试述行政赔偿中的侵权主体要件。
3. 试述司法赔偿中的侵权主体要件。
4. 试述建立精神损害的国家赔偿制度的意义。

---

① 参见杨立新著：《侵权法论》，吉林人民出版社 2000 年版，第 697 页。

② 参见何俊：《精神损害赔偿应注意把握的几个问题》，载《北京行政学院学报》2001 年第 6 期。

第五章　国家赔偿的范围

【重点】

1. 确定国家赔偿范围的原则
2. 行政赔偿的范围
3. 刑事赔偿的范围
4. 国家赔偿的免责范围

第一节　国家赔偿范围概述

一、国家赔偿范围的概念和意义

国家赔偿范围，是指国家依法对国家机关和国家机关工作人员行使职权侵犯公民、法人和其他组织合法权益造成的损害承担责任的范围。从理论上说，国家机关及其工作人员行使职权的行为（职务行为）给公民、法人和其他组织合法权益造成损害都应当由国家承担赔偿责任。但事实上，各国国家赔偿的范围都有一定的限制，只是各个国家因其国情等不同，限制的大小不同而已。

在国家赔偿制度中，确定国家赔偿范围具有极其重要的意义：

1. 对国家而言，国家赔偿范围决定了一个国家承担赔偿责任的宽窄，对公民救济程度的大小。在一个民主、法治和保障人权的国家，国家赔偿范围相对较宽；而在一个专制、独裁和忽视人权的国度，国家赔偿范围相对较窄，有些甚至不承认国家负赔偿责任。

2. 对公民、法人和其他组织而言，国家赔偿范围决定了公民、法人和其他组织行使国家赔偿请求权的范围，即他们对哪些职务行为侵害其合法权益能够依法请求获得国家赔偿。对属于国家赔偿范围的事项和损害，国家必须承担赔偿责任，国家赔偿义务机关必须代表国家履行赔偿义务。任何个人或组织都不能限制和剥夺公民、法人和其他组织的国家赔偿请求权。

3. 对于人民法院而言，国家赔偿范围决定了法院解决国家赔偿纠纷案件的权力界限。我们知道，司法是解决争议的最后途径。但这并不意味着所有的国家赔偿纠纷都能寻求人民法院解决。只有在国家赔偿范围内的国家赔偿纠纷，公民、法人和其他组织才能依法诉诸人民法院，人民法院才有义务受理该国家赔偿纠纷案件，并依法作出裁决。超出国家赔偿范围的国家赔偿纠纷，人民法院不能受理和审判。

二、国家赔偿范围的确定原则

国家赔偿范围的确定与其归责原则和构成要件有着极为紧密的联系，但他们之间又存在着一定的区别。国家赔偿的归责原则和构成要件是明确国家怎样承担赔偿责任，主要局限于微观上，而国家赔偿范围则从比较的宏观角度划定责任的区域。国家赔偿范围的确定一般要受一国对公民权利的重视程度、对公共行政范围的界定、政治体制、国家财力以及国家赔偿理论等因素的制约。① 国家赔偿范围的确定是在一定的观念和原则的指导下进行的，而其观念和原则应该以保障公民权利为核心价值，经济的因素虽然具有重要的支撑意义，但并不完全取决定性作用。从世界各国国家赔偿的立法经验来看，国家赔偿范围的确定必须遵循以下原则：②

（一）保证受损害合法权益获得有效救济原则

宪法和法律对于公民权利的确认实质上就是将公民与国家联系起来，使本原意义上的“市民”成为国家的公民③，并在两者之间建立动态平衡的关系。当公民的合法权益遭受国家机关和国家机关工作人员职务违法行为侵害时，毫无疑问应该从国家获得赔偿。“国家行为是代表整个社会的利益的，社会成员中一部分人不应当承担比其他人更多的负担，因此，如果国家行为造成的对特定公民的损害，国家就应赔偿。”④ 一些国家在确立赔偿标准时实行的是惩罚

---

① 参见姜明安主编：《行政法与行政诉讼法》，北京大学出版社、高等教育出版社2005年版，第662～663页。

② 参见刘嗣元、石佑启编著：《国家赔偿法要论》，北京大学出版社2005年版，第64～65页。

③ 市民与公民是两个不同的概念，市民相对于市民社会，而公民则是相对于政治国家。这两个概念的产生是基于国家与社会的二元化、政治国家与市民社会分割的结果。市民与公民的分割是在一个相对意义范畴中进行，不具有绝对性，现实的社会中也没有绝对意义上的市民。当市民与政治国家相联系的时候就成为国家的公民，市民在政治国家享有的权利就是公民权。宪法和法律通过设定权利与义务将市民转化成为政治国家中的公民。

④ J. F. Garner and L. N. Brown, *French Administrative Law*, Butterworths, 1983, p. 121.

型，即认为国家侵权行为不是一般的侵权行为，应与一般侵权行为所造成的损害有一定的差别，因为法律对国家机关和国家机关工作人员有更严格的要求，一旦有损害的发生，国家就应该给予充分的救济。我国是社会主义国家，国家的一切权利属于人民，人民是国家的主人，当人民的权利遭受职务违法行为侵害时，国家应该给予充分的救济。

（二）便于职权运用原则

法律赋予国家机关的职权是人民意志的体现，国家机关和国家机关工作人员依法运用职权是人民意志实现的形式。在确定国家赔偿范围时，不能过分扩大责任范围，否则就会束缚国家机关职权的运用，同样不能达到实现人民意志的结果。责任的承担和免除是一定度的区分，其中度的定位应体现一定的价值取向，符合社会的公平和正义。

（三）以国家财政承受能力为依据原则

国家赔偿主要是金钱赔偿，国家财政承受能力在一定程度上决定了国家赔偿的广度和深度。扩大责任的范围，缩小免责的范围虽然是受害人的愿望，但在总体上必须与国家经济发展同步进行，在国家财政承受能力相对有限的情况下，国家只能根据有限的资源进行赔偿，即使立法将国家赔偿的范围定得过宽、过广，但由于财力的有限，受害人所得到的赔偿仍然会是有限的。因此，国家赔偿范围的确定需要与一国经济发展水平和国家财力状况相对应，随着我国经济发展水平的提升和国家财力状况的改善，国家赔偿的范围应逐步扩大。

三、国家赔偿范围的确定方式与设立标准

国家赔偿范围的确定方式有三种：一是通过判例确定，如法国①；二是通过成文法的规定设定，如韩国、日本②；三是既有成文法的规定，又有判例的确认，如美国、英国③。我国国家赔偿范围的确定方式是通过成文法规定的。我国1994年颁布的《国家赔偿法》对国家赔偿范围作了规定。通过成文法方式设定国家赔偿范围，又有三种立法模式：

第一，概括式。概括式是指国家赔偿法对于国家赔偿范围采取概括规定的

① 王名扬著：《法国行政法》，中国政法大学出版社1989年版，第691页。

② 马怀德著：《国家赔偿法的理论与实务》，中国法制出版社1994年版，第1~9、82~83页。

③ 参见姜明安主编：《行政法与行政诉讼法》（第二版），北京大学出版社、高等教育出版社2005年版，第663~664页。

方式，不具体列举赔偿事项。这种立法例所规定的赔偿范围很广，凡是符合国家赔偿法规定的赔偿事项，都可以要求国家赔偿。日本、韩国等国的国家赔偿法采取概括式规定。日本《国家赔偿法》第1条第1款规定：行使国家或公共团体公权力的公务员，就其执行职务，因故意或过失不法加害于他人者，国家或公共团体对此应负赔偿责任。第2条第1款规定：因道路、河川或其他公共营造物之设置或管理瑕疵，致使他人受损害时，国家或公共团体对此应负赔偿责任。韩国《国家赔偿法》第2条第1项规定：公务员执行公务，因故意或过失违反法令加损害于他人者，国家或地方自治团体应赔偿其损害。其第5条第1项规定：因道路、河川及其他公共营造物设置或管理的瑕疵，致他人之生命、身体或财产受损害者，国家或地方自治团体应赔偿其损害。在这种立法例下，司法实务中对哪些行为属于国家赔偿范围，哪些行为不属国家赔偿范围，则完全依靠从那些概括性条文中提炼出来的责任构成要件来衡量。也就是说，对于具体案件中的行为，只要其不属于国家赔偿的例外情形，且符合赔偿责任构成要件，就必然属于国家赔偿的范围。①

第二，列举式。列举式是指国家赔偿法对国家赔偿范围采取列举规定的方式，具体列举出国家赔偿的事项。凡是没有列举的事项，就不在国家赔偿范围之内。法国采用的就是典型的列举方式。这种方式的好处是，国家赔偿范围边界明确，具有很强的操作性。然而，由于人类的有限理性，任何立法都不可能囊括客观世界的所有可能。列举式难以全面、完整列举所有国家赔偿事项。因而，世界上采用这种方式的国家较少。

第三，混合式。混合式是采取列举与概括并用的方式规定国家赔偿的范围。即国家赔偿法在规定国家赔偿范围时，既有列举性条文的详细规定，又有概括性的条款。这是世界上大多数国家采用的方式。如美国、英国、瑞士等国家都采用这种立法方式。我国《国家赔偿法》也是采用混合式。

我国《国家赔偿法》第2条概括规定了国家赔偿范围，即“国家机关和国家机关工作人员行使职权，有本法规定的侵犯公民、法人和其他组织合法权益的情形，造成损害的，受害人有依照本法取得国家赔偿的权利”。第3条、第4条采取列举式规定了行政赔偿事项，第17条、第18条采取列举式规定了刑事赔偿事项；同时，《国家赔偿法》第5条、第19条对国家不承担赔偿责任的情形也作了列举式规定。这样做，既吸收了概括式避免“挂一漏万”的

① 参见皮纯协、何寿生编著：《比较国家赔偿法》，中国法制出版社1998年版，第102页。

长处，又兼顾了列举式较为明确具体的优点，是一种较好的立法选择。

国家赔偿范围除受归责原则限定外，还有两项设定标准：行为标准和损害标准。①

第一，行为标准。行为标准是指国家机关在归责范围内的哪些行为，国家予以赔偿。《国家赔偿法》明确规定了国家负赔偿责任的职务侵权行为的范围。凡属于法律明文规定的，国家予以赔偿，在法律规定之外的，国家不予赔偿。

第二，损害标准。损害标准是指国家机关违法行为给相对人造成的哪些损害，国家予以赔偿。我国国家赔偿主要以实际物质损害赔偿为原则，只有在致人精神损害造成严重后果的，才支付相应的精神损害抚慰金。

第二节 行政赔偿范围

一、行政赔偿范围的含义

行政赔偿范围，是指国家对行政机关及其工作人员违法行使行政职权侵犯公民、法人和其他组织的合法权益，并造成损害时给予赔偿的范围。随着行政疆域的不断扩张，人们“从摇篮到坟墓”都需要政府的关怀。对行政违法造成公民、法人和其他组织合法权益损害，给予赔偿已成为国家赔偿的主要内容。因此，行政赔偿范围是国家行政赔偿制度的核心问题。它涉及行政机关及其工作人员的哪些职务行为侵害公民、法人和其他组织合法权益国家要承担赔偿责任，受害人的哪些损害国家要负责赔偿，等等。对行政赔偿范围可以从以下几方面来理解：

1. 行政赔偿范围是受害人行使行政赔偿请求权的范围。如果法律规定行政机关及其工作人员的某些侵权损害行为，国家必须对此承担行政赔偿责任，则意味着受害人享有赔偿请求权，任何组织或个人都不得限制或剥夺受害人的这种权利；如果法律规定行政机关及其工作人员的某些侵权损害行为，国家免予赔偿或不赔偿，则意味着受害人没有赔偿请求权。因此，行政赔偿范围标志着受害人享有行政赔偿请求权的界限。

2. 行政赔偿范围是行政赔偿义务机关履行行政赔偿义务的范围。如果法

---

① 参见姜明安主编：《行政法与行政诉讼法》(第二版)，北京大学出版社、高等教育出版社 2005 年版，第 664 页。

律规定行政机关及其工作人员的某些行为为行政侵权行为，国家必须对此承担行政赔偿责任，则当受害人依法提出赔偿请求时，行政赔偿义务机关就应代表国家对受害人履行行政赔偿义务，给予行政赔偿，而不得拒绝或推诿；如果法律规定行政机关及其工作人员的某些行为，国家免予赔偿或不赔偿，则意味着即使受害人提出赔偿请求，行政赔偿义务机关也不应给予行政赔偿。因此，行政赔偿范围标志着行政机关履行行政赔偿义务的界限。

3. 行政赔偿范围是人民法院对行政赔偿案件行使审判权的范围。如果法律规定行政机关及其工作人员的某些行为为行政侵权行为，国家必须对此承担行政赔偿责任，赔偿请求人对行政赔偿义务机关就赔偿问题作出的决定不服，可以依法提起行政赔偿诉讼，则当行政赔偿纠纷被诉诸法院，法院就应当依法受理，并进行审判，对受害人的合法权益实施司法救济。如果法律规定行政机关及其工作人员的某些侵权损害行为，国家免予赔偿或不赔偿，则意味着即使受害人提起诉讼，法院也不应当受理和审判。因此，行政赔偿范围标志着人民法院对行政赔偿案件行使审判权的界限。

二、侵害人身权的行政赔偿范围

人身权，是指民事主体依法享有的，以在人格关系和身份关系上所体现的与其自身不可分离的利益为内容的民事权利①，是同财产权相对称的一个类概念。人身权可分为人格权和身份权两部分。前者是以权利人自身的人身、人格利益为客体的民事权利，包括生命健康权、身体权、自由权、姓名权、名誉权、肖像权、荣誉权、名称权、生活秘密权等；后者是存在于一定身份关系上的权利，权利客体为特定身份关系的对方当事人，包括监护权、亲权、夫权、父权等。② 从《国家赔偿法》的规定来看，纳入我国行政赔偿范围的人身权损害，主要是人身权中两项最基本、最重要的权利，即人身自由权损害和生命健康权损害。

（一）人身自由权损害的赔偿

根据《国家赔偿法》的规定，人身自由权的损害主要包括以下几类：

1. 违法拘留。依据我国相关法律规定，拘留包括行政拘留、司法拘留和刑事拘留。行政赔偿中的拘留仅指行政拘留，也称治安拘留。行政拘留是法定

① 魏振瀛主编：《民法学》，北京大学出版社、高等教育出版社 2000 年版，第 632 页。

② 参见彭万林主编：《民法学》，中国政法大学出版社 1997 年版，第 139～140 页。

的国家行政机关对违反行政法规范的公民，在短期内限制或者剥夺其人身自由的一种行政处罚。行政拘留是行政处罚中较为严厉的一种处罚。我国法律对行政拘留的对象，实施行政拘留的行政机关资格，行政拘留的条件、程序和期限等都作了严格的规定，行政机关必须严格依法实施行政拘留。《行政处罚法》第 15 条规定："行政处罚由具有行政处罚权的行政机关在法定职权范围内实施。"第 16 条规定："国务院或者经国务院授权的省、自治区、直辖市人民政府可以决定一个行政机关行使有关行政机关的行政处罚权，但限制人身自由的行政处罚权只能由公安机关行使。"可见，享有行政拘留权的机关只能是公安机关。根据《治安管理处罚法》第 91 条的规定，"治安管理处罚由县级以上人民政府公安机关决定；其中警告、五百元以下罚款可以由公安派出所决定"。公安派出所没有行政拘留决定权。同时，《治安管理处罚法》对行政拘留的期限、适用行政拘留的事项、行政拘留的程序等都作了明确规定。如果行政机关对公民实施行政拘留时违反法律规定，包括实体违法和程序违法，则构成违法拘留，受害人有权要求国家给予行政赔偿。

在实践中，违法拘留主要有以下情形：（1）处罚的主体不合格。依据我国相关法律规定，行政拘留只能由公安机关实施。非公安机关实施行政拘留，或公安派出所以自己的名义实施行政拘留，都是违法拘留。（2）错误拘留。对于没有实施或者没有证据证明实施违法行为的人实施行政拘留，属于错误拘留，构成违法拘留。（3）适用对象错误。行政机关只能对依法可以给予行政拘留的违法行为人才能实施行政拘留。否则，即是适用对象错误，属于违法拘留。（4）超期拘留。根据《治安管理处罚法》的规定，行政拘留的期限为 1 至 15 日，有两种以上违反治安管理行为的，分别决定，合并执行。行政拘留合并执行的，最长不超过 20 日。超过法定期的拘留，属于违法拘留。

2. 违法采取限制人身自由的行政强制措施。行政强制措施，是指行政机关为实现一定行政目的而采取的强制性手段，包括限制人身自由的强制措施和限制财产流通的强制措施。限制人身自由的行政强制措施，是指行政主体在实施行政管理过程中，为制止违法行为或在紧急、危险情况下，根据法律、法规规定，对行政相对人的人身实施暂时性控制的措施，如强制治疗、强制戒毒、强制传唤、强制扣留、限期出境、驱逐出境、强制约束、强制遣送、强制隔离等。行政机关违法采取限制公民人身自由的行政强制措施对公民人身权造成损害的，受害人有权要求行政赔偿。

3. 非法拘禁或者以其他方法非法剥夺公民人身自由。非法拘禁是指在行政拘留和行政强制措施以外限制人身自由的行为。具体有以下两种：（1）无权限而限制公民人身自由的，即无法定权限的国家行政机关实施了限制公民人身自由的行为。行政机关行使职权的范围，尤其是限制公民人身自由的权力，受到法律的严格限制，如果法律没有明确授予某一行政机关行使限制人身自由的权力，该行政机关就无权限制公民的人身自由，否则，即为非法拘禁。如税务机关工作人员对拒不纳税的个体户予以拘禁，以迫使其履行纳税义务。(2) 有权限但严重越权的，即有限制人身自由权的公安机关以法定外的名目或理由限制公民人身自由。例如，公安机关采取变相拘禁措施，搞车轮战式的连续传唤、讯问等。非法拘禁或者以其他方法非法剥夺公民人身自由，只要是因为行使行政职权而引起的，或者与行使职权有关，由此造成的损害就应当由国家承担行政赔偿责任。

（二）生命健康权损害的赔偿

侵犯公民生命健康权的情形有多种，《国家赔偿法》第 3 条第 3 项、第 4 项、第 5 项作了列举及概括性规定：

1. 以殴打、虐待等行为或者唆使、放纵他人以殴打、虐待等行为造成公民身体伤害或者死亡的。以殴打、虐待等行为或者唆使、放纵他人以殴打、虐待等行为造成公民身体伤害或者死亡的，是指行政机关工作人员在行使行政职权时运用殴打、虐待等手段所实施的或者唆使、放纵他人运用殴打、虐待等手段所实施的侵犯公民人身权并造成生命健康损害的违法行为。殴打、虐待等行为，可以是行政机关工作人员自己实施的，也可以是行政机关工作人员唆使、放纵他人实施的。行政机关工作人员在执行职务期间以殴打、虐待等方式伤害公民的行为，国家是否应承担赔偿责任？对此，国外有两种不同的观点：第一种观点认为，公务员执行职务期间殴打、虐待等伤害行为属于个人过错行为，由公务员承担赔偿责任，如美国、新西兰的法律和法国早期判例都持这种主张；第二种观点认为，公务员执行职务期间的殴打、虐待等行为属于兼有个人过错与公务过错的合并责任行为，公务员之所以能够侵害相对人的合法权益，是因为执行公务为其提供了机会，同时也表明国家疏于监督是造成损害的原因。因此，国家应当独立承担责任或者与公务员承担连带责任。① 从本质上讲，殴打、虐待等行为不是一种职权行为。对于此行为，法律赋予公民自卫权。但是，当加害人是行政机关工作人员时，受害人往往因难以及时判断出加害人是以什么身份实施暴力或虐待行为而不敢行使自卫权。损害发生后，加害

① 转引自房绍坤、毕可志编著：《国家赔偿法学》，北京大学出版社 2004 年版，第 142 页。

人若被开除公职或判处刑罚，受害人就很难从加害人那里取得赔偿。因此，我国《国家赔偿法》将这类行为造成的损害列入行政赔偿的范围。只要这些行为发生在行政机关及其工作人员行使职权的过程中，与行使职权有关，无论是作为行使行政职权的一种手段，还是假借行使行政职权的名义实施的，或者是在行使职权的时间或场所实施的，都应当由国家承担赔偿责任。

2. 违法使用武器、警械造成公民身体伤害或者死亡的。武器，是指有关行政机关按照规定装备的枪支、弹药等致命性器械。警械，是指公安等行政机关的工作人员按照规定装备的警棍、催泪弹、高压水枪、特种防暴枪、手铐、脚镣、警绳等警用器械。为了保障行政机关依法履行职责，及时有效地制止违法犯罪行为，维护公共安全和社会秩序，保护公民的人身安全和公私财产不受侵犯，法律有必须赋予某些行政机关工作人员佩带和使用武器、警械的权力。同时，为了保护公民的人身权不受行政机关工作人员的非法侵犯，法律、法规对可以佩带、使用武器、警械的机关的工作人员作了规定，并对其在何种情况下可以使用武器、警械作了严格限制，即其在使用武器、警械时，也应当以制止违法犯罪行为为限；当违法犯罪行为得到制止时，应当立即停止使用。

行政机关工作人员违法使用武器、警械的情形主要包括以下几种：（1）依法不应有武器、警械配备权的行政机关给其所属工作人员配备武器、警械，该工作人员在行使职权过程中使用的；（2）不应佩带武器、警械的行政机关工作人员私自携带武器、警械并在行使职权的过程中使用的；（3）依法佩带武器、警械的行政机关工作人员违反法律、法规的规定，在不应该使用武器、警械的情形、场合下使用，或者使用武器、警械程度与被管理者的行为不相应等等。凡是行政机关工作人员在行使职权过程中违法使用武器、警械造成公民身体伤害或死亡的，国家就应承担赔偿责任。

3. 造成公民身体伤害或者死亡的其他违法行为。《国家赔偿法》第 3 条第 5 项规定，行政机关及其工作人员行使行政职权过程中造成公民身体伤害或者死亡的其他违法行为，国家承担行政赔偿责任。可是，法律并没有明确规定哪些属于“其他行为”。最高人民法院《关于审理行政赔偿案件若干问题的规定》(1997 年 4 月 29 日）第 1 条规定：“《国家赔偿法》第 3 条、第 4 条规定的其他违法行为，包括具体行政行为和与行政机关及其工作人员行使行政职权有关的，给公民、法人或其他组织造成损害的，违反行政职责的行为。”究竟违反行政职责的行为包括哪些行为，需要根据实际情况作具体分析。

《国家赔偿法》第 3 条第 5 项规定属于概括性规定，是对前四项列举不完全的侵犯人身权的违法行为进行的兜底规定。前四项分别从不同角度列举了行政机关及其工作人员在行使职权时，违法侵犯公民人身权造成损害的行为。但由于行政机关及其工作人员在行使职权中对公民人身权造成损害的情况是多种多样的，法律不可能都一一列举出来。上面列举的四个方面，还不足以概括出行政机关及其工作人员违法行使职权，侵害公民人身权的全部情况。所以，法律规定“造成公民人身权伤害或死亡的其他违法行为”，国家也要承担赔偿责任，这就避免了“挂一漏万”的现象。从该概括性规定可以看出，凡是行政机关及其工作人员违法行使行政职权，侵犯公民人身权造成其身体伤害或者死亡的，国家都要承担赔偿责任，除非法律有例外规定。

三、侵害财产权的行政赔偿范围

财产权是指公民、法人和其他组织对财产的占有、使用、收益和处分的权利。财产权也是公民的一项基本权利。它是人们得以生存和发展的基本条件，受国家宪法和法律的保护。根据《国家赔偿法》第 4 条的规定，行政机关及其工作人员在行使职权时有下列侵犯财产权情形之一的，受害人有取得赔偿的权利，国家应当依法承担赔偿责任：

（一）违法实施罚款、吊销许可证和执照、责令停产停业、没收财物等行政处罚的

行政处罚是指国家行政机关对违反行政法律规范但尚未构成犯罪的公民、法人和其他组织予以制裁的行政行为。它是国家法律制裁体系中的一个重要组成部分，是国家进行社会控制的强制性保障手段之一。通过行政处罚来剥夺或者限制违法行为人的一定权利或利益，使其人身权或财产权受到一定的损失，从而达到预防和制止违法行为的目的。

按照不同的标准，可以对行政处罚作不同的分类。按照行政处罚的内容不同，可以分为剥夺权利的行政处罚和科处义务的行政处罚；按照行政处罚的适用对象不同，可以分为人身自由罚、财产罚、行为罚和声誉罚。在行政处罚中，与财产权有关的是财产罚和行为罚。

1. 财产罚造成损害的赔偿。财产罚是指国家行政机关或法律、法规授权的组织依法强制违反行政法律规范的相对人向国家交纳一定数额的金钱或实物，从而剥夺其财产权的一种制裁方式。它是行政机关运用得最广泛的一种行政处罚，主要有罚款、没收违法所得和没收非法财物等。其特点是对违法行为人处以经济上的制裁，迫使其履行金钱或实物给付义务，教育其今后不再违法。财产罚既能达到惩戒违法行为人的目的，又不影响行为人的人身自由，是制裁行政违法行为人的较好方式。但是，如果行政机关及其工作人员违法实施

的财产罚，会对公民、法人和其他组织的财产权造成损害，受害人有权请求行政赔偿。

（1）违法实施罚款。罚款是指国家行政机关依法强制违反行政法律规范的公民、法人和其他组织在一定期限内交纳一定数额金钱的制裁方式。罚款是目前行政机关运用得最广泛的一种处罚手段，是通过责令违法行为人承担额外金钱负担的方法来达到惩戒与教育违法行为人的目的。

在实践中，违法罚款主要有以下情形：①罚款的主体违法。根据我国有关法律规定，只有享有罚款权的行政机关才能在法定职权范围内实施罚款，法律、法规授权的具有管理公共事务职能的组织可以在法定授权范围内实施罚款。如果依法不享有罚款权的行政机关实施罚款，或者有的行政机关为了创收，在没有法律、法规依据的情况下自己制定罚款的“规定”、“办法”，随意罚款，即属于罚款主体违法。②罚款的数额违法。享有罚款权的行政机关必须在法定的罚款数额范围内行使罚款权，而不得超过法定的数额。法律、法规没有规定数额的，应当根据违法情节适度确定。如果执法人员不考虑法律规定和违法情节，越权罚款或者随意提高与降低罚款数额，即属违法罚款。③罚款的程序违法。《行政处罚法》对行政处罚的程序作了专门的规定，行政机关违反法律规定的程序实施罚款，也构成违法罚款。④重复罚款。这是指同一行政机关对相对人的同一违法行为给予两次或两次以上的罚款处罚；或者不同职能、不同地域的行政机关之间互不承认对方作出的罚款决定，对相对人的同一违法行为，一个行政机关实施罚款后，另一个行政机关接着罚款。根据《国家赔偿法》的规定，行政机关违法实施罚款，给公民、法人和其他组织的合法权益造成损害的，受害人有权请求行政赔偿。

（2）违法没收财物。没收财物，是指行政机关对实施生产、保管、加工、运输、销售违禁物品或实施其他违法行为的组织或个人采取的，没收其违禁物品、违法行为工具以及没收非法所得的一种制裁方式。行政机关作出没收财物的处罚决定应当有明确的事实根据和相应的法律依据，并遵循法定的程序，否则便构成违法，造成损害的，受害人有权请求行政赔偿。

2. 行为罚造成损害的赔偿。行为罚又称能力罚，是指行政机关依法对违法行为人的行为能力加以限制或剥夺的一种制裁方式。能力罚主要是限制或剥夺公民、法人和其他组织获得财产权益的能力或手段。从根本上说，能力罚涉及的也是财产问题，因此可以纳入财产权损害赔偿范围。根据《国家赔偿法》的规定，纳入国家行政赔偿范围的能力罚有两项：

（1）违法吊销许可证和执照。许可证和执照是国家行政机关依行政相对人的申请，经审查后依法颁发的允许相对人从事某种活动，获得某种资格的法律凭证。许可证和执照的种类很多，有保障公共安全的许可证，如持枪许可证；有保障国民健康的许可证，如食品卫生许可证、药品生产许可证；有维护善良风俗的许可证，如制作录音、录像制品的许可证；有保护自然资源和生态环境的许可证，如林木采伐许可证、采矿许可证、捕捞许可证等；有保障国民经济健康发展的许可证，如工业产品生产许可证、烟草专卖许可证等；此外，还有城市管理、进出口贸易管理方面的许可证，等等。

吊销许可证和执照，是行政机关对持有某种许可证或者执照，但其活动违反该许可的内容和范围，不宜继续从事许可事项活动的公民、法人和其他组织实施的制裁。许可证和执照是行政机关准许公民、法人和其他组织从事某种活动或者获得某种资格的法律凭证，吊销许可证或者执照就意味着剥夺公民、法人和其他组织从事某项活动的权利，被处罚人将因此无法继续从事某一行业活动而蒙受经济上的损失。因此，行政机关作出吊销许可证和执照的行政处罚应当严格遵守法律规定的条件和程序。凡行政机关违法吊销许可证和执照而给相对人的合法权益造成实际损害的，受害人有权请求行政赔偿。

（2）违法责令停产停业。责令停产停业是指生产经营者违反了国家行政法律规范，行政机关责令违法行为人停止生产经营活动，从而达到限制或剥夺其生产经营能力的一种处罚。责令停产停业是一种附期限或者条件的行政处罚。附期限，是指行政机关命令受处罚的生产经营者在一定期限内治理、整顿，达到复产复业条件或标准，可以在期限届满以后复产复业。附条件，是指只命令停产停业，而不明示期限，由行政机关视其治理、整顿情况，重新作出准予复产复业的决定，或在多次督促仍无效的情况下采取其他措施。责令停产停业这种处罚会对受罚者的经济利益产生很大的影响，行政机关违法责令停产停业而给生产经营者的合法权益造成损害的，国家应承担行政赔偿责任。

（二）违法对财产采取查封、扣押、冻结等行政强制措施的

对财产的行政强制措施，是指国家行政机关依法采取查封、扣押、冻结等强制手段，对公民、法人或其他组织的财产加以限制或强制处置的行为。由于对财产采取行政强制措施，直接影响到公民、法人和其他组织的财产权益，因此，国家法律严格规定了实施行政强制措施的条件和程序，行政机关及其工作人员必须依法实施。否则，违法对财产采取强制措施造成损害的，国家要承担行政赔偿责任。行政机关及其工作人员对财产实施行政强制措施的种类主要有：（1）查封。查封是指行政机关对财产所有人的动产或不动产就地封存，

贴上封条，未经许可不准起封，不允许财产所有人使用和处分的强制手段。(2) 扣押。扣押是指行政机关为了取证或者防止当事人毁损或转移其财产，对财产所有人的动产置于自己的控制之下的一种强制手段。(3) 冻结。冻结是指行政机关依职权要银行暂时拒绝存款人动用或者提起其在银行的存款的强制手段。

此外，对财产的强制措施还包括划拨、扣缴、强制拆除、强制销毁、强制抵缴、强制退还、变价出售等。

上述行政强制措施，对国家行政机关来说是非常必要的，是其有效实施行政管理的重要手段。但这些行政强制措施直接限制或剥夺了公民、法人和其他组织的财产的使用和流通，直接影响到他们的财产权益。因此，为了防止行政机关滥用职权，切实保护公民、法人和其他组织的合法权益，法律一般都规定了严格的适用条件和程序。行政机关在实施这些行政强制措施时，必须依法办事。如果违反了法律规定，造成公民、法人和其他组织财产权损害的，受害人有权请求国家赔偿。

根据国家有关法律的规定，对财产实施行政强制措施应符合下列条件：

(1) 主体要合法。即对财产实施行政强制措施的，只能是有权实施行政强制措施的国家行政机关或法律法规授权的组织。至于哪些行政机关享有何种行政强制权，须依法律、法规的明确规定而定。

(2) 要有明确的法律依据。行政机关对公民、法人和其他组织的财产实施行政强制措施，直接影响到公民一方财产权益，行政机关必须依照法律的规定行事，无法律依据不得实施行政强制措施。

(3) 具备事实根据和有实施强制措施的必要。行政机关对公民、法人和其他组织的财产实施行政强制措施时，必须具备相应的事实根据和有实施行政强制措施的必要。所谓必要，即如不实施行政强制措施，违法行为人就有可能毁损或转移其财产，给行政机关正确处理案件带来困难和障碍。

(4) 不能超过法定的范围和限度。行政机关对公民、法人和其他组织的财产实施行政强制措施时，必须在法律规定的范围和限度内实施，不能超越法定的范围和限度。

(5) 必须遵守法定的程序。行政机关对公民、法人和其他组织的财产实施行政强制措施时，必须遵守法定的方式、步骤、顺序和时限，不能违背法定的程序。

在实践中，行政机关违法对财产采取行政强制措施主要表现在以下几个方面：(1) 无权限。不享有法律授予的查封、扣押、冻结权的行政机关实施查封、扣押、冻结，即构成权限上的违法。(2) 缺乏必要的手续。行政机关对公民、法人和其他组织的财产实施强制措施时，手续要完备。如查封，要清点登记，加贴封条并应由被执行人在查封凭证上签字。如缺乏必要的手续，即构成手续上的违法。(3) 疏于对财产的妥善保管。如对依法扣押的财产，行政机关应当妥善保管，或委托有关单位或个人保管。对于易腐烂变质不宜长期存放的物品，应变卖而保存价款。疏于妥善保管而造成财产的变质、灭失，即构成违法。(4) 强制措施的对象错误。如行政机关查封、扣押的财产，不是违法行为人的财产，或虽是违法行为人的财产但不是用于违法活动的财产，即构成强制对象的错误。(5) 疏于注意期限。行政机关对公民、法人和其他组织财产的查封、扣押和冻结，应注意期限的限制。如果法律、法规明确规定了期限的，则行政机关必须遵守；如果法律、法规没有明确规定期限的，则实施强制措施的行政机关应根据实际情况确定一个合理的期限，以防止无限拖延而使合法的强制措施转化为违法的强制措施。行政机关采取强制措施时，疏于注意期限，而造成公民、法人和其他组织财产损坏、灭失的，也构成违法。

(三) 违法征收、征用财产的

行政征收，是指行政主体根据公共利益的需要，依照法律、法规规定的条件和程序，以强制方式取得行政相对人财产所有权的一种具体行政行为。以是否给予补偿为标准，征收可以分为无偿征收和有偿征收两类。无偿征收，是指征收主体无须向被征收主体给予补偿的征收。目前在我国行政征收体制中，无偿征收主要包括行政征税和行政收费两大类。除行政征税和行政收费外，行政征收是有偿的，行政相对人的财产一经征收，其所有权就转移给国家，成为公有财产的一部分，由国家永久控制和支配。相应地，征收主体必须向被征收主体给予公平的补偿。建立有偿的行政征收制度，既体现了对公民权利的保障功能，也体现了对公共利益与个体利益的协调平衡功能。行政征用，是指行政主体出于公共利益的需要，依据法律、法规的规定，强制性地取得行政相对人财产使用权并给予补偿的一种具体行政行为。行政征收与行政征用的区别主要在于：(1) 从法律后果看，行政征收的结果是财产所有权从相对方转归国家；而行政征用的后果则是行政主体暂时取得了被征用方的财产使用权，并不发生财产所有权的转移；(2) 从适用条件看，行政征用一般适用于临时性的紧急状态，而行政征收则不一定是在紧急状态下才适用，即使不存在紧急状态，为了公共利益的需要，也可以征收；(3) 从能否得到补偿来看，行政征收既包括有偿的，也包括无偿的，而行政征用一般应是有偿的。

我国宪法和法律规定，公民、法人和其他组织的财产权不受非法侵犯。无论是行政征收还是行政征用，都应当有法律、法规的明确授权，应由法定的行政主体按照法定的权限、条件、对象和程序等实施。否则，就构成违法，如果给公民、法人和其他组织的合法权益造成实际损害，就要承担相应的赔偿责任。

实践中，违法征收财产主要表现为：(1) 没有法定征收权的行政机关乱征收；(2) 没有法律、法规依据，行政机关自行征收；(3) 行政机关超越法律、法规规定的范围征收财产，如重复征税；(4) 征收的目的与相应法律规定的目的相悖；(5) 向义务人之外的第三人征收财产；(6) 违反法定的程序征收财产。行政机关违法征收财产给公民、法人和其他组织的合法权益造成实际损害的，要依法予以赔偿。

违法征用财产主要表现为：(1) 行政机关不是出于公共利益需要而进行的征用，如为满足某行政机关负责人的个人需要，临时征用他人的宝马轿车。(2) 在非应急状态，没有征用财产的法律、法规依据，行政机关自行征用。(3) 行政机关超越法律、法规规定的范围征用财产，如某乡政府未经批准征用基本农田。(4) 违反法定程序征用财产。行政机关违法征用财产给公民、法人和其他组织的合法权益造成实际损害的，要依法予以赔偿。

(四) 造成财产损害的其他违法行为

行政机关及其工作人员行使职权过程中造成相对人财产损害的其他违法行为，是指除上述列举的行为以外的具体行政行为以及与行政机关及其工作人员行使职权有关的，造成公民、法人或者其他组织财产权损害的，违反行政职责的行为。这是概括性的兜底规定。上述三种类型从不同角度列举了行政机关及其工作人员在行使职权过程中，侵犯公民、法人和其他组织的财产权造成损害的情形。但行政机关拥有的职权是多方面的，其实施的行为也是多种多样的。上述列举的三项侵犯行政相对人财产权的违法行为，并不能概括出行政机关及其工作人员违法行使职权侵犯公民、法人和其他组织财产权的全部情形。例如，公民、法人和其他组织申请行政机关保护其财产权的法定职责，行政机关拒绝履行，或者对公民、法人和其他组织要求行政机关保护其财产权的申请不予答复，行政机关的这种不作为行为违法，也会造成公民、法人和其他组织财产权的损害。对此，国家也要承担赔偿责任。有了这项兜底的规定，就可以更全面地保护公民、法人和其他组织的合法权益。

第三节　司法赔偿范围

一、司法赔偿范围概述

司法赔偿范围，是指国家对司法机关及其工作人员行使职权侵害公民、法人或其他组织的合法权益，并造成损害时依法给予赔偿的范围。它所要解决的问题是国家对哪些司法侵权行为造成公民、法人和其他组织合法权益的哪些损害要给予赔偿。对司法受害人而言，司法赔偿范围是司法受害人行使司法赔偿请求权的范围。如果法律规定国家对司法机关及其工作人员的某些侵权行为必须承担赔偿责任，则意味着司法受害人享有赔偿请求权，任何组织或个人都不得限制或剥夺受害人的这种权利；如果法律规定司法机关及其工作人员的某些侵权行为，国家免予赔偿或不赔偿，则意味着司法受害人没有赔偿请求权。因此，司法赔偿范围标志着司法受害人享有司法赔偿请求权的界限。对司法赔偿义务机关而言，司法赔偿范围是司法赔偿义务机关履行司法赔偿义务的范围。如果法律规定司法机关及其工作人员的某些行为为司法侵权行为，国家必须对此承担司法赔偿责任，则当司法受害人依法提出赔偿请求时，司法赔偿义务机关就应代表国家对受害人履行司法赔偿义务，给予司法赔偿，而不得拒绝或推诿；如果法律规定司法机关及其工作人员的某些行为，国家免予赔偿或不赔偿，则意味着即使司法受害人提出赔偿请求，司法赔偿义务机关也不应该给予赔偿。因此，司法赔偿范围标志着司法机关履行司法赔偿义务的界限。

司法赔偿范围的确定，与司法机关行使职权的特点相联系，受国家的法治状况、国家财力充裕程度、司法侵权数量以及司法赔偿理论等因素的制约。新修订的《国家赔偿法》完善了司法赔偿的范围。根据《国家赔偿法》的规定，我国司法赔偿范围包括刑事赔偿范围和非刑事司法赔偿范围。

二、刑事赔偿范围

（一）刑事赔偿范围概念

刑事赔偿范围，是指国家对司法机关及其工作人员在行使刑事司法权过程中侵害公民、法人或其他组织的合法权益，并造成损害时给予赔偿的范围。刑事赔偿范围是刑事赔偿责任中的核心概念，也是确立国家刑事赔偿责任的基础性条件。刑事赔偿范围的界定应该体现权利保护的思想，并与权力运行范围以及国家财力支付能力相适应。①《国家赔偿法》第三章第一节对刑事赔偿的范围作了明确规定。从这些规定来看，我国刑事赔偿范围具有如下特点②：（1）该范围是以具体列举的方式加以规定的。《国家赔偿法》对于刑事赔偿没有采用概括性规定的立法模式，而是采取具体列举的立法模式。因此，要请求刑事赔偿必须符合法律明确规定的范围。（2）该范围具有封闭性。《国家赔偿法》在规定行政赔偿范围时，使用了兜底条款，即概括性规定“造成公民身体伤害或者死亡的其他违法行为”，“造成财产损害的其他违法行为”应该承担赔偿责任。这实际上为其他法律设定行政赔偿预留了空间。但是，《国家赔偿法》在规定刑事赔偿范围时，并没有类似的表述，这就没有给其他法律设定刑事赔偿预留空间，即其他法律不得设定刑事赔偿事项。（3）该范围不能类推适用。《国家赔偿法》的具体列举模式就留下这样的问题，即列举性规定是否可以类推适用？从《国家赔偿法》的基本立法精神来看，刑事赔偿是不能类推适用。

（二）侵犯人身权的刑事赔偿

人身权是与人身不可分离，并无财产内容的一种权利。根据《国家赔偿法》第17条的规定，行使侦查、检察、审判职权的机关以及看守所、监狱管理机关及其工作人员在行使职权时有下列侵犯人身权情形之一的，受害人有取得国家赔偿的权利，国家应依法承担赔偿责任：

1. 错误拘留。《国家赔偿法》刑事赔偿一章中的拘留是指刑事拘留。所谓刑事拘留，是行使拘留权的机关在侦查活动中对符合逮捕条件的现行犯或嫌疑分子，由于情况紧急，依法采取暂时限制其人身自由的强制措施。我国宪法和法律严格保护公民的人身自由，公民如果没有违反法律的规定，其人身自由是不容侵犯，即使违反了法律需要限制人身自由时，也必须由有关机关依照法律程序进行。《刑事诉讼法》第61条明确规定了对公民实行刑事拘留的条件：正在预备犯罪、实行犯罪或者犯罪后及时被发觉的；被害人或在场亲眼看见的人指认他犯罪的；在身边或者住处发现有犯罪证据的；犯罪后企图自杀、逃跑或者在逃的；有毁灭、伪造证据或者串供可能的；不讲真实姓名、住址，身份不明的；有流窜作案、多次作案、结伙作案重大嫌疑的。依据《刑事诉讼法》

① 张雪林、向泽选、张长江、廖名宗著：《刑事赔偿的原理与执法实务》，北京大学出版社2003年版，第49页。

② 参见周友军、麻锦亮著：《国家赔偿法教程》，中国人民大学出版社2008年版，第250～251页，部分内容根据新修订的《国家赔偿法》作了修改。

第 132 条的规定，人民检察院对直接受理案件的犯罪嫌疑人，可以拘留的，仅限于“犯罪后企图自杀、逃跑或者在逃的”，“有毁灭、伪造证据或者串供可能的”两种情形。对不符合上述条件的公民实施刑事拘留是违法刑事拘留。同时，我国法律对刑事拘留的程序也作了较严格规定。如公安机关在行使拘留权的时候，必须出示拘留证，拘留后除有碍侦查或者无法通知的情况以外，应当把拘留的原因及羁押的处所在 24 小时以内，通知被拘留人的家属或者他的所在单位，并在 24 小时以内进行讯问，在发现不应当拘留的时候，必须立即释放，同时还应当发给释放证明。

《国家赔偿法》对错误拘留的赔偿问题作了特别的限定。《国家赔偿法》第 17 条第 1 项规定：违反刑事诉讼法的规定对公民采取拘留措施的，或者依照刑事诉讼法规定的条件和程序对公民采取拘留措施，但是拘留时间超过刑事诉讼法规定的时限，其后决定撤销案件、不起诉或者判决宣告无罪终止追究刑事责任的，受害人有取得赔偿的权利。据此规定，国家对错误拘留承担赔偿责任有两种情况：（1）违反刑事诉讼法的规定对公民采取拘留措施的。刑事诉讼法对刑事拘留的条件、程序都作了较严格规定。司法机关无论是在实体、还是在程序上，只要违反刑事诉讼法的规定对公民采取拘留措施，国家就应该承担赔偿责任。（2）依照刑事诉讼法规定的条件和程序对公民采取拘留措施，但是拘留时间超过刑事诉讼法规定的时限，其后决定撤销案件、不起诉或者判决宣告无罪终止追究刑事责任的。司法机关对公民采取拘留措施符合刑事诉讼法规定的条件和程序，但拘留时间超过刑事诉讼法规定的时限。在这种情况下因下列任何一种原因终止追究刑事责任的，国家都应该承担赔偿责任，否则国家不承担赔偿责任：一是决定撤销案件。撤销案件，是指公安机关对立案侦查的案件，发现具有某种法定情形，或者经过侦查否定了原来立案根据所采取的诉讼行为。二是不起诉。不起诉，是指人民检察院对公安机关侦查终结移送起诉的案件和自行侦查终结的案件进行审查后，认为犯罪嫌疑人的行为不符合起诉条件或没有必要起诉的，依法不将犯罪嫌疑人提交人民法院进行审判、追究刑事责任的一种处理决定。三是判决宣告无罪，即法院基于被告人无辜，或者因为案件事实不清、证据不足，在最终的诉讼程序中被法院判定为无罪。

2. 错误逮捕。逮捕是指人民检察院或人民法院批准或决定，由公安机关执行的对犯罪嫌疑人羁押、暂时剥夺其人身自由的一种强制措施。我国《刑事诉讼法》第 60 条第 1 款规定：“对有证据证明有犯罪事实，可能判处徒刑以上刑罚的犯罪嫌疑人、被告人，采取取保候审、监视居住等方法，尚不足以防止发生社会危害性，而有逮捕必要的，应即依法逮捕。”据此规定，逮捕必须具备的三个条件是：（1）有证据证明有犯罪事实。（2）可能判处徒刑以上刑罚的犯罪嫌疑人、被告人。（3）采取取保候审、监视居住等方法，尚不足以防止发生社会危害性，而有逮捕必要的。只有符合这三个条件，才能实施逮捕。司法机关实施逮捕的强制措施主要是为了刑事诉讼活动的正常进行，防止犯罪嫌疑人继续危害社会以及逃跑、串供、毁灭、伪造证据等情况出现，维护正常的社会秩序和法律秩序。但是，逮捕是一种严厉的强制措施，是对人身自由的强者剥夺。如果没有严格法律约束，就有可能践踏国家法制，侵害公民权利。因此，实施逮捕时必须持谨慎态度，严格依法办事。根据《刑事诉讼法》的规定，逮捕必须经过人民检察院批准或者人民法院决定，并由公安机关执行；公安机关在执行逮捕的时候，必须出示逮捕证；逮捕后除有碍侦查或者无法通知的情形外，应当将逮捕的原因和羁押的处所，在24小时内通知被逮捕人的家属或者他的所在单位；人民法院、人民检察院对于各自决定逮捕的人，公安机关对于经人民法院批准逮捕的人，都必须在逮捕后24小时内进行讯问；在发现有不应当逮捕的时候，应当立即释放，并发给释放证明。对于违反法律规定采用逮捕措施，并造成受害人权利损害的，国家应当承担赔偿责任。

《国家赔偿法》第17条第2项规定：对公民采取逮捕措施后，决定撤销案件、不起诉或者判决宣告无罪终止追究刑事责任的。根据这一规定，错误逮捕的构成必须符合下列三个条件：（1）司法机关作出了逮捕决定并已经实施了逮捕。如果只是作出了逮捕决定却没有实施，或者作出了逮捕决定但在实施前及时纠正的，就不构成错误逮捕。（2）因决定撤销案件、不起诉或者判决宣告无罪而终止追究刑事责任。根据《刑事诉讼法》第15条的规定，有下列情形之一的，不追究刑事责任，已经追究的、应当撤销案件，或者不起诉，或者终止审理，或者宣告无罪：情节显著轻微，危害不大，不认为是犯罪的；犯罪已过追诉时效期限的；经特赦令免除刑罚的；依照刑法告诉才处理的犯罪，没有告诉或者撤回告诉的；犯罪嫌疑人、被告人死亡的；其他法律规定免予追究刑事责任的。只要司法机关通过决定撤销案件、不起诉或者判决宣告无罪终止追究刑事责任，国家都应当承担赔偿责任。（3）错误逮捕不以违法逮捕为必要。《国家赔偿法》对此实行的是无过错责任原则。无论逮捕措施实施当时是否合法，只要同时符合上述两个条件，国家就应该承担赔偿责任。

3. 无罪错判。判决，是人民法院代表国家对刑事案件的实体问题所作出的权威性判定。其他任何机关都无权审理和作出判决，也不能干涉法院进行审理和作出判决。这里的“无罪错判”，是指《国家赔偿法》所规定的依照审判监督程序再审改判无罪，原判刑罚已经执行的情形。“无罪错判”的认定必须符合下列三个条件：

(1)“无罪错判”必须是经过审判监督程序再审改判无罪的。审判监督程序又称为再审程序，是指人民法院、人民检察院对于已经发生法律效力的判决和裁定，发现在认定事实或适用法律上确有错误，依法提出并重新审理的程序。“无罪错判”是指经过再审确认原判决认定被告人犯罪事实不存在，或被告人虽有违法行为但不构成犯罪而撤销原有罪判决。国家对错判承担赔偿责任关键在于被告人是否“无罪”。如果经过再审将原来较重的刑罚改为较轻的刑罚或者仅指有关罪名重新认定等不属于再审改判无罪，国家不承担刑事赔偿责任。在法律上，我国豁免了法官在判决中自由裁量行为的赔偿责任，这与许多国家的法律以及判例相一致。① 此处的改判无罪，必须是通过再审程序进行的。如果是一审判决有罪，二审判决无罪，则不能以此要求国家赔偿。这里需要注意的是②：第一，如果被法院判处免予刑事处分的人，经再审改判宣告无罪，不发生错判的国家赔偿责任。因为国家只是作出一个有罪宣告，而没有对被告人实际判处刑罚，没有发生国家赔偿法上所要求的损害事实。第二，如果被判处缓刑的人经再审程序改判宣告无罪的，亦不应发生错判的国家赔偿责任。因为，在这种情况下，法院虽然作出有罪判决并判处被告人刑罚，但严格地说，缓刑不是刑罚的执行，而是附条件的不执行，也就没有发生国家赔偿法上要求的损害事实。最高人民法院《关于人民法院执行〈中华人民共和国国家赔偿法〉几个问题的解释》第 4 条规定：“人民法院判处管制、有期徒刑缓刑、剥夺政治权利等刑罚的人被依法改判无罪的，国家不承担赔偿责任，但是，赔偿请求人在判决生效前被羁押的，依法有权取得赔偿。”

(2) 原判刑罚已经执行。原判刑罚已经执行包括两种情况：一是原判刑罚已全部执行完毕；二是原判刑罚已部分执行。只要已部分执行，就可以请求国家赔偿。只是如果原判刑罚已经全部执行的，国家应对全部错判刑罚承担赔偿责任；原判刑罚部分执行的，国家则应对已执行部分的错判刑罚承担赔偿责任。在原判刑罚执行之前被拘留或逮捕的，国家不对受害人分别赔偿，因为，被羁押的期间已被刑期所吸收。如果在刑罚执行期间，发生依法减刑或者假释的情况，对于被减刑或者假释部分的错判刑罚，国家也不承担赔偿责任。

(3)“无罪错判”的赔偿不要求查明主观上的过错。刑事赔偿责任的构成

---

① 刘嗣元、石佑启编著：《国家赔偿法要论》，北京大学出版社 2005 年版，第 216 页。

② 房绍坤、毕可志编著：《国家赔偿法学》，北京大学出版社 2004 年版，第 241 页。

包括过错责任和无过错责任。按照《国家赔偿法》关于刑事赔偿范围的规定，“无罪错判”且刑罚已经执行的赔偿属于严格责任赔偿，只要查明属于“无罪错判”，且刑罚已经执行，而不要查明检察机关在提起公诉和人民法院判决时主观上是否存有过错，国家就应当承担赔偿责任。

4. 刑讯逼供或者以殴打、虐待等行为或者唆使、放纵他人以殴打、虐待等行为造成公民身体伤害或者死亡的。刑讯逼供是司法工作人员在刑事诉讼过程中，为获取人犯的口供而对其身体施以暴力或变相肉刑的行为。① 在我国古代，刑讯逼供是一种公开、合法的取证和审讯方法。《唐六典》记载：“凡案狱之官，先备王听，又在诸征信，有可征焉而不为实者，然后核标。”然而，随着社会发展，人权保障的深入，刑讯逼供已为世界各国普遍禁止。联合国《禁止酷刑和其他残忍不人道或者有辱人格的待遇或处罚公约》规定，公职人员或以官方身份行使职权的其他人，非因法律制裁，蓄意使公民在肉体上或精神上遭受剧烈痛苦或痛苦的行为，都应受到禁止，受害者享有获得公平和足够赔偿的权利。我国于 1988 年 9 月 5 日经全国人大常委会批准，加入了这一公约。《国家赔偿法》第 17 条第 4 项明确规定：刑讯逼供或者以殴打、虐待等行为或者唆使、放纵他人以殴打、虐待等行为造成公民身体伤害或者死亡的，国家应当承担赔偿责任。

根据《国家赔偿法》的规定，国家因司法人员刑讯逼供而承担赔偿责任，应当具备以下条件：（1）司法人员实施了刑讯逼供。司法人员的行为要构成刑讯逼供必须符合如下条件：② 刑讯逼供是行使侦查权过程中实施的；司法人员具有逼取口供的目的；司法人员具有故意；司法人员采取了肉刑或者变相肉刑的方法；刑讯逼供的对象是犯罪嫌疑人或被告。（2）必须有造成受害人身体损害或者死亡的结果。身体损害主要表现为两个方面③：一是破坏他人身体组织的完整性，如砍掉手指、割掉耳朵等；二是虽然不破坏他人身体组织的完整性，但使身体某一器官机能受到损害或者丧失，如听力降低或者丧失，视力降低或者丧失等。在实务中经常遇到的问题是身体损害是否包括精神损害。

① 刘嗣元、石佑启编著：《国家赔偿法要论》，北京大学出版社 2005 年版，第 229 页。

② 周友军、麻锦亮著：《国家赔偿法教程》，中国人民大学出版社 2008 年版，第 255 ~256 页。

③ 张雪林、向泽选、张长江、廖名宗著：《刑事赔偿的原理与执法实务》，北京大学出版社 2003 年版，第 67 页。

《国家赔偿法》第 35 条规定：“有本法第 3 条或者第 17 条规定情形之一，致人精神损害的，应当在侵权行为影响的范围内，为受害人消除影响，恢复名誉，赔礼道歉；造成严重后果的，应当支付相应的精神损害抚慰金。”根据这一规定，身体损害应该包括精神损害。（3）身体损害或者死亡与刑讯逼供之间存在因果关系。只有刑讯逼供造成了受害人身体损害或者死亡，国家才承担赔偿责任。

认定“殴打、虐待等行为或者唆使、放纵他人殴打、虐待等行为”必须满足以下条件：（1）司法人员实施了殴打、虐待等行为或者唆使、放纵他人实施了殴打、虐待等行为。所谓放纵他人实施殴打、虐待等行为，是指司法人员明知他人在对犯罪嫌疑人、被告或罪犯实施殴打、虐待等行为却不及时加以制止的行为。这里值得注意的是无论是司法人员的殴打、虐待等行为或者唆使、放纵他人实施的殴打、虐待等行为，必须是在刑事诉讼中或执行职务中发生的，在其他情况下实施的致害属于司法人员的个人行为，国家不承担赔偿责任。（2）殴打、虐待等行为的目的不是逼取口供。如果其目的是逼取口供，则构成刑讯逼供。（3）殴打、虐待等行为的对象不仅包括犯罪嫌疑人、被告或罪犯，还包括其他公民，如证人、律师等。但放纵他人以殴打、虐待等行为的对象只能是犯罪嫌疑人、被告或罪犯。（4）司法人员唆使、放纵他人实施殴打、虐待等行为不存在合法与否的问题，但司法人员实施殴打、虐待等行为必须是违法的。某些合法的暴力，如捆绑抗拒抓捕的现行犯、对违反监规的罪犯采取关禁闭措施等，不属于刑事赔偿意义上的殴打、虐待等行为。

与刑讯逼供一样，司法人员以殴打、虐待等行为或者唆使、放纵他人以殴打、虐待等行为造成公民身体伤害或者死亡的，受害人可以依法请求国家赔偿。

5. 违法使用武器、警械造成公民身体伤害或死亡的。为了维护正常的社会秩序和法律秩序，我国法律授权司法工作人员在必要时可以使用武器和警械。同时，为了保证武器、警械的正确使用，保障公民生命财产免受司法人员的非法侵犯，我国相关法律对使用武器、警械的条件、程序等作了严格的规定。《人民警察法》第 10 条规定：“遇有拒捕、暴乱、越狱、抢夺枪支或者其他暴力行为的紧急情况，公安机关的人民警察依照国家有关规定可以使用武器。”第 11 条规定：“为制止严重违法犯罪活动的需要，公安机关的人民警察依照国家有关规定可以使用警械。”《人民警察使用警械和武器条例》第 8 条规定：“人民警察依法执行下列任务，遇有违法犯罪分子可能脱逃、行凶、自杀、自伤或者有其他危险行为的，可以使用手铐、脚镣、警绳等约束性警械：

(1) 抓获违法犯罪分子或者重大犯罪嫌疑人的；(2) 执行逮捕、拘留、看押、押解、审讯、拘传、强制传唤的；(3) 法律、行政法规规定可以使用警械的其他情形。”第9条规定：“人民警察判明有下列暴力犯罪行为的紧急情况之一，经警告无效的，可以使用武器：(1) 放火、决水、爆炸等严重危害公共安全的；(2) 劫持航空器、船舰、火车、机动车或者驾驶车、船等机动交通工具，故意危害公共安全的；(3) 抢夺、抢劫枪支弹药、爆炸、剧毒等危险物品，严重危害公共安全的……”第10条和第11条分别规定了不能使用武器和停止使用武器的情形。《监狱法》规定了使用警械的具体情形，该法第45条规定：“监狱遇有下列情形之一的，可以使用戒具：(1) 罪犯有逃脱行为的；(2) 罪犯有使用暴力行为的；(3) 罪犯正在押解途中的；(4) 罪犯有其他危险行为需要采取防范措施的。”“前款所列情形消失后，应当停止使用戒具。”《看守所条例》第17条规定：“对已被判处死刑、尚未执行的犯人，必须加戴械具。对有事实表明可能行凶、暴动、脱逃、自杀的人犯，经看守所所长批准，可以使用械具。”第18条规定：“看守人员和武警遇有下列情形之一，采取其他措施不能制止时，可以按有关规定开枪射击：(一) 人犯越狱或暴动的；(二) 人犯脱逃不听制止，或者在追捕中抗拒逮捕的；(三) 劫持人犯的；(四) 人犯持有管制刀具或者其他危险物，正在行凶或者破坏的；(五) 人犯暴力威胁看守人员、武警的生命安全的。需要枪击时，除遇特别紧迫的情况外，应先鸣枪警告，人犯有畏服表示，应立即停止射击。”最高人民法院、最高人民检察院、公安部、国家安全部联合下发的《关于人民警察执行职务中实行正当防卫的具体规定》，对于在正当防卫时使用武器和警械作了具体规定。在符合法律规定条件下使用武器和警械造成人身伤害或死亡的，国家不承担赔偿责任；违法使用武器和警械造成人身伤害或死亡的，国家应该承担赔偿责任。合法使用武器和警械，超过必要的限度仍属于违法使用武器和警械，国家应该承担相应的赔偿责任。

司法人员违法使用武器、警械造成公民身体伤害或者死亡主要有以下情形①：依法不应配备武器、警械的司法人员配备了武器、警械，并在行使司法权力的过程中使用武器、警械造成公民身体伤害或者死亡的；不应佩带武器、警械的刑事司法人员私自携带武器、警械并在行使司法权力的过程中使用并造成伤亡结果的；依法佩带武器、警械的司法人员违反法律、法规的规定，使用

① 张雪林、向泽选、张长江、廖名宗著：《刑事赔偿的原理与执法实务》，北京大学出版社2003年版，第71页。

武器、警械造成伤亡后果的；其他违法使用武器、警械的情形。

（三）侵犯财产权的刑事赔偿

财产权是权利主体所享有的对财产占有、使用、收益和处分的一种权利。财产权在法定权利中占有重要的地位。美国学者伯纳德·施瓦茨讲道："财产永远是以政府权力为基础的，不受国家保护的财产，只是一种学究的空谈。"①沃纳在《论美国行政法》中指出："假如对让渡财产的权利加以限制，那么，这与我的个人自由受到侵犯是完全一样的，正如禁止我取得、占有和使用这种财产那样。在两种情况下，这种限制将……破坏我的自由。"② 在法律制度中，公民财产权的保护以及遭损害后的救济是多方面的，就国家侵权行为而言，既有行政赔偿的救济，也有刑事赔偿的救济。我们在前面已经分析了财产权遭受损害后的行政赔偿问题，现在着重探讨财产权遭受损害后的刑事赔偿问题。《国家赔偿法》设定了财产权损害的刑事赔偿范围。根据《国家赔偿法》第18条的规定，行使侦查、检察、审判职权的机关以及看守所、监狱管理机关及其工作人员在行使职权时有下列侵犯财产权情形之一的，受害人有取得国家赔偿的权利，国家应依法承担赔偿责任：

1. 违法对财产采取查封、扣押、冻结、追缴等措施的。刑事诉讼中的查封，是指行使侦查、检察、审判职权的国家机关将与刑事案件有关的可以用作证据、不便提取的财物就地封存或责成专人保管，任何人不得擅自移动或处分的一种强制措施。扣押，是指有关司法机关将刑事案件有关的物品、文件、电报等强制扣留的一种强制措施。冻结，是指有关司法机关为了保证刑事诉讼活动的顺利进行，防止犯罪嫌疑人转移、处分与案件有关的资产，通知银行或其他金融机构暂停支付或不准提起、转让的一种强制措施。追缴，是指有关司法机关对于犯罪工具、物品、赃物、非法所得等强制追回、退回原主或上缴国家的一种强制措施。在刑事诉讼中，无论是对财产采取查封、扣押、冻结，还是追缴都涉及对财产权的限制，这种强制措施运用的结果直接使公民、法人和其他组织财产权的现实状况发生改变，在特定情况下会造成财产权的损害。因此，司法机关采取这些强制措施时必须遵循法律的规定，符合以下条件：(1) 对财产实施查封、扣押、冻结、追缴等刑事强制措施的主体具有相应职权，并

① ［美］伯纳德·施瓦茨著：《美国法律史》，王军等译，中国政法大学出版社1996年版，第142页。

② ［美］伯纳德·施瓦茨著：《美国法律史》，王军等译，中国政法大学出版社1996年版，第143页。

且必须在法定权限范围内实施，不得超越权限或滥用职权。（2）实施查封、扣押、冻结、追缴等刑事强制措施的财物只能是与刑事案件有关的财产。对与刑事案件无关的财产不得实施查封、扣押、冻结、追缴等刑事强制措施。（3）实施查封、扣押、冻结、追缴等刑事强制措施的程序必须严格遵循法律规定。如《刑事诉讼法》第118条规定："对于扣押的物品、文件、邮件、电报或者冻结的存款、汇款，经查明确实与案件无关的，应当在三日以内解除扣押、冻结，退还原主或者原邮机关。"《刑事诉讼法》第198条规定："公安机关、人民检察院和人民法院对于扣押、冻结的犯罪嫌疑人、被告人的财物及其孳息，应当妥善保管，以供核查。任何单位和个人不得挪用或者自行处理。对被害人的合法财产，应当及时返还。对于违禁品或者不宜长期保存的物品，应当依照国家有关规定办理。"如果司法人员违法实施查封、扣押、冻结、追缴等刑事强制措施，给当事人造成财产损失的，国家应承担赔偿责任。

2. 再审改判无罪，原判罚金、没收财产已经执行的。罚金和没收财产是我国刑法中规定的两种附加刑，主要适用于经济犯罪。罚金，是人民法院判处犯罪分子向国家缴纳一定数额金钱的刑罚。没收财产，是将犯罪分子所有财产的一部分或全部强制无偿地收回国有的刑罚。"再审改判无罪，原判罚金、没收财产已经执行的"的认定必须符合以下条件：（1）已经生效的判决涉及罚金、没收财产。（2）经过审判监督程序，原判决已经被改判，确认被告人无罪。从理论上来说，这里的"无罪"包括确定无罪和存疑无罪。至于数罪并罚中部分被认定为无罪的，则应该看该被改判的罪与原判罚金或没有收财产之间是否存在因果关系。（3）原判罚金、没收财产已经执行。已经执行包括部分执行和全部执行。在原判罚金、没收财产已经执行的条件下，受害人的财产权就已经遭受侵犯或损害已成为现实。如果原判决中虽处以罚金或没收财产，但没有得到实际执行，就不存在损害的客观性和现实性问题，故受害人不能请求赔偿。

三、非刑事司法赔偿范围

刑事赔偿是因司法机关及其工作人员在刑事诉讼活动中的职务行为引起损害的赔偿。在国家赔偿制度发展的过程中，大多数国家只是以刑事诉讼活动为依据来确定刑事赔偿的范围，而没有将赔偿制度引入民事、行政诉讼活动中。人们习惯称刑事赔偿为司法赔偿，或将两者作同义语来看待。实际上，刑事赔偿并不等于司法赔偿，刑事赔偿只是司法赔偿的一个方面，除刑事赔偿外，司法赔偿还应该包括非刑事司法赔偿。《国家赔偿法》第38条规定："人民法院在民事诉讼、行政诉讼过程中，违法采取对妨害诉讼的强制措施、保全措施或者对判决、裁定及其他生效法律文书执行错误，造成损害的，赔偿请求人要求赔偿的程序，适用本法刑事赔偿程序的规定。”据此规定，我国确立了有限的非刑事司法赔偿责任。

（一）非刑事司法赔偿概念

非刑事司法赔偿，又称民事、行政诉讼中的司法赔偿，是指人民法院在民事、行政诉讼过程中，违法采取对妨害诉讼的强制措施、保全措施以及对其他生效法律文书执行错误，造成公民、法人和其他组织合法权益损害的，国家依法予以赔偿的法律制度。非刑事司法赔偿具有下列特征：（1）侵权主体只能是人民法院和人民法院的工作人员，其他任何国家机关、社会团体和个人，由于不能从事特定的司法活动，不能成为侵权主体。（2）违反法律规定的职务行为仍是其基本的构成要件，在归责原则的运用上仍然采用违法责任的原则，但只限于民事、行政诉讼过程中违反法定的程序，不包括依照民事、行政实体法所作的判决错误。（3）有损害就有赔偿是民事、行政诉讼中的司法赔偿应坚持的原则，损害结果的现实性和特定性决定了赔偿是否实现。①

为了更准确地理解非刑事司法赔偿的内涵，有必要将非刑事司法赔偿与刑事赔偿、行政赔偿及民事赔偿等进行比较分析。②

1. 非刑事司法赔偿与刑事赔偿。根据《国家赔偿法》的规定，非刑事司法赔偿与刑事赔偿均由司法机关及司法人员违法侵权引起，其责任性质相同，均由国家承担赔偿责任，赔偿义务主体均为司法机关及其司法人员，实行同样的赔偿程序、赔偿方式和赔偿标准。非刑事司法赔偿与刑事赔偿的区别主要在于：（1）赔偿义务机关不同。刑事赔偿的义务机关，是行使侦查、检察、审判、看守、监狱管理职权的机关，而非刑事司法赔偿的义务机关仅为审判机关。（2）赔偿原则的差别。刑事赔偿实行违法归责原则前提下，辅之以结果责任（无过错责任）原则；而非刑事司法赔偿实行违法归责原则，辅之以过错责任原则。（3）赔偿范围不同。刑事赔偿与非刑事司法赔偿尽管在赔偿项目上都赔偿公民人身权和财产权受到侵害造成的损失，但在具体范围上，刑事赔偿的范围是错拘、错捕、错判、刑讯逼供，或者以殴打、虐待等行为，或者唆使、放纵他人以殴打、虐待等行为，或者违法使用武器、警械造成公民身体

① 刘嗣元、石佑启编著：《国家赔偿法要论》，北京大学出版社 2005 年版，第 233 页。

② 以下参见陈春龙著：《中国司法赔偿实务操作与理论探讨》，法律出版社 2002 年版，第 261～263 页。根据新修订的《国家赔偿法》相关内容有所修改。

伤害或死亡的；违法对财产采取查封、扣押、冻结、追缴等措施，再审改判无罪原判罚金、没收财产已经执行的。而非刑事司法赔偿的范围，是民事诉讼、行政诉讼过程中，违法采取对妨害诉讼的强制措施、保全措施或者对判决、裁定及其他生效法律文书执行错误，造成损害的。

2. 非刑事司法赔偿与行政赔偿。非刑事司法赔偿与行政赔偿的相同之处在于非刑事司法赔偿与行政赔偿均由国家承担赔偿责任，实行相同的赔偿方式和赔偿标准。非刑事司法赔偿与行政赔偿区别主要在于：（1）侵权性质不同。行政赔偿是违法行使行政权引起的赔偿责任，非刑事司法赔偿则是违法行使司法权引起的赔偿责任。（2）侵权行为主体不同。行政赔偿的侵权行为主体是国家行政机关及其工作人员，非刑事司法赔偿的侵权主体是国家审判机关及其工作人员。（3）赔偿义务机关不同。行政赔偿的义务机关是实施侵权行为的国家行政机关，或法律、法规授权的组织；非刑事司法赔偿的义务机关则是国家审判机关。（4）赔偿原则不同。行政赔偿实行违法归责原则，非刑事司法赔偿则实行违法兼过错责任原则。（5）赔偿范围不同。行政赔偿范围比较宽；非刑事司法赔偿范围较窄，仅对在民事诉讼、行政诉讼中违法采取对妨碍诉讼的强制措施、保全措施和对判决、裁定等生效法律文书执行错误，且造成损害的，予以赔偿。（6）赔偿程序不同。行政赔偿实行行政诉讼程序，非刑事司法赔偿不实行诉讼程序，实行刑事赔偿的非诉讼决定程序。

3. 非刑事司法赔偿与民事赔偿。非刑事司法赔偿与民事赔偿的共同点在于都遵循有损害即有赔偿这一基本原则。但由于非刑事司法赔偿的公法性质，使得非刑事司法赔偿与民事赔偿有着明显的区别：（1）侵权的主体不同。民事赔偿的主体是公民或者法人，其中公民既可以是无任何公职的普通公民，也可以是担任公职的国家机关工作人员；法人亦同，既可以是依法成立的普通法人，也可以是以平等主体身份参与民事法律关系的公法人（国家）和机关法人。而非刑事司法赔偿的主体则只能是政治意义上的国家。（2）侵权的原因不同。民事侵权一般由过错引起，有些情况下，无过错也应承担民事责任。因此，民事赔偿采用过错责任原则兼无过错责任原则。而非刑事司法侵权通常由违法行使职权引起，有时也有过错因素。所以非刑事司法赔偿采用违法归责原则兼过错原则。（3）侵权行为的性质不同。民事赔偿中的侵权行为是民事主体基于个人意思表示作出的个人行为，既可能是民事法律行为，也可能是无效或可撤销的民事行为。而非刑事司法赔偿中的侵权行为，则只能是行使司法权实施的职务行为，审判机关及审判人员作出的与审判权、执行权无关的非职务行为，不能引起国家赔偿。

（二）非刑事司法赔偿的范围

法院的民事、行政审判，虽然要经过严格的法律程序，但不能完全保证审判结果的客观公正性和合法性。一旦作出错误的判决势必造成一方当事人合法权益的损害。对于这种损害能否请求国家赔偿，学界有不同认识。有的认为，对民事、行政审判中的错判，国家在一定条件下承担赔偿责任。即国家对民事、行政审判中的错判应当承担赔偿责任，但应当限于审判人员有贪污受贿、徇私舞弊、滥用职权等行为导致错判，且不能执行回转时的情况。理由是审判人员有贪污受贿、徇私舞弊、滥用职权等行为导致错判，无疑会使诉讼当事人在物质上和精神上遭受重大损害，如果错判且不能执行回转的情况下，当事人不能获得国家赔偿，显然是不公平的。① 有的认为，对民事、行政审判中的错判，国家不承担赔偿责任，理由是民事、行政审判在一定程度上是对当事人双方权利义务关系的确认，错误判决的结果只是对当事人双方权利义务关系的错误定位，一方当事人的"损害"在表象上是另一方当事人不当得利，其与法院的判决虽然有联系，但不具有直接的因果关系。因此，民事、行政审判的错判与刑事诉讼中错判有根本区别。正如技术鉴定部门对某种技术作出错误鉴定一样。基于这种原因，国家不对民事、行政审判中的错判承担赔偿责任。② 根据《国家赔偿法》的规定，非刑事司法赔偿局限于民事诉讼、行政诉讼中的强制措施、保全措施以及生效法律文书的执行方面。除此之外，其他的违法司法行为所造成的损害不属于国家赔偿范围。也就是说，我国非刑事司法赔偿范围是有限的，只限于司法机关在行政诉讼、民事诉讼中违法采取对妨害诉讼的强制措施、保全措施或者对判决、裁定及其他生效法律文书执行错误，造成损害的情形。

1. 违法采取对妨害诉讼的强制措施。妨害诉讼行为一般是指诉讼参加人或其他个人、组织故意阻碍或破坏审判人员或依法接受审判机关委托履行审判职责的人员正常执行职务，扰乱诉讼秩序，妨害诉讼活动正常进行的行为。对妨害诉讼的强制措施是人民法院在民事、行政诉讼过程中，为了保护诉讼的顺利进行，对妨害诉讼的行为人所采取的强制措施。③"违法采取对妨害诉讼的强制措施"的认定必须符合以下条件：（1）司法人员采取了对妨害诉讼的强制措施。《民事诉讼法》对故意妨害司法程序，阻碍司法工作人员执行职务的

① 参见张红著：《司法赔偿研究》，北京大学出版社2007年版，第148～149页。

② 刘嗣元、石佑启编著：《国家赔偿法要论》，北京大学出版社2005年版，第233页。

③ 刘嗣元、石佑启编著：《国家赔偿法要论》，北京大学出版社2005年版，第234页。

行为规定了一些强制措施：拘传、训诫、责令退出法庭、罚款、拘留。①《行政诉讼法》规定的强制措施有：训诫、责令具结悔过、罚款、拘留。最高人民法院的司法解释限制了此项司法赔偿的范围，即只限于违法的司法拘留和违法罚款。②（2）强制措施是在民事诉讼或行政诉讼中采取的。《国家赔偿法》没有规定刑事诉讼中对妨害诉讼的强制措施问题。因此，此处不包括刑事诉讼。③（3）采取对妨害诉讼的强制措施违法。《民事诉讼法》和《行政诉讼法》对妨害诉讼的强制措施的运用作了严格的限制性规定，如《行政诉讼法》第 49 条就规定了运用强制措施的一些具体情形：有义务协助执行的人，对人民法院的协助执行通知书，无故推脱、拒绝或者妨碍执行的；伪造、隐藏、毁灭证据的；拍卖、贿买、胁迫他人作伪证或者威胁、阻止证人作证的，等等。④ 司法人员无论是在程序上，还是在实体上，只要违反了法律规定采取对妨害诉讼的强制措施，就属于违法行为。违法采取对妨害诉讼的强制措施的主要表现形态有：对没有实施妨害诉讼行为的人或者没有证据证明实施妨害诉讼的人采取司法拘留、罚款措施的；超过法律规定期限实施司法拘留的；对同一妨害诉讼行为重复采取罚款、司法拘留措施的；超过法律规定金额实施罚款的等。（4）违法采取对妨害诉讼的强制措施造成了公民、法人或其他组织合法权益的损害。在功能上，采取对妨害诉讼的强制措施既具有强制教育性，又具有惩罚性。对妨害诉讼的各种强制措施中，真正能够对公民、法人或其他组织人身自由和财产权造成损害的只有罚款、拘留两种，而其他的强制措施一般不会造成对公民人身自由和财产权的损害，如训诫是司法工作人员对有轻微妨害民事诉讼行为的人所采取口头批评、教育的一种强制措施。这种强制措施不可能造成公民人身自由和财产权的损害，故不会引起国家赔偿。除训诫之外，还有拘传、责令退出法庭、责令具结悔过，也不会造成公民人身自由和财产权的损害，国家对此也不承担赔偿责任。

2. 违法采取保全措施。保全措施主要包括证据保全和财产保全两种。其

---

① 我国的民事诉讼法详细列举了妨害民事诉讼的行为，并具体地规定了人民法院所采取的强制措施，如对个人的罚款 1000 元以下，对单位的罚款 1000 元以上 30000 元以下，对个人实施司法拘留最长的时间为 15 天。

② 参见最高人民法院《关于民事、行政诉讼中司法赔偿若干问题的解释》第 2 条。

③ 周友军、麻锦亮著：《国家赔偿法教程》，中国人民大学出版社 2008 年版，第 261 页。

④ 《行政诉讼法》第 49 条列举了妨害行政诉讼的行为，规定了对行为人可以处 1000 元以下的罚款以及 15 日以下的拘留。

中证据保全是法院在查证、核实证据之前，对于可能灭失或者以后难以取得的证据，依法采取措施，予以提取、固定并妥善保管的制度。财产保全是指法院在受理案件后至作出判决前，因特定原因有可能使将来作出的判决难以执行或不能执行时，对当事人的财产和争议的标的物采取的强制性措施，如查封、扣押、冻结等。

“违法采取保全措施”的认定必须满足以下条件：（1）司法人员采取了保全措施。这里的保全措施既可以是财产保全，也可以是证据保全。财产保全，则既可以是诉前财产保全，也可以是诉中财产保全。（2）保全措施是在民事或行政诉讼中采取的。《国家赔偿法》没有规定刑事诉讼中的保全措施问题。因此，此处不包括刑事诉讼。当然，在刑事附带民事诉讼中，因民事诉讼当事人申请而采取的保全措施理应看作是在民事诉讼中采取的。另外，值得注意的是，在民事诉讼中，国家对人民法院主动采取财产保全所致损害负责赔偿，而在当事人申请财产保全有错误致使法院根据其申请采取财产保全措施造成损害的，国家不负赔偿责任。在此情况下，受害人可以根据《民事诉讼法》第96条的规定，要求申请人赔偿其遭受的损失。（3）保全措施违法。根据法律规定，采取财产保全措施一般应具备两个条件：一是采取财产保全的案件，必须具有给付内容；二是由于当事人主观原因或者客观原因，使以后作出的生效判决可能不能执行或者难以执行。《行政诉讼法》只规定了证据保全，而《民事诉讼法》除了规定证据保全外，还规定了财产保全。无论是财产保全，还是证据保全都关系到相对人财产权的保护，如果法院没有依据法律规定的条件采取保全措施，随意扩大保全范围，对保全的财产不履行其善意保管的义务或处理不当，违反尽其最善的法律原则等造成财产损害的，国家应承担赔偿责任。具体而言，违法采取保全措施主要表现为①：依法不应当采取保全措施而采取保全措施或者依法不应当解除保全措施而解除保全措施的；保全案外人财产的，但案外人对案件当事人负有到期债务的情形除外；明显超出申请人申请保全数额或保全范围的；对查封、扣押的财物不履行监管职责，严重不负责任，造成财产毁损、灭失的，但依法交由有关单位、个人负责保管的情形除外；变卖财产未经合法评估机构估价，或者应当拍卖而未依法拍卖，强行将财物变卖给他人的等。

3. 对生效法律文书执行错误。民事、行政诉讼中的执行，是指人民法院执行组织及其工作人员，按照法定的程序，根据法院生效的判决、裁定或其他

① 参见最高人民法院《关于民事、行政诉讼中司法赔偿若干问题的解释》第3条。

法律文书的规定，在义务人逾期不履行义务的情况下，运用国家强制力强制义务人履行义务，实现法律所保护的权利的行为。根据我国《民事诉讼法》和《行政诉讼法》的规定，人民法院对拒不履行判决、裁定以及其他生效的法律文书的义务人，有权依法采取强制执行措施。强制执行措施主要有：查询、冻结、划拨被执行人的存款；扣留、提取被执行人的收入、存款；查封、扣押、拍卖、变卖被执行人的财产；搜查被执行人的财产；强制被执行人迁出房屋或退出占用的土地等。① 法院或法院工作人员在判决、裁定和其他生效的法律文书的执行中会因各种主客观因素的影响而发生错误，从而造成公民、法人和其他组织合法权益的损害。国家在规范执行程序的同时，为了使公民、法人和其他组织受损害的合法权益能够获得救济，确立了国家赔偿制度。

“对生效法律文书执行错误”的认定必须满足如下条件：（1）人民法院已经执行法律文书。在我国，作为人民法院据以执行的法律文书有很多，如民事判决书、裁定书、调解书、支付令、具有财产执行内容的刑事判决书；承认并执行外国法院判决或仲裁机构裁决的裁决书；公证机关公证并依法赋予强制执行效力的债权文书；仲裁机关所作出的由人民法院执行的裁决书；行政机关作出的依法由人民法院执行的行政处罚与行政处理决定书等。（2）人民法院执行错误。没有执行错误，不可能对公民、法人和其他组织合法权益造成损害。《最高人民法院关于民事、行政诉讼中司法赔偿若干问题的解释》第4条将人民法院对生效法律文书执行错误的情形规定为以下几种：执行尚未发生法律效力的判决、裁定、民事制裁决定等法律文书的；违反法律规定先予执行的；违法执行案外人的财产且无法执行回转的；明显超过申请的数额、范围执行且无法执行回转的；执行过程中，对查封、扣押的财产不履行监管职责，严重不负责任，造成财物毁损、灭失的；执行过程中，变卖财物未经由合法评估机构估价，或者应当拍卖而未依法拍卖，强行将财物变卖给他人的；违反法律规定的其他情形。不过，在下列情形下，虽然存在执行错误，但国家并不承担赔偿责任：一是因申请人提供的执行标的物有错误造成损害的；二是被执行人或者人民法院依法指定的保管人员违法动用、隐匿、毁损、转移、变卖人民法院已经保全的财产的；三是因不可抗力造成损害后果的。② （3）执行错误不能以执行回转的方式予以纠正。在我国，民事、行政司法赔偿实行不能回转损害赔偿

① 刘嗣元、石佑启编著：《国家赔偿法要论》，北京大学出版社2005年版，第235页。

② 参见最高人民法院《关于民事、行政诉讼中司法赔偿若干问题的解释》第7条。

的原则。民事、行政裁判错误的，可以通过执行回转方式予以纠正。只有对于不能通过执行回转弥补的损害，国家才应当承担赔偿责任。①

在人民法院对判决、裁定和其他生效法律文书执行错误所致损害的赔偿问题上，有以下三个值得注意的问题②：

1. 判决、裁定和其他生效法律文书存在错误，而执行行为合法的赔偿问题。对此问题，我们在前面已论述过，但需要强调的是，在此种情况下，法院可以改判，责令一方当事人对另一方当事人履行义务。国家不承担赔偿责任。

2. 判决、裁定和其他生效法律文书存在错误，而执行行为也违法的赔偿问题。此问题属于《国家赔偿法》第31条规定的范围，国家应承担赔偿责任，但赔偿范围仅限于执行行为所造成的损害，由于判决、裁定和其他生效法律文书的错误所造成的损害，国家不承担赔偿责任。

3. 违法先予执行的赔偿问题。先予执行是法院对一定范围的给付之诉，在作出判决之前，裁定一方当事人履行一定的义务，并立即执行，以保障当事人合法权益的一种制度。先予执行制度存在于特定的情况下，主要体现的是法律上的实质正当性。先予执行制度必须正确掌握，如果造成他人合法权益的损害，国家应承担赔偿责任。③

第四节　国家赔偿的免责范围

一、国家赔偿免责范围概述

国家赔偿的免责范围，是指在某些特殊情况下，尽管造成了公民、法人或其他组织合法权益的损害，但由于存在法定的可以免除赔偿责任的事实和理由，国家不承担赔偿责任的情形。国家赔偿范围的确定只是初步划定一个大体

---

① 参见姚天冲主编：《国家赔偿法律制度专论》，东北大学出版社2005年版，第295页。

② 刘嗣元、石佑启编著：《国家赔偿法要论》，北京大学出版社2005年版，第236页。

③ 我国的《民事诉讼法》第97条规定只有部分案件可以采用先予执行。这些案件是：追索赡养费、抚育费、抚恤金、医疗费用的；追索劳动报酬的；因情况急需要先予执行的。先予执行存在于特定的条件下：只能是根据当事人的申请，并且其中的权利义务关系比较明确；申请的一方因情况紧急急需执行，否则影响其生产和生活；原告的诉讼请求具有给付的内容；被申请先予执行的一方当事人具有履行能力。

的界限，但还不能具体指向某一类行为与行为的责任，要明确行为与责任的关系，还必须要了解一些免责的情形。我国国家赔偿免责范围包括行政赔偿免责范围和司法赔偿免责范围。从世界各国的立法和实务来看，国家赔偿的免责范围主要有以下情形：

（一）个人行为

国家机关工作人员在法律上具有公务员和公民双重身份。国家机关工作人员在不同的社会关系中将以不同的身份出现，所扮演的角色处于经常转换之中，以国家机关工作人员的身份执行职务只存在特定的社会关系之中，特定社会关系发生改变后，其身份也就自然随着改变，因而国家机关工作人员的行为存在着个人行为与职务行为之分。所谓个人行为，是指国家机关工作人员以普通公民的身份从事职务活动之外的行为。国家只对国家机关工作人员的职务行为造成公民、法人或其他组织合法权益的损害承担赔偿责任。对因国家机关工作人员的个人行为造成公民、法人或其他组织合法权益的损害，国家不承担赔偿责任。因此，世界各国都比较注意区分国家机关工作人员的个人行为与职务行为。在区分国家机关工作人员的个人行为与职务行为时要注意把握三个关键性的因素：一是国家机关工作人员执行职务时的身份；二是国家机关工作人员是否在执行职务中；三是国家机关工作人员的行为与职责的关联性。个人行为不是基于法律、法规的授权，不具有国家意志的属性，一般来说属于私权利范畴。个人行为所造成的损害赔偿一般由私法来调整，国家不承担赔偿责任。

（二）相对人自己的行为

相对人自己的行为致使损害发生，与国家机关的职务行为没有因果关系或者没有直接的因果关系，对此，国家不承担赔偿责任。这是世界各国国家赔偿法所坚持的一项基本豁免原则。法国行政法院在判例中认定受害人有过错时，可以免除或部分免除国家赔偿责任。奥地利国家赔偿法规定，受害人故意或过失不依法律救济途径对损害之发生或扩大加以阻止的，其对后果应负责任。①日本的《刑事补偿法》第3条规定了不予补偿的情形：本人以使侦查或审判陷入错误为目的，而故意作虚伪的供词，或制造其他有罪证据，以致被认为应该受到起诉、判决前的关押或拘禁和有罪判决的；通过一个审判对合罪所作的判决，虽有一部分受到无罪判决，但其他部分受到有罪判决的。《联邦德国刑事追诉措施赔偿法》第6条规定了国家拒绝赔偿的情形：被告在关键问题上

① 皮纯协、何寿生编著：《比较国家赔偿法》，中国法制出版社1998年版，第109~110页。

作伪证或者证词前后矛盾，或者对能减免罪责的情节缄口不言，并由此引起刑事追诉处分的，不论被告是否已就此认错；因被告处于无犯罪行为能力状态或因故无法开庭致使不能对犯罪事实进行判决，或致使终止审判程序的。在现实生活中，某些侵权案件是多因一果，损害是由国家机关的职务行为与相对人自己的行为共同造成的。在这种情况下，国家根据国家机关职务行为在损害中所起的作用，承担相应的赔偿责任。

（三）通过其他途径可以得到补偿的

国家赔偿的目的在于保护受害人的合法权益，如果受害人通过其他途径可以使其损害得到补偿，那么，其合法权益就已得到了恢复。在此情况下，国家就可以免除或减轻赔偿责任，目前，各国对于“其他途径的补偿”主要有两种途径：①

1. 保险。当今世界保险业的发达几乎包罗了所有的保险事故。一旦保险事故发生，受害人即可获得保险人的赔偿。当国家对于保险事故的发生有过错时，受害人既可从国家赔偿中获得补救，又可以从保险公司获得赔偿。如果受害人从保险人处获得赔偿，就无权再向国家请求赔偿。当然，国家并不免除其赔偿责任。保险人在赔偿受害人的损失以后，可请求国家赔偿其因此而受到的损失。

2. 公费医疗。公费医疗，是指国家对国家机关工作人员实行的免费医疗制度。受害人无过错而遭受国家机关及其工作人员的侵害，如果受害人因人身受到损害，而其所在单位已为其支付医疗费用，则国家不再为其支付此项费用。当然，对于误工费等其他非医疗费用，国家仍应负责赔偿。

（四）国家行为

国家行为又称为主权行为，是国家以主权者的身份而从事的行为。有的学者将其称为政府行为。为了严格区分政府行为与政府机关的行为，我们在此使用国家行为的概念。国家行为具有特殊的性质，不受任何法院管辖。各国对国家行为的理解极不一致。德国将国家行为理解为：国会的决定、缔约、媾和等外交行为；统帅行为；大总统之自由行为等。日本的国家行为包括：众议院之解散；国务大臣之任免；预算之作成、议决；议员之除名；国会会期延长之决定等。法国将国家行为限定为：外交行为；因公共安全采取紧急措施；战争行为；议会对内阁不信任表决、议员之惩罚等。英国将国家行为限定为：议会特

① 皮纯协、何寿生编著：《比较国家赔偿法》，中国法制出版社1998年版，第110～111页。

权行为；国王特权行为；国家之承认、宣战及媾和等。从各国国家行为的范围限定来看，国家对下列行为不承担赔偿责任：①（1）外交行为。它是国家行使外交权力的行为，包括本国与其他国家的谈判、缔约、建交、互访等活动。（2）国防行为。它主要包括战争、战争动员、宣布和实施戒严等行为。（3）政府与议会关系的行为。它包括召集和解散议会、不信任案的投票、提出法律草案、公布法律等。除了这三方面可以作为免责事由外，有的国家还将立法行为也作为国家行为，并对立法行为造成的损害不承担赔偿责任。

（五）不能归因于国家机关或国家机关工作人员的行为

在侵权责任中，相对人所受的损害表面上与国家机关或国家机关工作人员的行为有一定的联系，但在本质上则不能归责于国家机关或国家机关工作人员。在主观上，国家机关工作人员没有过错，已尽到了相当的注意或已遵循“有理智的正常人”可以遵循的行为规则。在客观上，国家机关工作人员的行为并没有违反法律规定。在此情形下，国家不承担赔偿责任。如甲某年满13周岁，正在实施犯罪行为，被公安机关当即发现并予以拘留，后经查明甲某的年龄状况后，经批评教育予以释放。甲某虽未达到刑事责任年龄而被羁押，国家对其被羁押期间的损害不承担赔偿责任。因为刑事诉讼活动存在于一个过程中，国家机关或国家机关工作人员在刑事诉讼活动中并没有违反法律规定，已经尽到了“法律要求注意的程度”，虽然造成他人的损害，但责任可以免除。

（六）法律特别规定的免责事由

1. 邮政通信②。国家对于邮局职员在邮政传递中造成的损失不负赔偿责任，这是许多国家的通例。英国的《王权诉讼法》规定：英王和邮局职员对于邮政传递的损失不负赔偿责任，1969年以后，英国邮政已独立为一个公法人，不再是英王的公仆，但关于邮政免责的规定仍然存在。唯一例外的是，英国对于国内传递的挂号包裹的损失，按规定的标准赔偿。英国的电讯传递业务也同样有免责的规定。我国《邮政法》第34条规定：“有下列情形之一的，邮政企业不负赔偿责任：（一）平常邮件的损失；（二）由于用户的责任或者所寄物品本身的原因造成给据邮件损失的；（三）除汇款和保价邮件以外的其他给据邮件由于不可抗力的原因造成损失的；（四）用户自交寄给据邮件或者

① 刘嗣元、石佑启编著：《国家赔偿法要论》，北京大学出版社2005年版，第82~83页。

② 皮纯协、何寿生编著：《比较国家赔偿法》，中国法制出版社1998年版，第111页。

交汇汇款之日起满1年未查询又未提出赔偿要求的。”我国对于电讯传递造成的损失，国家一般也不承担赔偿责任。

2. 正当防卫。根据我国《刑法》第20条的规定，正当防卫是指为了使国家、公共利益、本人或者他人的人身、财产和其他权利免受正在进行的不法侵害，而对不法侵害者实施的制止其不法侵害且未明显超过必要限度的损害行为。在法律上，正当防卫是一种合法行为。合法行为造成公民、法人和其他组织合法权益造成的损害，国家不承担赔偿责任。这里需要强调的是，实施正当防卫必须符合法定条件。如果正当防卫不符合法定条件，则国家要承担相应的赔偿责任。如对将来可能发生的损害而实施正当防卫的，或者正当防卫超过必要的限度加重相对人损害的，国家就应当承担相应的赔偿责任。

3. 紧急避险。根据《刑法》第21条的规定，紧急避险是指为了使国家、公共利益、本人或者他人的人身、财产和其他权利免受正在发生的危害，不得已而采取的损害另一较小合法权益的行为。紧急避险和正当防卫一样都属于一种合法行为，其造成公民、法人和其他组织合法权益的损害，国家不承担赔偿责任。当然，紧急避险也要遵循一个规则，即行为不得超过必要的限度，如果超过必要的限度所造成的损害，国家应对加重的损害负赔偿责任。但是对受害人而言，这也是不公平的。因为其合法权益是为保全公共利益、他人利益而作出的特别牺牲。为弥补受害人因紧急避险遭受的损失，各国给予相应补偿。

4. 意外事件。意外事件是指侵权主体在主观上没有故意或过失，由于不能预见的原因，在客观上造成损害结果的发生。在性质上，意外事件不属于职务违法行为造成的损害，与国家机关的职务行为没有直接的因果关系，因此国家一般不承担赔偿责任。但在意外事件中，受害人的损害是客观存在的，并且与国家机关或国家机关工作人员的行为存在一定的联系，根据因果关系理论中的条件说就存在着因果关系，如果让受害人所遭受的不幸完全由受害人自己承担，显然是不公平的。而且国家的赔偿能力比个人强。因此，许多国家已放弃意外事件作为国家承担赔偿责任的阻却事由或者将其限制在一定的范围内。无过错责任、危险责任的归责原则就是对意外事件作为责任阻却事由的一种否定。基于权利保护的实际需要，我们认为应取消意外事件的责任豁免，将受害人因意外事件所带来的不幸由社会分担，体现公共负担平等的原则。

5. 不可抗力。不可抗力是指不能预见、不能克服、不能避免的外在力量，如地震、风暴、干旱、涝灾等。不可抗力在一切法律责任中都作为免责事由。我国《民法通则》第107条规定：“因不可抗力不能履行合同或者造成他人损害的，不承担民事责任，法律另有规定的除外。”在国家赔偿责任中，不可抗力完全可以作为一个阻却事由，适用绝对豁免的原则，它“可以澄清形式上是国家机关的行为，而实质上是不可抗力情况下的责任问题”。① 当然，公民、法人和其他组织合法权益造成损害，不可抗力作为一个免责事由应有范围的限定，不能将其含义作扩大解释，也不能依据过去的“不可抗力”来解释现代社会中的不可抗力。

6. 第三人的过错。因第三人过错而免责是世界各国民法所普遍接受的原则。但对此原则，各国国家赔偿法并未直接作出规定，而是规定适用民法。在法国，因第三人过错而免责分为两种情形：一是国家机关的行为通过第三人介入才能发生损害的，国家不承担赔偿责任；二是国家机关的行为和第三人的行为共同造成损害，国家承担部分的责任。

国家赔偿责任的豁免是有限的。随着社会的发展和科学技术的进步，责任的范围相对扩大，而豁免的范围相对缩小，这是社会发展的必然。

二、行政赔偿的免责范围

行政赔偿的免责范围，又称行政赔偿责任的例外或限制，是指在某些特殊情况下，尽管有损害，但因存在法定可以免除赔偿责任的事实和理由，国家可以不承担赔偿责任的情形。根据我国《国家赔偿法》第 5 条的规定，行政赔偿中的免责事由主要有以下几种：

（一）行政机关工作人员与行使职权无关的个人行为造成损害的

侵权责任的基本原则是谁造成损害，谁承担责任。行政侵权行为一般是由行政机关工作人员代表国家实施的。然而，行政机关工作人员具有公务员和公民双重身份。行政机关工作人员以不同身份实施的行为，法律性质不同，其法律后果也不一样。行政机关工作人员以公务员身份实施的行为，是代表国家实施的职权行为，由此而造成的损害，应该由国家承担赔偿责任。行政机关工作人员以公民身份实施的行为，并不代表国家，属于个人行为，由此而造成的损害，不应由国家承担赔偿责任。因此，《国家赔偿法》第 5 条第 1 项规定：行政机关工作人员与行使职权无关的个人行为，国家不承担赔偿责任。然而，在实践中，行政机关工作人员究竟是以行政机关代表的身份出现，还是以普通公民身份出现，有时很难加以区分。因此，关键的问题是要确立恰当的标准，以此认定行政机关工作人员实施的所有行为中哪些属于与行使职权无关的个人行

① 参见林准、马原主编：《国家赔偿问题研究》，人民法院出版社 1992 年版，第 153 页。

为，哪些属于公务（职务）行为？

关于行政机关工作人员职权行为与个人行为的区分，法律、法规没有规定统一的标准，司法机关也未就此作出司法解释。学者们从理论上提出了区分个人行为和公务行为的各种标准。主要有：时间要素标准、名义要素标准、公益要素标准、职责要素标准、命令要素标准、公务标志标准和职权要素标准等。①“时间要素标准”力图以上班时间来证实行政机关工作人员作为行政机关代表人的身份，其缺陷在于上班时间行政工作人员也可能办私事，在下班时间行政工作人员也可能以行政机关代表的身份实施公务行为；“名义要素标准”试图以行政机关工作人员实施行为时的名义来证实公务人员的身份，其缺陷在于行政机关工作人员有可能假借行政机关的名义实施个人行为；“公益要素标准”以行政机关工作人员的行为涉及公共利益来说明其行为时是代表行政机关的，其不足之处在于普通公民的行为也可能涉及公共利益，且行政机关工作人员的行为是否涉及公共利益有时很难辨认；“职责要素标准”和“命令要素标准”分别以行政机关工作人员职责范围内的行为和执行上级命令的行为来说明行政机关工作人员是代表行政机关的，其不足之处在于，“命令要素标准”中的执行命令的行为只是工作人员职务行为一种，这一标准无法概括行政机关工作人员的全部职务行为，而“职责要素标准”只是说明了合法职务行为与不合法职务行为的识别要素，没有提示出职务行为区别于个人行为的性质。“公务标志标准”以行为时的公务标志来证实行政机关工作人员的身份，其缺陷在于：行政机关工作人员佩戴或出示公务标志在大多数情况下属于程序法的要求而不是实体法上的要求，行政机关工作人员执行职务时没有佩戴或出示公务标志的，通常只能是公务行为的程序违法，并不能因此说明国家公务员不是在以行政机关代表人的身份实施职务行为。“职权要素标准”以行政职权的适用作为确定行政机关工作人员职务行为的标准，这一标准的优点在于揭示了行政机关工作人员的职务行为的本质。因此，《国家赔偿法》主要采用这一标准。但是，仅用职权标准来判断行政机关工作人员的公务行为与个人行为仍存在困难，实务中还应借助其他标准来进行综合判断。

依照《国家赔偿法》的规定，国家不仅要对行政机关及其工作人员行使职权的行为造成的损害承担赔偿责任，而且要对行政机关及其工作人员与行使职权有关的行为造成的损害承担赔偿责任。在判断行政机关工作人员行为的性

① 刘嗣元、石佑启编著：《国家赔偿法要论》，北京大学出版社2005年版，第168页。

质时，上述标准均可发挥作用。一般来讲，判断行政机关工作人员的某一行为是不是公务行为，关键要看该行为是否与职权职责有关，如果是行使职权、履行职责的行为或者与行使职权、履行职责密切相关的行为即为公务行为；如果与行使职权、履行职责毫不相关的行为即为个人行为。如果是行政机关工作人员实施的公务行为造成的损害，则由国家负赔偿责任；如果是行政机关工作人员实施的个人行为造成的损害，则由其个人承担赔偿责任。

（二）因公民、法人和其他组织自己的行为致使损害发生的

因果关系是行政赔偿责任的构成要件之一，只有行政机关及其工作人员行使职权的行为是造成损害结果的原因，才有可能引起行政赔偿责任。因公民、法人和其他组织自己的行为造成损害的发生，与行政机关的职务行为没有直接的因果关系，国家不承担赔偿责任。《国家赔偿法》第 5 条第 2 项规定：因公民、法人和其他组织自己的行为致使损害发生的，国家不承担赔偿责任。然而，实务中情况往往比较复杂，有时会出现一果多因，即一个损害结果的发生是由行政机关的违法行为、受害人个人行为等多个原因造成的。在这种情况下，国家不能免除其赔偿责任。国家应该根据行政机关职务行为在损害发生过程中的过错大小、责任轻重，承担相应的赔偿责任。需要注意的一个问题是，损害事实是由行政机关及其工作人员违法行使职权的行为造成的，但在损害发生以后，受害人出于故意或者过失造成损害结果的扩大，对于扩大的损失部分，国家不承担赔偿责任。

（三）法律规定的其他情形

这是对国家不承担行政赔偿责任的概括性规定，也为单行法律对国家不承担赔偿责任的事项作出规定创造了条件。对这里的“法律”，应作狭义的理解，特指全国人民代表大会及其常务委员会制定的法律，不包括法规和规章，更不包括其他规范性文件。《民法通则》除规定第三人过错不承担赔偿责任外，第 107 条规定，不可抗力造成他人损害的，不承担民事责任；第 128 条规定，因正当防卫造成损害的，不承担民事责任。正当防卫超过必要的限度，造成不应有的损害的，应当承担适当的民事责任。第 129 条规定，因紧急避险造成损害的，由引起险情发生的人承担民事责任。紧急避险采取措施不当或者超过必要的限度，造成不应有的损害的，紧急避险人应当承担适当的民事责任。

有学者把国家不承担行政赔偿责任的情形分为三类：一是根据国家行政赔偿责任构成要件，国家本应承担赔偿责任，但因出于政治方面的考虑而不承担赔偿责任，这种情形也称为国家责任豁免；二是侵权行为本身不符合行政侵权赔偿责任的构成要件，不构成行政侵权赔偿责任，国家因此而不负赔偿责任；

三是适用民法上的抗辩事由来减免国家赔偿责任的情况。① 也有学者主张法律规定的其他情形包括：不可抗力、邮政通信以及通过其他途径可以得到补偿的。② 还有学者认为，法律规定的其他情形是指不可抗力、第三人过错和从其他途径获得补偿。③ 我们认为，对此项规定不能作宽泛的理解，除法律明确排除的不可抗力、正当防卫、紧急避险、第三人的过错等事项外，凡符合行政赔偿构成要件的，都属于行政赔偿的范围。

三、司法赔偿的免责范围

司法赔偿的免责范围，是指国家可以免于承担赔偿责任的情形。《国家赔偿法》第 19 条列举了国家不承担司法赔偿责任的各种情形，限定司法事赔偿的范围，使责任的承担与免除的界线清晰、明确。根据《国家赔偿法》第 19 条的规定，有下列情形之一的，国家不承担司法赔偿责任：

（一）因公民自己故意作虚伪供述，或者伪造其他有罪证据被羁押或者被判处刑罚的

基于人权保障原则，司法机关不得强迫公民自证其罪，公民本属无罪而被迫证明自己有罪仍属冤狱，受害人有权获得赔偿。但是，因公民自己故意作虚伪供述，或者伪造其他有罪证据导致被羁押或者被判处刑罚的，国家不承担赔偿责任，是世界各个国家与地区的赔偿法普遍承认的一项规则。如我国台湾地区的“冤狱赔偿法”对受害人因故意或重大过失之行为而受羁押或刑之执行规定不得要求赔偿。德国《刑事追诉措施赔偿法》也有类似的规定，即“对于因被告故意或严重过失而对其采取刑事追诉措施，亦免除赔偿”。日本《刑事补偿法》略为放宽，规定法官经全面衡量可以裁定不予补偿或给予部分补偿。国家免责的理由主要在于④：（1）受害人故意实施了这些行为，对自己被羁押或误判的后果已料到并自愿接受，他就应该承担相应的后果。（2）受害人的故意行为干扰了司法行为，国家免责相当于是对受害人错误行为的惩罚。

认定“公民自己故意作虚伪供述，或者伪造其他有罪证据的行为”应该

① 皮纯协、冯军主编：《国家赔偿法释论》，中国法制出版社 1996 年版，第 100 页。

② 张树义主编：《国家赔偿法适用手册》，法律出版社 1994 年版，第 49～51 页。

③ 薛刚凌主编：《国家赔偿法教程》，中国政法大学出版社 1997 年版，第 162 页。

④ 参见尹伊君、陈晓：《惩罚与保护的平衡点》，载《中国社会科学》2004 年第 1 期。

符合以下条件：(1) 必须是受害人作出了虚伪供述，或者伪造其他有罪证据。所谓“虚伪供述”，是指受害人供述的事实是虚假的、捏造的、根本不存在的客观事实，不包括对某些需要分析归纳判断的法律事实的供述。所谓“有罪证据”，是指证明受害人有罪或罪重的证据。(2) 必须是受害人本人向司法机关作出的虚伪供述，或者伪造其他有罪证据。如果不是本人，而是其亲属或其他人实施的，则不构成虚伪供述，或者伪造其他有罪证据。同时，受害人的虚伪供述，或者伪造其他有罪证据必须是向司法机关实施的，如果是向其他机关或组织实施的，也不构成虚伪供述，或者伪造其他有罪证据。(3) 受害人必须是故意的。如果受害人不是故意，而是过失作出的，或者是在司法机关刑讯逼供、殴打、虐待、诱供等行为下实施的，也不构成虚伪供述，或者伪造其他有罪证据。(4) 受害人必须具备完全民事行为能力。如果受害人是限制行为能力的人，或无行为能力的人，则不能免除国家的赔偿责任。(5) 受害人作虚伪供述，或者伪造其他有罪证据的行为与被羁押或被判处刑之间存在因果关系。如果两者之间不存在因果关系，则国家不能免责。

(二) 不负刑事责任的人被羁押的

刑罚具有教育、改造、惩罚三种功能。基于三种功能在法律上的意义，刑事法律划分了负刑事责任的人和不负刑事责任的人和相对负刑事责任的人。《刑法》第17条规定：已满十六周岁的人犯罪，应当负刑事责任。已满十四周岁不满十六周岁的人，犯故意杀人、故意伤害致人重伤或者死亡、强奸、抢劫、贩卖毒品、放火、爆炸、投毒罪的，应当负刑事责任。已满十四周岁不满十八周岁的人犯罪，应当从轻或者减轻处罚。因不满十六周岁不予刑事处罚的，责令他的家长或者监护人加以管教；在必要的时候，也可以由政府收容教养。第18条规定：精神病人在不能辨认或者不能控制自己行为的时候造成危害结果，经法定程序鉴定确认的，不负刑事责任，但是应当责令他的家属或者监护人严加看管和医疗；在必要的时候，由政府强制医疗。间歇性的精神病人在精神正常的时候犯罪，应当负刑事责任。尚未完全丧失辨认或者控制自己行为能力的精神病人犯罪的，应当负刑事责任，但是可以从轻或者减轻处罚。

对不负刑事责任的人，国家从人道主义的原则出发豁免其刑事责任，但国家豁免行为不应成为其要求国家赔偿的理由。《国家赔偿法》免除对不负刑事责任的人错误羁押的国家赔偿责任的理由主要有①：(1) 不负刑事责任的人

① 刘嗣元、石佑启编著：《国家赔偿法要论》，北京大学出版社2005年版，第238页。

被司法机关错误羁押是因为其犯罪事实确实存在。（2）不负刑事责任的人实施违法、犯罪行为之后，其有无刑事责任能力有待进一步查明，而诉讼活动具有时间性和阶段性的特点，如精神病人在实施犯罪行为之后，其精神状态需要通过司法鉴定；间歇性精神病人在犯罪的是否处于精神不正常状态，需要确认，在鉴定或确认之前，司法机关对其羁押的行为不能认定为违法。（3）不负刑事责任的人实施犯罪行为后或正在实施犯罪行为时，具有人身的危险性，司法机关对其羁押主要是为了防止继续危害社会和他人安全，经查明后可以释放并责令其监护人严加看管或医疗。（4）我国刑事赔偿制度坚持“无罪羁押赔偿”的原则，对实施犯罪行为的、未满 14 周岁的人和精神病实施羁押，并非对其公民合法权益的侵犯。

值得说明的是，对未成年人和精神病人的羁押必须是因为其有刑法中所规定的危害行为，如果没有任何危害行为或犯罪事实而实行羁押，就显然侵犯其合法权益，受害人当然有获得赔偿的权利。同时，对不负刑事责任的人的羁押也不得超过法定的期限，超期羁押的，受害人同样有取得赔偿的权利。①

（三）不追究刑事责任的人被羁押的

依法不追究刑事责任的人被羁押的，国家不承担赔偿责任。因为这些人实施了对危害社会的行为，国家从法律上对其行为是否定的，只是由于出于人道、社会稳定等各种原因，国家免予追究其刑事责任。《刑事诉讼法》第 15 条规定：“有下列情形之一的，不追究刑事责任，已经追究的，应当撤销案中，或者不起诉，或者终止审理，或者宣告如罪：（一）情节显著轻微、危害不大，不认为是犯罪的；（二）犯罪已过追诉时效期限的；（三）经特赦令免除刑罚的；（四）依照刑法告诉才处理的犯罪，没有告诉或者撤回告诉的；（五）犯罪嫌疑人、被告人死亡的；（六）其他法律规定免予追究刑事责任的。”第 142 条第 2 款规定：对于犯罪情节轻微，依照刑法规定不需要判处刑罚或者免除刑罚的，人民检察院可以作出不起诉决定。不追究刑事责任的人被羁押一般是以其存在违法或犯罪事实为前提，由于法律规定的特别情况的出现而不被追究刑事责任。这和“无罪”羁押的含义并不相同。《国家赔偿法》免除国家对不追究刑事责任人的羁押的赔偿责任，是符合司法赔偿的基本原则的。

（四）与行使职权无关的个人行为

司法赔偿的构成要件之一就是司法机关工作人员的职务行为造成了公民、

---

① 目前理论界对此有不同的观点，有人认为超期羁押只是在程序上违法，受害人不能要求国家赔偿。我们对此持反对的观点。

法人或其他组织合法权益的损害。司法人员具有双重身份。既可以是司法权的行使者，也可以是普通公民。当司法人员以普通公民身份从事的行为造成损害时，其行为属于个人行为，与国家没有直接关系，国家不应当承担赔偿责任。因此，《国家赔偿法》第18条第4项规定：行使侦查、检察、审判职权的机关以及看守所、监狱管理机关的工作人员与行使职权无关的个人行为导致他人损害的，国家不承担赔偿责任。当然，司法人员的职务行为和个人行为有时也是很难分别的。对此，我们可以参照前述行政机关工作人员的职务行为与个人行为的认定标准来认定。当到底是职务行为还是个人行为无法确定时，我们认为应该从保障人权的角度将其推定为职务行为。

（五）相对人自己的行为致使损害发生的

《国家赔偿法》第18条第5项规定：因公民自伤、自残等故意行为致使损害发生的，国家不承担赔偿责任。从理论上讲，相对人自己自伤、自残等行为与司法机关及司法工作人员的职务行为没有直接的因果联系，由此造成的损害理应由相对人自己承担。需要注意的是，相对人自伤、自残等行为必须是故意的，如服刑人员或刑事诉讼的被告人为了逃避法律责任、获得假释、保外就医、伪造证据、脱逃等，故意自伤、自残的行为。如果相对人不是故意，而是由于司法工作人员刑讯逼供、敲诈勒索、殴打、虐待或唆使、放纵他人殴打、虐待等行为以及施加精神惩罚致使相对人不堪忍受而被迫采取自伤、自残、自杀等行为而引起损害的，国家要承担相应的赔偿责任。

（六）法律规定的其他情形

除了上述国家不承担刑事赔偿责任的情形外，我国法律还规定了对特定情况下如不可抗力、意外事件、正当防卫、紧急避险、第三人的过错造成的损害，国家也不承担刑事赔偿责任。

【思考与探索】

一、关于立法赔偿①

立法赔偿是指国家对立法机关行使职权的行为所造成的损害的赔偿。② 目

① 参见刘嗣元、石佑启编著：《国家赔偿法要论》，北京大学出版社2005年版，第66～77页。

② 参见张正钊主编：《国家赔偿制度研究》，中国人民大学出版社1996年版，第102页。

前只有少数国家采用了立法赔偿。① 大多数国家认为立法机关是民意机关，其行为是民意的直接体现，具有抽象性和开拓性，尽管有可能造成特定主体合法权益的损害，但其责任应予以豁免。我国《国家赔偿法》没有明确规定立法赔偿，这并不意味着我国放弃立法赔偿，随着建构立法赔偿条件的日益成熟，国家赔偿制度中必然会吸纳立法赔偿。针对在建构立法赔偿中存在的各种观念，必须从理论上对有关问题进行论证。

1. 代表机关的意志与民意的问题。现代代议制度建立在主权在民原则的基础上，是保证人民行使国家权力的根本制度。代议制度的核心是代表机关，是由选民选举的代表组成，代表机关代表人民行使国家权力，体现民意。在理论上，代表机关的意志与人民的意志是一致的。代议制度就是民主制度在国家生活中的集中体现，没有代议制度就没有民主制度。列宁指出："如果没有代议机制，那我们就很难想象什么民主，即使是无产阶级民主。"② 作为间接民主形式的代议制已成为当今世界大多数国家所接受的政治原理，再没有一个更理想的政治制度来替代它。直接民主虽然更能表现民意，但其全面实现相当困难，一般而言，实现直接民主必须具备这样的条件：小国寡民、交通发达、国家事务简单、公民知识程度较高。③ 在直接民主难以成为民主形式的主要方面的情况下，代议制就成为国家生活中的主要的民主形式，尽管民主政治的发展趋势是不断扩大直接民主的范围，但代议制会在一个较长的历史时期内存在。

间接民主的代议制度是以民主的选举制度为基础和条件，选举制度的民主性、平等性、公开性、普遍性决定了代议制的民主性。密尔在《代议制政府》一书中写道："代议制政府就是全体人民或一大部分人民通过由他们定期选出的代表行使最后的控制权，这种权力在每一种政体都必定存在于某个地方。他们必须完全握有这个最后的权力。无论什么时候，只要他们高兴。他们就是支配政府一切行动主人。"④ 选举权是公民的一项基本权利，应完全由公民享有，由其根据自己的意志来运用，如果在选举权运用的过程中渗入任何个人的意志或政府的意志，代议制就失去其民主性。选举权运用的目的不只是选出代表或议员，而且要求选出的代表或议员根据人民的意志行使国家权力，对于选民而言，选出代表或议员不是困难的事情，而保证代表或议员根据自己的意志行使

---

① 法国和德国在实践中采用判例的方式建立了立法赔偿制度。

② 《列宁选集》第3卷，人民出版社1976年版，第211页。

③ 参见周叶中著：《代议制度比较研究》，武汉大学出版社1995年版，第5~6页。

④ ［英］约翰·密尔著：《代议制政府》，汪暄译，商务印书馆1982年版，第68页。

国家权力则很艰难。“选举使民众有权选择公职人员，但不能左右公共政策。”① 要使代表或议员完全根据选民的意志行使国家权力或由选民左右公共决策必须具备下列条件：(1) 参加竞选的候选人提出明确的政治抉择；(2) 选举的结果反映大多数人在社会政策问题上的意向；(3) 代表或议员信守诺言；(4) 代表或议员有较高的政治素质；(5) 选民对代表或议员有监督措施。在上述条件不具备的情况下，代表或议员不一定成为人民意志的表现者，代表机关就不一定是民意机关。

代议制度在原理上讲权力的主体和权力的运用衔接起来，但在现实中权力的主体与权力的运用仍然或多或少地存在着裂痕。国家的一切权力属于人民，人民是国家权力的归属主体，这已为各国宪法所接受。但人民是一个抽象的政治概念，不能直接行使国家权力，国家权力只能由特定的国家机关或个人来代表人民运用，因而，在权力的归属主体与权力的运用主体之间存在着距离。这就需要在两者之间建立合理的机制，这种机制既能表现民意，又便于国家权力的运用。虽然代议制将权力的归属与权力的运用实现了理想的结合，但并非完美无缺，它仍然存在着难以保证权力的运用真正反映民意的情形，也就是说代表机关的意志与民意不一定相吻合，在特定情况下，也会与人民意志发生分离。西方国家议会制发展的历程说明了这一点。如美国 1850 年的《逃亡奴隶追缉法》、1947 年的“塔夫脱—哈特莱法”、1948 年的“蒙特—尼克松法”等，就在一定程度上限制或剥夺了人民的权利和自由，与人民的意志相违背。美国 1954 年的《共产党活动管制法》(Communist Control Act of 1954) 第 3 条规定：“美国共产党和它的继承者，不管其名称如何……都不得享有根据美国法律成立的合法团体所享有的任何权利、特权和豁免权。”这个法律就是限制人权、剥夺人权的法律。

代表机关（包括议会）与人民意志的相异性是背离人民主权原则的，人民虽然通过选举权的运用制约代表的行为，通过行使罢免权罢免不称职的代表，但这种对代表（包括议员）、代表机关的措施只有在具备较高素质和较高政治热情的条件下才有意义，在权利主体政治素质较低或对国家政治缺乏政治热情时，往往不知如何运用自己手中的权力，如何通过代表和代表机关反映自己的意志。这就容易造成代表机关在与人民意志相异的情况下往往以自己的意志代替人民的意志。

---

① ［美］托马斯·戴伊、哈蒙·齐格勒著：《民主的嘲讽》，孙占平等译，世界知识出版社 1991 年版，第 213 页。

当然，代表机关的意志与人民意志的完全一致只能在理想的状态中存在，代议制追求的只是一种相对一致，如果作为本源的人民意志与代表机关不一致时，就必须对代表机关性质重新定位，因而，只有代表机关在实质上表现人民意志的情况下，才能认为代表机关是民意机关。代表机关与人民意志的相异性的存在就是其对人民承担责任的根据，如果代表机关的行为侵犯了人民的合法权益，没有理由豁免其责任，因为人民要求设立的代表机关应是保护自己合法权益的机关，而不是制造一个侵犯自己合法权益的机构。人们通常将代表机关理解为民意机关，是因为人们相信代表在代表机关中能代表人民运用公共权力，并保护一个和谐、稳定的权利状态；相信代表机关是表现民意的机关。代表机关责任的豁免只存在于其意志与人民意志完全吻合的情况下，此时代表机关就是民意机关，不可能发生侵犯人民合法权益的情形。除此之外，代表机关的侵权行为责任不能豁免。

2. 代表机关行为的限制。代表机关存在着可能表现民意和不表现民意的情形，作为国家权力归属主体的人民则要求对代表机关的行为加以限制。一般情况下，人民没有办法，没有条件直接限制代表机关的行为，人民只有借助于宪法，因为宪法是人民意志和利益的集中体现，虽然宪法也是由代表机关制定的，但代表机关不能通过宪法授予自己以特权，况且宪法最终还要由人民承认，不少国家在制定宪法时，将宪法草案交给全民公决，以期获得人民的赞同和认可。美国的路易斯·亨金讲道："一个合法的政治社会应基于人民的同意，这种同意应在人民为建立政治而达成的社会契约中反映出来。这种社会契约通常采用宪法形式，而宪法又会确定政制构架（a Framework of Govenment）及其建制蓝图，通过立宪性契约（Constitutional Contract），人们同意受统治。"① 同时，任何政治结构必须尊重宪法以及对它们的限制。

宪法是保护公民权利，确认和控制公共权力的根本法律。代表机关虽然可以制定法律，但不得违背宪法，如果容许违宪的法律存在，那么民意就遭到了践踏。宪政国家都在宪法中明确规定了代表机关的立法权限，如美国宪法修正案第1条规定："国会不得制定关于下列事项的法律：建立宗教和禁止信教自由；剥夺人民和平集会以及向政府申冤请愿的权利。"法国1791年宪法也规定："享有立法权的立法机关不得制定任何法律来损害或妨害……为宪法所保障的那些自然权利和公民权利的行使。"其他国家虽未以禁止性规范限制立法

① ［美］路易斯·亨金著：《宪政·民主·对外事务》，邓正来译，三联书店1996年版，第7页。

权，但却以授权性规范界定了立法权的范围。我国宪法对全国人大、全国人大常委会立法权的规定就属于一种授权性规范。授权性规范的建立意味着没有授权的事项是民意没有认可或现阶段没有认可的，代表机关不能就此行使立法权。

代表机关行为的法律限制只有在完全法治国家才能实现，如果国家法制不健全、不能形成一个良好的法治状态和宪法秩序，即使有宪法、即使在宪法中明确禁止代表机关的某些行为，而代表机关不愿意遵守宪法，那么宪法对其限制就等于零。代表机关行为的有效限制，还必须要求宪法的实现，即在宪法规范中科学分配国家权力，利用各种不同的机构，行使不同的权力，在权力与权力间建立制约机制，造就任何一个机构都不得违背民意的结构，使之在客观上体现民意。同时宪法规范又通过一定的行为转化为现实的宪法，使各种制约的关系在现实中显现出来。

代表机关行为的法律限制只是形式上的，实质上是受公民权利的制约。宪法只不过是公民权利的保障书，因为“权利并非来源于宪法亦不取决于宪法。权利先于宪法，先于社会和政府而存在”。① “一部宪法也许会明确规定个人所保有的权利，并提醒政府应当尊重这些权利，例如‘国会不得制定限制出版自由的法律’。但是，个人在宪法存在之前就享有这一自由，所以政府就有义务尊重这一自由并尊重他（她）的其他保有权利，即使这些权利在宪法中未予阐述甚至未曾提到，亦应如此。”② 代表机关是立法机关或决定重大问题的机关，其立法行为或其他行为都应以维护公民权利（包括法人或其他组织的权利），便于权利的实现为目的。在社会契约论的观点看来，人民同意建构一个社会时，已放弃了某些权利，并将这些权利授予代表机关以及其他机构，但是，所有的人拥有收回原来属于自己的权利的终极权力。尽管这种观点建立在非科学的基础上，但在形式上阐明了权利的地位以及对公共权力限制的重要性。马克思主义强调国家的一切权力属于人民，人民是国家的主人。人民享有监督权，可以依据法律维护自己的合法权益，当代表机关的行为超越宪法的范围，使人民的合法权益受到损害时，公民可以依法获得补救，并要求代表机关承担相应的法律责任。当代表机关制定的法律损害大多数人的利益时，人民可

---

① ［美］路易斯·亨金著：《宪政·民主·对外事务》，邓正来译，三联书店 1996 年版，第 10 页。

② ［美］路易斯·亨金著：《宪政·民主·对外事务》，邓正来译，三联书店 1996 年版，第 10～11 页。

以要求代表机关废除不合理的法律，如果代表机关不遵循人民的意愿，人民可以组织新的代表机关。

3. 代表机关的行为与责任。在代议制中，代表机关应是民意机关，是由选举产生的代表组成，基于人民的委托或授权行使公共权力。由于任何形式的委托或授权总是存在特定的范围，代表机关的行为毫无例外地受到委托或授权范围的限制。代议制中的委托或授权范围就是人民的共同意志，即人民对国家问题、社会问题的看法以及价值观念。超出委托或授权的范围、没有执行委托或授权的事项或损害委托人或授权人的利益，理应承担法律责任。

自普选制作为一项民主制度后，代表（或议员）都通过选举的方式产生，无论是直接选举，还是间接选举，自代表产生后，代表与选民就建立一种委托关系，代表应对选民负责。美国的路易斯·亨金指出："现代，我们大家都得到了代表；我们的代理人必须对我们所有的人负责，确实地在对我们所有人负责，并对我们有说明（Accountable）义务。"① 代表是代议制中的关键环节，直接关系代议制的成与败，这是由于"代议制的特点，体现在现代的（代表）的概念上，它与中世纪认为国王是国民的代表或委托者虚拟概念不同，而是一个现实性的概念"。② 在一定意义上可以认为没有代表就没有代议制以及代表机关。代议制的功效取决于代表的行为，如果代表在实质上真正地表现民意，那么代议制就是民主制的集中体现，代表机关就是民意机关，如果代表不代表人民意志或违背人民的意愿行使国家权力，那么代议制是虚伪的，代表机关不能称为民意机关。列宁在批判资产阶级议会制中指出："每隔几年决定一次究竟由统治阶级中的什么人在议会镇压人民、压迫人民——这就是资产阶级议会制的真正本质，不仅在议会制的君主立宪国是这样，而且在最民主的共和国内也是这样。"③ 如何保证代表在代表机关中表现民意是代议制的根本问题。在理论上，代表在代表机关中的行为是表现意志的过程，其中的意志是全体人民的意志，当然也包含着个人意志。当个人的意志与人民的整体意志不一致时，个人意志应让位于人民的整体意志，因为作为代表机关组成部分的代表不同于一般公民。在代议制国家中，保证代表在代表机关中表现民意一般通过宪法和法律确立的行为与责任模式来实现。虽然在原理上代表是应对人民负责的，但

① ［美］路易斯·亨金著：《宪政·民主·对外事务》，邓正来译，三联书店 1996 年版，第 18 ~ 19 页。

② ［日］佐藤功著：《比较政治制度》，张光博译，法律出版社 1984 年版，第 35 页。

③ 《列宁选集》第 3 卷，人民出版社 1976 年版，第 209 页。

是由于人民是一个抽象的政治实体，必须要有具体的责任内容才能体现，因而只有建立具体的行为规范模式才能使责任具有法律意义。西方国家议会明确了代表的法律责任问题，如法国的议员在一次议会会议上参加表决的次数少于173的，扣发年津贴1/3；少于1/2的，扣发其年津贴的2/3。美国法律规定，议员如有破坏国会秩序的行为，或拒绝遵守议院为维持秩序而制定规则，可以拘押。我国宪法虽然也规范了代表的行为与责任，但长期以来没有具体法律进一步贯彻，导致了行为与责任功能没有得到充分发挥。1992年，我国颁布了《代表法》，初步建立起代表的行为与责任模式，如代表未经批准两次不出席本级人民代表大会会议时，其代表资格终止。

代表的责任可以分为政治责任和非政治责任。政治责任是代表不能表达民意、没有根据人民意愿行使国家权力而对人民承担的责任。这种责任具有抽象性，必须具有具体的责任内容才有法律意义。非政治责任是代表的行为或不作为因不当或违法造成他人合法权益的损害所产生的责任。在政治责任中，代表的行为也可能造成公民、法人和其他组织合法权益的损害，但损害不具有现实性和直接性，故国家不对此类损害承担赔偿责任。国家赔偿责任的免除并不意味着代表一切责任的豁免，国家除了应健全和完善罢免制度外，还应在代表机关中建立内部的制约机制，使抽象的政治责任有具体的形式和内容，最终使代表成为真正对人民负责的代表。非政治责任是相对于政治责任而言的一种责任。其中包含着侵权损害赔偿责任。事实上，政治责任与非政治责任并非存在着严格的界线。其区分也只是就一定程度而言。代表的侵权损害赔偿责任又可分离为因职务侵权行为而引起的损害赔偿责任和因个人行为而引起的损害赔偿责任。前者在本源上由代表个人承担，与后者并无差别，但基于公共负担平等的学说和已建立起来的国家赔偿制度，责任由个人转向国家或社会，此种责任称为国家赔偿责任。后者的责任由代表个人承担，与一般公民无异。我们在此不加阐述。代表的职务侵权行为引起的国家赔偿责任与政治责任的区分主要在于损害的现实性和直接性，后果小于政治责任。国家在代表负有政治责任的情况下，为什么不对损害结果承担赔偿责任呢？这是因为此种责任是因人民的整体利益遭受损害所致，而国家又是全体人民的国家，由国家给全体人民负责赔偿等于说是人民自己给自己赔偿，在赔偿法律关系中是没有任何意义的。代表的职务侵权行为引起的损害赔偿是因特定社会主体遭受利益损失而产生，用社会的负担来填补个别或特殊的不幸是合理和正当的，与国家赔偿制度的一般理论相一致。

代表的职务行为与国家赔偿责任的关系不同于其他国家机关工作人员的职

务行为与国家赔偿责任的关系，因为代表的诸多行为表现为合议或联合，真正以代表的身份行使国家权力而造成侵权损害的情况比较少见，这主要由其职权的特殊性所决定。即使如此，我们也不能在国家赔偿责任中将其排除在侵权主体的范围之外，只要其在法律上具有侵权的可能性，并以代表的身份执行职务，那么就有可能导致国家赔偿责任的产生。

在政治原理上，代表机关是承担一定责任的机关，无论这种责任是政治责任，还是非政治责任，否定代表机关的责任特性都是不利于代议制的健全和发展的。

宪法是人民意志的集中体现，它授予了代表机关一定的职权，尽管各个国家对职权的规定不完全相同，但一般都有立法权、监督权、人事任免权，许多国家还将财政权也纳入代表机关职权范围。宪法对代表机关职权的确定就划定了行为范围，将权力和责任纳入一个统一体中。没有权力，代表机关的行为难以取得应有的效果，人民的意志难以表达和获得尊重。代表机关不仅要有权力，而且还应成为国家权力结构体系的重心。① 英国在代议制发展过程中建立了议会至上的法律原则。美国在法律中虽然没有确立代表机关就是国家权力的重心，但从立法、行政、司法三机关的运作程序来看，代表机关占有突出和重要的地位。社会主义国家将代表机关作为国家权力机关，其他国家机关对代表机关负责并接受其监督。代表机关运用权力的状态在一定程度上反映了一个国家的法治状态，如果其权力虚无，国家势必出现人治，人民的意志不仅难以表达，而且更难以在国家生活中体现。然而，权力固然重要，但也不能离开责任，离开责任的权力是变异的权力，其结果必将会出现两种不合理的状态：其一是有其名而无其实的权力，与之相对应的是有其名而无其实的责任；其二是有其名也有其实的不负责任的极端权力状态。前一状态在表象上属于不要权力，也不要责任，后者属于只要权力不要责任。无论代表机关的权力与责任关系属于前面所述的哪一种状况，对于国家和人民来讲都是有害而无益的。在代议制度发展过程中，国家既要规范代表机关的权力运行，又要建立严格的责任机制，使代表机关成为既有权力，又有责任的机关。

权力是行为的支配力量，责任是行为的规范。代表机关的职务行为是运用国家权力的行为，如立法行为、监督行为、选举行为、决定重大问题的行为等，这些行为基于民意带有国家属性。在职务行为中又分为作为与不作为。代

① 参见刘嗣元：《论人民代表大会制度在国家权力结构体系中的地位》，载《人大研究》1994 年第 12 期。

表机关因违法或不当作为或不作为而产生的国家赔偿法责任主要表现在：第一，因不当运用权力而引起的法律责任。不当运用权力是违反法律规定的程序，超出法律规定的范围或作出与人民意志相违背的决策的行为，在特征上为积极的作为。第二，因无故放弃职权而引起的法律责任。在法律责任中，因作为而引起的责任比较明确，因为法律明确规定了作为的范围和程序，而不作为引起的责任比较复杂，难以把握，究其原因，一是因为法律对不作为责任规定得不具体，二是在观念上忽视了不作为责任。这就导致一种怪象的出现：行使权力易承担责任，不行使权力即无责任。代表机关的不作为往往表现在，应当解释宪法而没有解释；应当对法律、法规修改而没有修改，应当行使监督权而没有监督；应当对职权范围内某一特定事项作出决定而没有作出；应当弹劾某一高级官员而没有弹劾等。代表机关的不作为所造成的损害在特征上虽然不具有直接性和显在性，但却具有普遍性和间接性，其结果是使国家权力结构体系紊乱，权力重心不合理地向其他社会组织（政党组织）、国家机关（主要是行政机关）倾斜，最后使代议制流于形式。代表机关的不作为在表面上是一个难以确定的问题。如应当对法律、法规进行修改而没有修改就涉及修改法律的时机和条件问题，时机未成熟、条件不具备就不能修改法律，但是如果法律明显不适应社会现实而代表机关仍不修改，就属于不作为。从法理上讲，此种行为责任是以代表机关有作为义务为条件，而宪法和法律又往往以高度概括的方式确定代表机关的作为义务，这就阻碍着对不作为的判断。解决此类问题需要宪法和法律对代表机关的职权、责任具体化，以便实践中明确责任的归属与承担。

目前，代表机关的不作为责任问题还只是存在于理论研究的范畴中，真正作为一项专门的法律制度还有待于进一步讨论。在初步建立立法赔偿制度的国家中，它也是法律制度中的薄弱环节。可以推测，此种责任会逐步被法律理论和法律实践所吸纳，最后成为法律制度中不可分割的组成部分。

建立代表机关行为与责任机制，明确侵权损害赔偿责任无损于代表机关的权威。在观念上，我们应将责任理解为维护权威的手段，无论这种责任是对人民所承担的抽象的政治责任，还是因职务侵权行为所造成的国家赔偿责任，特别是在代表机关的权威有名无实的情况下，既要强调权力，也不可忽视责任，通过行为与责任相协调的机制促使代表机关行使权力，在社会现实中树立权威。

4. 立法赔偿的归责原则。立法赔偿是适用国家赔偿法中的一般归责原则，还是确立新的归责原则，对此，理论界有不同的观点。一种观点认为，立法赔偿属于国家赔偿的组成部分，其归责原则应与国家赔偿的归责原则相同，另一种观点则相反。我们认为，立法赔偿虽然具有自身的特点，但其归责原则还是应当与国家赔偿法中一般的归责原则相一致，如果以过错责任原则或无过错责任原则来作为国家承担赔偿责任的依据不能反映立法赔偿的具体情况。在建构立法赔偿的过程中，法律应当从整个法律体系结构出发确定其归责原则，即不管代表机关的主观状态如何，只要违反宪法和法律的规定并有损害结果的出现，国家应承担赔偿责任，因而可以适用违法（主要是违宪）责任的原则。

5. 对建立我国立法赔偿制度的展望。立法赔偿的内涵极丰富，它不仅为国家对立法行为所造成损害的赔偿，而且还包括其他侵权损害的赔偿。我国的代表机关即国家权力机关，分为全国人民代表大会和地方各级人民代表大会。在代表机关中，全国人民代表大会及其常务委员会可以制定法律，是国家的立法机关；省、自治区、直辖市、省会所在地的市和经国务院批准较大的市的人民代表大会及其常务委员会可以制定地方性法规；民族自治地方的代表机关可以制定自治条例和单行条例。立法赔偿在我国不能理解为国家对立法机关的侵权行为所造成损害的赔偿，其主体范围应包括所有的国家权力机关。

二、关于军事赔偿

军事赔偿是指军事机关及其组成人员在执行职务中的违法行为所造成的损害而引起的国家赔偿。西方许多国家将军事赔偿作为国家赔偿的一部分。我国的国家赔偿法对军事赔偿问题没有作具体规定，其原因主要是因为军事的特殊性。在研究军事赔偿中，应当注意的是：其一，军事赔偿是否应当建立；其二，军事赔偿是否可以作为一种类型。对于第一个问题，我们认为：我国应当建立军事赔偿制度，虽然军事行为具有特殊性，有时候表现为主权行为，如对抗外敌入侵等，但并不是所有的行为都是国家主权行为。我们也承认国家主权行为是合法行为，是可以免责的，但在主权行为之外还有其他的军事行为，当某种违法的军事行为给特定的公民、法人以及其他组织造成损害时，国家应当承担赔偿责任。建立军事赔偿制度是由我国的性质所决定。我国的军事机关是代表国家行使军事权的机关，军队也是人民的军队，保卫人民的合法权益是军队的职责，在长期的军事建设中，军队结成了与人民群众的良好关系，当军队的违法行为损害他人的合法权益时，没有理由豁免行为责任。对于第二个问题，我们认为：我国的军事体制不同于西方国家，军事机关在宪政体制中具有特殊的地位，不是行政机关的组成部分，因而，只能将军事赔偿作为国家赔偿中的一个独立的类型①。

三、几类特殊行为引起的国家赔偿②

1. 抽象行政行为引起的国家赔偿。抽象行政行为是指行政机关行使行政权，针对不特定的对象制定发布的具有普遍约束力的行为规则的行为，包括制定行政法规、行政规章以及其他规范性文件的行为。抽象行政行为违法造成相对人合法权益损害的，国家应否承担赔偿责任，对此有两种不同观点：一种观点认为，对抽象行政行为不能提起行政诉讼，因而不能请求行政赔偿。同时，还认为抽象行政行为都是经过具体行政行为加以实现的，因而抽象行政行为造成的损害赔偿可转化为对具体行政行为造成的损害请求赔偿而实现；另一种观点认为抽象行政行为违法造成损害的，理应赔偿。其理由是：第一，抽象行政行为侵犯相对人合法权益的现象十分普遍，与具体行政行为并无多大区别，因而对抽象行政行为造成的损害，国家也应当赔偿。第二，抽象行政行为在多数情况下是通过具体行政行为实施的，但并非所有影响公民权益的抽象行政行为必然通过具体行政行为实施，例如一项禁止人们从事某些活动的规定，自生效之日起，就可能造成相对人损害，而不必通过具体行政行为实现。第三，我国法律并没有明确禁止对抽象行政行为提出赔偿请求。③ 从切实保护公民的权益出发，第二种观点较为可取，代表着国家赔偿的发展趋势。最高人民法院在《关于审理行政赔偿案件若干问题的规定》中却明确规定不能对抽象行政行为提出行政赔偿请求，这可能是考虑到对抽象行政行为的合法与否尚不可诉。我们认为，这种规定是值得推敲的，行政赔偿诉讼并不完全等同于行政诉讼，用行政诉讼的受案范围限制行政赔偿的范围是不恰当的。抽象行政行为既包括制定行政法规和规章的行为（称为行政立法行为），也包括制定其他规范性文件的行为（表现为具有普遍约束力的决定和命令）。有学者认为，应考虑将“规章以下具有普遍约束力的违法的决定命令”纳入行政赔偿的范围。上述规范性文件制定主体混乱，越权情况严重，制定程序随意性较大，因而违法现象严重，往往侵犯行政相对人的合法权益。在《国家赔偿法》制定时，由于没有

---

① 在部分西方国家，军事机关是作为行政机关的组成部分，在建构国家赔偿制度时，国家将军事赔偿作为行政赔偿的一个组成部分。

② 刘嗣元、石佑启编著：《国家赔偿法要论》，北京大学出版社 2005 年版，第 170 ~ 177 页。

③ 参见马怀德著：《国家赔偿法的理论与实务》，中国法制出版社 1994 年版，第 138 ~ 139 页。

切实有效的途径和方式审查其合法性，在实践中它们一般被废止而不被撤销，当时将之列入行政赔偿范围意义不大。但1999年《行政复议法》出台之后，复议申请人在对具体行政行为申请复议时，可以一并向行政复议机关提出对该具体行政行为依据的国务院部门的规定、县级以上地方各级人民政府及其工作部门的规定以及乡、镇人民政府的规定的审查申请，从而为审查上述规范性文件的合法性提供了途径。在上述规范性文件因违法被撤销或改变后，应当赋予因其遭受损害的人有取得赔偿的权利。对于行政法规和规章，《立法法》第87、88条虽然规定了对其的监督程序，但基本上是对宪法的重申而已；第90、91、92条规定了对其的审查启动程序，但可操作性有待检验，因此将其纳入赔偿范围尚不具有可行性。① 还有学者认为，行政立法属于严格意义上的立法活动，其立法权限、立法程序、立法效力等一般是由法律予以明确规定的。对于行政立法行为，国家不承担赔偿责任既合情合理，又符合世界一般潮流。但对于另一类，即行政机关制定的除行政立法行为以外的一般抽象行政行为，表现为具有普遍约束力的决定、命令等形式。在实践中一般没有多少具体的法律法规对这种行为的程序、权限等作出严格规定，具有更大的违法可能性，亦应纳入国家赔偿范围。② 我们认为，所有的抽象行政行为都具有违法的可能性，都可能给相对人的合法权益造成损害，而“有损害就要有赔偿”，这是法治原则和人权保障原则的基本要求，从长远来看，所有违法的抽象行政行为都应纳入行政赔偿的范围，但考虑到行政赔偿范围的扩大有一个循序渐进的过程，就目前来讲，应先将规章以下的违法的规范性文件纳入行政赔偿的范围，待条件成熟，再将违法的行政法规和规章一并纳入行政赔偿的范围。

2. 行政自由裁量行为引起的国家赔偿。行政自由裁量行为，是指行政机关及其工作人员在法律、法规规定的范围和幅度内，根据具体情况进行斟酌选择而实施的行为。一般说来，自由裁量权的行使仅存在当与不当的问题，而不存在严格意义上的违法问题。因此，行使自由裁量权无论当与不当都是在法律规定的范围或幅度内，不违反法律的明文规定。有学者指出，执法者在法律、法规规定的范围内自由裁量、灵活机动地处置问题引起的只是当与不当、合理与不合理的争执，没有违法与否的问题。因此，自由裁量权自然排除了国家赔偿责任。③ 在国

---

① 马怀德：《国家赔偿法的发展与完善》，中国法学会行政法研究会2004年年会论文。

② 毕可志：《论行政赔偿范围的拓展》，中国法学会行政法研究会2004年年会论文。

③ 肖峋著：《中华人民共和国国家赔偿法的理论与实用指南》，中国民主法制出版社1994年版，第98页。

外，早期一般都规定了对行政自由裁量行为实行国家责任豁免的制度。如《美国法典》第 2680 条规定了国家赔偿的例外情况，其中很大一部分是行政自由裁量行为，第 2680 条规定："本章的规定和第 1346 条（b）款的规定，不适用于：政府职员已经尽了适当的注意义务，对其执行法律或法规的作为或不作为而提出的任何请求，不论该法律或法规是否合法成立；以及对联邦机构或政府职员行使、履行自由裁量权或义务而提出的任何要求，不论有关的自由裁量权是否被滥用。" 1953 年戴尔海特诉合众国案是较为典型的案例，该案中，联邦最高法院认为，发生在计划层次的有过失的决定属于政府自由裁量权的免责范围，国家不负赔偿责任。① 但是，因行政自由裁量权在实践中，容易被行政机关滥用，所以各国逐渐认识到自由裁量权也要受到法律的控制。Halsbury 就指出："裁量意味着，在某些事务被认为应当属于行政机关裁量权范围内权力的时候，应当根据合理的、公正的规则执行这些事务，而不应当按照私人的意见执行之；根据法律执行而不是根据情绪执行。裁量绝不是任意的、模糊的和想象出来的权力，而是合法的，正常的权力。裁量权的行使必须在法律限制的范围之内，一个有能力履行其职责的正直之人，应当限制自己的自由裁量权。"② 也就是说，自由裁量权必须在法律规定的范围和幅度内公正合理地行使。因此，各国在实务中开始对行政自由裁量行为实行有限制的责任豁免，规定在一定条件下，对滥用自由裁量权、违反惯例等造成损害的，国家要承担赔偿责任。例如，在德国，如果裁量决定违背了依法裁量的原则，如违背了比例原则、或滥用自由裁量权、或超越裁量权，均可视为违背公职义务，行使裁量权的机关应当承担赔偿责任。在美国，如果自由裁量权之行使已形成惯例的，一旦偏离这种惯例而造成损害的，国家就必须承担责任。英国、加拿大、澳大利亚、新西兰等国法院则将自由裁量区分为决策裁量与执行裁量（Planning/Operation Distinction），分别根据不同标准来决定行政机关应否承担侵权责任，对于决策裁量，如果行政机关实施该行为时越权（Ultra Vires），且违背了普通法的注意义务（Duty of Care），则行政机关应负过失责任；而对于执行裁量，行政机关只要违背了注意义务，就必须负过失责任。③ 我国法学

① 王名扬著：《美国行政法》，中国法制出版社 1995 年版，第 780～781 页。

② ［印］M. P. 赛夫著：《德国行政法——普通法的分析》，周伟译，台湾五南图书出版有限公司 1991 年版，第 199、200 页。

③ 参见皮纯协、冯军主编：《国家赔偿法释论》，中国法制出版社 1996 年版，第 112 页。

理论界对自由裁量行为的损害赔偿问题，存在绝对豁免、相对豁免与不豁免三种观点。我们认为，在我国行政赔偿中，对行政机关行使自由裁量权所造成的损害，应实行有限的责任豁免。如果行政自由裁量行为一般不合理、不适当致害的，国家不负赔偿责任；如果行政自由裁量行为明显不当、显失公正的，则构成违法，损害相对人合法权益的，国家应负赔偿责任。

3. 行政机关对公务员的管理行为引起的国家赔偿。行政机关对公务员的管理行为是指行政机关基于行政隶属关系，对公务员作出的考核、奖惩、职务升降、职务任免等方面的决定，属于内部行政行为。在西方国家，依据传统理论，认为基于特别权力关系而实施的行为（如惩戒），是自由裁量行为，公务员不得诉请法院救济。① 在实务上一般也对因基于特别权力关系而产生的侵权行为予以责任豁免。但是，到了第二次世界大战以后，理论界对此种做法开始检讨，出现了三种学说。一是否定说。该说认为，行政机关对公务员在一定范围内有命令强制权，公务员有服从的义务，行政机关行使的这种权力属于自由裁量权，不发生违法问题。纵有不法，受害人也不得请求国家赔偿。二是肯定说。该说认为，依法行政原则也适用内部行政行为，如果公务员受到行政机关内部行政行为的侵害，亦有权请求国家赔偿。三是折中说。该说认为，并非所有的内部行政行为均不适用依法行政等公法原则，其中有一部分可以适用行政法一般原则，对这部分行为造成的损害，国家应予赔偿。②

在我国，有学者认为，行政机关对公务员的管理行为违法，侵犯公务员的人身权或财产权造成实际损害的，属于行政赔偿的范围。其理由是：第一，任何纠纷都有必要用特定的手段加以解决，对公务员管理行为的合法性争议可通过内部管理程序解决，而公务员管理行为引起的赔偿纠纷缺乏有效的内部解决机制，因而应适用行政赔偿制度。第二，按照国家赔偿的违法归责原则，凡是行政机关的管理行为，无论是外部行为还是内部行为，也不论是法律行为还是事实行为，违法侵权造成损害的，都可以请求行政赔偿。《国家赔偿法》没有排除对公务员管理行为的赔偿。③ 至于行政机关对公务员的管理行为造成的损

---

① 曹競辉著：《国家赔偿法之理论与实务》，台湾新文丰出版公司 1981 年版，第 50 页。

② 参见马怀德著：《国家赔偿法的理论与实务》，中国法制出版社 1994 年版，第 147～148 页。

③ 姜明安主编：《行政法与行政诉讼法》（第二版），北京大学出版社、高等教育出版社 2005 年版，第 671 页。

害，受害人如何请求国家赔偿，学界主要有两种观点：一种观点认为，公务员不能通过司法途径请求赔偿，只能通过申诉等行政程序来请求救济。其理由是，如果允许对内部行政行为提起赔偿诉讼，势必要对该内部行政行为进行合法性审查，而这种审查又违反了《行政诉讼法》的规定。另一种观点则认为，内部行政行为所致损害，原则上不得请求司法救济，只有在这种行为已被行政机关确认为违法，而在行政程序中未能就赔偿纠纷达成协议的情况下，公务员才能诉请法院救济。① 有学者认为，根据我国《行政诉讼法》的规定，法院不受理不服"行政机关对行政机关工作人员的奖惩、任免等决定"而提起的诉讼。"审查行政机关对公务员的奖惩、任免的行为合法性的权力属于行政机关。如果该行为被确认为违法，并且在行政程序中未能就赔偿纠纷达成协议，那么，对赔偿纠纷最终解决的权力应属于司法机关。"②

我们认为，不能将行政诉讼的受案范围与行政赔偿的范围混淆起来，尽管《国家赔偿法》规定的行政赔偿范围是在《行政诉讼法》规定的基础上确定的，但两者不是等同关系。尽管根据《行政诉讼法》的规定，行政机关对其工作人员的奖惩、任免等决定不属于行政诉讼的受案范围，但《国家赔偿法》并未将此类行为排除在赔偿范围之外，并且《国家公务员暂行条例》第 84 条也明确规定："国家行政机关对国家公务员处理错误的，应当及时予以纠正；造成名誉损害的，应当负责恢复名誉、消除影响、赔礼道歉；造成经济损失的，应负责赔偿。"可见，行政机关对公务员的管理行为违法损害公务员合法权益的，国家应负赔偿责任。在赔偿的程序方面，受害的公务员可向行政机关请求赔偿，如果行政机关不予赔偿或者公务员对赔偿数额有异议的，可以请求司法救济，向人民法院提起行政赔偿诉讼。

4. 行政不作为引起的国家赔偿。行政不作为属于行政行为的一种，它是指行政主体负有法定作为的义务，在有能力、有条件履行的情况下而没有实际履行的行为状态。行政不作为违法形态主要包括两种：一种是赋予权利的不作为，另一种是保护权利的不作为。两种不作为都会侵犯行政相对人的合法权

---

① 林准、马原主编：《中国现实国家赔偿制度》，人民法院出版社 1992 年版，第 53 页。

② 肖峋：《国家赔偿法的适用范围》，载罗豪才、应松年主编：《行政程序法研究》，中国政法大学出版社 1991 年版，第 70 页。

益，因此应承担相应的法律责任。① 正如约翰·密尔所言，"凡显系一个义务上当做的事而他不做时，就可要求他对社会负责，这是正当的"② 行政不作为行为违法侵犯了相对人的合法权益并造成实际损害的，国家理应予以赔偿。美国《联邦侵权赔偿法》第1346条第6款明确规定："由政府雇员在他的职务或工作范围内活动时疏忽或错误的作为或不作为所引起财产的破坏和损失，人身的伤害或死亡等属于美利坚合众国的侵权赔偿范围。"我国《国家赔偿法》对行政不作为致害的国家赔偿责任没有作出明确规定，但《国家赔偿法》也没有将行政不作为违法侵权问题排除在国家赔偿范围之外，人们一般依照《国家赔偿法》中的一些概括性规定③将违法侵权的行政不作为纳入国家赔偿的范围。2001年7月，最高人民法院在《关于公安机关不履行法定行政职责是否承担行政赔偿责任问题的批复》中，明确了由于公安机关不履行法定行政职责，致使公民、法人和其他组织的合法权益遭受损害的，应当承担行政赔偿责任。在确定赔偿的数额时，应当考虑该不履行法定职责的行为在损害发生过程和结果中所起的作用等因素。我们可以据此推论，行政不作为行为违法给相对人的合法权益造成实际损害的，国家应承担赔偿责任。当然，将行政不作为都纳入国家赔偿的范围，还应把握一定尺度，确立相应的条件。我们认为，行政不作为引起国家赔偿责任应包括如下构成要件：（1）行政不作为的违法性已被依法确认。(2) 给相对人的合法权益造成了实际损害，这里合法权益的损害主要限于人身权、财产权方面的损害。（3）相对人的损害与行政不作为之间有因果关系。因行政不作为有时与其他侵权行为（如民事侵权行为）混杂在一起，这就给因果关系的认定带来了困难。我们认为，行政不作为是由于行政主体不履行对行政相对人所负的法定作为义务而构成行政侵权的，因此，它与损害事实之间的因果关系，实质上是行政主体与行政相对人之间的权利义务关系。只要行政主体的义务是为了保护相对人的权利而设置的，而行政主体违背义务并造成特定相对人损失，该行政主体不作为即构成行政侵权行为，它与行政相对人的损害结果之间就存在因果关系。这样分析行政不作为与

---

① 参见张庆福主编：《行政执法中的问题及对策》，中国人民公安大学出版社1996年版，第213页。

② ［英］约翰·密尔著：《论自由》，程崇华译，商务印书馆1982年版，第11页。

③ 如我国《国家赔偿法》第3条第5项规定的"造成公民身体伤害或者死亡的其他违法行为"；第4条第4项规定的"造成财产损害的其他违法行为"。这里的"其他违法行为"，就包括行政不作为违法的情形。

损害结果之间的因果关系，有利于公民、法人及其他组织向行政主体请求赔偿，以更好地保护公民、法人及其他组织的合法权益；有利于追究行政主体行政不作为的侵权赔偿责任，以促使行政主体积极地履行法定职责。在具备这些条件的情况下，受害的相对人即可向存在行政不作为行为的行政主体请求赔偿。如果行政不作为与其他侵权行为（如民事侵权行为）混杂在一起，是否需要穷尽其他救济措施，如是否需要先走民事赔偿的途径，在民事赔偿的途径行不通的情况下，再请求行政机关予以赔偿。我们认为，可以采取救济选择原则，即在行政相对人的人身权或财产权正在或可能遭受侵害，请求行政机关履行保护职责，行政机关拒绝履行或拖延履行的，损害发生后，行政相对人可以选择民事赔偿的途径，在民事赔偿的途径行不通，如民事加害人逃跑或无力赔偿的情况下，再请求行政机关予以赔偿；也可以直接请求不履行职责的行政机关给予赔偿，由行政机关赔偿了其损失后，再追究民事加害人的责任。

5. 行政事实行为引起的国家赔偿。行政主体及其工作人员可以实施不同法律属性的行为，包括民事法律行为、行政法律行为和行政事实行为。进入20世纪后，由于行政事务的持续扩张与行政实务的发展，行政事实行为作为一种行政方式被广泛运用。正如有学者所指出的："除行政处分、行政契约外，事实行为亦属于一种主要行为模式。"① 行政法学界对事实行为给予了越来越多的关注，并从不同的角度对行政事实行为作了阐述，尽管学者们对事实行为的概念表述存有差异，但基本上都是将事实行为与意思表示及法律效果相连，事实行为一般不产生法律效果，仅表现为一种客观事实状态，有的虽然产生法律效果，但其效果的产生与行政主体的意思表示无关，完全是由于法律的规定。行政事实行为的实施，有利于实现行政职能，但也可能对相对人的合法权益造成侵害，对此种侵害应给予相应的救济，这是现代行政法治的基本要求。我国台湾地区学者陈春生教授认为："行政机关对于要求其为事实行为（如提供资讯）之请求，须以合义务之裁量行使之。对于事实行为所造成的不利结果，人民没有必要容忍，对此当事人具有结果除去请求权，如同基于行政处分所为造成结果所具有的请求权一般。另可依民法上的不作为请求权（防止妨害请求权、除去妨害请求权）或过度禁止或基本权利保护原则行使之。

① 吴庚著：《行政法之理论与实用》，台湾三民书局 1996 年（增订 3 版），第 393 页。

至于违法的事实行为则发生国家赔偿问题。”① 行政事实行为有不同的表现形式，如对扣押物品的保管行为；行政决定作出前的调查行为；实施的行政指导行为等。在行政管理实践中，因行政事实行为侵权的现象也时有发生，如对扣押的物品保管不善而造成重大损失，由于政府错误的信息和指导行为遭受损害等。众所周知，在我国，行政事实行为不属于行政诉讼的范围，因为行政诉讼解决的是具体行政行为的法律效力问题，而事实行为对相对人不产生拘束力，因而不存在是否撤销的问题。但行政事实行为侵权造成损害的，能否请求赔偿，各国规定不一，有的国家明确规定事实行为侵权，应当赔偿，如奥地利、瑞士等国。根据我国《国家赔偿法》第3条第3款、第4款的规定，公民对于行政机关及其工作人员行使职权时，以殴打等暴力行为或者唆使他人以殴打等暴力行为造成公民身体伤害或者死亡，或者违法使用武器、警械造成公民身体伤害或者死亡的，可以依法请求国家赔偿。人们据此认为，行政事实行为违法造成损害的，属于国家赔偿的范围。但值得指出的是，行政事实行为有众多的类型，都存在违法致害的危险，而我国《国家赔偿法》只列举了少量违法的事实行为的情形，对其他的行政事实行为违法造成损害的，相对人是否可以请求国家赔偿呢？如由于政府错误的信息和指导行为遭受损害，相对人能否请求赔偿，这在不同的国家有不同的做法。在德国，如果国家机关在产品警告中劝告不要购买或食用某特别指明的商品，而这种警告又通过新闻媒介传播出去，那么国家的这种警告和劝告已构成公权力行为，国家应当对此承担责任。日本法院在一个案例中虽承认国家行政指导行为可能引起国家赔偿责任，但必须是以行政指导机关与受害人之间法律上的因果关系为前提。如果原告由于按照政府当局的错误劝告而买一些设备，准备开办一个游艺室，而后来该官员又拒绝原告开办这个游艺室，那么原告有权从市政当局取得赔偿。所有政府指导劝告赔偿案例表明，只要政府指导、劝告错误，即构成违法，对此类行为造成的损害，国家应当负责赔偿。② 我们认为，不论《国家赔偿法》是否有明确列举，行政事实行为违法侵权的，属于国家赔偿的范围，凡行政事实行为违法侵犯相对人的合法权益并造成实际损害的，相对人可以请求国家赔偿。

6. 行政合同行为引起的国家赔偿。行政合同，又称行政契约，是指行政主体为了实现行政管理的目标，与行政相对人就有关事项经协商一致达成的协

---

① 陈春生：《事实行为》，载翁岳生主编：《行政法》，台湾翰卢图书出版有限公司1998年版，第754页。

② 参见马怀德：《行政赔偿责任的构成特征》，载《政法论坛》1994年第4期。

议。行政合同是从传统合同制度中产生的，它在现代行政管理领域中被行政机关越来越广泛地运用，已经成为现代行政管理的一种重要方式。有学者认为，"从行政法制度与结构的变革而言，并且从更加开阔的视野去分析公法上的契约现象，行政契约实际上是19世纪以来，特别是20世纪行政法制度与功能发生结构性变化的产物，正像英国学者哈罗和劳伦斯所观察到的那样，是市场经济理念、特别是契约理论向公共管理领域渗透的结果"。① 行政合同既具有传统合同的某些特征，如合同成立必经双方当事人协商，基于双方意思表示一致等。但行政合同又不同于一般的民事合同，它属于行政机关实施的一种行政行为，行政主体在行政合同中享有优益权，这导致了行政合同双方地位的不对等性。行政优益权存在一方面使行政合同行为按照预定的行政目标顺利有效地实施，符合公共利益的需要；但另一方面又会引发诸多失范，如容易导致行政主体滥用特权，滋生行政腐败，损害公共利益或相对人的合法权益。行政合同行为不同于一般的民事行为，它是行政主体运用国家行政权所实施的，当行政合同行为违法侵犯相对人的合法权益并造成实际损害的，行政主体应代表国家承担相应的赔偿责任，这种赔偿责任属于行政赔偿责任，而不属于民事赔偿责任。尽管在落实行政合同行为违法引起的行政赔偿责任时可以适用民事法律规范，但不改变这种责任的性质。

7. 关于公有公共设施致害引起的国家赔偿。公有公共设施致害的赔偿问题在法学研究中有一定的争论，涉及的问题较多，其中最关键的就是其是否应当纳入国家赔偿的范围。从我国《民法通则》以及《国家赔偿法》的规定来看，公有公共设施致害的赔偿是在民事法律调整的范围中②。《国家赔偿法》只是明确国家对国家机关及其工作人员执行职务中的违法行为所造成损害的赔偿，而公有公共设施的设置与管理欠缺不属于违法行使职权的问题，因此不属

① 余凌云：《行政法上的假契约现象——以警察法上各类责任书为考察对象》，载《法学研究》2001年第5期。

② 《民法通则》第126条规定："建筑物或者其他设施以及建筑物上的搁置物、悬挂物发生倒塌、脱落、坠落造成他人损害的，它的所有人或者管理人应当承担民事责任，但能够证明自己没有过错的除外。"《最高人民法院关于审理人身损害赔偿案件适用法律若干问题的解释》第16条规定："下列情形，适用民法通则第126条的规定，由所有人或者管理人承担赔偿责任，但能够证明自己没有过错的除外：（一）道路、桥梁、隧道等人工建造的构筑物因维护、管理瑕疵致人损害的；（二）堆放物品滚落、滑落或者堆放物倒塌致人损害的；（三）树木倾倒、折断或者果实坠落致人损害的。前款第（一）项情形，因设计、施工缺陷造成损害的，由所有人、管理人与设计、施工者承担连带责任。"

于国家赔偿的范围。我们认为，现行《国家赔偿法》将公有公共设施致害的赔偿排除在外欠缺合理性。理由是：（1）公有公共设施的设置者和管理者只是被委托者，它们是受国家的委托而实施设置和管理行为，公有公共设施仍然属于国家所有，因此，相应的赔偿责任应当由国家承担。① 如果由于在设置或管理上存在着欠缺导致他人损害而由设置者或管理者承担责任的话，一方面不利于保护受害人的合法权益，同时也不利于社会公用事业的发展。（2）在我国，公有公共设施的产权是明晰的，但管理权经营权却是模糊的，因此出现了公有公共设施致害无人负责的现象，依照《民法通则》就解决此类问题是困难的，应当依照《国家赔偿法》来解决。②（3）随着福利国家的兴起与给付行政的出现，国家赔偿责任不应限于权力行为，也应包括非权力行为。国家赔偿法将公有公共设施致害赔偿排除在外，不符合现代行政及救济的发展趋势。③ 因此，应将公有公共设施设置或管理欠缺造成的损害纳入国家赔偿的范围。在归责原则上，应选择结果责任原则，即只要有损害的事实，且损害事实与公有公共设施设置及管理上的欠缺有因果关系，则国家就应当承担赔偿责任。

【练习题】

1. 简述国家赔偿范围的确定原则与方式。
2. 简述我国行政赔偿的范围。
3. 简述我国司法赔偿的范围。
4. 试述我国国家赔偿的免责范围。

---

① 参见马怀德、喻文光：《公有公共设施致害的国家赔偿》，载《法学研究》2000年第2期。

② 参见皮纯协、何寿生编著：《比较国家赔偿法》，中国法制出版社1998年版，第68页。

③ 参见解志勇、裴建饶：《浅析我国公有公共设施致害赔偿的法律性质与救济途径》，载《西南政法大学学报》2006年第4期。

第六章　国家赔偿法律关系主体

【重点】

1. 国家赔偿责任主体与赔偿义务机关
2. 行政赔偿请求人与赔偿义务机关
3. 司法赔偿请求人与赔偿义务机关

第一节　国家赔偿法律关系主体概述

一、国家赔偿法律关系主体的概念

国家赔偿法律关系主体，是指在国家赔偿法律关系中享有权利、承担义务的各方当事人。对这一概念可以从以下几方面理解：（1）国家赔偿法律关系主体是国家赔偿法律关系的参加人。不是国家赔偿法律关系参加人的个人、组织不能成为国家赔偿法律关系主体。在我国，合法权益受到国家职权行为侵害的，可以依法要求国家赔偿。国家赔偿责任主体是唯一的，即国家，由国家对国家机关及其工作人员行使职权的行为承担赔偿责任。尽管国家赔偿责任由国家来承担，但国家是一个抽象的政治实体，国家行为由特定的国家机关代表。国家机关向受害人支付赔偿金后，享有追偿权，即要求公务员承担部分或全部赔偿费用的权力。国家为国家赔偿责任主体，代表国家履行赔偿义务的机关为赔偿义务机关；而依法有权请求国家赔偿的人称为赔偿请求人；被追偿的公务员称为追偿权的对象（被追偿人）。因此，国家赔偿法律关系主体一般包括国家赔偿责任主体、国家赔偿请求人、国家赔偿义务机关和被追偿人。（2）国家赔偿法律关系主体既可以是组织，也可以是个人。但必须注意的是，这里的组织和个人必须是处在同一特定的国家赔偿法律关系中的组织和个人，如果不是在同一特定的国家赔偿法律关系中的组织和个人就不能同时构成相应的国家赔偿法律关系主体。如，在行政赔偿法律关系中，工商行政机关的工作人员行使职权的行为违法，造成相对人合法权益的损害，应承担赔偿责任，但行政赔偿义务机关是工商行政机关而不是工作人员。工作人员是内部行政追偿法律关系的主体。(3) 国家赔偿法律关系主体是指在国家赔偿法律关系中权利义务的承受者，不包括所有国家赔偿法律关系的参与人。如因某市工商行政管理局违法造成甲公司合法权益的损害，甲公司委托李四代甲公司去办理有关国家赔偿的相关手续。在这个国家赔偿法律关系中，国家赔偿法律关系主体是甲公司和工商行政管理局，而不是李四。当然，李四只是不构成这个国家赔偿法律关系的主体，并不是他们不能成为国家赔偿法律关系的主体。

二、国家赔偿责任主体

国家赔偿责任主体，即赔偿责任的最终归属者，是指对侵害公民、法人和其他组织合法权益造成损害的职务侵权行为承担赔偿责任的个人或组织。与民事赔偿主体相比，国家赔偿责任主体有自己的特点，主要表现为①：(1) 世界各国国家赔偿责任主体无一例外地包含了国家，而且以国家为主要的赔偿责任主体。在英、法、美等国，除国家作为赔偿主体外，致害的公务人员也可能成为赔偿责任主体。(2) 国家赔偿责任主体与国家活动中的侵权行为人不相一致。国家活动中的侵权行为人为国家机关及其工作人员，而国家赔偿责任主体却以国家为主。(3) 国家作为赔偿责任主体时享有许多特权。国家只在法定范围内对特定损害承担赔偿责任。(4) 国家作为赔偿责任主体时表现形式多种多样。

我国《国家赔偿法》第 2 条规定，国家机关和国家机关工作人员行使职权，有国家赔偿法规定的侵犯公民、法人和其他组织合法权益的情形，造成损害的，受害人有依照国家赔偿法取得国家赔偿的权利。因此，我国国家赔偿责任主体是国家而非实施侵权行为的国家机关及其工作人员。理由是他们的职权来自于国家，是代表国家行使职权，其行使职权的后果，无论是积极后果，还是消极后果，都应当归属于国家。国家承担赔偿责任的具体表现是赔偿费用由国库支出，列入各级财政预算。

三、国家赔偿请求人

国家赔偿请求人，又称国家赔偿请求权人，是指因自己的合法权益受到国家机关及其工作人员行使职权行为的损害，以自己的名义请求国家赔偿的公

---

① 参见薛刚凌主编：《国家赔偿法教程》，中国政法大学出版社 1997 年版，第 49 ~ 50 页。

民、法人或其他组织。国家赔偿请求权是一种由基础权利派生的权利。单纯从请求权的角度看，“请求权系由基础权利（如物权、债权等）而发生，必先有基础权利之存在，而后始有请求权之可言”①，“请求权系权利之表现，而非与权利同其内容也”②，“请求权乃权利之表现，而非与权利同属一物”。③ 因此，请求权本身并不是一种独立的权利，它是依附于某种基础权利的一种权能，准确地说，其本身并不具有实体的权利内容，而是与基础权利相并列、相对应的具有救济性的权能。国家赔偿请求权，作为一种特殊的请求权，并没有改变其作为请求权的基本性质，它也只能是某种基础权利的派生权利，失去了基础权利，便不可能有国家赔偿请求权的存在。请求权是对基础权利进行救济的权能。因此，确定国家赔偿请求权的主体，就是确定受侵犯的基础权利的权利主体，二者是一回事。我们以为，国家赔偿请求人的确定就是看其基础权利是否受到了侵犯。国家赔偿请求人就是基础权利受到侵犯的人。有多少基础权利受到侵犯，就应该有多少相应的请求权，因此也就有相应的请求权主体——请求权人与此相对应。我国《国家赔偿法》在这一点上作了人为的限制，比如受害的公民如果没有死亡，但因国家机关工作人员的暴力行为而丧失了劳动能力或精神上的严重失常，其亲属或与其有权利义务关系的人就不能作为国家赔偿请求人，而是由受害的公民作为赔偿请求人，即使涉及其所扶养的无劳动能力的人的赔偿，也是通过直接受害人的请求来实现，他们自己并不能请求国家赔偿。而在上述情况下，其亲属或与其有权利义务关系的人却因直接受害的人伤残或精神失常，自己的基础权利实际上也会在不同程度上受到侵犯，如丈夫的精神失常，妻子的基础权利之一——精神权利是会被侵犯的，丈夫丧失劳动能力，会导致家庭生活来源的减少，实际上也侵犯了妻子的财产权——因为夫妻之间的财产是共有的，但在我国《国家赔偿法》中，他们都不能作为国家赔偿请求人。④

四、国家赔偿义务机关

国家赔偿义务机关，是指代表国家赔偿责任主体履行国家赔偿义务、具体

---

① 郑玉波著：《民法总则》，台湾三民书局股份有限公司 1995 年版，第 49 ~ 50 页。

② 梅仲协著：《民法要义》，中国政法大学出版社 1998 年版，第 37 页。

③ 王泽鉴著：《民法总论》（增订版），中国政法大学出版社 2001 年版，第 92 页。

④ 以上参见姚国艳、安子明：《国家赔偿请求人设定基准的规范分析——从对“继承人”作为国家赔偿请求人的制度解构开始》，载《行政法学研究》2010 年第 1 期。

进行国家赔偿的机关。

（一）国家赔偿义务机关的确定模式

国家赔偿义务机关的确立主要有两种不同的模式：（1）分散模式，即以实施侵权行为的机关作为赔偿义务机关。代表性国家与地区主要有美国、日本及我国台湾地区等。美国《国家赔偿法》规定，联邦行政侵权机关自己受理赔偿请求，但赔偿决定由司法部统一批准，赔偿诉讼由司法部统一代理。一些州设专职处理赔偿案件的机构，如威斯康星州的“救济无辜判罪委员会”，北达科他州的“错误拘禁救济局”。我国台湾地区赔偿义务机关为致害公务员直接隶属的机关，或公有公共设施的设置或管理机关。① 日本的国家赔偿义务机关为对公务员有选任监督权，或者设置、管理公有营造物之机关。② 分散模式的优点在于遵循“谁侵权，谁赔偿”原则，对国家机关的监督力度大。分散模式的缺点就是国家赔偿义务机关太多，受害人难以确定国家赔偿义务机关。国家赔偿义务机关也会基于自身利益阻挠受害人行使求偿权。

（2）集中模式，即以专门机构为赔偿义务机关。代表性国家主要有瑞士、英国、法国等。在瑞士，财政部就是瑞士联邦赔偿的赔偿义务机关。③ 英国，在内政部下设立独立的刑事赔偿委员会，统一受理暴力犯罪受害人的赔偿申请。法国，最高法院内设“补偿委员会”，统一处理司法赔偿请求。④ 集中模式的优点主要表现在：一是赔偿金由一个机关统一支付，有利于赔偿标准统一，有利于防止国家财产的不当流失和赔偿金的随意支付；二是方便赔偿请求权人求偿，免去了无法确定赔偿义务机关的麻烦；三是可以避免一些赔偿义务机关之间互相推诿，逃避赔偿责任。但集中模式不适应地域广阔的国家，同时对行政机关的监督效果也不是很好。⑤

我国《国家赔偿法》采取的是分散模式，即以实施侵权行为的机关作为国家赔偿义务机关。

---

① 高家伟著：《国家赔偿法》，商务印书馆 2004 年版，第 184 ~ 185 页。

② 皮纯协、何寿生编著：《比较国家赔偿法》，中国法制出版社 1998 年版，第 144 页。

③ 皮纯协、何寿生编著：《比较国家赔偿法》，中国法制出版社 1998 年版，第 145 页。

④ 高家伟著：《国家赔偿法》，商务印书馆 2004 年版，第 184 页。

⑤ 王世辉：《论国家赔偿义务机关的设置模式》，载《法制与社会》2009 年第 3 期。

（二）国家赔偿义务机关的认定标准

国家赔偿义务机关的认定原则上应当坚持如下两项标准①：（1）国家赔偿义务机关是独立的机关。所谓独立的机关，是指有独立的预算、编制、组织和印章。因此，国家机关内部的机构，就不是独立的国家机关，也不能作为国家赔偿义务机关。（2）国家赔偿义务机关原则上是公务人员所属机关。所谓公务人员所属机关，是指将公权力托付给该公务人员执行的国家机关。一般来说，公务人员任职和领取工资的机关，就是公务人员的所属机关。至于该公务人员执行职务时所完成的任务，是其本机关的任务还是其他机关的任务，则非所问。② 不过，在公务人员兼职或者借调的情况下，他所兼职的机关或者借调机关应当作为国家赔偿义务机关。③

至于国家赔偿义务机关的具体认定，我们将在行政赔偿法律关系主体和司法赔偿法律关系主体部分探讨。

第二节 行政赔偿法律关系主体

一、行政赔偿请求人

（一）行政赔偿请求人的概念

行政赔偿请求人，是指依法有权向国家请求行政赔偿的人，即指因合法权益受到行政机关及其工作人员违法行使职权行为的侵犯，并造成了损害，有权请求国家给予行政赔偿的公民、法人和其他组织。行政赔偿请求人具有如下特征：

1. 行政赔偿请求人只能是作为行政相对人的公民、法人和其他组织。不是行政法律关系中的相对人不能成为行政赔偿请求人。如行使行政职权的行政机关及其工作人员就不能成为行政赔偿请求人。

2. 行政赔偿请求人是其合法权益受到行政机关及其工作人员违法行使职权行为的侵犯并造成实际损害的公民、法人和其他组织。这包括三个方面：（1）相对人的合法权益受到侵害。不是自己的合法权益受到侵犯的人，不能

① 周友军、麻锦亮著：《国家赔偿法教程》，中国人民大学出版社 2008 年版，第 115 页。

② 参见廖义男著：《国家赔偿法》，台北，自版 1996 年版，第 83 页。

③ 参见廖义男著：《国家赔偿法》，台北，自版 1996 年版，第 85 页。

成为行政赔偿请求人。（2）相对人合法权益造成了实际损害。没有造成实际损害，不能成为行政赔偿请求人。（3）对相对人合法权益造成了实际损害的是行政机关及其工作人员的职务行为。不是行政机关及其工作人员违法职务行为造成的，不能成为行政赔偿请求人。

3. 行政赔偿请求人必须是以自己的名义请求行政赔偿的公民、法人和其他组织。也就是说，行政赔偿请求人是因自己的合法权益受到行政机关及其工作人员违法行使职权行为的侵犯，以自己的名义请求行政赔偿的公民、法人和其他组织。不以自己的名义提出赔偿请求的人也不是行政赔偿请求人。

4. 行政赔偿请求人原则上是行政侵权行为的直接受害人。只有法律明确规定的情况下，间接受害人才可以成为行政赔偿请求权人。如根据《国家赔偿法》第6条的规定，受害的公民死亡，其继承人和其他有扶养关系的亲属有权要求赔偿。受害的法人或者其他组织终止的，其权利承受人有权要求赔偿。

行政赔偿一般通过下列途径来实现：行政机关主动赔偿，行政赔偿请求人单独请求行政赔偿，在申请行政复议和提起行政诉讼时一并请求赔偿以及通过提起行政赔偿诉讼获得赔偿。在行政赔偿诉讼中，行政赔偿请求人也就是行政赔偿诉讼的原告。因此，行政赔偿请求人与行政诉讼的原告有着一定联系：两者在一定范围内是重合的，即行政诉讼的原告也可能同时是行政赔偿请求人；无论是行政赔偿请求人，还是行政诉讼原告，都是受到行政机关及其工作人员违法行使职权而致使其合法权益受到侵犯的人，且两者提出请求的最终目的都是为了保护自己的合法权益。但行政赔偿的请求人与行政诉讼的原告又有许多区别。主要表现在①：

1. 两者的资格条件不同。行政诉讼的原告必须是其合法权益受到行政机关的具体行政行为侵犯的人。这里的侵犯是指受到行政机关的具体行政行为的侵害或不利影响，即原告与行政机关的具体行政行为之间具有法律上的利害关系；而行政赔偿请求人必须是其合法权益受到行政机关具体行政行为或事实行为侵犯并造成实际损害的人，遭受实际损害是行政赔偿请求人的一个必备条件。当然，这里的“实际损害”是相对人认为的实际损害，该“实际损害”是否存在须依照法定程序审查后才能确认。相对人只要认为其合法权益受到行政机关及其工作人员违法行使职权行为侵犯并造成实际损害即可取得请求人

① 以下参见刘嗣元、石佑启编著：《国家赔偿法要论》，北京大学出版社2005年版，第179页。

资格。

2. 两者的范围不同。虽然在一定范围内行政赔偿请求人与行政诉讼的原告是重合的，但总体来说两者的范围不同。行政诉讼的原告是其合法权益受到行政机关的具体行政行为违法侵犯的人，而行政赔偿请求人则不限于受到行政机关具体行政行为违法侵犯的人，受到行政管理中的事实行为、内部行政行为等侵害的人都可能成为行政赔偿请求人，其范围要比行政诉讼原告的范围大。

3. 两者请求的直接目的不同。行政诉讼原告提起行政诉讼的目的是为了撤销对其有拘束力的具体行政行为，或对显示公正的行政处罚予以变更，或要求行政机关履行法定职责等；而行政赔偿请求人提出请求的目的是要求国家对其已经产生的损害予以补救和恢复。

4. 两者资格转移的范围不同。《行政诉讼法》第 24 条第 2 款规定："有权提起诉讼的公民死亡，其近亲属可以提起诉讼。"据此规定，具有行政诉讼原告资格的公民死亡的，原告资格转移到其近亲属。近亲属的范围为配偶、父母、子女、兄弟姐妹、祖父母、外祖父母、孙子女、外孙子女；《国家赔偿法》第 6 条第 2 款规定："受害的公民死亡，其继承人和其他有抚养关系的亲属有权要求赔偿。"据此规定，具有行政赔偿请求人资格的公民死亡的，请求人资格转移到其继承人和其他有抚养关系的亲属，后者有权请求赔偿。而死亡公民的近亲属并非都是其继承人或者是其他有抚养关系的亲属；反之，与死亡公民有继承关系或抚养关系的亲属不一定就是近亲属。两者的范围是不一致的。

(二) 行政赔偿请求人的范围

《国家赔偿法》第 6 条规定："受害的公民、法人和其他组织有权要求赔偿。受害的公民死亡，其继承人和其他有扶养关系的亲属有权要求赔偿。受害的法人或者其他组织终止的，其权利承受人有权要求赔偿。"据此规定，行政赔偿请求人包括以下几类：

1. 受害的公民、法人和其他组织。

(1) 受害的公民。公民，是指具有中华人民共和国国籍的自然人。根据法律规定，公民的人身权、财产权遭受行政职权行为侵害的，有权依法请求行政赔偿。就赔偿请求权而言，如果直接受害的公民本人具有完全民事行为能力，则该公民本人可以自己行使赔偿请求权；但如果直接受害的公民本人因无民事行为能力或限制民事行为能力而无法行使赔偿请求权的，则由其法定代理人代为行使请求权。根据《民法通则》的规定："无民事行为能力人、限制民事行为能力人的监护人，是他们的法定代理人。"就未成年人来讲，无民事行为能力人是指不满10周岁的未成年人；限制民事行为能力人是指10周岁以上的未成年人。但16周岁以上不满18周岁的公民，以自己的劳动收入为主要生活来源的，视为完全民事行为能力人。上述无民事行为能力人、限制民事行为能力人的父母是其监护人或法定代理人；如果其父母已经死亡或者没有监护能力的，由其祖父母、外祖父母、兄姐中有监护能力的人担任监护人，或者由关系密切的其他亲属、朋友或有关单位承担监护责任。就精神病人而言，不能辨认自己行为的精神病人是无民事行为能力人，不能完全辨认自己行为的精神病人是限制民事行为能力人，他们的监护人可以由其配偶、父母、成年子女和其他近亲属担任。如果没有上述监护人的，可由关系密切的其他亲属、朋友或其所在单位、居民委员会、村民委员会、民政部门等担任监护人。

（2）受害的法人。按照《民法通则》的规定，法人是指具有民事权利能力和民事行为能力，依法独立享有民事权利和承担民事义务的组织。法人分为企业法人和机关、事业单位、社会团体法人两大类。法人的合法权益受国家保护，当其合法权益受到行政机关及其工作人员违法行使职权行为的侵害时，可以请求行政赔偿。

（3）受害的其他组织。其他组织，是指依法成立但不具备法人条件，没有取得法人资格的社会组织和经济组织。主要包括：①依法登记领取营业执照的私营独资企业、合伙组织；②依法登记领取营业执照的合伙型联营企业；③依法登记领取我国营业执照的中外合作经营企业、外资企业；④经民政部门核准登记领取社会团体登记证的社会团体；⑤法人依法设立并领取营业执照的分支机构；⑥中国人民银行、各专业银行设在各地的分支机构；⑦中国人民保险公司设在各地的分支机构；⑧经核准登记领取营业执照的乡镇、街道、村办企业。[①] 其他组织同公民、法人一样，其合法权益受国家保护，当其合法权益受到行政机关及其工作人员违法行使职权行为的侵犯并造成损害的，可以请求行政赔偿。

2. 受害公民死亡的，其继承人和其他有抚养关系的亲属可以成为赔偿请求人。公民合法权益受到行政职权行为侵犯造成损害的，一般是由受害的公民本人作为行政赔偿请求人。当受害公民死亡的，行政赔偿请求人的资格转移到其继承人和其他有抚养关系的亲属。

（1）继承人。根据《继承法》的规定，继承人有法定继承人和遗嘱继承

① 参见最高人民法院《关于适用〈中华人民共和国民事诉讼法〉若干问题的意见》第40条的规定。

人之分。法定继承人分为两个继承顺序。第一顺序继承人包括配偶、父母、子女以及对公婆或岳父母尽了主要抚养义务的丧偶儿媳或女婿。这里的父母包括生父母、养父母和有抚养关系的继父母。子女包括生子女（婚生子女和非婚生子女）、养子女和有抚养关系的继子女；第二顺序继承人包括兄弟姐妹、祖父母与外祖父母。这里的兄弟姐妹包括亲兄弟姐妹、养兄弟姐妹和有抚养关系的继兄弟姐妹。孙子女与外孙子女是法定的代位继承人，在被继承人的子女先于被继承人死亡时，被继承人子女的晚辈直系血亲即孙子女、外孙子女、曾孙子女代位继承。遗嘱继承人只能是法定继承人以内的一人或数人，而不能是国家、集体或法定继承人以外的人。有学者将国家、集体和法定继承人以外的人也列入遗嘱继承人的范围①，这是不妥当的。当有权要求行政赔偿的受害公民死亡时，其继承人有权作为行政赔偿请求人，提出赔偿请求。但是，如果继承人依照《继承法》的规定，丧失了继承权，则其同样丧失了行政赔偿请求权。

（2）其他有抚养关系的亲属。这是指在上述继承人之外，与受害公民有抚养关系的亲属。其作为行政赔偿请求人应具备两个条件：一是须是死亡公民的亲属。这里的亲属既包括血亲，也包括姻亲。如死亡公民的姑、叔伯、舅、姨、外甥、侄等血亲及夫、妻对方的兄弟、姐妹等姻亲；二是须形成抚养关系。这里的抚养关系是事实上的抚养关系，而不是法律上的抚养关系。因为如果死亡公民的亲属与该死亡人具有法律上的抚养关系，则该亲属属于继承人之列。

当有权要求行政赔偿的受害公民死亡，而存在继承人和其他有抚养关系的亲属时，就产生了赔偿请求人行使权利的顺序问题。赔偿请求人行使权利的顺序是：第一顺序是受害人的继承人，其次是与受害人有抚养关系的亲属。就是说，若受害人有继承人，且继承人未放弃请求权，则后一顺序的人即与受害人有抚养关系的亲属就不能行使请求权，即不能出现不同顺序的请求人共同行使赔偿请求权的情形。但由于继承人有法定继承顺序之分，按照《继承法》的规定，第一顺序继承人没有放弃或丧失继承权的，第二顺序继承人不得继承。因此，如果第一顺序继承人行使赔偿请求权，则第二顺序继承人就不能行使赔偿请求权。如果同一顺序的请求人是多人时，如第一顺序继承人或第二顺序继承人有多人，或者与受害人有抚养关系的亲属有多人，则他们可以共同行使请

① 王盼主编：《国家赔偿法学》，中国政法大学出版社 1994 年版，第 128 页。

求权，也可以委托一人或数人为代理人行使赔偿请求权。①

3. 受害的法人或者其他组织终止的，其权利承受人可以成为赔偿请求人。如果受害的法人和其他组织终止，则其权利承受人行使赔偿请求权。法人或其他组织终止，是指在法律上丧失了民事主体资格和地位。法人和其他组织终止的情形是多种多样的，如依法被取缔、分立、合并、撤销、解散、破产等。《国家赔偿法》规定的法人或其他组织终止，赔偿请求人资格发生转移，主要是指经合并（包括兼并）或者分立后，法人和其他组织的权利义务发生转移的情况。合并（兼并）或者分立后的法人和其他组织承受了终止后的法人和其他组织的权利，当然也包括赔偿请求权。

值得注意的是，根据最高人民法院《关于审理行政赔偿案件若干问题的规定》第16条的规定，企业法人或者其他组织被行政机关撤销、变更、兼并、注销，认为经营自主权受到侵害的，该企业法人或者其他组织的赔偿请求人资格不发生转移，其仍然享有行政赔偿请求权。另外，法人或者其他组织在被行政机关作出吊销许可证或执照的行政处罚后，该法人或其他组织仍可作为行政赔偿请求人请求行政赔偿，不发生赔偿请求人资格转移问题。

4. 外国人、外国企业和组织。外国人，是指居住在一国境内，但不具有该国国籍的自然人。外国企业和组织，是指在一国境内活动，但依他国法律在他国注册登记的企业和组织。《国家赔偿法》第40条第1款规定，“外国人、外国企业和组织在中华人民共和国领域内要求中华人民共和国国家赔偿的，适用本法”。这就是说，外国人、外国企业和组织，如果其合法权益受到行政职权行为的侵犯造成损害的，可以成为行政赔偿请求人，依法请求国家赔偿。同时，《国家赔偿法》第40条第2款规定：“外国人、外国企业和组织的所属国对中华人民共和国公民、法人和其他组织要求该国国家赔偿的权利不予保护或者限制的，中华人民共和国与该外国人、外国企业和组织的所属国实行对等原则。”根据这一规定，如果外国人、外国企业和组织所在国对我国公民、法人或其他组织在该国请求行政赔偿的权利不予保护或者加以限制。那么，根据对等原则，我国对该外国人、外国企业和组织在我国请求行政赔偿的权利同样不予保护或加以限制。

---

① 参见房绍坤、丁乐超、苗生明著：《国家赔偿法原理与实务》，北京大学出版社1998年版，第130页。

二、行政赔偿义务机关

（一）行政赔偿义务机关的概念

行政赔偿义务机关就是指代表国家履行行政赔偿义务的行政机关或法律、法规授权组织。在我国，承担行政赔偿责任的主体是国家，但是国家是一种抽象的政治实体，受害人无法直接请求抽象的国家承担具体的赔偿义务，国家也不可能在具体的赔偿案件中出现。因而，就需要采取“国家责任，机关赔偿”的做法，由各个具体的行政机关作为赔偿义务机关。但由于现代社会国家行政机关的数量众多，且存在职责交叉的情况，关系较为复杂，公民、法人或其他组织在遭受行政侵权损害后很难确定向哪个机关或组织请求赔偿，再加上有些赔偿义务机关相互推诿、扯皮，致使受害人很难行使赔偿请求权。因此，为了保障行政赔偿活动的顺利进行，切实保护受害人的合法权益，法律不仅需要对赔偿请求人作出规定，同时也需要对赔偿义务机关作出明确规定。

在理解行政赔偿义务机关的概念时，应注意将它与以下几对概念区别开来：

（1）行政赔偿义务机关与赔偿责任主体。行政赔偿义务机关是指代表国家接受赔偿请求，支付赔偿费用的义务人；而赔偿责任主体是指行政赔偿责任的最终承担者，即国家。行政机关及其工作人员违法行使职权给公民、法人和其他组织的合法权益造成损害的，由国家承担赔偿责任。二者的关系可以概括为：“国家责任，机关赔偿。”

（2）行政赔偿义务机关与侵权行为人。行政赔偿义务机关是指接受赔偿请求，履行赔偿义务的行政机关或法律法规授权的组织。侵权行为人是指执行行政职务造成公民、法人和其他组织合法权益损害的行政机关及其工作人员、法律法规授权的组织及其工作人员、受行政机关委托的组织与个人。有些国家规定侵权行为人就是赔偿义务机关，如日本等；而有些国家的赔偿义务机关为特定的国家机关，如韩国为法务部、美国为社会保险机构等。

（3）行政赔偿义务机关与行政赔偿诉讼的被告。行政赔偿义务机关与行政赔偿诉讼的被告在绝大多数情况下是指同一机关，但在赔偿程序中不同阶段的称谓不同。行政赔偿案件解决可分为两个阶段：第一阶段为行政先行处理阶段，因未形成诉讼，因而不能称被告，只能称为赔偿义务机关；第二阶段为诉讼阶段，进入此阶段，才可称为被告。

根据法律规定，行政赔偿义务机关有如下权利义务：第一，受理行政赔偿请求，对赔偿请求作出处理；第二，参加因赔偿问题而引起的行政复议和行政诉讼活动；第三，履行行政赔偿决定和行政赔偿判决；第四，在赔偿受害人的损失后，向有故意或重大过失的行政机关工作人员行使追偿权。

（二）行政赔偿义务机关的设定模式

设定行政赔偿义务机关的模式，世界各国的规定有所相同，主要有以下几种类型：一是行政机关为赔偿义务机关。即由实施侵权行为的行政机关或者实施侵权行为的公务员所属的行政机关为赔偿义务机关。如日本、奥地利等许多国家都是采用这种模式。二是以保险机构作为行政赔偿义务机关。即通过国家投保的方式以保险公司作为行政赔偿义务机关。如美国、法国等是将社会保险机构作为赔偿义务机关。三是特别设立财政部门作为行政赔偿义务机关。如瑞士以联邦财政部为行政赔偿义务机关。四是以法务部门作为行政赔偿义务机关。如韩国在法务部门设立国家赔偿审议会及地区审议会，作为专门的行政赔偿义务机关。①

我国《国家赔偿法》对行政赔偿义务机关的规定，是在吸取世界各国国家赔偿法设定赔偿义务机关的经验的基础上，采取了侵权主体与赔偿义务机关基本一致的原则，即由实施侵权行为的行政机关或实施侵权行为的公务员所在的行政机关为赔偿义务机关。

（三）行政赔偿义务机关的类型

根据《国家赔偿法》第7条和第8条的规定，我国的行政赔偿义务机关主要包括以下几类：

1. 实施侵权行为的行政机关。《国家赔偿法》第7条第1款规定：“行政机关及其工作人员行使行政职权侵犯公民、法人和其他组织的合法权益造成损害的，该行政机关为赔偿义务机关。”第2款规定：“两个以上行政机关共同行使行政职权时侵犯公民、法人和其他组织的合法权益造成损害的，共同行使行政职权的行政机关为共同赔偿义务机关。”据此，可分三种情形加以说明：

（1）行政机关违法行使行政职权侵犯公民、法人和其他组织的合法权益造成损害的，该行政机关为赔偿义务机关。在这种情况下，违法行使行政职权的行为是以行政机关名义作出，该行政机关的工作人员并未主动违法，只是执行命令或决定而已。例如某县工商局违法对某企业作出吊销企业营业执照的决定造成该企业损害，该企业要求赔偿，则某县工商局为赔偿义务机关。

（2）行政机关的工作人员违法行使行政职权侵犯公民、法人或者其他组

① 参见房绍坤、丁乐超、苗生明著：《国家赔偿法原理与实务》，北京大学出版社1998年版，第132页。

织的合法权益造成损害的，该工作人员所在的行政机关为行政赔偿义务机关。这种情况是指，违法侵害行为完全是由行政机关工作人员在行使职权时自行决定的行为，不是执行行政机关明确命令或决定。当然这种情况也不同于行政机关工作人员与行使职权无关的个人行为。如公安工作人员执行职务时滥用武器、警械的行为，该工作人员所在的公安机关则为行政赔偿义务机关。因为行政机关与其工作人员之间是一种行政职务关系，工作人员代表其所属的行政机关行使职权，所产生的一切法律后果由其所属的行政机关承担。

（3）两个以上行政机关共同行使职权时侵犯公民、法人和其他组织的合法权益造成损害的，共同行使行政职权的行政机关为共同赔偿义务机关。所谓“共同行使职权”是指两个以上行政机关对同一事实共同行使行政职权的行为，即两个以上行政机关分别以自己名义共同签署、署名行使行政职权。比如，公安、工商、税务、文化等几个部门联合执法，对某经营歌舞厅的个体户进行处罚；工商、卫生等行政机关联合对某饭店作出的吊销营业执照、责令停业的行政处罚等。如果这些行政机关共同行使行政职权违法并给公民、法人和其他组织的合法权益造成实际损害，共同行使行政职权的行政机关为共同的赔偿义务机关。需要说明的是，两名以上分属不同行政机关的工作人员共同致害的，赔偿义务机关如何确定，国家赔偿法没有规定。但从工作人员职权行为的责任归属来考虑，如果在最后形成的行政处理或处罚决定书上署了两个以上行政机关的名称，盖了两个以上行政机关的印章，则可以理解为致害工作人员所在的行政机关为共同赔偿义务机关。共同赔偿义务机关之间对受害人应当承担连带责任，赔偿责任如何分配，由共同赔偿义务机关根据他们致害责任大小协商解决。赔偿请求人有权向其中任何一个行政机关提出赔偿要求，该行政机关必须受理，不得无故推托，但可以在支付全部赔偿费用后向另一义务机关求偿应付份额。此外，行政机关与下文所述的法律、法律授权的组织或其他行政机关委托的组织共同违法行使职权造成损害的，也应当是共同的赔偿义务机关，承担连带责任。

2. 法律、法规授权的组织。国家根据行政管理的需要，将一部分行政职权，通过法律、法规授予给行政机关以外的社会组织行使，该组织便获得在法律、法规规定范围内行使行政职权的资格。法律、法规授权的组织得到授权后，可以以自己的名义独立地行使法定的行政职权，并独立地承担因行使该职权所产生的法律后果。《国家赔偿法》第 7 条第 3 款规定：“法律、法规授权的组织在行使授予的行政权力时侵犯公民、法人和其他组织的合法权益造成损害的，被授权的组织为赔偿义务机关。”据此，如果法律、法规授权的组织违

法行使职权给公民、法人和其他组织的合法权益造成损害，则该法律、法规授权组织为行政赔偿义务机关。

法律、法规授权的组织作为行政赔偿义务机关必须具备两个条件：第一，必须有法律、法规明确授予的行政职权。对这里的法律、法规应作广义上的理解，既包括法律、行政法规和地方性法规，也包括规章。第二，必须是在行使授予的行政职权时侵害公民、法人和其他组织的合法利益并造成损害。只有这两项条件同时具备，法律、法规授权的组织才是适格的行政赔偿义务机关。

3. 委托的行政机关。《国家赔偿法》第7条第4款规定："受行政机关委托的组织或者个人在行使受委托的行政权力时侵犯公民、法人和其他组织的合法权益造成损害的，委托的行政机关为赔偿义务机关。"

行政委托是指行政机关将自己的部分行政职权委托给另一个机关、工作人员或其他组织和个人行使的行为。其特点在于被委托人无行政主体的资格，它必须以委托的行政机关的名义从事活动，行为的法律后果由委托的行政机关承担。当被委托人行使行政职权侵犯公民、法人和其他组织的合法权益造成损害并引起赔偿的，由委托的行政机关作为赔偿义务机关。如某县税务机关委托某个体餐馆代征筵席税，餐馆老板超额征收引发行政赔偿，此时委托的县税务机关为行政赔偿义务机关。这里应当注意，如果受委托的组织或个人（被委托人）所实施的致害行为与委托的行政职权无关，则国家不对该致害行为承担赔偿责任，受害人只能追究被委托人的民事侵权责任。

4. 赔偿义务机关被撤销后的赔偿义务机关。《国家赔偿法》第7条第5款规定："赔偿义务机关被撤销的，继续行使其职权的行政机关为赔偿义务机关；没有继续行使其职权的行政机关的，撤销该赔偿义务机关的行政机关为赔偿义务机关。"确定赔偿义务机关被撤销后的赔偿义务机关，关键问题是要找准继续行使其职权的行政机关是谁。行政机关被撤销，其职权会发生转移。在行政法上，行政职权、职责与行政责任是一致的，行政职权发生转移，行政职责与行政责任也随之发生转移。所以，继续行使其职权的行政机关也应承担与该项职权相对应的责任。因此，我国《国家赔偿法》规定，赔偿义务机关被撤销的，继续行使其职权的行政机关为赔偿义务机关。如果没有行使其职权的行政机关，那么，就要看是谁撤销了该行政机关。这样，就可以确定赔偿义务机关。

行政机关被撤销，通常有以下几种情况：一是行政机关被撤销，并被并入另一个行政机关，接受合并的行政机关继续行使其职权，此时，接受合并的行政机关为赔偿义务机关；二是行政机关被撤销，并用新设立的行政机关取代被撤销的行政机关继续行使其职权，则新设立的行政机关为赔偿义务机关；三是行政机关被撤销，没有继续行使职权的行政机关，那么由撤销该行政机关的行政机关为赔偿义务机关。这种撤销一般是由设立该行政机关的上级行政机关或者同级政府予以撤销，收回职权，自己行使。因此，作出撤销决定的行政机关为继续行使其职权的行政机关，当然也就是行政赔偿义务机关。

5. 行政复议机关。行政复议是指公民、法人和其他组织认为行政机关的具体行政行为违法，侵犯了其合法权益，依法向该行政机关的上级行政机关或者法律规定的行政机关提出申请，由上级行政机关对原具体行政行为进行全面审查，并依法作出裁决的制度。《国家赔偿法》第 8 条规定："经复议机关复议的，最初造成侵权行为的行政机关为赔偿义务机关，但复议机关的复议决定加重损害的，复议机关对加重的部分履行赔偿义务。"据此规定，经过行政复议的赔偿案件，赔偿义务机关有以下两种情况：

(1) 经过行政复议机关复议，复议机关维持原具体行政行为，受害人请求行政赔偿的，最初实施侵权行为的行政机关为行政赔偿义务机关。

(2) 经过行政复议机关复议，复议机关的复议决定加重损害的，复议机关对加重的部分履行赔偿义务。这是因为，复议机关改变原行政侵权行为直接侵犯了公民、法人和其他组织的合法权益，本着"谁侵害，谁负责"的原则，应由复议机关对加重的损害部分承担赔偿责任，即由复议机关为赔偿义务机关。而对没有加重的损害部分，仍由最初造成侵权的行政机关为行政赔偿义务机关，负责对造成的损害承担赔偿责任。值得注意的是，此时的复议机关与最初造成侵权的行政机关不是共同赔偿义务机关。因为复议机关和最初作出侵权行为的行政机关并非在共同行使行政职权，因而对于最后的损害结果，复议机关和最初造成侵权的行政机关应该分清责任、各自承担，而不是由其中的某一机关承担连带责任。

第三节　司法赔偿法律关系主体

一、司法赔偿请求人

司法赔偿请求人，是指依法有权向国家请求司法赔偿的人，即指因合法权益受到司法机关及其工作人员行使职权行为的侵犯，并造成了损害，有权请求国家给予司法赔偿的公民、法人和其他组织。司法赔偿请求人具有如下特征：

1. 司法赔偿请求人是其合法权益因司法职权行为的侵犯并造成实际损害

的公民、法人和其他组织。这包括三个方面：（1）必须是公民、法人和其他组织自己的合法权益受到侵害。不是自己的合法权益受到侵犯的人，不能成为司法赔偿请求人。（2）必须是公民、法人和其他组织合法权益造成了实际损害。没有造成实际损害，不能成为司法赔偿请求人。（3）对公民、法人和其他组织合法权益造成实际损害的是司法职务行为。司法赔偿请求人与行政赔偿请求人的区别就在于，前者是因司法职权行为受到损害，后者则是因行政职权行为受到损害。

2. 司法赔偿请求人必须是以自己的名义请求司法赔偿的公民、法人和其他组织。也就是说，司法赔偿请求人是因自己的合法权益受到司法职权行为的侵犯，以自己的名义请求司法赔偿的公民、法人和其他组织。不以自己的名义提出赔偿请求的人，也不是司法赔偿请求人。司法赔偿请求人的代理人也可以向国家提出司法赔偿的请求，但他只能以请求人的名义进行，而不能以自己的名义提出。

3. 司法赔偿请求人是法定范围内的人。司法赔偿范围与行政赔偿范围的立法模式不一样，行政赔偿范围在立法上采取的是混合式，而司法赔偿范围在立法上采取的是列举式。因此，只有属于《国家赔偿法》明确列举的特定情形的受害人，才可能成为司法赔偿请求人。否则，就不能成为司法赔偿请求人。如，刑事诉讼中排除妨害诉讼的强制措施的受害人，就不能成为司法赔偿请求人。

《国家赔偿法》第 6 条规定："受害的公民、法人和其他组织有权要求赔偿。受害的公民死亡，其继承人和其他有抚养关系的亲属有权要求赔偿。受害的法人或者其他组织终止，承受其权利的法人或其他组织有权要求赔偿。"《国家赔偿法》第 20 条规定，司法赔偿请求人的确定依照国家赔偿法第 6 条的规定。根据这些规定，司法赔偿请求人范围与行政赔偿请求人范围一样，即公民、法人和其他组织。其具体确定可以依照行政赔偿请求人的标准进行。

二、司法赔偿义务机关

（一）司法赔偿义务机关的概念

司法赔偿义务机关，是指在司法赔偿法律关系中依据《国家赔偿法》的规定代表国家接受司法赔偿请求人的请求、进行司法赔偿的机关。对司法赔偿义务机关的理解，应该把握以下几点：（1）司法赔偿义务机关是代表国家进行司法赔偿的机关。司法赔偿责任主体是国家。但国家是一个抽象的政治实体，无法承担具体的赔偿义务。世界各国都遵循着"国家责任、机关赔偿"

的原则。因此，司法赔偿义务机关只不过是代表国家进行司法赔偿的机关。(2) 司法赔偿义务机关是指因其司法职权行为而导致公民、法人和其他组织合法权益损害的机关。这是司法赔偿义务机关与行政赔偿义务机关的区别所在。前者是因司法职权行为而导致公民、法人和其他组织合法权益损害的机关；后者则是因行政职权行为违法而导致公民、法人和其他组织合法权益损害的机关。

（二）司法赔偿义务机关的设定原则

为保障受害人的赔偿请求权，各国赔偿法均根据本国国情来确定设立国家赔偿义务机关的原则。根据我国《国家赔偿法》的规定，我国确定司法赔偿义务机关的原则主要是①：（1）侵权原则，即侵权机关为赔偿义务机关。侵权机关包括作出司法侵权决定、产生损害后果的司法机关，也包括实施侵权行为的司法人员所属的司法机关。根据侵权原则，确定具体的司法赔偿义务机关，便于受害人行使司法赔偿请求权；同时也有利于增强司法机关的自我约束力，提高严格执法、公正司法的水平。（2）侵权责任后置原则，也称主要责任原则、吸收原则，即数个司法机关在司法活动中均实施了司法侵权行为时，由最后一个作出终局司法决定的机关为司法赔偿义务机关。如再审改判无罪，由最后作出生效判决的机关为赔偿义务机关。因为造成受害人权利损害的主要是或者根本的原因是法院作出的生效判决，尽管侦查机关、检察机关也对受害人的权利损害有一定的责任，但作出生效判决的法院应该为主要的责任机关。(3) 便利的原则，即根据是否方便司法赔偿请求人实现其司法赔偿请求权来确定司法赔偿义务机关。便利原则主要适用于确定共同的赔偿义务机关。

（三）司法赔偿义务机关的设定模式

对于如何确定司法赔偿义务机关，各国立法例有不同的做法。概括地说，大致有以下三种模式:② (1)“分散制”，即原处分或判决机关为赔偿义务机关。在这种模式下，司法赔偿义务机关与侵权行为机关相一致，既便于国家对这些机关进行监督、检查，也便于受害人行使赔偿请求权。受害人只要知道被哪个机关所侵害，就可以请求该机关赔偿。这种模式目前已被许多国家采用。

① 参见张雪林、向泽选、张长江、廖名宗著：《刑事赔偿的原理与执法实务》，北京大学出版社 2003 年版，第 76 ~ 77 页；陈春龙著：《中国司法赔偿实务操作与理论探讨》，法律出版社 2002 年版，第 303 ~ 304 页。

② 参见房绍坤、毕可志编著：《国家赔偿法学》，北京大学出版社 2004 年版，第 260 ~ 261 页。

如日本《刑事诉讼法典》第447条规定："对调查预审、检察机关和法院的公职人员由于不正当公务行为所造成的损害，相应的国家机关在法律特别规定的情况下和范围内承担财产责任。"(2)"双轨制"，即法院和政府司法行政机关为赔偿义务机关。在这种模式下，由法院和政府司法行政机关分别受理赔偿请求，法院和政府共同担负起国家赔偿的责任，这有利于对受害人进行更有效的保护。这种模式目前也被一些国家采用。如德国《刑事追诉措施赔偿法》第9条规定："检察官终止刑事追诉程序后，由检察官所在地的初级法院对赔偿义务作出裁决。"第15条规定："刑事诉讼一审法院所在州有赔偿义务。"此外，根据该法第9条第1款的规定，对赔偿义务作出裁决的法院所在州也具有赔偿义务。(3)"统一制"，即由特定的国家机关统一受理。在这种模式下，由特定机关统一受理、统一裁决，比较便于管理。这种模式目前也被许多国家采用，但具体机构各国并不一致，有的是侵权机关所属的中央机关为赔偿义务机关，如捷克等；有的称"赔偿审议会"或"专门的赔偿委员会"，如韩国、美国等。

我国《国家赔偿法》根据我国的现实情况，吸纳了第一种模式，即原处分或判决机关为赔偿义务机关。我们在对第一种模式理解时，虽然应注意原处分或判决机关与赔偿义务机关的一致性，但这里的一致只是大体一致，绝对地将原处分或判决机关作为赔偿义务机关也是不符合实际的。

（四）司法赔偿义务机关的类型

《国家赔偿法》第21条第1款规定："行使侦查、检察、审判职权的机关以及看守所、监狱管理机关及其工作人员在行使职权时侵犯公民、法人和其他组织的合法权益造成损害的，该机关为赔偿义务机关。"根据这一规定，依照不同情况，我国司法赔偿义务机关分别是公安机关（包括国家安全机关、军队保卫部门）、检察机关、审判机关、看守所、监狱管理机关。具体来说，我国司法赔偿义务机关应该按照以下规则予以确定：

1. 错误拘留的，作出拘留决定的机关为赔偿义务机关。《国家赔偿法》第21条第2款规定："对公民采取拘留措施，依照本法的规定应当给予国家赔偿的，作出拘留决定的机关为赔偿义务机关。"根据《刑事诉讼法》及相关法律规定，有权在侦查犯罪的过程中作出刑事拘留决定的机关分别是公安机关（对刑事案件行使拘留决定权）、国家安全机关（对有关国家安全的刑事案件行使拘留决定权）、军队中的保卫部门（对军队内部发生的刑事案件行使拘留决定权）、人民检察院（对直接受理侦查的刑事案件行使拘留决定权）、监狱管理机关（对罪犯在监狱内的刑事案件行使拘留决定权）。如果上述机关对无辜的公民违法行使拘留权，受害人有权请求赔偿。赔偿义务机关为作出拘留决定的上述机关。

2. 错误逮捕的，作出逮捕决定的机关为赔偿义务机关。《国家赔偿法》第21条第3款规定：“对公民采取逮捕措施后决定撤销案件、不起诉或者判决宣告无罪的，作出逮捕决定的机关为赔偿义务机关。”《宪法》第37条规定：“任何公民，非经人民检察院批准或决定或者人民法院决定，并由公安机关执行，不受逮捕。”《刑事诉讼法》第59条规定：“逮捕犯罪嫌疑人、被告人，必须经过人民检察院批准或者人民法院决定，由公安机关执行。”这些法律规定将逮捕的决定权和逮捕的执行权分离。公安机关、国家安全机关、军队的保卫部门虽然拥有执行逮捕的权力，但不能行使逮捕决定权。上述机关在执行逮捕的过程中也可能发生错误逮捕的情形，但其错误的执行源于错误的决定，其责任应由作出逮捕决定的机关来承担。但是，公安机关、国家安全机关、军队中的保卫部门在执行逮捕过程中，因违法使用武器、警械以及刑讯逼供等行为造成他人伤亡的，那么只能由执行逮捕的机关作为赔偿义务机关。理论界虽然对此有一定的争议，但从《国家赔偿法》的规定以及立法的基本精神来看，执行逮捕的机关因其过错所造成的损害，不能归责于作出逮捕决定的机关。

3. 二审改判无罪，以及二审发回重审后作无罪处理的，作出一审有罪判决的人民法院为赔偿义务机关。《国家赔偿法》第21条第4款规定：“二审改判无罪，以及二审发回重审后作无罪处理的，作出一审有罪判决的人民法院为赔偿义务机关。”该规定的理由在于：二审改判无罪，以及二审发回重审后作无罪处理的，说明一审判决错误。尽管一审判决尚未生效，不存在执行错误的问题，但一审判决错误导致了公民羁押时间延长。二审改判无罪，以及二审发回重审后作无罪处理的，如果公民已经被羁押，逮捕决定是由检察机关作出的。错误逮捕的决定也导致了公民人身权利的损害。因此，在该案件中，公民人身权利的损害是法院一审判决与检察机关的错误逮捕决定共同造成的。根据侵权责任后置原则，数个司法机关在司法活动中均实施了司法侵权行为时，由最后一个作出司法决定的机关为司法赔偿义务机关，即应该由作出一审有罪判决的人民法院为赔偿义务机关。如果公民已经被羁押，逮捕决定是由一审人民法院作出的，对公民人身权利的损害都是由一审法院造成的，毫无疑问一审判法院应该成为赔偿义务机关。

4. 再审改判无罪，作出原生效判决的人民法院为赔偿义务机关。《国家赔偿法》第21条第4款规定：“再审改判无罪的，作出原生效判决的人民法院为赔偿义务机关。”再审程序，是指公民权利受到损害后获得司法救济的最后程序，对保护当事人合法权益，维护法律尊严具有重要意义。再审程序体现了我国审判活动实事求是、有错必纠的原则。再审，意味着原人民法院的判决已经产生法律上的效力，且有可能被执行。再审改判无罪，表明无辜公民的人身权、财产权受到了损害。而造成这种损害的原因就是作出原生效判决的人民法院的审判行为。根据司法赔偿义务机关设定的侵权原则，作出原生效判决的人民法院应作为赔偿义务机关。由于再审改变的生效判决可能是一审判决、二审判决或死刑判决。因此，在认定具体的赔偿义务机关时关键在于生效判决是由哪个法院作出的，如果原生效判决是一审人民法院作出的，那么一审法院就作为赔偿义务机关；原生效的判决是经过上诉或抗诉后由二审法院作出的，那么二审法院作为赔偿义务机关；原生效的死刑、死缓判决是由高级人民法院核准的，高级人民法院为赔偿义务机关；原生效的死刑判决是由最高人民法院核准的①，最高人民法院为赔偿义务机关。②

5. 其他司法职权行为造成损害的，该机关为赔偿义务机关。其他司法职权行为造成损害的，是指刑讯逼供，违法使用武器，以殴打、虐待等行为或者唆使、放纵他人以殴打、虐待等行为，以及在民事诉讼、行政诉讼过程中违法采取对妨害诉讼的强制措施、保全措施或者对判决、裁定及其他生效法律文书执行错误等司法职权行为造成损害的情形。在这些情形下，应根据“侵权行为机关作为赔偿义务机关”的原则来认定。具体而言：（1）刑讯逼供造成损害的，实施刑讯逼供的司法人员所属司法机关为赔偿义务机关。（2）违法使用武器造成损害的，违法使用武器的司法人员所属司法机关为赔偿义务机关。（3）司法人员殴打、虐待等行为造成损害的，司法人员所属司法机关为赔偿义务机关。（4）唆使、放纵他人以殴打、虐待等行为造成损害的，唆使、放纵他人的司法人员所属司法机关为赔偿义务机关。（5）在民事诉讼、行政诉讼过程中违法采取对妨害诉讼的强制措施、保全措施或者对判决、裁定及其他生效法律文书执行错误等司法职权行为造成损害的，实施该行为的人民法院为赔偿义务机关。

---

① 现在死刑核准都已经收归最高人民法院。

② 刘嗣元、石佑启编著：《国家赔偿法要论》，北京大学出版社2005年版，第249页。

【思考与探索】

一、行政赔偿请求人与行政诉讼原告在资格转移上的协调

《国家赔偿法》第6条第2款规定：“受害的公民死亡，其继承人和其他有抚养关系的亲属有权要求赔偿。”《行政诉讼法》第24条第2款的规定：“有权提起诉讼的公民死亡，其近亲属可以提起诉讼。”可见，作为行政赔偿请求人和作为行政诉讼原告的公民死亡这一法律事实，在行政赔偿和行政诉讼过程中所引发的法律后果是不一样的，行政赔偿和行政诉讼对行政赔偿请求人资格和行政诉讼原告资格因公民死亡而发生转移的基本要求也是不一致的。这样一来，势必会出现以下情形：当作为行政诉讼原告的公民死亡时，有权提起行政诉讼的人不一定有权请求行政赔偿，因为死亡公民的近亲属不一定都是其继承人或者是其他有抚养关系的亲属；而有权请求行政赔偿的人也不一定有权提起行政诉讼，因为与死亡公民有继承关系或其他抚养关系的亲属不一定都是其近亲属。

行政诉讼原告与行政赔偿请求人在上述情形下的不一致，主要归因于《国家赔偿法》与《行政诉讼法》对这一相关问题规定的不一致，而这种不一致又在一定程度上破坏了行政诉讼原告与行政赔偿请求人的相互对应关系，从而使这两种本来紧密联系的事物发生了一定程度的脱节与分离。有学者认为，行政诉讼原告与行政赔偿请求人无论在本质上还是在形式上都应是一致的，即有权提起行政诉讼的公民同样有权提出赔偿请求，有权提出行政赔偿的公民也同样有权提起行政诉讼。因为，行政赔偿诉讼不是民事诉讼，就其性质而言，它仍属行政诉讼范畴，在对当事人的基本要求上，因同一具体行政行为所致的行政赔偿诉讼与行政诉讼理应相同。为此，只有通过《国家赔偿法》与《行政诉讼法》对这一问题的协调规定，才能从根本上实现行政赔偿请求人与行政诉讼原告的统一，本应归属于受害公民的行政诉讼权、赔偿请求权和取得赔偿权便不会因该公民的死亡而脱节或分离，即以上几方面的权利，将作为一个整体转移给另一个合法主体。基于上述理由，该学者建议对《国家赔偿法》第6条第2款作如下表述：“受害公民死亡，其近亲属有权请求行政赔偿。”以使《国家赔偿法》与《行政诉讼法》的规定相一致。至于“近亲属”的范围，2000年颁布实施的《最高人民法院关于执行〈中华人民共和国行政诉讼法〉若干问题的解释》第11条已作了明确的解释，即为“配偶、父母、子女、兄弟姐妹、祖父母、外祖父母、孙子女、外孙子女和其他具有抚养、赡养

关系的亲属”。①

二、行政复议机关能否作为赔偿义务机关？

《国家赔偿法》第 8 条规定：“经复议机关复议的，最初造成侵权行为的行政机关为赔偿义务机关，但复议机关的复议决定加重损害的，复议机关对加重的部分履行赔偿义务。”有学者认为，这一规定，有利于分清复议机关与最初实施侵权行为的行政机关的赔偿责任，有利于对相对人合法权益的充分保护。但该条款的可操作性值得怀疑。在该条款中，曾先后两次使用“加重”的概念，但“加重”二字的含义并不十分明确。因为，在实际生活中，复议加重损害，主要是指对损害结果的加重，至于加重损害的具体形式，这里并未作严格要求。根据这一情形，复议机关对损害事实的加重，既可表现为复议决定对原具体行政行为作了改变，从而加重了损害；也可表现为复议机关逾期不决，从而加重了损害；还可表现为复议决定未改变原具体行政行为，而是维持了原行为，但仍然加重了损害。这样一来，不管复议机关的复议决定是改变了原具体行政行为还是维持了原具体行政行为，也不管复议决定对原具体行政行为的改变是倾向于相对人还是倾向于行政机关，都可能引发加重损害的后果，复议机关也都可能由此而履行一定的赔偿义务。这对复议机关来说，似乎有失公允。何况，根据该条规定，复议机关只对“加重部分”履行赔偿义务，但加重部分究竟有多大，认定非常困难。因为在司法实践中，到底受害人的哪些损害是由原具体行政行为或最初侵权行为造成的，往往界限不明，在有些时候，要分清原侵权行为和复议行为损害结果的大小，几乎不可能。可是，按《国家赔偿法》的这一规定，对原侵权行为和复议行为所致的损害程度又不得不准确认定，否则，两者所致的赔偿责任就无法分清，所谓“复议机关对加重的部分履行赔偿义务”就成了一句空话，受害相对人因此而应该取得的对这部分损害的赔偿权也永远无法落到实处。

为了增强这一条款在实践中的可操作性，避免原侵权机关与复议机关在承担赔偿责任中的扯皮与推诿，切实保护受害相对人的合法权益，该学者认为，《国家赔偿法》对这一条款的表达宜参照《行政诉讼法》第 25 条第 1 款和第 2 款的内容，作如下表述：“具体行政行为未经复议机关复议的，作出具体行政行为的行政机关为赔偿义务机关。”(第 1 款)“经复议机关复议的，复议机关维持原具体行政行为的，作出原具体行政行为的行政机关为赔偿义务机关；复议

---

① 邢鸿飞：《论国家赔偿中赔偿请求人和赔偿义务机关的特殊情形》，中国法学会行政法研究会 2004 年年会论文。

机关改变原具体行政行为的，复议机关为赔偿义务机关。”(第2款)“复议机关逾期不决，相对人对原具体行政行为提起行政赔偿的，作出原具体行政行为的行政机关为赔偿义务机关；相对人对原具体行政行为和逾期不决的行为均提起行政赔偿的，作出原具体行政行为的行政机关和复议机关为共同的赔偿义务机关。”(第3款)①

我们认为，《国家赔偿法》的这一规定与《行政复议法实施条例》第51条的规定存在不协调、不一致之处，《行政复议法实施条例》第51条规定：“行政复议机关在申请人的行政复议请求范围内，不得作出对申请人更为不利的行政复议决定。”这实际上是确立了“复议不加重原则”或“禁止不利变更原则”。既然复议机关不得作出对申请人更为不利的行政复议决定，则一般不存在复议机关的复议决定加重损害的情形，也就不存在复议机关对加重的部分履行赔偿义务的问题。但有两种特殊情况需要注意：一是两个利益上有冲突的相对人对行政机关的具体行政行为不服，均申请行政复议，复议机关的复议决定能否加重对其中一个相对人的处理？我们认为，在此情形下复议机关作出复议决定不受《行政复议法实施条例》第51条规定的限制。二是“复议机关逾期不决，相对人对原具体行政行为和逾期不决的行为均提起行政赔偿的，将作出原具体行政行为的行政机关和复议机关作为共同的赔偿义务机关”是否可行？我们认为，这是值得商榷的，因为这样做，存在责任分割上的困难。如果复议机关逾期不决（不作为）导致相对人的损害加重（扩大）的，复议机关只能对加重损害履行赔偿义务。尽管“加重部分”存在认定上的困难，但不等于不能认定。对“加重部分”可以由当事人提供证据来证实，由有权机关裁量决定。基于此，我们建议，对《国家赔偿法》第8条的规定作如下补充，即“经复议机关复议的，最初造成侵权行为的行政机关为赔偿义务机关，但对两个利益有冲突的相对人申请复议，复议机关的复议决定对其中一个相对人加重损害的，复议机关对加重的部分履行赔偿义务”。(第1款)“复议机关逾期不作出复议决定导致损害加重的，复议机关对加重的部分履行赔偿义务。”(第2款)

【练习题】

1. 简述国家赔偿责任主体与国家赔偿义务机关的关系。

---

① 邢鸿飞：《论国家赔偿中赔偿请求人和赔偿义务机关的特殊情形》，中国法学会行政法研究会2004年年会论文。

2. 简述行政赔偿请求人的概念与范围。
3. 简述我国行政赔偿义务机关的类型。
4. 简述我国司法赔偿义务机关的类型。

第七章　国家赔偿的程序

【重点】

1. 行政赔偿程序与司法赔偿程序的区别
2. 单独提出行政赔偿请求的程序
3. 司法赔偿先行处理程序
4. 司法赔偿复议程序
5. 司法赔偿决定程序

第一节　国家赔偿程序概述

一、国家赔偿程序的概念与特点

国家赔偿程序，是指赔偿请求人向赔偿义务机关或专门机构请求赔偿，赔偿义务机关或专门机构运用法律解决赔偿争议所应当遵循的方式、步骤、时限和顺序等法律要求的总称。方式，是指赔偿义务机关或专门机构运用法律解决赔偿争议时采用的各种具体方法和形式；步骤，是指赔偿义务机关或专门机构运用法律解决赔偿争议所要经历的阶段；时限，是指赔偿义务机关或专门机构运用法律解决赔偿争议的时间限制；顺序，是指赔偿义务机关或专门机构运用法律解决赔偿争议所经步骤的先后次序。根据《国家赔偿法》的规定，国家赔偿程序包括行政赔偿程序和司法赔偿程序。其中，司法赔偿程序又包括刑事赔偿程序和非刑事赔偿程序，非刑事赔偿程序是指人民法院在民事诉讼、行政诉讼过程中，违法采取对妨害诉讼的强制措施、保全措施或者对判决、裁定及其他生效法律文书执行错误，造成损害的赔偿程序。与民事侵权赔偿程序相比，我国国家赔偿程序具有以下特点：

1. 职务侵权是请求国家赔偿的前提条件。《国家赔偿法》第 2 条规定，“国家机关和国家机关工作人员行使职权，有本法规定的侵犯公民、法人和其他组织合法权益的情形，造成损害的，受害人有依照本法取得国家赔偿的权

利”。也就是说，只有职务侵权造成当事人合法权益损害的，才能请求国家赔偿。如果是国家机关工作人员的私人行为则不构成国家赔偿。国家机关工作人员的职务行为和私人行为的区分一般是综合考虑行为的名义因素、时间因素、岗位因素、职责因素、命令因素、利益因素六个因素来进行识别的。①

2. 国家赔偿纠纷须经赔偿义务机关先行处理。国家赔偿必须经过赔偿义务机关先行处理，是许多国家的通行做法。《国家赔偿法》第 9 条第 2 款规定，“赔偿请求人要求赔偿，应当先向赔偿义务机关提出，也可以在申请行政复议或者提起行政诉讼时一并提出”。也就是说，除在提起行政诉讼或行政复议时一并提起国家赔偿外，其他请求国家赔偿的，都必须经过赔偿义务机关的先行处理，然后才能向法院请求国家赔偿。国家赔偿中赔偿义务机关先行处理程序的发生可以有以下两种原因：一是因赔偿义务机关主动提出而发生。赔偿义务机关有权力也有义务及时纠正自己的违法行为，与受害人主动进行协商，达成协议，主动给予赔偿。二是因受害人申请而发生。采取赔偿义务机关先行处理程序，既有利于减轻法院的案件压力，又有利于受害人及时获得赔偿。

3. 国家赔偿请求权的时效为 2 年。从便于受害人行使赔偿请求权和确保国家机关工作效率出发，单独提起行政赔偿和司法赔偿的请求时效相同，均为两年。时效自其知道或者应当知道国家机关及其工作人员行使职权时的行为侵犯其人身权、财产权之日起计算，但被羁押等限制人身自由期间不计算在内。在申请行政复议或者提起行政诉讼时一并提出赔偿请求的，适用行政复议法、行政诉讼法有关时效的规定。

4. 国家赔偿可以适用调解。在国家赔偿程序中，由于赔偿诉讼不涉及对行政职权的处分问题，而是对经济利益的处分。《行政诉讼法》规定，无论是“单独提起”还是“一并提起”，赔偿诉讼都可以进行调解。当然，国家赔偿程序中的调解主要是赔偿方式、赔偿项目、赔偿数额上的调解。

5. 国家赔偿由法院最终解决。由法院终局解决国家赔偿纠纷，是世界各国普遍采用的做法。我国国家赔偿也是由人民法院最终解决的。其中，由人民法院最终解决的行政赔偿纠纷的具体程序是，一并提起的国家赔偿，遵照行政诉讼或行政复议的程序进行由人民法院最终解决；单独提起的行政赔偿，应当先向赔偿义务机关提出，由赔偿义务机关进行处理。如果赔偿义务机关逾期不赔偿或者双方就赔偿问题达不成协议的，受害人才能向人民法院提起赔偿诉

① 参见刘云甫、朱最新：《涉外行政法理论与实务》，华南理工大学出版社 2010 年版，第 56～57 页。

讼。由人民法院最终解决的司法赔偿纠纷的具体程序是，受害人请求司法赔偿应先向赔偿义务机关提出，赔偿义务机关拒绝赔偿或赔偿请求人对赔偿数额有异议的，可以向上一级机关申请复议；对复议机关逾期不作决定或对复议决定不服，再向人民法院赔偿委员会申请作出赔偿决定。赔偿委员会的决定为终局决定。无论是人民法院所作的行政赔偿判决，还是赔偿委员会所作的赔偿决定，一旦生效，就具有强制执行的效力。当赔偿义务机关拒不履行赔偿义务时，受害人可申请人民法院强制执行。

二、行政赔偿程序与司法赔偿程序的区别

根据我国《国家赔偿法》的规定，行政赔偿与司法赔偿构成了我国国家赔偿制度的全部内容。作为国家赔偿程序的组成部分，行政赔偿程序和司法赔偿程序存在众多共同特征。然而，行政赔偿与司法赔偿毕竟体现了对不同国家权力的监督和事后补救，因此在程序上也存在明显的差异。行政赔偿程序与司法赔偿程序的区别主要体现在以下几个方面：

1. 提起赔偿的程序不同。根据《国家赔偿法》的规定，提起行政赔偿程序的方式两种："单独式"和"一并式"并存。"单独提起"，是指赔偿请求人单独就职务侵权造成损害的赔偿问题向赔偿义务机关提出请求。"一并提起"，也可称为连带提起，是指赔偿请求人在申请行政复议或提起行政诉讼，要求确认行政机关行使职权的行为违法或要求撤销该违法行为的同时，一并提出赔偿请求。《国家赔偿法》第9条第2款规定，赔偿请求人请求行政赔偿，"也可以在申请行政复议和提起行政诉讼时一并提出"。而根据《国家赔偿法》第22条的规定，司法赔偿只能单独提起。之所以如此，主要因为：①（1）由我国刑事诉讼中公检法三机关分工负责、相互配合、相互制约的机制决定的。在这个机制中，一方面，三机关可以相互纠正对方的错误，比如，错拘可以经检察院不批准逮捕予以确认；错捕可以经法院判决无罪予以确认；错判可能因检察院抗诉引起审判监督程序予以确认。另一方面，三机关又是分工负责，自己有权改变自己作出的决定。如检察院在逮捕公民后，可能因撤销案件、决定免予起诉或者改为取保候审，将该公民释放，对此，人民法院无权审查检察院的决定是否正确。如果允许"一并提起"，意味着在当事人认为检察院的免予起诉、取保候审等决定违法侵权时，就可以向人民法院起诉并要求赔偿，人民

① 参见张旭等：《行政赔偿程序与司法赔偿程序之比较》，http：//www. lawtime. cninfo-sunhaishpclw2008110543408_4. html. 访问时间：2009年8月31日。

法院就有权对检察院的决定进行审查并进行确认。从目前来看，这种做法缺乏法律依据，与现行刑事诉讼机制背道而驰。（2）是法制统一的基本要求。刑事赔偿实行的是无罪羁押赔偿原则，而认定有罪还是无罪，是依靠刑法，通过刑事诉讼程序来解决的。比如，对发生法律效力的错判，刑事诉讼法规定应当通过审判监督程序来予以纠正。如果允许“一并提起”，人民法院对当事人及其家属的申诉就必须受理，受理后就必须首先来认定原判是否有错误，这就大大破坏了现行的审判监督程序，无异于另外搞了一套程序来替代审判监督程序，极不利于社会主义法制的统一。

2. 是否经过复议程序不同。在司法赔偿中，受害人请求赔偿应先向赔偿义务机关提出，赔偿义务机关拒绝赔偿或赔偿请求人对赔偿数额有异议的，向上一级机关即上一级公安机关、检察院或者监狱管理机关等申请复议。除赔偿义务机关是人民法院的外，申请复议是司法赔偿中的必经程序。而在“单独提起”行政赔偿中，不须经过复议。“一并提起”的行政赔偿中，也只有在行政复议中一并提起才需要经过复议。而且这种行政复议，与司法赔偿中的复议是两种截然不同的制度，存在着本质的区别①：（1）性质不同。行政复议属于行政行为的一种，而司法赔偿复议则应归入司法行为的一类。（2）处理的内容不同。行政复议所要解决的主要是具体行政行为合法性和合理性问题，司法赔偿复议是针对赔偿义务机关的处理决定是否正确而展开，仅解决赔偿问题，它不涉及司法机关及其工作人员的职权行为的合法与否。（3）救济途径不同。对不少行政复议裁决，相对人若不服可提起行政诉讼；而受害人对司法赔偿复议机关所作的处理不服不能起诉，只能向人民法院提起作出赔偿决定的请求。（4）程序不同。行政复议有着一套较为完备、独立的程序。而司法赔偿复议程序，国家赔偿法规定得很不详尽，可以说这是立法中的一个缺陷，给将来的实际操作带来了困难，这就有待于有权机关作出司法解释，并在实践中逐步加以完善。

3. 人民法院最终解决赔偿纠纷的程序不同。人民法院最终解决赔偿纠纷是我国行政赔偿和司法赔偿的共同特征。但终局解决行政赔偿的程序是诉讼程序，而终局解决司法赔偿纠纷的程序是人民法院赔偿委员会的决定程序。人民

① 参见张旭等：《行政赔偿程序与司法赔偿程序之比较》，http：//www.lawtime.cninfo-sunhaishpclw2008110543408_4.html. 访问时间：2009 年 8 月 31 日。

法院的赔偿决定程序与行政赔偿诉讼程序不同①：（1）当事人的称谓不同，赔偿决定程序中只有申请人（赔偿请求人）和被申请人（赔偿义务机关），没有诉讼程序中的原告、被告之称。（2）管辖不同。司法赔偿由复议机关所在地的与复议机关同级的人民法院，一般是中级以上人民法院管辖，赔偿义务机关是人民法院的，由其上一级人民法院管辖。而赔偿诉讼是根据行政诉讼法中有关级别管辖和地域管辖的规定来确定管辖的法院。（3）审理组织不同。赔偿决定程序实行特别的审理组织——赔偿委员会。行政赔偿案件则由各级人民法院内设的行政审判庭受理，并采取合议制，由合议庭负责具体赔偿案件的审理。（4）结案形式不同。赔偿决定程序以决定的形式结案，行政赔偿诉讼是采取判决和裁定的形式结案的。（5）采取的审级不同。在我国，凡诉讼程序（民事诉讼中的特别程序除外）一律实行两审终审制，行政赔偿诉讼自不例外。但赔偿决定程序是一次终局。（6）审理方式不同。赔偿决定程序不像诉讼程序那样实行以开庭审理为主的方式，而是采取书面审理。赔偿委员会根据双方当事人提供的材料，必要时可以进行调查、询问当事人，在事实清楚的基础上即可作出书面决定，送达当事人。（7）纠正的途径不同。在赔偿诉讼程序中，一审判决作出后，当事人双方如果不服，皆可上诉。判决生效后，还可望通过审判监督程序来纠正错判。而赔偿委员会的决定为终局决定，具有法律效力，当事人不得上诉。

第二节　行政赔偿程序

一、行政赔偿程序概述

行政赔偿程序，是指行政赔偿请求人向行政赔偿义务机关请求行政赔偿，行政赔偿义务机关对赔偿请求进行审查并作出处理，以及通过行政复议机关或人民法院根据行政赔偿请求人的申请复议或起诉解决行政赔偿争议的方式、步骤、顺序和时限的总称。行政赔偿程序，对于行政赔偿请求人而言，是其依法取得国家赔偿权利的一种途径、手段和保障；而对行政赔偿义务机关而言，则是对其构成一种约束。有关行政赔偿程序，《行政诉讼法》、《国家赔偿法》都做了明确规定。根据《行政诉讼法》、《国家赔偿法》关于行政赔偿程序的规定，

① 参见张旭等：《行政赔偿程序与司法赔偿程序之比较》，http：//www. lawtime. cninfo-sunhaishpclw2008110543408_4. html. 访问时间：2009 年 8 月 31 日。

公民、法人或者其他组织在其合法权益受到行政机关及其工作人员行使行政职权行为的侵犯，造成实际损害时，想获得行政赔偿，一般可以通过以下途径：

1. 行政赔偿义务机关主动确认和履行其赔偿义务。行政机关因其工作人员违法行使职权侵犯了公民、法人和其他组织的人身权和财产权，并造成实际损害的，行政机关在纠正该违法行为后，主动依照《国家赔偿法》的规定向受害人给予赔偿，受害人对赔偿义务机关的赔偿没有异议的，该项赔偿事务就算完成。此种途径往往仅具有理论上的意义，在实践中则是很少。因此，本书不予详述。

2. 在行政复议或行政诉讼中一并提出行政赔偿。"一并提起"是指行政赔偿请求人在申请行政复议或提起行政诉讼的同时，一并提出赔偿请求。它是将两项不同的请求一并向同一机关提出，合并审理解决，但这两项不同的请求必须具有内在的联系，即赔偿请求的损害事实，是由违法的具体行政行为造成的。一并提出行政赔偿具体包括两种途径：（1）在行政复议中一并提出行政赔偿。受害人在申请行政复议的同时，可以一并提出赔偿请求。复议机关经复议审查后，确认被申请人作出的具体行政行为侵犯了申请人的合法权益，并造成实际损害的，复议机关在作出复议决定的同时，责令被申请人依照《国家赔偿法》的规定赔偿申请人的损失。如果受害人在申请行政复议时没有提出赔偿请求的，则行政赔偿义务机关对赔偿问题不予处理。但是按照《行政复议法》第29条第2款规定，申请人在申请行政复议时没有提出行政赔偿请求的，行政复议机关在依法决定撤销或者变更罚款，撤销违法集资、没收财物、征收财物、摊派费用以及对财产的查封、扣押、冻结等具体行政行为时，应当同时责令被申请人返还财产，解除对财产的查封、扣押、冻结措施，或者赔偿相应的价款。（2）在行政诉讼中一并提出行政赔偿。此种方式又分为两种情况：第一，在一审中提起行政赔偿。依照《行政诉讼法》的规定，当事人可以在提起行政诉讼的同时一并提起行政赔偿请求，也可以在一审庭审结束之前提出。当事人在此期间提起行政赔偿请求的，一审法院应该依法作出是否予以赔偿的决定。如果当事人在一审期间没有提出行政赔偿请求的，根据"不告不理"原则，法院不得主动作出行政赔偿判决。"例外的情况是，撤销具体行政行为将会给国家利益或者公共利益造成重大损失的，法院在作出确认违法的判决并责令被告采取相应的补救措施外，对此具体行政行为造成的损害应主动作出赔偿判决。"① 第二，在二审中提起行政赔偿。根据《最高人民法院关于

① 中国法制出版社编：《国家赔偿法新解读》，中国法制出版社2008年版，第19页。

执行《中华人民共和国行政诉讼法》若干问题的解释》的规定，当事人在一审中提出行政赔偿请求，一审判决遗漏行政赔偿请求，第二审人民法院经审查认为依法不应当予以赔偿的，应当判决驳回行政赔偿请求。一审判决遗漏行政赔偿请求，第二审人民法院经审理认为依法应当予以赔偿的，在确认被诉具体行政行为违法的同时，可以就行政赔偿问题进行调解；调解不成的，应当就行政赔偿部分发回重审。当事人在第二审期间提出行政赔偿请求的，第二审人民法院可以进行调解；调解不成的，应当告知当事人另行起诉。在行政复议或行政诉讼中一并提起行政赔偿，其适用的是行政复议程序和行政诉讼程序。对此，本书不予详述。

3. 单独向行政赔偿义务机关提出行政赔偿。"单独提起"是指行政机关及其工作人员行使职权行为造成公民、法人或其他组织合法权益损害，行政赔偿请求人仅就赔偿问题提出请求。赔偿请求人单独提出赔偿请求，应当先向行政赔偿义务机关提出，遵循"赔偿义务机关先行处理"的原则。只有在赔偿请求人向赔偿义务机关提出赔偿请求，赔偿义务机关拒绝赔偿或赔偿请求人对赔偿数额有异议的，才可以向人民法院提起行政赔偿诉讼，否则，未经先行处理程序直接起诉的，人民法院不予受理。赔偿义务机关先行处理程序只适用于单独提出赔偿请求的情况。在实践中，有关行政赔偿程序的问题主要出在单独提出行政赔偿上，因此下文仅对此种情形加以详述。

二、单独请求赔偿的程序

（一）先行处理程序

世界上大多数国家均采用行政机关先行处理原则解决赔偿问题。该原则因赔偿方式上的差别又被称为协议先行原则、穷尽行政救济原则等。在美国，涉及国家赔偿的案件，大约有80%至90%是在行政机关得到解决的。《国家赔偿法》第9条第2款规定，"赔偿请求人要求赔偿，应当先向赔偿义务机关提出，也可以在申请行政复议和提起行政诉讼时一并提出"。《国家赔偿法》第14条规定，"赔偿义务机关在规定期限内未作出是否赔偿的决定，赔偿请求人可以自期限届满之日起3个月内，向人民法院提起诉讼"。这些法律规定确立了我国行政赔偿中的先行处理程序，即在一般情况下，行政赔偿请求人向人民法院单独提起行政赔偿诉讼之前，须先向有关的行政赔偿义务机关提出赔偿请求，由行政赔偿义务机关对赔偿问题依法进行解决，如果行政赔偿义务机关的处理没有解决争端，行政赔偿请求人才可以向人民法院提起行政赔偿诉讼的行政程序。行政赔偿的先行处理程序一般应该遵循以下程序：

1. 行政赔偿请求的提出。在行政赔偿程序中，行政赔偿请求人向行政赔偿义务机关提出赔偿请求必须符合一定条件：

首先是实质要件。具体包括：（1）赔偿请求人必须具有赔偿请求权。赔偿请求权是法律赋予公民、法人和其他组织主张赔偿的权利，没有赔偿请求权的公民、法人及其他组织不得请求行政赔偿。（2）行政赔偿被请求人是行政赔偿义务机关，即赔偿请求必须向赔偿义务机关提起。赔偿请求人在请求赔偿时，首先必须弄清谁是行政赔偿义务机关，然后才能有针对性地提出赔偿请求。根据法律规定，行政赔偿义务机关包括：行使职权侵害当事人合法权益造成损害的行政机关；行使职权侵害当事人合法权益造成损害的行政机关工作人员所在的行政机关；行使职权侵害当事人合法权益造成损害的法律、法规授权的组织；受委托的组织和个人行使职权侵害当事人合法权益造成损害的委托的行政机关；共同作出职务侵权行为的两个以上的行政机关；复议决定加重了损害的复议机关。（3）赔偿请求事项必须符合法律规定的范围。赔偿请求人所提出的赔偿请求事项，必须是属于国家赔偿法规定的行政赔偿范围。凡超出法律规定的赔偿范围提出的赔偿请求，赔偿义务机关不予受理。（4）赔偿请求必须在法律规定的期限内提出。赔偿请求人请求赔偿义务机关予以赔偿，必须在法定的期限内提出。如果超出法定期限，则该行政赔偿请求权自然丧失，赔偿请求人不能获得行政赔偿。我国《国家赔偿法》第39条的规定："赔偿请求人请求国家赔偿的时效为2年，自其知道或者应当知道国家机关及其工作人员行使职权时的行为侵犯其人身权、财产权之日起计算，但被羁押等限制人身自由期间不计算在内。在申请行政复议或者提起行政诉讼时一并提出赔偿请求的，适用行政复议法、行政诉讼法有关时效的规定。"

其次是形式要件。请求人向赔偿义务机关提出行政赔偿请求，应以书面形式申请，即递交赔偿申请书。根据《国家赔偿法》第12条的规定，赔偿申请书应当载明下列事项，"受害人的姓名、性别、年龄、工作单位和住所，法人或者其他组织的名称、住所和法定代表人或者主要负责人的姓名、职务；具体的要求、事实根据和理由；申请的年、月、日"。赔偿申请书是请求人向赔偿义务机关提出的主要书面材料，因此必须内容完整，符合法定形式，语言简明，字迹工整，便于赔偿义务机关审查处理。由于我国各地差异很大，个别地方还存在文盲和识字不多的人，为此《国家赔偿法》规定，"赔偿请求人书写申请确有困难的可以委托他人代书；也可以口头申请，由赔偿义务机关记入笔录"。

此外，在行政赔偿请求的提出中，还要注意以下问题：（1）《国家赔偿法》第12条第3款规定，“赔偿请求人不是受害人本人的，应当说明与受害人的关系，并提供相应证明”。也就是说，如果赔偿请求人与受害人不一致时，应当提供相关证明来证明赔偿请求人与受害人之间的关系。当赔偿请求人是自然人时，就应该提供证明来证明他与受害人之间存在继承关系，或者他是与受害人之间存在抚养关系的亲属；当赔偿请求人是组织时，就应该提供证明来证明它与受害人之间存在权利义务的承受关系。（2）有两个以上赔偿义务机关时赔偿请求的提出。共同赔偿义务机关应当共同承担行政侵权赔偿责任。在存在两个或两个以上的行政赔偿义务机关时，赔偿请求人可以向共同赔偿义务机关中的任何一个赔偿义务机关要求赔偿，被请求的赔偿义务机关不能借口其他赔偿义务机关未被请求或未予赔偿，而拒绝或推诿赔偿责任，而应当先予以赔偿。某一赔偿义务机关先予赔偿之后，可要求其他赔偿义务机关承担赔偿责任。（3）数项赔偿请求的提出。赔偿请求人根据受到的不同损害，可以同时提出数项赔偿请求。数项赔偿请求相互之间往往有着一定的联系，它们或者是因同一侵权行为而产生多项损害，或者是多种侵权行为实施于一个人产生多项损害。对数项赔偿请求同时提出，一并解决，有助于综合考虑各种因素，合理解决赔偿争议。（4）赔偿请求人当面递交申请书的，赔偿义务机关应当当场出具加盖本行政机关专用印章并注明收讫日期的书面凭证。申请材料不齐全的，赔偿义务机关应当当场或者在5日内一次性告知赔偿请求人需要补正的全部内容。

2. 行政赔偿义务机关的受案。行政赔偿义务机关收到行政赔偿申请书后，应该依照法律规定进行受案前的初步审查。如果通过审查认为该申请书符合行政赔偿条件，赔偿义务机关应决定受理并通知赔偿请求人。赔偿义务机关对申请书的初步审查主要包括下列内容：申请是否符合行政赔偿的要件；申请书的内容和形式是否符合要求；申请人所要求赔偿的损害是否确为本行政机关及其工组人员或受本机关委托的组织或个人的职权行为所造成；赔偿请求人所要求的行政赔偿是否属于《国家赔偿法》所规定的赔偿范围。如经初步审查，所以这些要求均已达到，则应决定立案处理，并通知赔偿请求人。如果发现以下情况，则应另行处理：申请材料不齐全的，赔偿义务机关应当当场或者在5日内一次性告知赔偿请求人需要补正的全部内容；如果申请人不具有行政赔偿请求人资格，应告知其理由，由有申请人资格的人提出申请；行使赔偿请求权已超过法定期限的，应告知赔偿请求人不予受理的原因。

3. 行政赔偿义务机关的处理。行政赔偿义务机关处理行政赔偿请求的方式，各国有着不同的规定，概括起来主要有两种①：（1）协议式。即行政赔偿请求人与行政赔偿义务机关之间，就赔偿金额在相互协商的基础上，达成协议，以解决行政赔偿争议的方式。这种通过协商解决行政赔偿争议的方式，被世界上许多国家和地区所采用。如美国《联邦侵权赔偿法》第2676条规定："对于受害人的请求，第一联邦行政机关的首长或者指定人必须予以考虑，评估、调解、决定或妥协、和解，受害人如果接受了这种决定或妥协、和解，则发生终局之效力，不得再行请求或起诉。"我国台湾地区"国家赔偿法"规定，依本法请求损害赔偿时，应先以书面形式向赔偿义务机关请求之。赔偿义务机关对于赔偿请求，应即与请求权人协议。协议成立时，应作成协议书，该项协议书应予以执行。赔偿义务机关拒绝赔偿，或自提起请求之日起30日内不开始协议，或自开始协议超过60日协议不成立时，请求权人得提起损害赔偿之诉。（2）决定式。即赔偿请求人要求国家赔偿，向赔偿义务机关提出请求，由赔偿义务机关直接作出决定是否予以赔偿。赔偿请求人对赔偿决定不服的，可向法院提起诉讼。如在法国，提起赔偿诉讼要遵循赔偿义务机关先作出关于赔偿金决定为前提的规则，请求人对赔偿义务机关的决定不服，才能提起赔偿诉讼。韩国《国家赔偿法》第9条规定："依本法提起损害赔偿诉讼，非经赔偿审议会作出赔偿金给付或驳回的决定后，不得提起。但自赔偿金支付申请之日起，超过3个月时，有权不经过其决定，提起诉讼。"瑞士的《联邦责任法》规定，被害人请求国家赔偿，应先向财政部申请，如果财政部驳回其请求，或超过3个月而未作决定，被害人可以向联邦法院提起诉讼。《国家赔偿法》第13条规定，"赔偿义务机关应当自收到申请之日起2个月内，作出是否赔偿的决定。赔偿义务机关作出赔偿决定，应当充分听取赔偿请求人的意见，并可以与赔偿请求人就赔偿方式、赔偿项目和赔偿数额依照本法第四章的规定进行协商"。根据这一规定，我们认为，我国行政赔偿义务机关对赔偿申请的处理采取的是决定式。因为在国家赔偿的处理过程中，是否协商是由行政赔偿义务机关来自由裁量的。协商程序是国家赔偿程序中的酌定程序，不是法定的必经程序。当然，我国采取的决定式与外国的决定式存在一些不同，有着中国特色：（1）赔偿义务机关作出赔偿决定，应当充分听取赔偿请求人的意见。充分听取赔偿请求人的意见是行政赔偿义务机关的法定义务。（2）我国采取的决定式是协商可以先行的决定式，即赔偿义务机关在作出最后赔偿决定

① 参见刘嗣元、石佑启编著：《国家赔偿法要论》，北京大学出版社2005年版，第200～201页。

之前，可先就赔偿事项与赔偿请求人进行协商，双方能够达成一致的，赔偿争议得以解决；经协商双方不能达成一致的，由赔偿义务机关单方面作出是否赔偿及赔偿多少的决定。

行政赔偿义务机关经审查后，应该在2个月内作出相应处理。一般有两种形式：(1) 作出予以赔偿的决定书。赔偿义务机关对赔偿请求人的申请经过审查，认为符合法律规定的条件，应在2个月内作出赔偿决定。赔偿义务机关可与赔偿请求人就赔偿事项进行协商，达成一致意见，以解决赔偿争议。协商的内容主要有：赔偿方式、赔偿项目和赔偿数额等。当然，赔偿义务机关也可以采取决定的方式对赔偿请求人予以赔偿。赔偿义务机关决定赔偿的，应当制作赔偿决定书，并自作出决定之日起10日内送达赔偿请求人。(2) 作出不予赔偿的决定书。赔偿义务机关经审查，认为赔偿请求人的申请不符合法律规定的赔偿条件的，不予赔偿。不予赔偿一般是受理申请的行政机关认为本机关没有赔偿义务，请求赔偿的损害事实不是本机关及其工作人员或受本机关委托的组织和个人的职权行为造成的，或者请求赔偿之损害事实，不在《国家赔偿法》所规定的赔偿范围之内等。赔偿义务机关决定不予赔偿的，应当自作出决定之日起10日内书面通知赔偿请求人，并说明不予赔偿的理由。

在共同侵权赔偿案件中，赔偿请求人可以向共同赔偿义务机关中的任何一个赔偿义务机关要求赔偿，该赔偿义务机关应当先予赔偿。

《国家赔偿法》第14条规定，赔偿义务机关在规定期限内未作出是否赔偿的决定，赔偿请求人可以自期限届满之日起3个月内，向人民法院提起诉讼。赔偿请求人对赔偿的方式、项目、数额有异议的，或者赔偿义务机关作出不予赔偿决定的，赔偿请求人可以自赔偿义务机关作出赔偿或者不予赔偿决定之日起3个月内，向人民法院提起诉讼。这就是说，行政赔偿义务机关无论是决定赔偿，还是决定不予赔偿都应该在收到赔偿申请之日起2个月内作出处理决定书。如果决定不予赔偿或逾期不作赔偿决定，或者赔偿请求人对赔偿方式、赔偿项目和赔偿数额有异议的，赔偿请求人可自收到赔偿决定之日起或者自期间届满之日起3个月内向人民法院提起行政赔偿诉讼。为了充分保护公民、法人或者其他组织的诉权，最高人民法院《关于审理行政赔偿案件若干问题的规定》第24条规定："赔偿义务机关作出赔偿决定时，未告知赔偿请求人的诉权或者起诉期限，致使赔偿请求人逾期向人民法院起诉的，其起诉期限从赔偿请求人实际知道诉权或者起诉期限时起算，但逾期的期间自赔偿请求人收到赔偿决定之日起不得超过1年。"

（二）行政赔偿诉讼程序

行政赔偿诉讼是一种独立的特殊诉讼形式。它是人民法院根据赔偿请求人的诉讼请求，依照《国家赔偿法》、《行政诉讼法》等法律规定解决行政赔偿争议的活动。在起诉条件、审理形式、证据规则以及适用程序诸方面都有其自身特点。

1. 行政赔偿诉讼的受案范围。行政诉讼赔偿程序比一般行政诉讼程序受案范围要广。根据《行政诉讼法》第 2 条规定，一般行政诉讼的受案范围是“公民、法人和其他组织认为行政机关和行政机关工作人员的具体行政行为侵犯其合法权益，有权依照本法向人民法院提起诉讼”。行政赔偿诉讼的受案范围不仅包括《行政诉讼法》规定的受案范围，还包括行政机关及其工作人员在履行公务过程中的违法事实行为，具体来说主要有以下几项：非法拘禁或者以其他方法非法剥夺公民人身自由的；以殴打等暴力行政或者唆使他人以殴打等暴力行为造成公民身体伤害或者死亡的；违法使用武器、警械造成公民身体伤害或者死亡的；造成公民身体伤害或者死亡的其他违法行为等。

2. 行政赔偿诉讼的起诉条件。根据《行政诉讼法》、《国家赔偿法》的规定，行政赔偿请求人单独提起行政赔偿诉讼，应当符合下列条件：（1）当事人适格。行政赔偿诉讼的当事人包括原告、被告和行政赔偿诉讼的第三人。提起行政赔偿诉讼的原告原则上应该是受害人，即认为行政机关及其工作人员职务行为侵犯其合法权益并造成损害的公民、法人和其他组织。作为受害人的公民死亡的，其继承人或者有扶养关系的亲属可以作为原告提起诉讼；作为受害人的法人或者其他组织终止的，承受其权利的法人或者其他组织可以作为原告提起诉讼。行政赔偿诉讼的被告是其职权行为侵犯公民、法人或者其他组织的合法权益，并造成实际损害的行政机关或法律法规授权的组织。这里的被告的范围及其确定标准与赔偿义务机关是一致的。行政赔偿诉讼的第三人，是指与行政赔偿案件处理结果有法律上的利害关系而参加到他人提起的行政赔偿诉讼程序中的公民、法人和其他组织。根据《行政赔偿司法解释》第 14 条规定，与行政赔偿案件处理结果有法律上的利害关系的其他公民、法人或者其他组织有权作为第三人参加行政赔偿诉讼。（2）有具体的赔偿请求和事实根据。赔偿请求是行政赔偿诉讼的核心，是指原告通过人民法院向被告提出的行政赔偿主张。不告不理的司法原则决定必须有具体的赔偿请求，以便法院审理。所谓“有具体的赔偿请求”，即要求原告请求赔偿的方式、范围、数额等必须明确、具体，以便人民法院对案件进行审理和作出裁决。“事实根据”是原告提起赔偿诉讼所根据的事实，包括案情事实和证据事实。行政赔偿诉讼的起诉除有具体的赔偿请求外，还应有相应的事实根据，以为赔偿请求提供支撑。当然，并不要求事实根据达到“确实、充分”的程度。因为，事实根据能否完全支持原告的赔偿请求，需要在案件审理以后，在判决当中进行认定。（3）行政赔偿义务机关已先行处理或超过法定期限不予处理。赔偿义务机关先行处理是赔偿请求人单独向人民法院提起行政赔偿诉讼的前置程序或前提条件，不经过赔偿义务机关的先行处理，赔偿请求人不得单独向人民法院提起行政赔偿诉讼。当然，赔偿请求人向赔偿义务机关提出赔偿请求，赔偿义务机关超过法定期限不予处理的，赔偿请求人可依法向人民法院提起行政赔偿诉讼。（4）属于人民法院的受案范围和受诉人民法院的管辖。双方之间的行政赔偿争议必须属于国家赔偿法所规定的赔偿范围，属于人民法院受理案件的范围，否则，人民法院不予受理。同时，原告的起诉还必须向依法对该案享有管辖权的特定人民法院提出，否则，人民法院亦无权受理原告的起诉。（5）符合法律规定的起诉期限。赔偿请求人单独提起行政赔偿诉讼，可以在向赔偿义务机关递交赔偿申请后的2个月届满之日起3个月内提出。赔偿义务机关作出赔偿决定时，未告知赔偿请求人的诉权或者起诉期限，致使赔偿请求人逾期向人民法院起诉的，其起诉期限从赔偿请求人实际知道诉权或者起诉期限时计算，但逾期的期间自赔偿请求人收到赔偿决定之日起不得超过1年。

3. 行政赔偿诉讼的受理。起诉是当事人行使诉权的诉讼行为，受理是人民法院行使管辖权的职权行为。公民、法人或者其他组织的起诉不一定必然为人民法院所受理。因而，人民法院在收到起诉状后，应依法依照《行政诉讼法》、《国家赔偿法》规定的各项起诉条件进行全面审查。根据审查的情况，人民法院对符合起诉条件的，应当在7日内予以立案。对于不符合起诉条件的，人民法院应当在7日内作出不予受理的裁定。人民法院在7日内不能确定可否受理，应当先于受理。审理中发现不符合受理条件的，裁定驳回起诉。对于起诉状内容不全，人民法院可责令起诉人补正。起诉人应按照人民法院要求补正，并从提交补正材料之次日计算决定立案的期限。起诉人不补正或不按照法院要求补正的，人民法院可以作出不予受理的裁定。受诉人民法院不决定立案受理，又不作出不予受理裁定的，起诉人可向上一级人民法院申诉。

4. 行政赔偿诉讼的审理与判决。人民法院审理行政赔偿案件，原则上适用《行政诉讼法》的有关规定，如适用公开审理制度（涉及国家秘密、商业秘密和个人隐私的案件除外）、回避制度、合议制度、两审终审制度等，但在某些方面也采用一些特殊的规则，主要体现在：（1）人民法院审理行政赔偿案件，就当事人之间的行政赔偿争议进行审理与裁判。人民法院对单独提起的行政赔偿诉讼，一般只审查行政义务机关的赔偿处理决定是否符合法律规定，或者根据法律规定确定赔偿方式和赔偿数额，不再审查具体行政行为的合法性。已经行政赔偿义务机关先行处理的案件，赔偿请求人对赔偿义务机关作出的赔偿决定不服提起行政赔偿诉讼的，人民法院应将赔偿义务机关的赔偿决定纳入审理范围。通过审查赔偿义务机关的赔偿决定，可以直接判决维持或者变更赔偿义务机关的赔偿决定，也可以在撤销赔偿义务的赔偿决定之后进行调解或作出判决。（2）从审理形式看，行政赔偿诉讼不同于一般的行政诉讼，在行政赔偿诉讼审理过程中，可以适用调解作为结案方式。《行政诉讼法》第 50 条规定："人民法院审理行政案件，不适用调解。"同时第 67 条又规定："赔偿诉讼可以适用调解。"人民法院在坚持合法、自愿的前提下，可以就赔偿方式、赔偿项目和赔偿数额进行调解。调解成立的，应当制作行政赔偿调解书。行政赔偿调解书应当写明赔偿请求、案件事实和调解结果，应由审判人员、书记员署名，加盖人民法院印章，送达双方当事人，调解书以双方当事人签收后，即具有法律效力。（3）从证据规则看，行政赔偿诉讼的证据规则是以"谁主张谁举证"为原则，以"被告负举证责任"为补充。《关于行政诉讼证据若干问题的规定》第 5 条规定，"在行政赔偿诉讼中，原告应当对被诉具体行政行为造成损害的事实提供证据"。《国家赔偿法》第 15 条第 1 款更是明确指出，"人民法院审理行政赔偿案件，赔偿请求人和赔偿义务机关对自己提出的主张，应当提供证据"。因此，"谁主张谁举证"的证据规则是行政赔偿诉讼中举证应该遵循基本原则。当然，为了保障公民、法人和其他在组织的合法权益，《国家赔偿法》第 15 条第 2 款规定了例外条款，即"赔偿义务机关采取行政拘留或者限制人身自由的强制措施期间，被限制人身自由的人死亡或者丧失行为能力的，赔偿义务机关的行为与被限制人身自由的人的死亡或者丧失行为能力是否存在因果关系，赔偿义务机关应当提供证据"。

5. 行政赔偿诉讼的执行与期间。单独提起行政赔偿案件一审的审理期限为 3 个月，二审为 2 个月。如因特殊情况需延长审理期限的，依照《行政诉讼法》相关规定报请批准。行政赔偿案件审结后，发生法律效力的行政赔偿判决书、裁定书或调解书，当事人必须全面履行。一方拒绝履行的，另一方当事人可以向一审人民法院申请强制执行。申请强制执行的期限，申请人是公民的为 1 年，申请人是法人或其他组织的为 6 个月。

第三节　司法赔偿程序

一、司法赔偿程序的概念与特征

司法赔偿程序，是指国家司法机关及其工作人员的司法侵权行为造成公民、法人和其他组织的人身权和财产权等合法权益损害后，赔偿请求人向有关司法机关和人民法院赔偿委员会请求司法赔偿，有关司法机关和人民法院赔偿委员会对赔偿请求进行审查并作出处理所遵循的方式、步骤、顺序和时限的总称。

《国家赔偿法》规定的司法赔偿程序，是在我国现行司法体制框架下，根据中国具体国情，借鉴域外有益经验的基础上构建的，其特征如下：(1) 司法赔偿程序是单独提出赔偿请求的程序。在行政赔偿中，受害人可以单独提起赔偿请求，也可以在行政复议或行政诉讼过程中一并提出赔偿请求。但司法赔偿具有自己的特点，赔偿请求人只能单独地提出赔偿请求，即某种司法行为被确定为违法或侵权后，赔偿请求人才可以要求赔偿。这个特点是由我国的司法体制以及司法活动的需要所决定。司法活动存在于法律严格要求的程序中，人民法院对检察机关、侦查机关的活动没有普遍的监督权，司法赔偿只有在确定司法行为违法后，才可以请求司法赔偿。这就使得司法赔偿不可能在其他程序中一并提起。(2) 司法赔偿纠纷由人民法院终局解决。由法院终局解决司法赔偿纠纷，是世界各国普遍采用的做法。我国在制定《国家赔偿法》时，充分考虑到司法活动的特点，顺应世界赔偿立法潮流，将人民法院作为司法赔偿纠纷的终局性解决机关。由人民法院终局解决司法赔偿纠纷的具体程序是：赔偿请求人首先向赔偿义务机关提出；赔偿义务机关逾期不予赔偿或者赔偿请求人对赔偿数额有异议的，赔偿请求人可以向其上一级机关申请复议；复议机关逾期不作决定的，或不服复议决定的，赔偿请求人可以向复议机关所在地的同级人民法院赔偿委员会申请作出赔偿决定。赔偿委员会作出的赔偿决定是终局决定，必须执行。(3) 司法赔偿程序是一种非讼决定程序。赔偿请求人提出司法赔偿请求，必须先向赔偿义务机关提出，赔偿义务机关依法决定是否予以赔偿，如果请求人不同意赔偿义务机关的决定，可以向赔偿义务机关的上级机关提出复议请求，如果复议机关在法律规定的期限内不作出决定或请求人不同意复议机关的决定，可以向人民法院赔偿委员会申请作出赔偿决定。由于我国现行司法体制实行审检分离，审判机关和检察机关各自向权力机关负责并报告工作。而且依据我国宪法规定，检察机关拥有对审判机关的法律监督权。如果在司法赔偿中让检察机关以被告身份出现，明显与宪法规定不符。因此，我国《国家赔偿法》规定，人民法院赔偿委员会审理司法赔偿案件不实行诉讼程序，而是实行非讼决定程序，即不开庭、不辩论；赔偿委员会根据案件需要可以要求当事人或相关证人提供有关情况、案件材料、证明材料或到人民法院接受调查；赔偿委员会讨论案件实行少数服从多数的原则，其决定一旦作出就具有法律效力，必须执行。

二、司法赔偿的先行处理程序

司法赔偿的先行处理程序，是指在司法行为被确认为违法后，赔偿请求人请求赔偿义务机关给予赔偿所遵循的程序。国家赔偿纠纷在由法院最终解决前须经赔偿义务机关先行处理，是世界众多国家的通行做法。如，韩国国家赔偿法规定，“依本法之损害赔偿诉讼，须经赔偿审议会为赔偿金之支付或驳回之决定后，始得提起”。奥地利国家赔偿法规定，“被害人应先向有赔偿责任之官署以书面请求赔偿。书面送达官署3个月后，未经官署确认，或在此期间内对赔偿义务全部或一部拒绝，被害人得以官署为被告提起民事诉讼”。捷克《关于国家机关的决定或不当公务行为造成损害的责任的法律》中规定，“补偿请求必须在无罪判决或被释放后一年内先向司法部长提出不满的，才可以根据民事诉讼程序向法院提起诉讼”。我国台湾地区国家赔偿法规定，“依本法请求损害赔偿时，应先以书面向赔偿义务机关请求之。赔偿义务机关对于前项请求，应即与请求权人协议。协议成立时，应作成协议书，该项协议书得为执行名义”。这就是说，赔偿请求人向赔偿义务机关提出赔偿请求后，赔偿义务机关应当与赔偿请求人进行协议，协议是解决国家赔偿问题的法定程序，逾期不开始协议或协议不成立，赔偿请求人才可以提起损害赔偿的诉讼。在世界各国的立法例中，有关协商机关有三种模式①：（1）由原决定机关和专门机关负责。如在瑞士，凡公法上的请求，应向原决定机关请求救济；如果被请求的机关是联邦政府，则向财政部协商。（2）由原决定机关或其上级机关为协商机关。如在美国，协商的机关为侵权行政机关的首长或其指定人；超过2.5万美元，须事先由司法部长或其指定人批准。（3）由特设的专门机关协商。如韩国的审议会。韩国国家赔偿法规定，对于赔偿金支付标准未列入的损害赔

① 参见林准、马原主编：《国家赔偿问题研究》，人民法院出版社1992年版，第271~272页。

偿，须由本部审议会或特别审议会并经所属长官承认，才可作出赔偿决定。《国家赔偿法》第22条第2款规定："赔偿请求人要求赔偿，应先向赔偿义务机关提出。"同时，《国家赔偿法》第23条、第24条、第25条对司法赔偿中先行处理程序作了原则规定。根据《国家赔偿法》的这些规定，借鉴国外的经验，结合我国的具体情况，我们认为，司法赔偿中先行处理程序应该表现为：司法赔偿请求的提出、司法赔偿请求的受理、处理决定的作出三个阶段①：

（一）司法赔偿请求的提出

《国家赔偿法》第22条第3款规定："赔偿请求人提出赔偿请求，适用本法第11条、第12条的规定。"也就是说，司法赔偿请求的提出在形式要件上与行政赔偿的法律要求一样：（1）司法赔偿请求人向司法赔偿义务机关提出司法赔偿请求，应以书面形式申请，即递交赔偿申请书。根据《国家赔偿法》第12条的规定，赔偿申请书应当载明下列事项，"受害人的姓名、性别、年龄、工作单位和住所，法人或者其他组织的名称、住所和法定代表人或者主要负责人的姓名、职务；具体的要求、事实根据和理由；申请的年、月、日"。赔偿申请书是请求人向赔偿义务机关提出的主要书面材料，因此必须内容完整，符合法定形式，语言简明，字迹工整，便于赔偿义务机关审查处理。由于我国各地差异很大，个别地方还存在文盲和识字不多的人，为此《国家赔偿法》规定，"赔偿请求人书写申请确有困难的可以委托他人代书；也可以口头申请，由赔偿义务机关记入笔录"。（2）《国家赔偿法》第12条第3款规定："赔偿请求人不是受害人本人的，应当说明与受害人的关系，并提供相应证明"。也就是说，如果赔偿请求人与受害人不一致时，应当提供相关证明来证明赔偿请求人与受害人之间的关系。当赔偿请求人是自然人时，就应该提供证明来证明他与受害人之间存在继承关系，或者他是与受害人之间存在抚养关系的亲属；当赔偿请求人是组织时，就应该提供证明来证明它与受害人之间存在权利义务的承受关系。（3）数项赔偿请求的提出。赔偿请求人根据受到的不同损害，可以同时提出数项赔偿请求。数项赔偿请求相互之间往往有着一定的联系，它们或者是因同一侵权行为而产生多项损害，或者是多种侵权行为实施于一个人产生多项损害。对数项赔偿请求同时提出，一并解决，有助于综合考虑各种因素，合理解决赔偿争议。

---

① 参见刘嗣元、石佑启编著：《国家赔偿法要论》，北京大学出版社2005年版，第259～262页。

另外，我们还要注意的是，赔偿请求权是申请人的一项权利。权利原则上是可以放弃的。因此，申请人在赔偿义务机关作出赔偿决定前都可以撤回请求。当然，一旦撤回，根据一事不再理原则，申请人不得对同一案件再提出赔偿请求，除非其有证据证明其撤回请求是被迫的。许多国家的法律也有类似的做法，如日本的《刑事补偿法》规定："提出补偿请求的人，在提出撤销请求后，该撤销补偿请求人就不得再提出请求。"

（二）司法赔偿请求的受理

司法赔偿请求的受理是赔偿义务机关根据赔偿请求人的请求，对有关司法赔偿问题的各种材料进行审查的程序。赔偿义务机关在受理案件后应当对下列事项进行审查：(1) 审查司法侵权行为是否属于《国家赔偿法》的赔偿范围。(2) 审查司法赔偿义务机关主体资格。(3) 审查司法赔偿请求人是否具有请求赔偿的主体资格。(4) 审查赔偿请求的法定时效。(5) 审查赔偿请求的各种材料是否完备等。

赔偿义务机关经过审查后，符合下列条件的赔偿申请，应当立案：(1) 请求赔偿的职务侵权情形属于《国家赔偿法》赔偿范围；(2) 赔偿义务机关依法负有赔偿义务；(3) 赔偿请求人具备《国家赔偿法》规定的请求人资格；(4) 符合《国家赔偿法》规定的请求赔偿时效；(5) 请求赔偿的材料齐备。对符合立案条件的赔偿申请，负有赔偿义务的司法赔偿义务机关应当在收到赔偿申请之日起 7 日内立案，制作《司法赔偿立案决定书》，并通知赔偿请求人。

对不符合立案条件的赔偿申请，应分别下列不同情况予以处理，赔偿义务机关经过审查后，可以根据不同的情况作出不同的处理：(1) 对于无赔偿请求权的申请人，应当书面告知其不予受理并说明理由。(2) 对于不属于司法赔偿范围的请求，应作出书面决定告知申请人并说明理由。(3) 收到赔偿申请书的机关不是该项赔偿请求的赔偿义务机关的，应当告知赔偿请求人向有赔偿义务的机关提出申请。(4) 赔偿请求已过法定时效的，应当告知申请人已经丧失赔偿请求权。(5) 对于材料不齐全的，应当当场或者 5 日内一次性告知赔偿请求人需要补充的全部内容。对上列事项，均应在收到赔偿申请之日起 7 日内填写《司法赔偿申请通知书》，送达赔偿请求人。

（三）先行处理决定

先行处理程序，在有的国家也称协商程序。各国司法赔偿义务机关处理司法赔偿请求的方式与行政赔偿义务机关处理行政赔偿请求的方式类似，主要有协议式和决定式。《国家赔偿法》第 23 条第 1 款规定："赔偿义务机关作出赔偿决定，应当充分听取赔偿请求人的意见，并可以与赔偿请求人就赔偿方式、赔偿项目和赔偿数额依照本法第四章的规定进行协商。”根据这一法律规定，我国司法赔偿义务机关对赔偿申请的处理采取的是决定式。因为在国家赔偿的处理过程中，是否协商是由司法赔偿义务机关来自由裁量的。协商程序是国家赔偿程序中的酌定程序，不是法定的必经程序。当然，我国采取的决定式与外国的决定式存在一些不同，有着中国特色：（1）司法赔偿义务机关作出赔偿决定，应当充分听取赔偿请求人的意见。充分听取赔偿请求人的意见是司法赔偿义务机关的法定义务。(2）我国采取的决定式是协商可以先行的决定式，即司法赔偿义务机关在作出最后赔偿决定之前，可先就赔偿方式、赔偿项目和赔偿数额与赔偿请求人进行协商，双方能够达成一致的，赔偿争议得以解决；经协商双方不能达成一致的，由赔偿义务机关单方面作出是否赔偿及赔偿多少的决定。

根据《国家赔偿法》第 23 条第 1 款的规定，“赔偿义务机关应当自收到申请之日起 2 个月内，作出是否赔偿的决定”。这就是说，司法赔偿义务机关经审查后，应该在 2 个月内作出相应处理决定。一般有两种形式：（1）作出予以赔偿的决定书。司法赔偿义务机关对赔偿请求人的申请经过审查，认为符合法律规定的条件，应在 2 个月内作出赔偿决定。赔偿义务机关可与赔偿请求人就赔偿事项进行协商，达成一致意见，以解决赔偿争议。协商的内容主要有：赔偿方式、赔偿项目和赔偿数额等。当然，赔偿义务机关也可以采取决定的方式对赔偿请求人予以赔偿。赔偿义务机关决定赔偿的，应当制作赔偿决定书，并自作出决定之日起 10 日内送达赔偿请求人。(2）作出不予赔偿的决定书。司法赔偿义务机关经审查，认为赔偿请求人的申请不符合法律规定的赔偿条件的，不予赔偿。不予赔偿一般是受理申请的司法机关认为本机关没有赔偿义务，请求赔偿的损害事实不是本机关及其工作人员职权行为造成的，或者请求赔偿之损害事实，不在《国家赔偿法》所规定的赔偿范围之内等。赔偿义务机关决定不予赔偿的，应当自作出决定之日起 10 日内书面通知赔偿请求人，并说明不予赔偿的理由。

如果赔偿请求人对赔偿义务机关的决定不服或赔偿义务机关逾期不予以赔偿，可以向赔偿义务机关的上一级机关申请复议。赔偿义务机关是人民法院的，直接向其上一级人民法院赔偿委员会申请作出赔偿决定，不必经过复议程序。

对于司法侵权行为所造成的共同赔偿，《国家赔偿法》没有作出明确规定。参照行政侵权行为所造成的共同赔偿的处理程序，司法赔偿请求人可以向共同赔偿义务机关中的任何一个机关提出申请，先收到申请的赔偿义务机关为共同赔偿案件的处理机关。处理机关收到申请后，应当先予赔偿。

司法赔偿义务机关在作出赔偿决定时应当制作司法赔偿决定书。司法赔偿决定书一般包括：标题；赔偿请求人的基本情况；申请赔偿的具体事项和理由；审查认定的事实；决定赔偿或者不予以赔偿的法律根据、理由和内容；赔偿义务机关的名称；日期。

三、司法赔偿的复议程序

（一）司法赔偿复议的概念与特点

司法赔偿复议程序，是指行使侦查、检察、看守、监狱管理职权的机关的上一级机关依照法律规定，根据赔偿请求人的申请，对有关职务侵权行为进行审查，判明责任的归属和分割，并对赔偿争议予以决定所应遵循的方式、步骤、顺序和时限的总称。司法赔偿复议不同于行政复议。司法赔偿复议与行政复议都是由其上一级机关审查决定，但这是两个完全不同的概念，有着明显的区别①：（1）两者的性质不同。行政复议属于行政行为，司法赔偿复议属于司法行为。（2）两者处理的内容不同。行政复议所解决的是具体行政行为的合法性与合理性，如果涉及有关国家赔偿问题，可以在复议中一并解决。司法赔偿复议则主要是为了解决下级机关作出的司法赔偿决定是否正确、恰当，并依法作出复议决定。（3）两者的救济途径不同。对行政复议不服的，当事人可以提起行政诉讼；对司法赔偿复议不服的，不能够起诉，只能向人民法院赔偿委员会提出赔偿请求。（4）复议的机关不同。行政复议的机关是行政机关，而司法赔偿的复议机关则是除人民法院以外的司法机关，包括公安机关、国家安全机关、检察机关和监狱管理机关。

《国家赔偿法》第25条对司法赔偿中的复议程序做了原则规定。根据这一法律规定，以及相关司法解释、规范性文件的规定来看，司法赔偿复议程序具有下列特点：

（1）司法赔偿复议程序是因赔偿请求人与司法赔偿义务机关就司法赔偿意见不一引起的。《国家赔偿法》第24条第1款和第2款规定，“赔偿义务机关在规定期限内未作出是否赔偿的决定，赔偿请求人可以自期限届满之日起30日内向赔偿义务机关的上一级机关申请复议。赔偿请求人对赔偿的方式、项目、数额有异议的，或者赔偿义务机关作出不予赔偿决定的，赔偿请求人可

---

① 参见刘嗣元、石佑启编著：《国家赔偿法要论》，北京大学出版社2005年版，第262～263页。

以自赔偿义务机关作出赔偿或者不予赔偿决定之日起30日内，向赔偿义务机关的上一级机关申请复议”。也就是说，在赔偿请求人提出司法赔偿请求后，如果司法赔偿义务机关不予受理、决定不予赔偿、逾期不做赔偿决定或赔偿请求人对赔偿决定有异议，赔偿请求人则可以在30日内提起司法赔偿复议。

（2）司法赔偿的复议机关具有特定性，它是赔偿义务机关的上一级机关，即行使侦查、检察、看守、监狱管理职权的机关的上一级机关。赔偿请求人提起司法赔偿复议，应当向赔偿义务机关的上一级机关提起。需要注意的是，《国家赔偿法》第24条第2款规定，“赔偿义务机关是人民法院的，赔偿请求人可以依照本条规定向其上一级人民法院赔偿委员会申请作出赔偿决定”。也就是说，如果人民法院是赔偿义务机关的，作为一种例外，在经过先行处理程序之后，赔偿请求人应当直接向上一级人民法院的赔偿委员会申请，由赔偿委员会作出决定，不需要提起复议程序。

（3）司法赔偿复议程序是对司法赔偿问题进行复议所应遵循的程序。也就是说，司法赔偿复议是上一级司法机关依法对司法侵权赔偿案件进行全面审查，并作出复议决定。

（二）司法赔偿复议的申请

《国家赔偿法》第24条第1款和第2款规定：“赔偿义务机关在规定期限内未作出是否赔偿的决定，赔偿请求人可以自期限届满之日起30日内向赔偿义务机关的上一级机关申请复议。赔偿请求人对赔偿的方式、项目、数额有异议的，或者赔偿义务机关作出不予赔偿决定的，赔偿请求人可以自赔偿义务机关作出赔偿或者不予赔偿决定之日起30日内，向赔偿义务机关的上一级机关申请复议。”具体而言，具有下列情形之一的，赔偿请求人可以申请复议：（1）司法赔偿义务机关受理赔偿请求后，作出不予以赔偿的决定，赔偿请求人对决定不服的。（2）赔偿请求人对赔偿决定中的赔偿数额、赔偿方式等有异议的。（3）赔偿义务机关在收到赔偿请求后，两个月的法定期限内不予答复的。

（三）司法赔偿复议的受理

复议机关收到复议申请后，应及时全面地进行审查，并分别不同情况予以处理：（1）对符合法定条件的复议申请，复议机关应予受理；（2）赔偿请求人未经赔偿义务机关先行处理而直接提出复议申请的，应告知向司法赔偿义务机关提出赔偿请求；（3）对超过法定期间提出的，复议机关不予受理；（4）收到复议申请的机关不是司法赔偿义务机关的上一级机关的，应告知向正确的复议机关提出申请；（5）对申请复议的材料不齐备的，应当当场或5日内一次性告知赔偿请求人需要补充的全部内容。

（四）复议机关的审理和复议决定

复议机关受理赔偿申请后应指定与案件无利害关系的专人承办。办理案件的工作人员应当充分听取赔偿请求人的意见，在赔偿的方式、项目、数额等方面进行协商，必要的情况下，可调取有关的案卷材料。对事实不清的，可以要求原承办案件的人民检察院补充调查，也可以自行调查。复议机关通常采用书面的方式审理。办理案件的工作人员在综合分析、研究案情的基础上，确定是否给予赔偿、赔偿的具体数额。评议按照少数服从多数的原则进行，并制作笔录。

根据《国家赔偿法》第25条的规定，复议机关应自收到申请书之日起两个月内作出。复议机关的复议决定不受原赔偿义务机关的所作的赔偿决定的约束。复议机关复议司法赔偿案件，应分别下列不同情况作出决定：（1）原决定事实清楚，适用法律正确，赔偿方式、数额适当的，予以维持；（2）原决定认定事实或适用法律错误的，予以纠正，赔偿方式、数额不当的，予以变更；（3）赔偿义务机关逾期未作出决定的或者不予受理的，依法作出决定。复议决定做出后，应当制作《司法赔偿复议决定书》，其内容包括：标题；复议请求人的基本情况、复议机关的名称；复议机关审查办理及决定情况；申请复议的具体事项及理由；复议机关审查的事实情况；复议的法律根据和理由；复议机关名称；日期。《司法赔偿复议决定书》应直接送达司法赔偿义务机关和赔偿请求人。直接送达赔偿请求人有困难的，可以委托其所在地的相关国家机关代为送达。

赔偿请求人在收到复议决定30日内没有异议时，复议决定即产生法律效力，如果对复议决定有异议，即可在收到复议决定后的30日内向复议机关所在地同级人民法院赔偿委员会申请作出赔偿决定。赔偿请求人申请复议实行一级复议制，不能对复议决定再向复议机关的上级机关或原复议机关要求复议。

四、司法赔偿的决定程序

（一）司法赔偿决定程序的概念与特征

司法赔偿决定程序，是指司法赔偿请求人不服司法赔偿复议机关的决定或者复议机关逾期不作出决定，请求人申请人民法院赔偿委员会作出最终决定的程序。① 司法赔偿决定程序具有下列特点：（1）司法赔偿决定程序是由人民

① 周友军、马锦亮著：《国家赔偿法教程》，中国人民大学出版社2008年版，第295页。

法院最终裁决的程序。司法赔偿决定程序是由人民法院赔偿委员会负责进行的。虽然人民法院赔偿委员会不是普通的审判庭，但仍然属于人民法院，其作出的决定属于人民法院的最终裁决。（2）司法赔偿决定程序是司法赔偿的最后环节。按照《国家赔偿法》的规定，司法赔偿程序主要表现为三个阶段：司法赔偿的先行处理程序、司法赔偿的复议程序、人民法院赔偿委员会的决定程序。其中，人民法院赔偿委员会的决定程序是司法赔偿的最后一道程序，该程序的结束，意味着司法赔偿程序的终结。（3）司法赔偿决定程序是一审终审制的程序。在我国司法审判中一般实行二审终审制。人民法院赔偿委员会的决定程序是一审终审。人民法院赔偿委员会的决定一经作出就具有法律效力，必须执行。赔偿请求人不服只能通过申诉程序获得救济。

（二）人民法院赔偿委员会的设置

司法赔偿决定程序适用的前提是人民法院赔偿委员会的设置。《国家赔偿法》第29条规定，“中级以上的人民法院设立赔偿委员会，由人民法院3名以上审判员组成，组成人员的人数应当为单数”。最高人民法院在1994年发布了《关于贯彻执行〈中华人民共和国国家赔偿法〉设立赔偿委员会的通知》，明确要求各地中级以上人民法院设立赔偿委员会，中级人民法院赔偿委员会由3名或5名委员组成，高级人民法院赔偿委员会由5名或7名委员组成。赔偿委员会委员由审判长担任，其组成人员须报上一级人民法院批准。赔偿委员会设主任1名，由副院长兼任，也可设专职主任主持工作，下设办公室，配备2名或5名工作人员。

（三）人民法院赔偿委员会的受案范围

根据《国家赔偿法》的相关规定，下列案件属于人民法院赔偿委员会的受案范围：(1)行使侦查、看守、监狱管理职权的机关及其工作人员在行使职权时侵犯公民、法人和其他组织的人身权、财产权，造成损害，赔偿请求人经依法申请赔偿和申请复议后，在法定的期间内向复议机关所在地的同级人民法院赔偿委员会申请作出赔偿决定的；（2）人民法院是赔偿义务机关，赔偿请求人经申请赔偿，因赔偿义务机关逾期不予赔偿、作出不予赔偿决定或者赔偿请求人对赔偿数额有异议，在法定期间内向赔偿义务机关的上一级人民法院申请作出赔偿决定的。

（四）赔偿请求的申请

赔偿请求人的申请是人民法院赔偿委员会作出赔偿决定的先决条件。《国家赔偿法》第25条规定：“复议机关应当自收到申请之日起两个月内作出决定。赔偿请求人不服复议决定的，可以在收到复议决定之日起30日内向复议机关所在地的同级人民法院赔偿委员会申请作出赔偿决定；复议机关逾期不作决定的，赔偿请求人可以自期限届满之日起30日内向复议机关所在地的同级人民法院赔偿委员会申请作出赔偿决定。”根据《国家赔偿法》第24条的规定，赔偿义务机关在规定期限内未作出是否赔偿决定的，赔偿请求人对赔偿的方式、项目、数额有异议的，或者赔偿义务机关作出不予赔偿决定的，而赔偿义务机关是人民法院的，赔偿请求人可以依法向其上一级人民法院赔偿委员会申请作出赔偿决定。

司法赔偿请求人向人民法院赔偿委员会提出赔偿请求，应当符合以下条件：(1) 赔偿请求人符合《国家赔偿法》第6条关于赔偿请求人资格的规定。当然，符合赔偿请求人资格的公民、法人和其他组织提出赔偿申请，可以委托律师、提出申请公民的近亲属或单位推荐的人以及经人民法院认可的其他公民作为代理人。(2) 赔偿请求人必须是在法律规定的期间向人民法院赔偿委员会提出申请。(3) 赔偿请求人提出的申请应当符合申请的形式。司法赔偿请求人向人民法院赔偿委员会申请作出赔偿决定的，应当递交赔偿申请书一式四份。书写有困难的，可以口头申请，但应该记入笔录，填写《口头申请赔偿登记表》一式四份，由赔偿请求人签名、盖章。(4) 赔偿请求人向人民法院赔偿委员会提出赔偿申请时，须提交相关证据。

(五) 人民法院赔偿委员会的立案审查

人民法院赔偿委员会自收到赔偿请求人的赔偿申请后，应当及时进行审查，在7日内根据不同情形决定是否立案：(1) 对于缺少相关法律文书或证明材料的，应当及时通知赔偿请求人予以补正。收到赔偿申请的时间，应当自材料补正完毕后起算。(2) 对于赔偿请求人的赔偿申请依法不属于人民法院赔偿委员会受理的，应当告知赔偿请求人向有关机关提出赔偿申请，或者转达有关机关处理并通知赔偿请求人。

在人民法院赔偿委员会立案后，作出决定前，赔偿请求人有撤回申请的权利如果赔偿请求人申请撤回赔偿申请，人民法院赔偿委员会应当准许。同时，根据一事不再理原则，如果赔偿申请人再以同一事实和理由再行提出申请，人民法院应当予以驳回。

(六) 人民法院赔偿委员会的审理

人民法院赔偿委员会处理赔偿请求，赔偿请求人和赔偿义务机关对自己提出的主张，应当提供证据。被羁押人在羁押期间死亡或者丧失行为能力的，赔偿义务机关的行为与被羁押人的死亡或者丧失行为能力是否存在因果关系，赔偿义务机关应当提供证据。人民法院赔偿委员会在收到赔偿请求人的赔偿申请书后的15日内将申请书副本送达复议机关和赔偿义务机关。人民法院赔偿委员会审理赔偿案件，与法院其他业务庭的审理不同，人民法院赔偿委员会审理案件不公开进行，不需组成合议庭开庭审理，实行书面审查的办法。但是，人民法院赔偿委员会认为必要时，可以向有关单位和人员调查情况、搜集证据。赔偿请求人与赔偿义务机关对损害事实及因果关系有争议的，赔偿委员会可以听取赔偿请求人和赔偿义务机关的陈述和申辩，并可以进行质证。

经审查，案件承办人员认为事实清楚，证据确实、充分的，应当制作司法赔偿案件审查报告，报请人民法院赔偿委员会主任提交赔偿委员会审理。赔偿案件审查报告应当包括以下内容：(1) 案件的由来；(2) 赔偿请求人的基本情况，赔偿义务机关、复议机关的名称及其法定代表人；(3) 赔偿请求人申请事项及理由；(4) 申请的赔偿案件情况、赔偿义务机关的决定情况以及复议机关的复议情况；(5) 承办人审查认定的事实及依据；(6) 处理意见和理由。

人民法院赔偿委员会讨论案件实行少数服从多数的原则，人民法院赔偿委员会半数委员以上的意见为人民法院赔偿委员会的决定意见。人民法院赔偿委员会认为重大、复杂的案件，必要时由人民法院赔偿委员会主任报请院长提交审判委员会讨论决定，对于审判委员会的讨论决定，人民法院赔偿委员会应当执行。

（七）人民法院赔偿委员会的决定

人民法院赔偿委员会在收到赔偿申请后3个月内作出是否赔偿决定，如果案件情况复杂，3个月内不能作出决定的，经法院院长批准延长3个月。

人民法院赔偿委员会对司法赔偿案件进行审理后，不适用判决、裁定，而适用决定。决定共有五种形式；维持决定、撤销决定、变更决定、赔偿决定、不予赔偿决定。人民法院赔偿委员会根据司法赔偿案件的具体情况，依法予以适用：(1) 赔偿义务机关决定或复议机关复议决定适用法律正确、赔偿方式、赔偿数额适当的，应当决定予以维持。(2) 赔偿义务机关决定或复议机关复议决定适用法律不当的，应当撤销原决定，依法作出决定。(3) 赔偿义务机关决定或复议机关复议决定的赔偿方式、赔偿数额不当的，应当作出变更决定。(4) 经依法确认有《国家赔偿法》第17、18、38条规定的情形之一，赔偿义务机关或复议机关逾期未作决定的，应当作出赔偿或不予赔偿的决定。(5) 赔偿请求人的请求事项属于国家不承担赔偿责任的情形或已超过法定时效的，应当作出不予赔偿的决定。

人民法院赔偿委员会作出赔偿决定应当制作赔偿决定书。赔偿决定书的内容包括：(1) 名称。(2) 赔偿请求人的基本情况，赔偿义务机关、复议机关的名称及其法定代表人。(3) 赔偿请求人申请赔偿事项和理由，赔偿义务机关作出赔偿决定、作出不予以赔偿决定的理由以及逾期不作出决定的情况，复议机关复议决定的理由以及逾期不作出复议决定的情况。（4）人民法院赔偿委员会认定的事实和依据。（5）人民法院赔偿委员会作出决定的法律根据和理由（6）人民法院的名称，日期。人民法院赔偿委员会决定书由赔偿委员会主任审核签发，加盖人民法院印。

（八）赔偿决定的执行

人民法院赔偿委员会决定书应当根据决定事项分别送达赔偿请求人、赔偿义务机关和复议机关。人民法院赔偿委员会的赔偿决定一经作出，即是发生法律效力的决定，与生效的判决书具有同样的法律效力，司法赔偿争议的当事人必须接受，如果不服赔偿委员会的赔偿决定，只能申诉。《人民法院赔偿委员会审理赔偿案件程序的暂行规定》规定，人民法院赔偿委员会如果发现原认定的事实或者适用的法律错误，必须改变原决定的，经本院院长决定或者上级人民法院指令，人民法院赔偿委员会可以重新审理并依法作出决定。但在作出新的决定之前并不停止原决定的执行。在赔偿决定发生法律效力后，赔偿请求人可以据此要求赔偿义务机关履行赔偿义务，也可以要求人民法院执行。

（九）赔偿决定错误的纠正

根据《国家赔偿法》第30条的规定，对人民法院赔偿委员会作出的赔偿决定，如果确有错误，可以根据不同情形进行纠正：（1）赔偿请求人或者赔偿义务机关对赔偿委员会作出的决定，认为确有错误的，可以向上一级人民法院赔偿委员会提出申诉。（2）赔偿委员会作出的赔偿决定生效后，如发现赔偿决定违反《国家赔偿法》规定的，经本院院长决定或者上级人民法院指令，赔偿委员会应当在两个月内重新审查并依法作出决定，上一级人民法院赔偿委员会也可以直接审查并作出决定。（3）最高人民检察院对各级人民法院赔偿委员会作出的决定，上级人民检察院对下级人民法院赔偿委员会作出的决定，发现违反《国家赔偿法》规定的，应当向同级人民法院赔偿委员会提出意见，同级人民法院赔偿委员会应当在两个月内重新审查并依法作出决定。

【思考与探索】

一、赔偿委员会不宜设置在人民法院①

《国家赔偿法》第29条第1款规定："中级以上的人民法院设立赔偿委员

① 邹涛：《赔偿委员会不宜设置在人民法院》，载《人民检察》2003年第8期。

会，由人民法院3名以上审判员组成，组成人员的人数应当为单数。”我们以为，将赔偿委员会设置在人民法院，不利于保护赔偿申请人的合法权益。

根据国家赔偿法的有关规定，我国的国家赔偿分为行政赔偿和刑事赔偿。在刑事赔偿中，当赔偿义务机关是行使国家侦查、检察、监狱管理职权的机关时，赔偿请求人除向赔偿义务机关申请或向其上级机关申诉外，最终可以向人民法院的赔偿委员会申请作出赔偿决定。在实践中，由于错案责任追究制的实施，赔偿义务机关自己作出赔偿决定的概率很小，享有复议权的上级机关为了维护机关的整体形象也很少改变下级机关的决定，而作为救济赔偿请求人最后途径的人民法院，在刑事诉讼中，其与公安机关、检察机关互相配合、互相制约的关系，也导致其在刑事赔偿中，很难保持超然的中立地位。

人民法院既是赔偿义务机关，同时又是赔偿审判机关的现状，违反了“任何人不能为自己案件的法官”的法理原则，不利于保护赔偿申请人的合法权益。当赔偿义务机关是审判机关时，赔偿请求人只能向人民法院或人民法院的赔偿委员会申请作出赔偿。而根据国家赔偿法的规定，赔偿委员会作出的赔偿决定是发生法律效力的决定，必须执行。因此，当赔偿请求人对赔偿委员会作出的赔偿决定不服时，无权提起上诉或申请复议。这样条件下作出的赔偿决定，其客观性、公正性是难以令人信服的、它使以救济赔偿请求人为主要目的的国家赔偿法难以充分发挥作用。

综上所述，要充分发挥国家赔偿法的作用，真正体现法律的客观性、公正性和严肃性。笔者认为必须改革现行的国家赔偿制度。鉴于所有的行政机关、司法机关均有可能成为赔偿义务机关，我们认为应建立一个独立的国家赔偿委员会，对国家权力机关—人大负责。由人大常委会聘请检察院、法院、律师以及有关法学专家组成合议庭审理。审理采取二审终审制，分为国家、省（自治区、直辖市）、设区的市三级审理。国家赔偿委员会根据最终的判决结果支付赔偿金额。

二、司法赔偿的证明责任①

证明责任，亦称举证责任，指在诉讼程序中当事人应该承担提出证据证明争论有关事实的责任。证据学的基本原则是谁主张谁举证。这一由两千年前古罗马法创建的举证原则，总结了人类解决自我纷争的经验，具有客观、公平、科学的特点，在司法实践中被广泛采用。如在刑事诉讼中由控方检察机关承担

① 陈春龙著：《中国司法赔偿实务操作与理论探讨》，法律出版社2002年版，第365～366页。

被告犯罪事实的证明责任；民事诉讼中原告对自己主张的诉讼请求负有证明责任，被告如否定原告主张或提起反诉，则应对其否定或反诉之事实负证明责任。即使行政诉讼中与此貌似相反的被告负举证责任原则，也是谁主张谁举证原则的应有之义，是对否定原告所主张的事实负证明责任。

司法赔偿案件的决定程序，尽管不是传统意义上的诉讼程序，但仍具有诉讼裁决的基本性质和特征。在国家赔偿法的立法和司法解释尚未就此作出明确规定的情况下，笔者认为，司法赔偿的证明责任，可更多地从行政诉讼的证明责任中吸取营养，实行赔偿义务机关负举证责任为主、赔偿请求人负举证责任为辅的共同举证方式。

这是因为，在司法赔偿案件中的赔偿义务机关与行政诉讼中的被告一样，均为掌握和行使国家权力的国家机关。司法活动的性质和特点决定其行使司法权的强制性、不可抗拒性和秘密性比行政活动更甚。赔偿请求人一般对其组织结构、内部运作、具体规则、人员情况难以完全了解，对自己的请求无力提供充足的证据支持。因此，赔偿义务机关在赔偿请求人提出一定的初步证据后应承担起主要的证明责任。作为司法赔偿程序启动者的赔偿请求人，为了实现赔偿目的，也必须和应该就损害事实的存在、损害事实与职权行为之关系进行举证，此种举证可以是简单的、初始的。如果该证据提出后，相对方不能证明该证据的不实之处，得出相反结论，则应判定请求人胜诉。此即不少学者主张的“初步证明理论”。

司法赔偿实践中的举证既涉及侵犯人身权的事实，也涉及侵犯财产权的事实。一般说来，后者的争议和举证情况更多、更复杂。由于法院赔偿委员会实行决定程序，不开庭，不辩论，赔偿请求人和赔偿义务机关双方均不知晓对方掌握证据的情况，对不利证据缺少申辩和再次提供有利自己证据的机会。因此，有人建议，从保护双方合法权益出发，人民法院赔偿委员会要创制一种审判赔偿案件公开化的程序，确保双方在程序上获得平等地位。

2002年1月19日，最高人民法院领导在全国高级法院赔偿委员会主任会议上，要求各地法院在调查研究基础上，在年内，以引入听证程序为重点的审判方式改革取得突破性进展，加大保护赔偿请求人对证据的知情权，包括赔偿请求人有权要求查阅、复制相关证据，有权对这些证据提出反证，有权申请人民法院对有关证据进行调查。在听证过程中，赔偿义务机关应承担更多的举证责任，充分维护处于弱势地位的赔偿请求人的权利，以体现司法的公平、公正原则。

三、追求程序正义：新《国家赔偿法》关于赔偿程序的规定①

《国家赔偿法》对行政赔偿与刑事赔偿的程序均作了规定，但是由于对赔偿程序规定过于原则、笼统，存在诸多缺陷，已明显滞后，所以对于赔偿程序的改革也成为此次《国家赔偿法》修正的重点考量之一，目的在于体现程序正义，让程序正义与实体正义协力配合，共同保障公民的基本权利。

按照原《国家赔偿法》的有关规定，国家赔偿程序，总的原则是赔偿请求人应当首先向赔偿义务机关申请赔偿。由于我国实行侵权行为机关与赔偿义务机关一致的原则，也就是赔偿请求人应先向侵权机关申请赔偿。实行首先向赔偿义务机关申请赔偿原则，其目的在于简化程序，方便受害人，有利于及时得到赔偿。但是，实行这一原则有一例外，即赔偿请求人提出行政赔偿时，由于行政复议和行政诉讼的存在，赔偿请求可能依附于行政复议和行政诉讼，赔偿请求人可以在申请行政复议和提起行政诉讼时一并提出，而不必先向赔偿义务机关申请赔偿。受害人向赔偿义务机关申请赔偿，赔偿义务机关应在2个月内决定是否赔偿。

赔偿义务机关逾期不予赔偿或者赔偿请求人对赔偿数额有异议的，根据行政赔偿、刑事赔偿的不同情况，《国家赔偿法》规定了不同的程序。属于行政赔偿的，可以向人民法院提起诉讼。属于刑事赔偿的，赔偿义务机关是人民法院的，赔偿请求人可以直接向其上一级人民法院赔偿委员会申请赔偿；赔偿义务机关是人民法院以外的公安、安全、检察机关的，赔偿请求人需要先向赔偿义务机关的上一级机关申请复议，赔偿请求人不服复议决定或复议机关逾期不作决定的。再向复议机关所在地的同级人民法院的赔偿委员会申请赔偿。

在国家赔偿程序中，行政赔偿与刑事赔偿另一个重大区别是在审理机构方面，行政赔偿适用行政诉讼法的行政诉讼程序，由人民法院的行政审判庭审理；刑事赔偿则是由人民法院特别设立的赔偿委员会审理。按照《国家赔偿法》规定："中级以上的人民法院设立赔偿委员会，由人民法院3名以上审判员组成，组成人员的人数应当为单数。"这是因为刑事赔偿涉及的国家机关较为复杂，其中，既有主持赔偿争议解决的人民法院，也有对法律实施进行监督的人民检察院。人民法院既是赔偿义务机关，又是主持解决赔偿争议，决定是否赔偿的机关。尽管主持解决赔偿争议的人民法院和履行赔偿义务的人民法院并非同一个人民法院，但它们毕竟同在人民法院系统，这似乎有悖于"任何

① 参见高秦伟：《新国家赔偿法观察：赔偿程序——追求程序正义》，搜狐网 http://news.sohu.com/20100430/n271855670.shtml. 查阅时间：2010年5月8日。

人不得为自己案件的法官”这古老的公正法则。同时，人民检察院本是对法院审判活动实行监督的机关，而在刑事赔偿中，人民检察院则要作为当事人接受人民法院的审判。这些特殊情况决定了刑事赔偿不能作为一般的案件对待，由人民法院既设的任何一个审理机构处理。因而，原《国家赔偿法》确定了刑事赔偿由人民法院特设的赔偿委员会来处理。

针对这些规定以及实践中暴露出来的问题，学界对于此次修法在程序方面的改进期待是很多的，如可否改申诉确认程序为诉讼确认程序；变先行处理必经程序为选择程序；对赔偿委员会的性质进行重新定位等。但是此次修法在程序改进方面则略显保守，不过强调从具体的细节性规定来看，仍然能够体现出立法者坚持实现程序正义的思路。期待着这一思路能够在今后的修法中得到进一步体现。

这些修法在行政赔偿与刑事赔偿程序中，增加了协商程序，特别值得关注。迅速解决纠纷是《国家赔偿法》设计行政赔偿程序的主要考量因素，从世界各国立法例来看，行政赔偿的结案方式可以归为两类：一是“决定式”，即完全由行政机关决定；而另一类则是“协商”式，采用协议契约的方式解决行政赔偿数额等内容。

《国家赔偿法》、《行政诉讼法》对行政赔偿先行处理程序中采用何种方式来解决行政赔偿纠纷，均未作出具体规定。实践中，行政赔偿义务机关多采用“决定式”结案，一般不与请求权人进行协商或讨论，受害人只能被动接受或拒绝此决定，如《工商行政管理机关赔偿实施办法》第19条规定：“法制机构可以根据认定的事实，提出处理意见，报局长或提交局长办公室决定。”但也有一些机关采用协商式，重要的依据是《行政诉讼法》第67条第3款规定，“赔偿诉讼可以适用调解”，以及《最高人民法院关于审理行政赔偿案件的若干问题的规定》第30条规定：“人民法院审理行政赔偿案件在坚持合法、自愿的前提下，可以就赔偿范围、赔偿方式和赔偿数额进行调解。调解成立的，应当制作行政赔偿调解书。”第31条规定：“被告在一审判决前同原告达成赔偿协议，原告申请撤诉的，人民法院应当依法审理并裁决是否准许。”但由于原《国家赔偿法》规定并不明确，导致行政相对人的合法权益有时无法获得全面保障。此次修正中增加了协商方式，会使具体的操作有了明确的法律依据。当然，如何协商，协商协议效力等相关制度均需要进一步细化。

新《国家赔偿法》还规定赔偿义务机关应当当场出具加盖本行政机关印章并注明收讫日期的书面凭证（第12条）。这是因为现实中常会缺少如此的环节，导致公民申请赔偿无法真正落实。新法不仅规定了赔偿请求人和赔偿义务机关对自己提出主张的举证责任。同时还强调，受害人在被拘留或被羁押期间死亡或者丧失行为能力的，赔偿义务机关应对自己的行为与损害结果之间不存在因果关系的主张进行举证（第 15 条）。这样的规定将有利于遏制刑讯逼供、牢头狱霸虐待嫌疑人的行为，有利于切实保护嫌疑人的合法权益。新的法律还就赔偿办理时间给予了限定，例如赔偿义务机关决定赔偿的，应当制作赔偿决定书，并自作出决定之日起十日内送达赔偿请求人等（第 13 条）。

此外，这次修法虽然没有对刑事赔偿中的赔偿委员会进行重新定位或者如有学者所建议的取消，因为该机构在理论上是违背程序公正原则的，在实践中很难使赔偿请求人保护自己的权益。但从增加的一些条款来看，对赔偿委员会的权力、运作作出了一些限制，如规定"赔偿委员会处理赔偿要求，赔偿请求人和赔偿义务机关对自己提出的主张，应当提供证据"。（第 26 条）"赔偿请求人或者赔偿义务机关对赔偿委员会作出的决定，认为确有错误的，可以向上一级人民法院赔偿委员会提出申诉。"（第 30 条）这些规定均是有一定进步意义的。

【练习题】

1. 简述国家赔偿程序的概念。
2. 试述行政赔偿程序与司法赔偿程序的区别。
3. 试述单独请求行政赔偿的程序。
4. 简述司法赔偿复议与行政复议的区别。
5. 试述司法赔偿的决定程序。

第八章　国家赔偿的方式、标准与费用

【重点】

1. 国家赔偿的不同方式及要求
2. 人身权损害赔偿的计算标准
3. 财产权损害赔偿的计算标准
4. 国家赔偿费用的来源、支付与管理

第一节　国家赔偿的方式

一、国家赔偿方式概述

国家赔偿方式，是指国家对国家机关及其工作人员职务侵权行为承担赔偿责任的各种形式。赔偿是对侵权行为造成损害的救济，由于损害性质、情节、程度不同，赔偿方式也有所不同。国家赔偿采用何种方式，直接影响到国家公务的正常履行和受害人合法权益的保护，因此，需要合理设计。从西方主要国家和我国台湾地区的赔偿立法来看，国家赔偿方式主要是金钱赔偿和恢复原状两种。各国的具体规定①，概括起来主要有以下三种情形：（1）以金钱赔偿为主，以恢复原状为辅的方式。例如，法国的国家赔偿已有一百多年的历史，并主要是依靠判例确立起来的，其赔偿的方式以金钱赔偿为主。但行政法院可以在判决行政主体负责赔偿时，指出如行政机关自愿恢复原状，不用支付赔偿金。日本《国家赔偿法》虽然没有在条文中明确规定以金钱赔偿为原则，但从其规定来看，国家赔偿的方式是适用民法规定的侵权赔偿方式。而日本民法规定的侵权赔偿方式是以金钱赔偿为原则，以恢复原状为例外的。我国台湾地区的“赔偿法”规定：“国家负损害赔偿责任，应以金钱为主，但以恢复原状

---

① 有关这些国家、地区国家赔偿方式和标准的规定，可参见高家伟著：《国家赔偿法》，商务印书馆2004年版，第263～268页。

为适当者，得依请求，恢复损害发生前之原状。”（2）采用选择方式。如德国《国家赔偿法（草案）》规定：公权利主体对于受害人因侵权行为而受到的损害，应以金钱赔偿；公权力主体对受害人因侵权行为造成不利状态的，应予恢复原状。该法对选择赔偿方式作了三点规定：第一，如果恢复原状不足以除去损害的，必须采用金钱赔偿的方式；第二，恢复原状现实上不可能、不合法或不可期待的，国家没有恢复的义务；第三，受害人对违法状况的发生有责任的，在他分担相当的恢复原状费用时，才可请求恢复原状。美国的《联邦侵权赔偿法》对赔偿的形式，如金钱赔偿、恢复原状等具体形式没有作出明文规定。根据它所确定的根本原则（如最基本的精神在于国家赔偿责任在情形、形式和范围方面与私人侵权相等同），国家赔偿的具体形式取决于侵权行为地所在的州的侵权法律的内容。实质上其赔偿的形式属于可以任意选择的形式。① （3）只规定金钱赔偿的方式。如奥地利《国家赔偿法》第 1 条规定："损害赔偿形式仅为金钱赔偿。"

《国家赔偿法》第 32 条规定："国家赔偿以支付赔偿金为主要方式。能够返还财产或者恢复原状的，予以返还财产或者恢复原状。"这一规定，包含两层含义：

1. 我国国家赔偿实行以金钱赔偿为主、以返还财产和恢复原状为补充的方式。之所以采用这种国家赔偿方式，主要是基于以下考虑：（1）以金钱赔偿为主，以其他方式为辅的赔偿方式充分考虑了效率要求。国家赔偿方式不完全同于民事赔偿方式，这是由国家作为责任主体的特定决定的。② 民事赔偿方式多以恢复原状为原则。如我国台湾地区"民法"第 213 条规定，"负担损害赔偿责任者，除法律另有规定或契约另有订定，应恢复他方损害发生前之原状"。国家赔偿涉及公权力的运作，不能因为赔偿事宜影响到国家公务的履行。而金钱赔偿的方式，简便易行，一旦给付，国家机关便代表国家承担了赔偿责任，不必再为此分心了。（2）国家建立赔偿制度的目的在于切实保障公民、法人及其他组织的合法权益，即在其受到行政机关的侵害后能得到相应的补救。因此，原则上应当是"同等损害，同等赔偿"。采用以金钱赔偿为主，返还财产、恢复原状为辅的方式，能保证受害人得到与其所受损害相当的赔偿，避免由于方式单一造成的局限性，使受害人从数量、质量、程度、类型上

① 参见皮纯协、何寿生编著：《比较国家赔偿法》，中国法制出版社 1998 年版，第 130～131 页。

② 应松年主编：《国家赔偿法研究》，法律出版社 1995 年版，第 223～224 页。

得到真正的补救。

2. 在适用上，应该以返还财产或者恢复原状为先。对于金钱赔偿方式与返还财产、恢复原状之间的关系存在两种理解：（1）认为金钱赔偿方式与返还财产、恢复原状之间是主从关系，而非优先关系，提出“为主”并不意味着“优先”。在造成财产损害的情况下，是否支付赔偿金，以是否能够返还财产或者恢复原状为前提。①（2）认为就财产损害而言，法条中的“能够”二字含有“首先选择”的内涵。对于财产权受到损害的情形，在赔偿方式的选择适用上，应当尽量适用返还财产或者恢复原状。只有在不能采用返还财产或者恢复原状的方式予以赔偿时，才适用金钱赔偿，金钱赔偿是最后的选择。②按照我国《国家赔偿法》的规定，受害人可以获得国家赔偿的权利类型仅为人身权和财产权。公民人身权、财产权以外的其他权利，如政治权、受教育权等，如果受到侵害，依据现行法律国家不予赔偿。受权利本身性质的影响，返还财产和恢复原状一般只能适用于财产权受损的情况。③ 就财产损害而言，“能够返还财产或者恢复原状的，予以返还财产或者恢复原状”。联系《国家赔偿法》第36条的规定④，这里的“能够”包含着“首先选择”的内涵。这一点可以从《司法行政机关行政赔偿、刑事赔偿办法》中得到验证。《司法行

① 高家伟著：《国家赔偿法》，商务印书馆2004年版，第245页。

② 马怀德主编：《完善国家赔偿立法基本问题研究》，北京大学出版社2008年版，第310页。

③ 也有学者认为，根据中国的特殊国情，人身权受到损害时有的情况下应当适用恢复原状以便更好地保护受害人的权益。如某公民无罪被判处有期徒刑10年，而后被改判无罪。此人的城市户口已被注销，原有的国家机关的职务、工作已经失去，仅对其进行金钱赔偿没有多大意义。此种情况下，对其恢复原状较之金钱赔偿更能保护其利益。应松年主编：《国家赔偿法研究》，法律出版社1995年版，第228页。

④ 《国家赔偿法》第36条规定，侵犯公民、法人和其他组织的财产权造成损害的，按照下列规定处理：（一）处罚款、罚金、追缴、没收财产或者违法征收、征用财产的，返还财产；（二）查封、扣押、冻结财产的，解除对财产的查封、扣押、冻结，造成财产损坏或者灭失的，依照本条第3项、第4项的规定赔偿；（三）应当返还的财产损坏的，能够恢复原状的恢复原状，不能恢复原状的，按照损害程度给付相应的赔偿金；（四）应当返还的财产灭失的，给付相应的赔偿金；（五）财产已经拍卖或者变卖的，给付拍卖或者变卖所得的价款；变卖的价款明显低于财产价值的，应当支付相应的赔偿金；（六）吊销许可证和执照、责令停产停业的，赔偿停产停业期间必要的经常性费用开支；（七）返还执行的罚款或者罚金、追缴或者没收的金钱，解除冻结的存款或者汇款的，应当支付银行同期存款利息；（八）对财产权造成其他损害的，按照直接损失给予赔偿。

政机关行政赔偿、刑事赔偿办法》第28条规定，“负有赔偿义务的司法行政机关能够通过返还财产或者恢复原状方式赔偿的，应以返还财产或者恢复原状的方式赔偿。不能通过返还财产或者恢复原状方式赔偿的，主要以支付赔偿金方式赔偿”。因此，我们同意第二种观点，对于财产损害赔偿而言，在赔偿方式的选择上应当尽量适用返还财产或者恢复原状。只有在不能或不宜采用返还财产或者恢复原状的情况下，才适用金钱赔偿，即金钱赔偿是最后的选择。

同时，《国家赔偿法》第35条规定：“有本法第3条或者第17条规定情形之一，致人精神损害的，应当在侵权行为影响的范围内，为受害人消除影响，恢复名誉，赔礼道歉；造成严重后果的，应当支付相应的精神损害抚慰金。”可见，除了金钱赔偿、返还财产、恢复原状三种主要赔偿方式外，消除影响，恢复名誉，赔礼道歉也是我国《国家赔偿法》规定的国家赔偿方式。

二、我国国家赔偿的主要方式

《国家赔偿法》规定的赔偿方式主要有金钱赔偿、返还财产和恢复原状三种。

（一）金钱赔偿

金钱赔偿，又称支付赔偿金，是指将受害人的损失计算成为金钱，赔偿义务机关以货币支付赔偿金额，以弥补受害人所受损失的方式。无论是对财产损失，还是对精神损害、人身损害的赔偿，都可以采用金钱赔偿形式。《国家赔偿法》将金钱赔偿作为国家赔偿的主要方式。之所以如此，主要基于以下考虑①：（1）支付赔偿金不影响行政管理的正常运行。如果大量采取其他赔偿方式，如恢复原状等，国家机关必须付出相当的时间、精力，从而影响行政管理效率。（2）支付赔偿金具有适用性强的特点。金钱赔偿适用的范围非常广泛，几乎适用于任何损害的赔偿，无论是物质损害还是精神损害，也无论是对人身权或对财产权的损害，金钱赔偿都具有其他责任形式无法替代的优势。（3）金钱赔偿操作性强，便于执行。金钱赔偿一般都有固定标准，便于实施，可以避免双方因标准不一达不成共识而难以实施的可能。（4）建立国家赔偿制度的国家大多以支付赔偿金为主要赔偿方式，而且效果较好，我国有必要借鉴。

根据《国家赔偿法》第33条、第34条、第35条、第36条的规定，金钱

① 参见姜明安主编：《行政法与行政诉讼法》，北京大学出版社、高等教育出版社2005年版，第689页。

赔偿的适用，应当以不能或不宜返还财产或恢复原状为前提。不能或不宜返还财产或恢复原状主要指以下几种情况：(1) 侵犯公民人身自由及生命健康权；(2) 因侵犯公民人身自由及生命健康权而致人严重精神损害；(3) 侵犯公民、组织的财产权，被侵害的财产已经灭失、拍卖等，恢复原状在事实上已不可能；(4) 侵犯公民、组织的财产权，被侵害的财产已被损坏且不能恢复原状或恢复有重大困难；(5) 吊销许可证和执照、责令停产停业所造成的停产停业期间的损害；(6) 返还财产或恢复原状与法律规范相抵触。

（二）返还财产

返还财产是指国家机关将违法取得的财产返还给受害人的一种赔偿方式。返还财产的前提是国家机关及其工作人员的行为造成了当事人财产的损害。基于返还财产的性质，返还财产只能适用于物质损害。在返还财产时，如果财产在失去控制期间有孳息物的，应一并返还。返还财产的赔偿方式具体包括返还金钱和返还财物两种。返还财产主要适用于“行政机关违法采用罚款、没收财产等行政处罚；行政机关违反国家规定征收财物、摊派费用；司法机关或行政机关违法适用罚金、没收、追缴等剥夺财产的措施；国家机关违法采取的查封、扣押、冻结财产的措施，等等”。采用返还财产赔偿方式应该遵循以下规则：(1) 财产尚未上缴财政的，由赔偿义务机关负责返还；(2) 财产已经上缴财政的，由赔偿义务机关负责向同级财政机关申请返还。

除遵循上述规则外，采用返还财物的赔偿方式还应该满足以下条件：(1) 原物存在。返还财物，一般是指返还原物。因此，如果原物已经毁损灭失、不复存在，则不能适用返还财物的赔偿方式，而只能适用金钱赔偿的方式。但在特殊情况下，如果原物是特定化的种类物，在当事人同意的前提下，也可以以同种类的物品赔偿。(2) 不存在“不能或不宜采用返还财产”的情形。不少被非法没收的物品对受害人可能具有特殊的纪念意义，如不返还会给其带来精神上的痛苦。依据我国《国家赔偿法》的规定，“能够返还财产或者恢复原状的，予以返还财产或者恢复原状”。只有在不能或不宜采用返还财产，才选择金钱赔偿。在原物存在的情况下，不能或不宜采用返还财产主要有以下几种情形：第一，财产已为他人合法取得。如他人通过拍卖获得了该原物的所有权。第二，影响公务的正常进行。如果采用返还财产的赔偿方式，影响了赔偿义务机关公务活动的正常进行，就不宜采用返还财产的赔偿方式，而应采用金钱赔偿的方式。例如，如果原物已用于公务活动，返还原物会影响公务活动的正常进行，则不能采用返还财产，而应采取金钱赔偿。第三，返还财产存在重大困难。如行政机关违反国家规定征收财物，被征收的财物已被处理，若要返还该财物，行政机关就要花费时间和人力去寻回该财物，这就要比将该财物折算成金钱予以赔偿麻烦得多。此时，就不能采用返还财产的赔偿方式，而应采用金钱赔偿的方式。

（三）恢复原状

学界对恢复原状的内涵有不同认识，概括起来主要有“修复说”、“财产恢复说”、“财产性权益恢复说”、“应有财产权益恢复说”、“其他赔偿方式排除说”和“最广义说（包括返还财产、恢复名誉、消除影响和恢复权利状态等责任形式）”等六种观点。① 从《国家赔偿法》相关规定来看，恢复原状，是指使国家机关职权行为侵害相对人的财产或权利恢复到受损害前的形状、性能或状态的一种赔偿方式。《国家赔偿法》规定，应当返还的财产损坏的，能够恢复原状的，恢复原状；查封、扣押、冻结财产的，解除对财产的查封、扣押、冻结。《国家赔偿费用管理办法》第 4 条也规定：赔偿义务机关能够通过恢复原状实施国家赔偿的，应当恢复原状。因此，在我国国家赔偿案件中，如果被损坏的财产是可以恢复原状的，应优先适用恢复原状，这既合符《国家赔偿法》的规定，又有利于保护受害人的权益，便于及时解决纠纷。然而，采用恢复原状的赔偿方式并不取决于受害人的请求，而是由赔偿义务机关根据具体情况决定的。当然，赔偿义务机关根据具体情况决定，并不是绝对的自由裁量，而是要受一定条件的约束。一般来说，符合下列条件的，赔偿义务机关应当采取恢复原状的赔偿方式：（1）须有恢复原状的可能。这种可能包括客观上的可能和主观上的可能。客观上的可能，即受害人受到的财产损害是可以恢复的，才有可能采用恢复原状的赔偿方式。如果被损坏的财产没有修复的可能，则不能采用恢复原状的方式。主观上的可能。即赔偿义务机关有能力恢复原状的措施。（2）须有恢复原状的必要。被损坏的财产有无修复的必要，应从社会效益、经济效益、所有人的需要等诸因素综合考虑。如果修复财产从社会经济效益上讲是不合算的，或者所有人已不再需要，则不能采用恢复原状的赔偿方式。有学者认为，适用恢复原状的基本前提是：财物受到损害的程度较轻，主要部分没有损坏，基本功能没有受到大的影响，经过维修或者配换零部件即可发挥正常效能。②（3）不会造成违法后果。如果恢复原状的行为违反法律规定，并可能造成违法后果，则不能适用恢复原状的赔偿方式。（4）须不影响正常的公务活动。恢复原状在具体操作上是比较复杂的，它要了解需恢

① 参见高家伟著：《国家赔偿法》，商务印书馆 2004 年版，第 250～251 页。

② 张步洪著：《国家赔偿法判解与应用》，中国法制出版社 2000 年版，第 239 页。

复标的的原本状态及详细情况资料，为最终恢复提供样板。具体的恢复工作，在耗费人力、财力、物力上也会因标的本身的复杂程度而有差异。可见，恢复原状虽然从理论上看是一种较为完全充分的赔偿方式，体现为根本性救济。但从实践中看，由于种种客观因素的限制与条件的制约，其适用的范围是比较小的。如果采用恢复原状的赔偿方式会影响到赔偿义务机关公务活动的正常进行，就不应采用这种方式。例如，在行政机关因强行拆除某公民房屋被确定为违法应承担赔偿责任时，如采用恢复原状的方式，则行政机关不得不分出人力、物力组织建房，这势必会影响行政机关的正常公务活动。

此外，还有一个值得讨论的问题是：恢复原状是否只适用于财产被损坏的情形？根据《国家赔偿法》的规定，恢复原状只适用于财产被损坏的情形，其他损害则不适用于恢复原状的赔偿方式。有学者认为，《国家赔偿法》的这种规定有可探讨的余地。例如，某人被违法判处有期徒刑5年，后依审判监督程序而改判无罪，但原判徒刑已执行3年，其城市户口已被注销，且已被开除公职。在这种情况下，如果只采用金钱赔偿的方式赔偿受害人的损失，则根本不能弥补受害人的损害。但如果采用恢复原状的赔偿方式，予以恢复城市户口、恢复其公职，并予以金钱赔偿。则受害人的损失可以得到弥补。因此，《国家赔偿法》的这种规定应予以修改，确定恢复原状方式的适用范围不仅应包括侵害财产权，而且应该包括侵害人身自由。这样规定，并不会增加国家的财政负担，却会对受害人有极大的救济作用。①

在上述三种赔偿方式上，赔偿义务机关一般都是以某一种具体的方式实施，或者是金钱赔偿，或者是恢复原状，或者是返还财产。但在某些情况下，单独采用某一种赔偿方式不足以弥补受害人的损失，便可能出现多种赔偿方式合并适用的情况。例如，某行政机关非法没收公民财产的，在以返还财产方式进行赔偿的同时，对于可能出现的损坏，应根据损坏的程度给付相应的赔偿金。

三、我国国家赔偿的其他方式

我国《国家赔偿法》在规定了金钱赔偿、返还财产和恢复原状三种赔偿方式外，还规定了其他赔偿方式。依据《国家赔偿法》的规定，其他赔偿方式包括消除影响、恢复名誉、赔礼道歉三种形式。所谓消除影响，是指国家机关承担的在特定范围内消除因侵犯名誉权、荣誉权所产生的各种不良

① 应松年主编：《国家赔偿法研究》，法律出版社1995年版，第228页。

影响，以恢复受害人名誉和荣誉的责任方式。所谓恢复名誉，是指国家因国家侵权行为侵害了公民的名誉权或荣誉权，在影响所及的范围内将受害人的名誉恢复至未受侵害的状态的责任方式。所谓赔礼道歉，是指国家机关的侵权行为造成受害人名誉权、荣誉权损害时，通过公开的方式向受害人承认错误，表示歉意。

在国家赔偿案件中，消除影响、恢复名誉、赔礼道歉可以单独适用，也可以与其他赔偿方式合并适用。适用该类赔偿方式所支付的费用应由实施侵权行为的国家机关承担。除此之外，消除影响、恢复名誉、赔礼道歉的适用有着非常严格的限制条件：（1）消除影响、恢复名誉、赔礼道歉只适用于名誉权、荣誉权①受到损害。也就是说，必须存在公民的名誉权、荣誉权受到损害的事实，才能适用消除影响、恢复名誉、赔礼道歉。如果侵权行为尚未公开，并不为公众所知，或者公民的名誉权和荣誉权仅仅受到损害威胁，还未造成公民名誉权、荣誉权受到损害的事实，就不能适用消除影响、恢复名誉、赔礼道歉的责任方式。(2）消除影响、恢复名誉、赔礼道歉只适用于特定职权行为所造成的名誉权、荣誉权损害。《国家赔偿法》第35条规定，“有本法第3条或者第17条规定情形之一，致人精神损害的，应当在侵权行为影响的范围内，为受害人消除影响，恢复名誉，赔礼道歉；造成严重后果的，应当支付相应的精神损害抚慰金”。也就是说，具有下列情形之一，并造成公民名誉权、荣誉权损害的，赔偿义务机关应当为受害人消除影响、恢复名誉、赔礼道歉：行政机关违法拘留或者违法采取限制公民人身自由的行政强制措施，侵犯受害人名誉权、荣誉权的；行政机关非法拘禁或者以其他方法非法剥夺公民人身自由，侵犯受害人名誉权、荣誉权的；行使侦查、检察、审判权的国家机关对没有犯罪事实或没有事实证明有犯罪重大嫌疑的人错误拘留，侵犯受害人名誉权、荣誉权的；行使侦查、检察、审判权的国家机关对没有犯罪事实的人错误逮捕，侵犯受害人名誉权、荣誉权的；依照审判监督程序再审改判无罪，原判刑罚已经执行完毕并致受害人名誉权、荣誉权损害的。（3）只在侵权行为影响范围内实施。即侵权行为在多大的范围内侵害了受害人的名誉权和荣誉权，在多大范围内对受害人造成不良影响，必须在多大范围内消除之，以恢复受害人在公众中的名誉和荣誉。例如，某公安机关认定某人有嫖娼行为对其实施拘留，并在

① 所谓名誉权，是指公民、法人所享有的有关自己的能力、才干、品质、思想、信誉等方面的社会评价不受他人侵犯的一种人身权利；所谓荣誉权，是指国家、社会通过特定的机关或组织给予公民、法人的一种特殊的美名或称号。

全厂作为法制教育典型进行宣传，后该拘留被确认违法，公安机关应当在全厂范围内为受害人消除不良影响。

第二节 国家赔偿标准

一、确立国家赔偿标准的原则

国家赔偿标准，是指国家根据职务侵权损害程度和国家财政状况确定的支付赔偿金的标准。国家赔偿标准对受害人所能获得的国家赔偿的数额有着直接联系。国家赔偿标准的确定需要在国家财政与受害人权益保护之间寻求平衡。由于经济发展程度，人权发展状况以及国家赔偿制度发达程度等的不同，世界各国根据其本国国情，确立了不同的赔偿标准。概括起来，各国确定国家赔偿标准的原则有三种①：（1）惩罚性标准。惩罚性标准是指赔偿额大于受害人所受的损失，对侵害方具有惩罚性。即侵害方向受害人除应赔偿足以弥补受害人所受损害的费用外，还应支付一定的惩罚性费用。按照这一标准，国家赔偿的数额就等于损失额加上惩罚金额。国家赔偿的费用是比较高的，对受害人极为有利。这种标准大多是发达国家的国家赔偿法所采取的标准。（2）补偿性标准。补偿性标准是指赔偿额以能够弥补受害人所受的实际损失为限，即侵害方按照受害人所受的实际损失进行赔偿，以示补偿。按照这一标准，国家赔偿的金额就等于受害人实际所受的损失额。（3）慰抚性标准。慰抚性标准是指赔偿额以抚慰受害人为目的而不是赔偿受害人的全部损失，即侵害方不可能对受害人的全部损失作充分的赔偿，而只能在全部损失范围内尽可能赔偿受害人的损失，以示抚慰。按照这一标准，赔偿请求人得到的赔偿往往少于其实际受到的损失。

1994年制定《国家赔偿法》时的草案说明中指出："国家赔偿的标准和方式，是根据以下原则确定的：第一，要是受害人受到的损失能够得到适当弥补。第二，考虑国家的经济和财力能够负担的状况。第三，便于计算，简便易行。"②"适当弥补"而不是"实际弥补"，表明我国《国家赔偿法》确立国家

---

① 刘嗣元、石佑启编著：《国家赔偿法要论》，北京大学出版社2005年版，第94～95页。

② 转引自江必新主编：《〈中华人民共和国国家赔偿法〉条文理解与适用》，人民法院出版社2010年版，第294～295页。

赔偿标准的原则是抚慰性标准。在我国，民事赔偿采用的是补偿性标准。因此，与民事赔偿相比，国家赔偿远远不能弥补受害人的损失。侵权赔偿制度的价值在于弥补受害人受损害的权利，在确定赔偿标准时，不应当因侵权主体是国家就与民事主体有所区别。如果说要有所区别，那也应当是高于民事赔偿，而非低于民事赔偿。因为在法治国家中，公权力的行使应当较之民事行为领域遵循更为严格的要求，相应地，应当承担更严格的法律责任。事实上，适当提高国家赔偿标准，修改抚慰性标准为补偿性标准已经成为学界的共识。① 从2010年通过的《国家赔偿法修正案》的相关规定来看，《国家赔偿法》将精神损害赔偿纳入了国家赔偿范围，对伤残赔偿增加了护理费，并将其最高额扩大到国家上年度职工年平均工资的20倍。然而，《国家赔偿法》第36条第8项规定，“对财产权造成其他损害的，按照直接损失给予赔偿”。该规定既是为防止出现法律没有规定的其他国家侵权行为造成公民、法人或其他组织财产权的损害而得不到赔偿的兜底条款，同时也是侵犯财产权时国家赔偿的基本标准。这意味着对财产权的损害国家只赔偿直接损失，不赔偿间接损失。国家赔偿的金额与受害人实际所受的损失额并不对等，赔偿额以抚慰受害人为目的而不是赔偿受害人的全部损失。因此，现行《国家赔偿法》的赔偿标准仍然是补偿性标准。

二、人身自由权损害赔偿标准

“生命诚可贵，爱情价更高；若为自由故，两者皆可抛。”自由是无数仁人志士奋斗终生的崇高目标。此一目标实现不易，保障亦难。为维护此一基本人权的法律措施有二：一是用法律明确规定其不可侵犯性；二是在遭到侵犯时给予法律制裁和法律救济。②

我国《宪法》第37条规定，“中华人民共和国公民的人身自由不受侵犯。任何公民，非经人民检察院批准或者决定或者人民法院决定，并由公安机关执行，不受逮捕。禁止非法拘禁和以其他方法非法剥夺或者限制公民的人身自由，禁止非法搜查公民的身体”。我国的其他法律也对侵犯公民人身自由权的行为做了制裁性规定。尽管如此，在国家公务活动中，国家机关及其工作人员

① 马怀德主编：《完善国家赔偿立法基本问题研究》，北京大学出版社2008年版，第320页。

② 陈春龙著：《中国司法赔偿实务操作与理论探讨》，法律出版社2002年版，第383页。

违法侵犯公民自由权的现象仍常有所见。对此，国家应该坚决纠正，严加惩处，并给当事人以适当的赔偿。在实行此种赔偿时，不可能采用返还财产或恢复原状的赔偿方式，只能采用支付赔偿金的方式予以赔偿。虽然金钱无法与人的自由等值，然而给予损失自由的人以金钱赔偿毕竟是现实社会中所能提供的最佳补救。

从其他国家与地区的赔偿立法看，对于侵犯人身自由的侵权行为，一般采用金钱赔偿方式进行赔偿。在数额的确定中，除少数国家是根据受害人受损害的具体情况酌情补偿外，大多数国家和地区是以受害人被羁押的时间计算赔偿数额，但具体做法各异，其中主要有以下三种①：（1）规定每日赔偿金的固定标准。如德国1971年刑事追诉措施赔偿法规定，每羁押一日赔偿20马克，这一赔偿标准执行了数年，没有根据生活水平的提高或通货膨胀等因素而改变赔偿标准。又如美国的《加利福尼亚刑法典》则规定，错误监禁每日赔偿100美元。（2）规定每日赔偿金的选择范围，并规定选择时的考虑因素。如《日本刑事补偿法》规定，对公民羁押一日，补偿1000至7200日元。同时规定，法院在决定补偿金时，必须考虑关押的种类、时间的长短、本人在财产上所受的损失、应得利益的损失、精神上的痛苦和身体上的损伤以及警察、检察和审判机关有无故意、过失及其有关情况。（3）只是规定每日赔偿金的范围。如我国台湾地区1991年修改的“冤狱赔偿法”规定，每羁押一日，赔偿3000至5000台币。

《国家赔偿法》第33条规定：“侵犯公民人身自由的，每日的赔偿金按照国家上年度职工日平均工资计算。”对该法律规定可以做如下理解：

（1）《国家赔偿法》对侵害公民人身自由权的赔偿采用随机标准，而不是规定一个最高限额或固定的标准。

（2）赔偿数额对所有人一律平等，无论受害人在失去人身自由期间实际损失如何，也无论受害人的身份、职业或其他情况如何。

（3）侵犯公民人身自由的，按日支付赔偿金，这样便于操作。其具体计算标准是侵犯公民人身自由赔偿金等于受害人被限制人身自由的天数乘以职工日平均工资。在计算限制人身自由的天数时要注意将实施限制人身自由的当日和释放当日计算在内。具体计算公式如下：

侵犯公民人身自由赔偿金=受害人被限制人身自由的天数×职工日平均工资

---

① 参见江必新主编：《〈中华人民共和国国家赔偿法〉条文理解与适用》，人民法院出版社2010年版，第307~308页。

(4)“上年度职工日平均工资”中的上年度为赔偿义务机关、复议机关或人民法院赔偿委员会作出决定时的上年度；复议机关或人民法院赔偿委员会决定维持原赔偿决定的，按作出原赔偿决定的上年度执行。国家上年度的职工日平均工资，应当向国家统计局公布的职工年平均工资除以全年法定工作日的方法计算。具体计算公式如下：

职工日平均工资=年平均工资÷12个月÷平均每月法定工作天数

值得注意的是，一些国家规定的人身自由权损害赔偿标准，只是针对羁押造成的非财产损害部分，对于因羁押而导致的财产损害则是按照财产损害赔偿标准来赔偿的。也就是说，羁押中既有非财产损害，也有财产损害。我国人身自由权损害赔偿标准只承认和赔偿羁押的非财产损害，不承认和赔偿财产损害。另外，如果国家机关及其工作人员在行使职权过程中作出非法拘禁等非法剥夺公民人身自由行为的，一方面侵犯了受害人的人身自由权，另一方面也会不同程度地侵害受害人的名誉权、荣誉权。在此情况下，国家机关除了要代表国家赔偿因侵犯公民人身自由权造成的损失外，还要在侵权行为影响所及的范围内为受害人消除影响，恢复名誉，赔礼道歉。

三、生命权损害赔偿标准

生命对每个人来说，都只有一次。如果生命权被剥夺，其他权利对于人来说就毫无意义。因此，生命的存在和生命权的享有是每个公民的最高人身利益。侵犯公民生命权致人死亡是最严重的侵犯人权行为。我们必须认真对待，慎重处理由此造成的严重后果和恶劣影响。“从赔偿角度看，其标准应以受害人生命如果存续下去所能获得的合理预期利益为依据，以死者的年龄、健康、能力、收入等因素确定赔偿数额。”从一些国家和地区的立法情况来看，对生命权损害赔偿标准有如下几个特点：（1）对死亡赔偿大多规定最高限额，德国不超过7.5万马克；日本为2000万日元以内；韩国为受害者当时月工资的60倍以内；我国台湾地区最高额为100万至200万新台币。（2）赔偿事项一般包括丧葬费、救治费、抚慰金、受抚养人的生活费。如德国，生命权损害赔偿标准包括三部分：丧葬费；抚养费，即该抚养费是死者事前依法负有抚养义务的人的抚养费，包括尚未产生的胎儿；劳务赔偿金，即死者生前依法在家务或工商业中有对第三人提供劳务的义务，如果死亡而不能提供劳务的，赔偿义务人要向该第三人赔偿因为失去劳务的损失。“有的国家还包括救治费，有证据证明因死亡造成的财产损失，胎儿赔偿请求权、感情赔偿、为死者以一定方式恢复名誉等。"①（3）确定死亡的赔偿额，一般应考虑到受害人的年龄、健康状况、收入能力及其他情况。（4）如果能证明死亡给受害人带来的财产损失，国家也负责赔偿。

《国家赔偿法》第34条规定，"造成死亡的，应当支付死亡赔偿金、丧葬费，总额为国家上年度职工年平均工资的20倍。对死者生前扶养的无劳动能力的人，还应当支付生活费。前款第2、3项规定的生活费的发放标准参照当地最低生活保障标准执行。被扶养的人是未成年人的，生活费给付至十八周岁止；其他无劳动能力的人，生活费给付至死亡时止"。根据这一法律规定，侵犯公民生命权时，国家需要向受害人的近亲属支付：死亡赔偿金、丧葬费、扶养费。

1. 死亡赔偿金。对于由谁作为死亡赔偿金的受领人，应当根据《国家赔偿法》第6条第2款关于"受害的公民死亡，其继承人和其他有扶养关系的亲属有权要求赔偿"的规定来确定，但这一规定显然过于模糊。实务中，应以死者的享有继承既得权的继承人作为死亡赔偿金的受领人，一般为第一顺序继承人，第一顺序继承人缺位时，为第二顺序继承人。② 同时，还应当适当考量近亲属与死者生前的情感关系、是否共同生活以致构成家庭生活共同体等因素。

2. 丧葬费。考虑一般的人伦道德观念，对于丧葬费，我国法律规定应当按照实际的和合理的损失，予以全部赔偿。我国《国家赔偿法》中，并没有明确规定丧葬费的赔偿标准，而是规定"死亡赔偿金、丧葬费，总额为国家上年度职工年平均工资的20倍"。

3. 扶养费。扶养费，是指国家因国家机关及其工作人员行使职权侵犯公民的生命健康权，致使其全部丧失劳动能力，对其所扶养的无劳动能力的人支付维持生活的费用。"扶养"一词有广义与狭义之分。狭义仅指辈分相同人之间的关系。从《国家赔偿法》的相关规定看，在这里，"扶养"一词应从广义理解，包括晚辈对长辈的赡养、长辈对晚辈的抚养以及辈分相同人之间的扶养。因此，扶养费包括狭义的扶养费、抚养费和赡养费。根据我国《婚姻法》、《继承法》等法律的规定，公民应扶养的人主要包括：公民的直系亲属，即祖父母、外祖父母、父母、配偶，未满18岁的子女以及与公民已形成抚养

① 陈春龙著：《中国司法赔偿实务操作与理论探讨》，法律出版社2002年版，第387页。

② 张步洪著：《国家赔偿法判解与应用》，中国法制出版社2000年版，第233页。

关系的人。凡是被抚养人是未成年人的，生活费给付至18周岁；其他无劳动能力的人，生活费给付至死亡时止。发放扶养费的标准，参照当地最低生活保障标准执行。

《国家赔偿法》对于生命权损害赔偿标准并没有规定医疗费。实践中，不少死者并不是因国家的侵权行为导致立刻死亡，而是经过医院救治后死亡。这样，生命权损害案件时常会发生医疗费。根据我国《国家赔偿法》的精神和第34条内在联系，我们认为，如果发生了医疗费，生命权损害赔偿标准应该包括死亡赔偿金、丧葬费、扶养费和医疗费。

四、健康权损害赔偿标准

侵犯公民健康权造成的损害包括两个方面：一是造成公民身体的伤害；一是造成公民身体残疾。因此，健康权损害赔偿包括身体伤害赔偿和残疾损害赔偿。

（一）身体伤害赔偿

我国《国家赔偿法》第34条第1项规定，“造成身体伤害的，应当支付医疗费、护理费，以及赔偿因误工减少的收入。减少的收入每日的赔偿金按照国家上年度职工日平均工资计算，最高额为国家上年度职工年平均工资的五倍”。身体伤害赔偿要注意以下问题：

1. 这里的身体伤害仅指尚未造成残疾，即丧失劳动能力的一般伤害，如果造成残疾，则不适用该赔偿标准。

2. 身体伤害赔偿包括医疗费、护理费和因误工减少的收入。（1）医疗费，是指受害人身体受到损害后恢复健康进行治疗所支出的费用。① 具体包括医药费、住院（住宿）费、营养费、交通费等。医药费应以受害人就诊医院开具的诊断证明和医药费的单据为凭，并确系治疗侵害人的侵害行为所制伤害的药费。住院（住宿）费是指为了治疗目的而住院或住旅馆所花费的费用，其金额应根据实际支出确定。营养费是指必要的食疗、滋补身体所用的费用，不包括根据诊断不需要特殊增加营养而受害人自行大补的滋补费用。交通费是指受害人去医院诊治所花费的乘坐交通工具的费用，其金额可根据实际需要确定或以车票为凭证。（2）护理费是指受害人生活不能自理时，由专人护理所用的费用，如亲属护理人的误工工资，雇人护理所需的佣金等。是否需要专人护理，应由医院决定。“护理费数额是由护理人员（是指雇佣或专职护理人员之

① 中国法制出版社编：《国家赔偿法新解读》，中国法制出版社2008年版，第44页。

外的人员，主要是指配偶和亲友）的收入状况、护理人数、护理期限这三个因素综合决定。"①（3）因误工减少的收入，指受害人因受伤后不能工作而损失的收入。误工日期一般以医院开具的休假日期为依据，没有休假证明自行休假的，不作误工日计算。减少的收入每日赔偿金按国家上年度职工日平均工资计算，最高额为国家上年度职工年平均工资的5倍。

（二）残疾损害赔偿

我国《国家赔偿法》第34条第2项规定，"造成部分或者全部丧失劳动能力的，应当支付医疗费、护理费、残疾生活辅助具费、康复费等因残疾而增加的必要支出和继续治疗所必需的费用，以及残疾赔偿金。残疾赔偿金根据丧失劳动能力的程度，按照国家规定的伤残等级确定，最高不超过国家上年度职工年平均工资的20倍。造成全部丧失劳动能力的，对其扶养的无劳动能力的人，还应当支付生活费"。残疾损害赔偿要注意以下问题：

1. 残疾损害是一种严重的身体伤害，以受害人部分或全部丧失劳动能力为标志。受害人如果没有丧失劳动能力，则不适用该赔偿标准。

2. 丧失劳动能力的标准，根据《国家赔偿法》规定，按照国家规定的伤残等级确定。

3. 残疾损害赔偿包括医疗费、护理费、残疾生活辅助具费、康复费等因残疾而增加的必要支出和继续治疗所必需的费用，以及残疾赔偿金。残疾损害赔偿医疗费、护理费的标准与身体伤害赔偿无异。造成部分或者全部丧失劳动能力而产生的辅助器具费、康复费等因残疾而增加的必要支出和继续治疗所必需的费用属于国家赔偿的范畴，但法律没有确立具体的可操作性的标准。残疾赔偿金，是指国家机关及其工作人员因违法行使职权侵犯公民健康权，致使公民部分或全部丧失劳动能力后，国家支付给受害人的赔偿金。根据我国《国家赔偿法》，残疾赔偿金根据丧失劳动能力的程度，按照国家规定的伤残等级确定，最高不超过国家上年度职工年平均工资的20倍。残疾赔偿金与死亡赔偿金的不同之处在于，死亡赔偿金是给付受害人亲属的，接受死亡赔偿金的主要是受害人的继承人及与受害人有扶养关系的亲属。而残疾赔偿金是给付受害人本人的。

4. 受害人全部丧失劳动能力的，对其扶养的无劳动能力的人，还应当支付生活费。残疾损害生活费的标准与生命权损害赔偿中抚养费的标准一样，参

① 江必新主编：《〈中华人民共和国国家赔偿法〉条文理解与适用》，人民法院出版社2010年版，第315页。

照当地最低生活保障标准执行。

五、财产权损害赔偿标准

财产权是以物质利益为内容，直接体现物质利益的公民基本权利。它与人身自由权、生命权、健康权一样受到法律保护。当国家机关及其工作人员的公务行为侵犯财产权时，国家应该给予赔偿。就侵犯财产权而言，一般以损害赔偿为原则，但实践中能够返还财产的一般应先返还财产；应返还财产遭受损坏的，能够恢复原状的要恢复原状。返还财产、恢复原状不涉及金钱赔偿，因此谈不上赔偿标准问题。《国家赔偿法》第36条第8项规定，“对财产权造成其他损害的，按照直接损失给予赔偿”。所谓“直接损失”，是指因遭受不法侵害而使现有财产直接减少或消灭。该规定既是为防止出现法律没有规定的其他国家侵权行为造成公民、法人或其他组织财产权的损害而得不到赔偿的兜底条款，同时也是侵犯财产权时国家赔偿的基本标准。通过该规定可以看出，《国家赔偿法》对于财产权损害赔偿采用的是补偿性赔偿原则，即仅限于国家机关及其工作人员的侵权行为所造成的受害人的直接损失，不包括间接损失或可得利益损失，也不包括精神损害的赔偿。直接损失包括下列情形①：（1）保全、执行过程中造成财物灭失、毁损、霉变、腐烂等损坏的；（2）违法使用保全、执行的财物造成损坏的；（3）保全的财产系国家批准的金融机构贷款的，当事人应支付的该贷款借贷状态下的贷款利息。执行上述款项的，贷款本金及当事人应支付的该贷款借贷状态下的贷款利息。（4）保全、执行造成停产停业的，停产停业期间的必要的经常性费用开支。（5）法律规定的其他直接损失。

根据《国家赔偿法》第36条的规定，对财产权造成损害的，分别按照下列情况进行处理：

（一）处罚款、罚金、追缴、没收财产或者违法征收、征用财产的赔偿

对于罚款、罚金、追缴、没收财产或者违法征收、征用财产的行为，财产权的损害属于物之失去控制，即受害人失去了对财产的控制权。与之相适应的最好的赔偿是返还财产。在返还财产时，如果财产在失去控制期间有孳息物的，应一并返还。

这里有一个值得讨论的问题是，返还金钱时是否应当计算利息呢？对此，

① 参见《最高人民法院关于民事、行政诉讼中司法赔偿若干问题的解释》(2000年)第12条规定。

各国法律规定不一。有些国家和地区规定返还金钱应当计算利息。如，英国《王权诉讼法》第24条规定："如果高等法院裁决给政府或裁决政府应交付的费用，那么除法院另有命令外，应根据这些费用支付利息。"日本《刑事补偿法》第4条第5项规定："由于执行罚金或罚款而给予的补偿，应在已经征收的罚金或罚款额上，按照从征收的次日起至决定补偿之日止的日期，加上年息5厘的利率所得的数额交付补偿金。"第6项规定："由于执行没收而给予的补偿，如果没收财物尚未处理，应交还原物；没收财物已经处理的，应按与该物当时的价格相等的数额交付补偿金。另外，对征收的追征金，应在数额上按照从追征的次日起至决定补偿之日止的日期，加上年息5厘的利率所得的数额交付补偿金。"我国台湾地区"冤狱赔偿法"第3条规定，"罚金执行的赔偿，应以已交罚金相等金额附加利息返还之"。原有《国家赔偿法》没有规定返还金钱是否应支付利息。学者们对此存有不同的观点。有学者认为，返还金钱不计利息。① 有学者认为，由于法律没有规定返还金钱是否计算利息，给实际部门具体执行带来了困难，应由最高人民法院以司法解释加以规定。在最高人民法院作出规定之前，可以参照民事赔偿的有关规定。② 有学者认为，因罚款、罚金及执行罚金违法而对受害人赔偿的，一般应于退回等量罚款、罚金及执行罚金的同时，负责利息损害的赔偿，国家可以规定一个固定的利息率，或根据各年利息率的平均值计算此项赔偿金。③ 现行《国家赔偿法》规定，"返还执行的罚款或者罚金、追缴或者没收的金钱，解除冻结的存款或者汇款的，应当支付银行同期的定期存款利息"。

（二）查封、扣压、冻结财产造成损失的赔偿

这三种侵权行为，造成的后果较为复杂，赔偿的标准也有所不同：（1）解除对财产的查封、扣押、冻结。对于存款被冻结的，由于冻结期间银行仍旧计算利息，存款解除冻结时，利息附随本金返还受害人。（2）如果应当返还的财产损坏的，能够恢复原状的应予恢复原状，不能恢复原状的，按照损坏程度给付相应的赔偿金。（3）如果应当返还的财产灭失的，应当给付相应的赔偿金。所谓灭失，是指经损害的财产已经不复存在。所谓"相应的赔偿金"，

---

① 肖峋著：《中华人民共和国国家赔偿的理论与实用指南》，中国民主法制出版社1994年版，第243页。

② 刘善春主编：《国家赔偿法条文释义与案例分析》，中国政法大学出版社1995年版，第63页。

③ 马怀德著：《国家赔偿法的理论与实务》，中国法制出版社1994年版，第255页。

是指赔偿的数额应以物的价值计算，应当尽量按照有利于受害人的原则进行估价。如果以损坏当时的价格作为估价标准对受害人有利的，则应按财产损坏当时的价格进行估价；如果以判决或决定赔偿之日的估价对受害人有利的，则应按判决或决定赔偿之日进行估价。

（三）财产已经拍卖、变卖的赔偿

拍卖，是指以公开竞价的形式，将特定物品或财产权利转让给最高应价者的买卖方式。我国《拍卖法》规定，行政机关和司法机关的拍卖活动应当按照《拍卖法》的规定进行。赔偿义务机关违法对财产予以没收或者查封、扣押、冻结后，如果对财产已经进行了拍卖，原物已经不存在或已为他人所有，恢复原状、返还财产已不可能，只能采取金钱赔偿的方式。根据《国家赔偿法》的规定，财产已经拍卖的，应给付拍卖所得价款。

变卖，是指强制出卖被申请执行人的财产，以所得价款清偿债务的措施。因变卖造成财产损害的赔偿，《国家赔偿法》规定，财产已经变卖的，给付变卖所得的价款。然而，现实中以低于财产价值进行变卖的现象不在少数。为维护受害人的合法财产权利，对于变卖价格明显低于市场价的，国家应该给予赔偿。《国家赔偿法》对此作出了明确规定，“变卖的价款明显低于财产价值的，应当支付相应的赔偿金”。

（四）吊销许可证和执照、责令停产、停业的损害赔偿

许可证、执照是公民与其他社会主体从事某些活动的权利或资格凭证，吊销许可证、执照实际上是在限制或剥夺他们从事某种活动的资格，导致企业停产或法人消灭。责令停产停业，则是直接禁止当事人从事相关活动。吊销许可证和执照、责令停产停业对于公民、法人与其他社会组织从事相关的经营活动具有非常大的影响，是可能侵害其财产权的又一种形式。对此，《国家赔偿法》规定，违法吊销许可证和执照、责令停产停业造成损害的，赔偿停产停业期间必要的经常性费用开支。所谓“必要的经常性的费用开支”是指企业、商店、公民等停产停业期间用于维持其生存的基本开支，如水电费、仓储保管费、房屋租金、职工基本工资等。其中职工基本工资是按国家统一规定的劳保工资的平均数来计算的。即不赔偿法人或其他组织在正常情况下，在此期间必定能获得的利益，也不赔偿停产停业期间的一切开支，而只是赔偿必要的经常性费用开支。

六、精神损害赔偿标准

2010年修订的《国家赔偿法》的亮点之一就是明确了精神损害赔偿。这

是我国民主法制进步的表现，这也有利于构建国家机关与民众之间的和谐关系。下面就精神损害赔偿数额的确定等问题由于国家赔偿范围主要阐述的是国家赔偿的行为范围，而不是损害范围。因而，对国家赔偿中的精神损害赔偿问题统一在此作些阐述。

（一）精神损害赔偿的构成要件

精神损害赔偿是指公民因其人身权利受到职务行为的侵害，使其人格利益和身份利益丧失、减损或遭受精神痛苦，要求国家通过财产赔偿等方法进行救济和保护的法律制度。根据国家赔偿构成要件的一般原理，精神损害赔偿的一般构成要件至少包括以下三个方面①：（1）职务侵权行为。职务侵权行为，是指国家机关及其国家机关工作人员履行或者不履行其职责和义务的行为，包括法律、法规授权的组织及其工作人员违法行使公权力的行为。（2）精神损害。国家承担精神损害赔偿责任的前提是职务侵权行为已经给行政相对人造成精神损害。没有造成精神损害，不得要求损害赔偿。（3）因果关系。“国家赔偿中的因果关系，实质上是国家机关与受害人之间的权利义务关系。只要国家机关违背了对权利人所承担的特定义务并因此导致其损害，且权利人无法通过其他途径受偿的，我们就认为存在国家赔偿责任中的因果关系。”“只有与损害结果有直接联系的原因，才是赔偿责任的因果关系中的原因。”② 这一分析同样适用于精神损害国家赔偿领域。

《国家赔偿法》第35条规定：“有本法第3条或者第17条规定情形之一，致人精神损害的，应当在侵权行为影响的范围内，为受害人消除影响，恢复名誉，赔礼道歉；造成严重后果的，应当支付相应的精神损害抚慰金。”根据这一规定，我国精神损害赔偿必须满足三个具体条件：（1）必须是侵犯的是自然人的人身权利，包括生命权、健康权，人身自由权，人格权等所造成的精神损害。对于侵犯财产权所造成的精神损害，国家赔偿义务机关不予赔偿。这主要是因为，一方面在相对人的财产权受到侵害时，其受损的主要是财产权，精神损害并不占据主要地位，而且也不是所有的相对人在财产权受到损害时都会造成精神损害。另一方面对于因财产权受到损害时所造成的精神损害，可以在给予相对人物质损害赔偿的同时给予赔偿，而无必要单独请求精神损害赔偿，

---

① 参见马怀德、张红：《论国家侵权精神损害赔偿》，载《天津行政学院学报》2005年第1期。

② 马怀德著：《行政法制度建构与判例研究》，中国政法大学出版社2000年版，第201~203页。

这也是提高效力、减少讼累的需要。① (2) 必须是法定职务侵权行为所造成的精神损害。按照《国家赔偿法》的规定，必须是《国家赔偿法》第3条或第17条规定的职务侵权行为所造成的精神损害才可能产生精神损害赔偿。(3) 精神损害必须“造成严重后果”。由于精神损害不同于人身损害或财产损害，难以用金钱直接计量。精神损害是否“造成严重后果”可以从以下几方面加以考虑②：第一，一般认为，对生命权的侵害，已“超出了正常生活所能容忍的界限的”程度，必然属于精神损害赔偿范围。第二，对健康权的侵害，是否构成精神损害赔偿，主要取决于身体、健康被损害的程度。一般是以达到伤残标准作为构成严重精神损害的主要依据。原则上，只有达到伤残标准的，才能提起精神损害赔偿。至于没有达到伤残标准的精神损害是否构成严重后果，则应视具体情况而定。第三，对于人身自由权的侵害，是否构成精神损害赔偿，则应综合考虑侵害人的主观状态、侵害手段、场合、行为方式和受害人的精神状态等具体情节加以判断。第四，受害人所受精神损害能否通过其他责任方式加以弥补。如果精神损害能够通过消除影响、恢复名誉、赔礼道歉等责任方式加以弥补的，则不构成严重后果。

（二）精神损害赔偿数额的确定

在精神损害赔偿中，确定精神损害赔偿金的标准是长期困扰着理论界和实务界的一大难题。由于精神损害无法直接用金钱加以衡量，各国确定精神损害赔偿金时所使用的方法也不尽相同。归纳起来，主要有以下几种方法：③ (1) 酌定赔偿的方法，即法律不制定统一的赔偿标准，而是由法官根据具体案情自由裁量。这一方法由于没有统一的计算标准，导致对相似案情的精神损害赔偿数额往往相差悬殊。(2) 固定赔偿方法，即制定固定的抚慰金赔偿表，就不同性质的精神损害规定抚慰金的最高赔偿限额和最低赔偿标准。现在英国对精神损害赔偿金就采取标准化的固定赔偿方法，将致残赔偿及各类伤害的赔偿金额，依通常的社会标准，根据法律政策修改的价目表估算金额。(3) 最高限额赔偿方法，即对精神损害赔偿的数额限制最高标准，美国、瑞典、捷克等国

---

① 参见马怀德、张红：《论国家侵权精神损害赔偿》，载《天津行政学院学报》2005年第1期。

② 参见江必新主编：《〈中华人民共和国国家赔偿法〉条文理解与适用》，人民法院出版社2010年版，第334页。

③ 马怀德、张红：《论国家侵权精神损害赔偿》，载《天津行政学院学报》2005年第1期。

均采此种方法。(4) 医疗费比例赔偿方法，即精神损害的赔偿金额根据受害人医疗费的一定比例加以确定。如秘鲁民法典第3条规定，法官只能在受害人所必须花费的医疗费数额的半数和两倍之间来估算受害人的抚慰金。(5) 日标准赔偿方法，即确定每日的赔偿标准，总额按日标准计算。如丹麦法律规定，致害人对躺在床上的病人每日给付抚慰金25丹麦克朗。

《国家赔偿法》中没有规定精神损害赔偿的标准，相关司法解释也没有作出明确规定。我们认为应该借鉴《最高人民法院关于确定民事侵权精神损害赔偿责任若干问题的解释》第10条的规定①，同时考虑到我国国家赔偿的特殊性，综合考虑以下几方面的因素来确定②：(1) 职务侵权行为的过错程度。如果侵权机关及其工作人员的过错程度越大，则其责任越重，相应的受害人应获得的赔偿越多。(2) 职务侵权的具体情节，包括实施侵害的手段、场合、行为方式等。侵害的具体情节在相当大的程度上决定着对受害人造成精神损害的大小。一般而言，侵害的手段越恶劣、场合越公开、行为方式越粗暴，受害人所遭受的精神损害就越大，受害人应获得的赔偿也越多。(3) 受害人精神损害的程度和后果。这是确定精神损害抚慰金的重要依据。精神损害的程度和后果可以参照精神损害是否"造成严重后果"的考虑因素。(4) 侵权机关事后采取弥补措施的有效程度。侵权机关事后采取的弥补措施越有效，则受害人遭受的精神损害可能会越小。(5) 职务侵权行为的社会影响。一般来说，职务侵权行为的社会影响越大，受害人所遭受的精神损害就越大。(6) 法律、行政法规对残疾赔偿金、死亡赔偿金等有明确规定的，适用法律、行政法规的规定。这是国家赔偿法定原则的要求所在。

---

① 《最高人民法院关于确定民事侵权精神损害赔偿责任若干问题的解释》第10条规定，精神损害的赔偿数额根据以下因素确定：(一) 侵权人的过错程度，法律另有规定的除外；(二) 侵害的手段、场合、行为方式等具体情节；(三) 侵权行为所造成的后果；(四) 侵权人的获利情况；(五) 侵权人承担责任的经济能力；(六) 受诉法院所在地平均生活水平。法律、行政法规对残疾赔偿金、死亡赔偿金等有明确规定的，适用法律、行政法规的规定。

② 参见马怀德、张红：《论国家侵权精神损害赔偿》，载《天津行政学院学报》2005年第1期；江必新主编：《〈中华人民共和国国家赔偿法〉条文理解与适用》，人民法院出版社2010年版，第335页；杨立新等：《精神损害赔偿》，人民法院出版社2004年版，第89~91页。

第三节 国家赔偿的费用

一、国家赔偿费用的来源

国家赔偿费用，是指赔偿义务机关依照国家赔偿法的规定，应当向赔偿请求人支付的费用。由于国家赔偿采用以金钱支付为主的赔偿方式，因而必须有相应的赔偿费用作保障。如果赔偿费用得不到保证，受害人的损失就得不到及时救济，国家赔偿就会落空，国家赔偿法的目的就难以实现。所以，世界各国对国家赔偿费用都十分重视，都在立法中予以明确规定。

（一）国外赔偿费用来源

从国外赔偿制度来看，赔偿费用一般均由国库支出，为了保证受害人得到合理适当的救济，防止赔偿义务机关失职或滥施赔偿，各国和地区均采用了不同形式的赔偿费用支出管理方式①：

1. 中央政府统筹编列赔偿预算。即所有国家赔偿费用，均由中央政府按年编列预算。采用这种方式的有法国、韩国、新加坡等国。在法国，国家从总预算中，每年拨给各部一部分预算，各部的预算中留有一部分机动使用的用于赔偿的经费；新加坡，在总检察署的行政经费上编列30万元预算，必要时还可动用政府预备金。如难以拨付或不足支付时，由律政部提请国会拨款支付。韩国法律亦规定：以国家为被告的由中央政府按年编列预算。在这种方式下，通常由国家根据各项赔偿的大体情况，确定一个每年所需赔偿费用的基本数，在编列预算时，作为一项专项支出，列入预算收支科目，地方行政所支出的赔偿费用，则从中央财政拨付。这种方式的优点在于能够保证充分的赔偿经费，避免因地方财政吃紧而给请求权人造成赔偿的拖延。减轻个别机关所受的压力。其缺点在于，各级政府可能会因赔偿费用非自己所出，而掉以轻心，要么为体现政绩而减少应当赔偿的事项及数额，要么慷国家之慨，滥施赔偿。在此意义上，各级政府编列预算分别支出则优于中央统筹。

2. 各级政府分别编列赔偿预算，各自就本机关造成的损害负赔偿责任。各级政府根据其行政、司法的具体状况，在每年编列预算时，把国家赔偿费用作为一项固定支出列入预算计划。我国台湾地区规定：行政赔偿费由各级政府

① 参见皮纯协、冯军主编：《国家赔偿法释论》（修订本），中国法制出版社1996年版，第226~227页。

编列预算支付。这一方式的优点在于，可以引起各级政府的充分重视，避免因不承担赔偿费用而丧失责任心。但其缺点是，地方各级政府经费往往已是捉襟见肘，特别是贫困落后的地区，靠国家财政补贴地区，由其编制赔偿预算，并负担支出，容易使受害人的损失得不到切实的赔偿。

3. 国家设立专项基金，国家与赔偿义务机关相结合共同负担赔偿费用。这种模式的特点是赔偿经费一般由各个政府机关自行担负，如超过某一确定数额才由国家承担。例如，美国法律规定：2500 美元以下的赔偿金由联邦政府机关自己负责，或从行政费中支出，或从活动基金中支出，超过此限的赔偿金，则由国会拨出专款，由财政部拨付。美国国会几十年前就拨出一笔专款用于赔偿，每年稍有增加，目前已达几百亿美元。仅 1983 年，依此项规定由财政部支付的赔偿金就达 1.36 亿美元。这种模式的优点在于，由各政府机关自己支付一定数额的赔偿金，可以增强其责任心，超过一定限度的赔偿由国家专项基金承担，又可以减轻机关压力，保证受害人得到有效的赔偿。

4. 通过保险渠道支付赔偿费用。由于社会保险业的迅猛发展，许多国家在国家赔偿领域引入保险形式解决赔偿金的支付问题。国家赔偿领域的保险分为两种形式：一是公民个人向保险公司投保，一旦被国家机关损害，则可从保险公司取得赔偿金，保险公司又可向侵权的国家机关提出赔偿请求。如法国某些地区和部门就采用这种方式，当保险公司向受害人支付了赔偿金后，可向政府机关提出赔偿请求；二是政府向保险公司投保，一旦发生侵权损害，则由保险公司向受害人支付赔偿费用。在美国，有的地方政府向保险公司投保，由保险公司负责赔偿受害人的损失，但有些保险公司不给政府开设保险业务，原因是费用太高。

（二）我国国家赔偿费用的来源

关于我国国家赔偿经费的来源，最早由 1989 年颁布的《行政诉讼法》第 69 条规定："赔偿费用，从各级财政列支。各级人民政府可以责令有责任的行政机关支付部分或者全部赔偿费用。具体办法由国务院规定。"之后原《国家赔偿法》第 29 条对国家赔偿经费来源也作了明确规定："赔偿费用，列入各级财政预算，具体办法由国务院规定。"国务院于 1995 年 1 月 25 日发布了《国家赔偿费用管理办法》。根据该《办法》第 6 条的规定，"国家赔偿费用，列入各级财政预算，由各级财政按照财政管理体制分级负担"、"各级政府应当根据本地区的实际情况，确定一定数额的国家赔偿费用，列入本级财政预算"、"国家赔偿费用由各级财政机关负责管理。当年实际支付国家赔偿费用超过年度预算的部分，在本级预算预备费①中解决”。鉴于我国财政实行的是中央和地方分列的体制，因此国家赔偿法实施后，凡属中央财政划拨经费的部门由中央财政作预算。地方政府的赔偿经费则由各级财政列入预算。具体的列支办法，由国务院制定具体的实施细则。

二、国家赔偿费用的支付

《国家赔偿费用管理办法》规定，国家赔偿费用，是指赔偿义务机关依照国家赔偿法的规定，应当向赔偿请求人支付的费用。其使用范畴仅限于《国家赔偿法》规定标准和种类范围内的费用。赔偿义务机关支出的调查费、鉴定费、诉讼费等，以及违法超支的赔偿费用，都不在国家赔偿经费的支出范围之内。

根据《国家赔偿法》的规定，国家赔偿费用的支付一般应该遵循以下程序：

1. 赔偿请求人凭生效的判决书、复议决定书、赔偿决定书或者调解书，向赔偿义务机关申请支付赔偿金。

2. 赔偿义务机关应当自收到支付赔偿金申请之日起 7 日内，依照预算管理权限向有关的财政部门提出支付申请。赔偿义务机关申请支付国家赔偿费用应当根据具体情况，提供下列相应的有关文件或者文件副本：（1）赔偿请求人请求赔偿的申请书；（2）赔偿义务机关作出的赔偿决定；（3）复议机关的复议决定书；（4）人民法院的判决书、裁定书或者赔偿决定书；（5）其他依法应当提供的文件或者文件副本。

3. 财政部门应当自收到支付申请之日起 15 日内支付赔偿金。赔偿请求人应当出具收据或其他凭证。

4. 追偿。赔偿义务机关赔偿损失后，应当依照《国家赔偿法》第 16 条和第 31 条的规定，向责任者追偿部分或者全部国家赔偿费用。追偿的国家赔偿费用应当上缴同级财政机关。

另外，在国家赔偿费用的支付中，有两个问题必须注意：（1）赔偿案件的免费问题。我国《国家赔偿法》第 41 条第 1 款规定：“赔偿请求人要求国家赔偿的，赔偿义务机关、复议机关和人民法院不得向赔偿请求人收取任何费用。”最高人民法院于 1995 年 9 月 18 日发布的《关于受理行政赔偿案件是否

---

① 预算预备费是根据《中华人民共和国预算法》的规定，按照政府一般预算支出额的 1% 至 3% 在年初预算中设置的不规定具体用途的当年后备资金。

收取诉讼费用的答复》中指出："根据《中华人民共和国国家赔偿法》第34条的规定，人民法院受理行政赔偿案件，不得向当事人收取诉讼费用。"请求国家赔偿不收取费用，这是国家赔偿与其他诉讼的一个重要区别，也是法律对受害人取得国家赔偿权的重要保障。需要注意的是，赔偿请求不收费仅针对赔偿请求人而言。对于被请求人，如果法律规定应当交纳费用的，应当依法缴纳。（2）赔偿金的免税问题。《国家赔偿法》第41条第2款规定："对赔偿请求人取得的赔偿金不予征税。"之所以实行赔偿金不征税原则，是因为赔偿金不是个人的正常收入，而是填补损害的费用，并且数量有限，征税不利于保护受害人的利益。①

三、国家赔偿费用的监督

监督是国家赔偿费用管理的重要一环，主要包括外部监督和内部监督。目前我国相关监督方式除了审计、监察等传统监督方式外，主要有以下几种方式：

1. 行政机关的监督。行政机关的监督包括财政部门的监督和政府法制机构的监督。对于财政部门的监督，《国家赔偿费用管理办法》的规定，各级财政机关应当加强对国家赔偿费用的监督管理，建立健全国家赔偿费用的管理和核拨制度。如果赔偿义务机关有下列行为之一的，由财政机关依法追缴被侵占的国家赔偿费用：（1）虚报、冒领、骗取国家赔偿费用的；（2）挪用国家赔偿费用的；（3）未按照规定追偿国家赔偿费用的；（4）违反国家赔偿法的规定支付国家赔偿费用的。赔偿义务机关有上述所列行为之一的，对负有直接责任的主管人员和其他直接责任人员依法追究法律责任。对于政府法制机构的监督，《国家赔偿费用管理办法》没有作出明确规定。有的地方性法规，如《新疆维吾尔自治区实施国家赔偿费用管理办法若干规定》规定，"县（市）以上政府法制机构会同有关部门，进行国家赔偿费用管理的综合执法监督"、"各级政府法制机构应当加强对国家赔偿法和赔偿费用管理办法执行情况的综合执法监督，对违法的或不适当的行政行为提出处理意见或建议，提请本级政府或者有关部门依法处理"。

2. 司法机关、复议机关或人民法院赔偿委员会的监督。根据我国《国家赔偿法》的规定，在行政赔偿中，赔偿义务机关逾期不予赔偿或者赔偿请求

① 参见房绍坤、毕可志编著：《国家赔偿法学》，北京大学出版社2004年版，第300～301页。

人以赔偿数额有异议的，赔偿请求人可以自期间届满之日起3个月内向人民法院提起诉讼。在刑事赔偿中，赔偿义务机关逾期不予赔偿或者赔偿请求人对赔偿数额有异议的，赔偿请求人可以自期间届满之日起30日内向其上一级机关申请复议。赔偿义务机关是人民法院的，赔偿请求人可以依照前款规定向其上一级人民法院赔偿委员会申请作出赔偿决定。如果赔偿请求人不服复议决定的，可以在收到复议决定之日起30日内向复议机关所在地的同级人民法院赔偿委员会申请作出赔偿决定；复议机关逾期不作决定的，赔偿请求人可以自期间届满之日起30日内向复议机关所在地的同级人民法院赔偿委员会申请作出赔偿决定。

3. 权力机关的监督。国家赔偿费用是列入国家各级财政支付的，当然应该接受各级权力机关的审议和监督。除此之外，有的地方性法规对权力机关监督国家赔偿费用的使用做了特殊的规定。如，《重庆市实施中华人民共和国国家赔偿法办法（2003年修正）》规定，“市和区、县（市）审计机关和监察机关应加强对国家赔偿的审计、监察，定期或不定期对本行政区域的国家赔偿工作进行专题审计或监察，发现有重大问题的，应及时向同级人民政府和人大常委会提出审计和监察报告”、“市和区、县（市）人大及其常委会应加强对本行政区域的国家赔偿工作的监督检查”、“市级机关年赔偿金额在50万元以上或个案赔偿金额在10万元以上的，应向市人大常委会作出专题报告。区、县（市）级机关年赔偿金额在30万元以上或个案赔偿金额在5万元以上的，应向同级人大常委会作出专题报告”、“市人民代表大会代表、市人大常委会组成人员对连续两年国家赔偿金额在50万元以上的市级机关负责人，区、县（市）人民代表大会代表、区、县（市）人大常委会组成人员对连续两年国家赔偿金额在30万元以上的区、县（市）级机关负责人，可依法提出质询案或罢免案，交本级人民代表大会或本级人大常委会审议或表决”。

【思考与探索】

一、健全和完善国家赔偿费用预算管理的若干建议①

加强国家赔偿费用预算管理，从根本上解决国家赔偿费用的来源，是解决

① 刘仁频等：《国家赔偿费用预算管理若干问题续议》，湖北法制信息网 http://www.hbzffz.gov.cn/hbfzb/preViewTextInfo.do?Id=5326&tId=2。查阅时间：2010年5月8日。

国家赔偿难的核心问题之一，也是直接影响到国家赔偿费用其他法律规范能否得以执行的基本问题。对此，《国家赔偿法》修正案规定："……财政部门应当自收到支付申请之日起15日内支付赔偿金。"这就使我国现行的国家赔偿费用预算管理体制与法律制度面临修改和进一步完善的问题。如何修改和完善，对此，现有几种观点：一是由国家机关行政经费中支出；二是由国家机关从预算外资金中支出；三是由国家机关向保险公司投保，然后由保险公司支付；四是由国家从罚没收入中支出列入国家财政预算；五是建立国家赔偿基金。鉴于我国依法行政重心在基层，难点也在基层，市县政府处在政府工作的第一线，直接面向广大人民群众，需要直接处理各种具体现实的利益关系和社会矛盾，推进市县政府依法行政是建设法治政府的基础和关键的状况与要求，在考虑上述因素与实际相结合的基础上，建议：

（一）改变国家赔偿费用预算主体，形成中央和地方复合预算列支体制

按照由各级地方政府按财政体制分别承担的方法，过去的状况可能会"依然如故"；由中央财政承担，一是不可能全部承担，二是与财权与事权相适应原则的不统一。因此，两种方式独立采用，都会使国家赔偿费用的来源仍然会得不到有效保证，而不利于保护受害人的权益。为了既便于赔偿请求人申请国家赔偿，又保证不因地方财政困难而影响受害人及时得到赔偿。建议在结合国家财政预算和国库管理改革情况基础上，一是可采取中央与地方相结合方式，建立新的国家赔偿费用预算体制，将国家赔偿费用列为中央和省级财政支出项目，由省级财政具体负责辖区内国家赔偿费用的预算及支出管理，中央按实际情况给予省级财政予以适当补助，或由中央与省级财政按照一定的比例承担国家赔偿费用，省级以下财政，尤其是相对较弱的县、乡一级基层财政，不再承担国家赔偿费用；二是前一方式有异，则采取各级政府列预算，而针对目前地方政府确实财力贫乏，无力负担国家赔偿费用的地区，由中央和省级政府按比例给予适当补助。

（二）确定统一的基数，将国家赔偿费用列入政府专项预算

鉴于国家赔偿费用支出的不可预见性和预算编制数额的不可预测性等不确定性因素和全国执行不一的现状，建议将国家赔偿费用作为专项列入政府整体预算中，并按照实际发生状况采取财政直接列支的办法。而对国家赔偿费用预算的编制，采取综合本级前三个预算年度的实际赔偿额的平均数为国家赔偿费用的预算基数，并适当考虑当年的增长因素的一定比例安排预算，如国家赔偿费用实际支出超出预算，对当年实际超出预算的部分，则在本级财政预备费中解决；对当年未支出结余的结转下一年度，下一年度按本年度提取的额度与上

年度结余的差额补足，以维持本年度的预算安排额。

（三）进一步健全和完善国家赔偿费用预算管理法律制度

以修订后的《国家赔偿法》为基础，结合国家关于公共财政和部门预算改革的要求，修改《国家赔偿费用管理办法》，从国家赔偿费用管理的体制、列支方法、程序、监督、救济和法律责任等方面，进一步完善和尽量细化和调整国家赔偿费用预算管理的相关法律规范与配套制度，促使各级人民政府，不论是经济发达地区还是欠发达地区，都必须按照一定年度的实际赔偿额的平均数将国家赔偿费用列入各级财政预算或按照新的国家赔偿费用预算管理制度执行，以保障国家赔偿费用预算管理得到规范、国家赔偿费用有比较稳定的资金来源和保证国家赔偿费用在规定的期限内得以及时支付。

二、不起诉决定与国家赔偿

不起诉决定是指，在查明被告人的行为不构成犯罪或者具有法定其他不应追究刑事责任的情形时，所作的决定。实质上是人民检察院所作的一种终止诉讼的决定。① 根据《刑事诉讼法》的规定，不起诉决定主要有②：（1）"法定不起诉"，即《刑事诉讼法》第142条第1款规定的不起诉；（2）"酌定不起诉"，即《刑事诉讼法》第142条第2款规定的不起诉；（3）"存疑不起诉"，即《刑事诉讼法》第140条第4款规定的不起诉。以下对不起诉决定是否必然引起国家赔偿应一一作具体分析、探讨。

（一）"法定不起诉"与国家赔偿

根据《刑事诉讼法》第142条第1款的规定，"法定不起诉"，是指《刑事诉讼法》第15条规定的"（一）情节显著轻微、危害不大，不认为是犯罪的；（二）犯罪已过追诉时效期限的；（三）经特赦令免除刑罚的；（四）依照刑法告诉才处理的犯罪，没有告诉或者撤回告诉的；（五）犯罪嫌疑人、被告人死亡的；（六）其他法律规定免予追究刑事责任的"六项情形下，人民检察院可以作出不起诉决定。依据《国家赔偿法》第19条第3项的规定，依照《刑事诉讼法》第15条规定不追究刑事责任的人被羁押，国家不承担赔偿责任。

（二）"酌定不起诉"与国家赔偿

根据《刑事诉讼法》第142条第2款的规定，"酌定不起诉"是指因犯罪

---

① 戴洪斌：《不起诉决定与国家赔偿》，中国法院网 http://www.chinacourt.org/public/detail.php? id=179699。查阅时间：2010年5月8日。

② 参见周国钧、王树全：《证据不足不起诉的刑事赔偿问题研究》，载《政法论坛》2002年第5期。

情节轻微，依照刑法规定不需要判处刑罚或者免除刑罚，人民检察院作出的不起诉决定。依据《国家赔偿法》第 19 条第 3 项的规定，依照《刑事诉讼法》第 142 条第 2 款规定不追究刑事责任的人被羁押，国家不承担赔偿责任。

(三)“存疑不起诉” 与国家赔偿

“存疑不起诉”，是指检察机关依据《刑事诉讼法》第 140 条第 4 款规定“对于补充侦查的案件，人民检察院仍然认为证据不足，不符合起诉条件”而作出的不起诉决定。《国家赔偿法》只是规定，违反刑事诉讼法的规定对公民采取拘留措施的，或者依照刑事诉讼法规定的条件和程序对公民采取拘留措施，但是拘留时间超过刑事诉讼法规定的时限，其后不起诉的要承担赔偿责任。对依照《刑事诉讼法》规定给予羁押，而依据《刑事诉讼法》第 140 条第 4 款规定不予起诉是否给予赔偿没有作出明确规定。对于因存疑而终结刑事诉讼的案件，被不起诉人之前曾经被羁押，释放后提出刑事赔偿申请的，是否应当给予赔偿理论界和实务界存在的分歧意见。

为了切实保障人权，维护法律的尊严，解决司法实践中存在的难题，维护司法机关执法的权威性，笔者建议，在国家赔偿法修改之际，从以人为本，构建和谐社会的角度，重申法制保障人权的终极目标，明确国家赔偿法中关于刑事赔偿的归责原则，完善存疑不起诉案件的刑事赔偿制度。①

(1) 明确国家赔偿法中刑事赔偿的归责原则。刑事赔偿归责原则在《国家赔偿法》里表现得比较混乱，既有结果原则，又有过错原则，还有违法原则。不同的原则混合在一个条文里，大家都用对自己有利的原则。这个问题在赔偿法里表现得比较突出。②

笔者以为，把刑事赔偿归责原则明确为结果责任原则，即无论是从程序上还是从实体上，不管在哪一个诉讼阶段，只要被作无罪处理的，其因该案件被国家侵犯和损害的权益都应得到赔偿。可参考德国的《刑事赔偿法》，只要在追诉过程中终止追诉，无论是拘留、逮捕阶段，还是起诉、审判阶段都要赔偿，以结果责任原则来解决所有无辜者的赔偿。③ 那么，对于存疑不起诉案件，由于其在起诉阶段被终止诉讼，在程序上被宣布无罪，同样适用结果责任原则，应当予以赔偿。

---

① 以下参见王翠玲、郭红：《存疑不起诉案件刑事赔偿制度刍议》，载《中国检察官》2010 年第 3 期。

② 易冰：《刑事赔偿的归责原则》，载《检察日报》2001 年 8 月 16 日。

③ 易冰：《刑事赔偿的归责原则》，载《检察日报》2001 年 8 月 16 日。

（2）完善存疑不起诉案件的刑事赔偿制度。从《刑事诉讼法》第145条规定的不起诉案件的救济途径可以看出，存疑不起诉之后，如果司法机关查清犯罪事实或者发现新的证据能够证明被不起诉人有罪的话，完全可以重新启动诉讼程序，或者因被害人的自诉而启动自诉程序。从而证明了存疑不起诉决定终止诉讼法律效力的相对性。

由于存疑不起诉决定终止诉讼的法律效力的相对性，即在司法机关在作出存疑不起诉决定之后一定时间内有可能查清被不起诉人的犯罪事实或者补充到新的证据证明其有罪，将被不起诉人重新起诉的情况下，笔者认为，国家赔偿应当暂缓。如果立即赔偿，可能会出现以下结果，即在被不起诉人获得国家赔偿之后，司法机关查清了存疑不起诉案件中的犯罪事实或者又发现了新的证据，而且达到了起诉的标准，司法机关该怎么办，是起诉还是置之不理？置之不理不利于维护司法公正，不利于保障被害人的权益；起诉后获判，被不起诉人已经获得的国家赔偿应该怎么处理，是折抵刑期，退回赔偿还是不退赔不折抵刑期？在实践中又如何操作？实际操作中不但存在一系列的问题，还会浪费大量的司法成本。

因此，笔者建议，在坚持结果责任原则的基础上，从程序上完善存疑不起诉案件国家赔偿制度，即案件在作出存疑不起诉决定后一定期限内，司法机关（检察机关会同公安机关）应当就不起诉案件存在的疑点继续补充侦查，期间，被不起诉人不应以不起诉书为申诉依据申请国家赔偿，待期限终结，由司法机关（检察机关）出具相应的法律手续证明案件查证情况，并通知被不起诉人。根据上述法律手续，或者重新启动诉讼程序，或者启动国家赔偿程序。这样，既保障了无辜者获赔，又能从一定程度上加大诉讼监督力度，有效打击犯罪。

【练习题】

1. 简述国家赔偿方式的概念。
2. 简述我国国家赔偿的方式。
3. 简述我国人身自由权损害赔偿标准。
4. 简述我国生命权损害赔偿标准。
5. 简述我国健康权损害赔偿标准。
6. 简述我国财产权损害赔偿标准。
7. 简述我国国家赔偿费用的支付程序。

第九章　国家追偿

【重点】

1. 国家追偿的性质
2. 国家追偿的金额
3. 行政追偿的条件与程序
4. 司法追偿的条件与程序

第一节　国家追偿概述

一、国家追偿的概念

国家追偿是指国家对赔偿请求人承担赔偿责任后，依法责令对损害的发生具有故意或者重大过失的国家公务人员或者受委托的组织与个人承担部分或者全部赔偿费用的法律制度。

国家追偿是国家赔偿制度的重要组成部分，没有国家赔偿也就无所谓国家追偿，但国家追偿制度又有较大的独立性，国家赔偿和国家追偿两者无论在主体、范围、程序等方面都存有差别。首先，国家赔偿是国家与遭受侵害的公民、法人或者其他组织之间的法律关系，是国家向公民承担的法律责任，是对公民的救济和对国家的违法侵权行为的否定和谴责；而国家追偿是公务人员向国家承担的法律责任，是对公务人员违法行为的否定和谴责，是国家的一种内部自我管理措施。其次，国家赔偿的范围由法律作出明确规定，而国家追偿的范围由赔偿义务机关在赔偿范围的基础上根据公务人员的过错进行具体裁量。再次，国家赔偿的程序分为行政赔偿程序和司法赔偿程序，行政赔偿程序进一步分为单独提出赔偿请求的程序和一并提出赔偿请求的程序，法律对此作了比较明确的规定；而国家追偿的程序与受害人没有利害关系，法律没有作出明确的规定。

国家追偿并不是与国家赔偿制度同时产生的，而是国家赔偿制度发展到一定阶段的产物，在“国家无责任”学说盛行的时代，官吏侵害人民利益，被认为是完全的个人行为，与国家无关，国家不负任何责任。国家既然不负赔偿之责，追偿就没有存在的理由和前提。随着人民主权理论的兴起和主权豁免理论的衰落，国家逐渐拟人化，被视为公法人，具有独立的法律人格，应当与一般的公民那样受到法律的约束，在其行为违法时应当承担法律责任。出于保护公民合法权益的需要，雇主与雇员之间的代理关系原理被移植到国家与其工作人员之间的关系，国家与其工作人员的关系被视为雇主和雇员的关系，工作人员在行使职权过程中实施违法行为的，应当由作为雇主的国家向受害人承担代位责任，国家追偿制度也就随之产生。①

综观各国的法治实践，目前仅有少数国家完全以国家责任取代公务员的个人责任——只要符合国家赔偿责任的构成要件，即由国家完全负责，禁止向公务员追偿。例如，美国《联邦侵权法》明确禁止政府向公务员追偿。美国最高法院在美国诉吉尔曼案的判决中也认为，政府无权要求有过失的公务员对侵权损害承担责任。其理由是：(1) 承认求偿权是与国家赔偿制度相悖的；(2) 不承认求偿权并不等于放纵公务员，因为公务员要受公务员惩戒法和刑法的约束。② 而其他许多国家和地区均以成文法或判例法确立了国家追偿制度。如日本《国家赔偿法》第 1 条第 2 款规定：“公务员有故意和重大过失时，国家或公共团体对该公务员有请求权。”奥地利《国家赔偿法》第 3 条第 1 款规定：“依本法为赔偿的官署可以向因故意或重大过失行为所引起损害和赔偿的机关行使请求权。”韩国《国家赔偿法》第 2 条规定：公务员执行公务，因故意或过失违反法令致使他人受损害，发生损害赔偿责任时，国家或地方自治团体对该公务员有求偿权。在法国，1951 年的拉虑爱拉案正式确立国家追诉有过错公务员的原则。③ 在德国，国家在对公务员的过错行为向第三人给付损害赔偿后，可以对公务员行使追偿权，但追偿请求权一般情况下只限于故意或重大过失。在我国台湾地区，其“赔偿法”第 2 条、第 4 条规定，公务员有故意或重大过失时，赔偿义务机关对其有求偿权。我国《行政诉讼法》第 68 条第 2 款规定：“行政机关赔偿损失后，应当责令有故意或者重大过失的行政机关工

① 马怀德主编：《国家赔偿法学》，中国政法大学出版社 2001 年版，第 268～269 页。

② 参见张正钊主编：《国家赔偿制度研究》，中国人民大学出版社 1996 年版，第 256 页。

③ 参见张正钊主编：《国家赔偿制度研究》，中国人民大学出版社 1996 年版，第 285 页。

作人员承担部分或者全部赔偿费用。"《国家赔偿法》第16条第1款规定："赔偿义务机关赔偿损失后，应当责令有故意或者重大过失的工作人员或者受委托的组织或者个人承担部分或者全部赔偿费用。"《国家赔偿法》第31条第1款规定："赔偿义务机关赔偿损失后，应当向有下列情形之一的工作人员追偿部分或者全部赔偿费用：（一）有《国家赔偿法》第17条第4项、第5项规定情形的；（二）在处理案件中有贪污受贿，徇私舞弊，枉法裁判行为的。"这就是我国的国家追偿制度。

建立国家追偿制度是十分必要的，它符合国家赔偿的发展规律。一方面，它有利于保证受害人实现赔偿请求权。在权利的救济上，由国家给受害人以救济比侵权者自己承担赔偿责任更为有效。美国学者伯纳德·施瓦茨讲道："从受害的原告角度看，普通法上的政府官员责任由政府风险责任所取代是最理想的发展趋势，因为这样做实际上能使所有案件都得到补偿。"① 国家赔偿责任制度就成为权利救济的必需，如果纯粹依私法的观点由侵权者自行对其行为的后果负责，那么就很难以保证受害人的权利获得有效的救济。另一方面，它又能给公务人员和受委托实施公务活动的组织或个人形成一定压力，促使其正确合法地行使职权。国家在赔偿了受害人的损失后，不依法进行追偿，则国家机关工作人员违法滥用职权的行为就无法得到有效控制，对公民、法人及其他组织合法权益的保护也十分不利。"当政府必须赔偿因其官员的行为而造成的损害时，即可根据担保人代偿债务后取代债权人的理论，要求政府官员对有关政府部门负个人责任。"② 这在一定意义上是国家赔偿责任的延续，是国家赔偿制度走向成熟的标志之一。

二、国家追偿的性质

从法律关系的角度来看，国家追偿是国家和公务人员之间基于赔偿而产生的一种特殊的法律关系，即国家追偿法律关系。对国家来说，国家追偿首先是一种权力，即国家追偿权，同时也是一种法定职责，在具备法定的追偿条件时，必须行使该权力，这是国家向纳税人负责的表现。对公务人员来说，国家追偿是一种法律责任。国家追偿是对公务人员过错和违法行为的否定和谴责，

① 伯纳德·施瓦茨在这里所讲的补偿并不是我国法律中的补偿，如果将两个不同的国家联系起来考虑的话，应该是指赔偿的意思。[美] 伯纳德·施瓦茨著：《行政法》，徐炳译，群众出版社1986年版，第532页。

② [美] 伯纳德·施瓦茨著：《行政法》徐炳译，群众出版社1986年版，第532页。

是公务人员对其违法行为承担的否定性法律后果。

关于国家追偿的性质，世界各国的认识不尽相同，主要有以下几种观点：(1) 不当得利返还请求权说。该说认为，公务人员在执行职务中致人损害，本应由公务人员自己承担赔偿责任，但为使受害人能迅速获得赔偿，先由国家代公务人员承担赔偿责任。在国家支付了赔偿金后，公务人员对受害人便不负赔偿责任。就是说，公务人员无法律原因而受到应支付赔偿金而不必支出之消极利益致国家受损害，公务人员依不当得利原理理应返还其利益。可见，追偿权是基于不当得利的法律关系而产生的，属于不当得利返还请求权的性质。这种学说是基于国家赔偿责任为代位责任说的理论而得出的结论，所以，又称代位责任说；(2) 债务不履行赔偿请求权说。该说认为，公务人员系代国家执行职务行使公权力，其行为在本质上属于国家之行为，故公务人员若有不法行为侵害人民的自由或权利，则本质上，其损害系国家行为所致，应由国家承担赔偿责任。但公务人员应遵守对国家的义务，如公务人员违反了对国家的义务而有违法行为，即有债务不履行，不为完全给付之情事发生，国家自得依债务不履行之法理请求公务员赔偿其损害。故国家追偿权应属于债务不履行赔偿请求权。这种学说是基于国家赔偿责任为自己责任说的理论而得出的结论，所以，又称为自己责任说；(3) 第三人代位求偿权说。该说认为，公务人员不法侵害人民的自由或权利，对受害人本有赔偿其损害的义务，但国家与赔偿义务的产生具有利害关系，国家以就债的履行有利害关系的第三人的身份承担赔偿责任，因而取得代位追偿的权利。国家有权按照赔偿其赔偿的范围，就受害人作为债权人的权利，以自己的名义代位行使追偿权。从这一点上看，国家追偿权属于第三人代位求偿权。这种学说以国家赔偿为代位责任说为立论基础。①

在我国法学界，学者们对追偿权性质的认识，主要有以下几种观点：第一种观点认为，国家追偿在本质上是一种行政责任。从我国有关法律规定的精神看，追偿制度更接近于是国家对公务人员的一种惩戒。这种惩戒与行政处分不完全一样，它采取了一种金钱给付的形式。追偿是国家机关内部，公务员对国家和国家机关承担责任，是公务员因不履行法定义务所承担的责任。② 第二种观点认为，追偿权产生独立的追偿责任，这种责任的基础是国家与被追偿者之间的特别权力关系。追偿责任依赖于国家赔偿责任而存在，是公务员的个人责

① 马怀德主编：《国家赔偿法学》，中国政法大学出版社 2001 年版，第 271 页。

② 应松年主编：《国家赔偿法研究》，法律出版社 1995 年版，第 140 页。

任，这种责任在法律上不具备民事责任的性质，也不是行政处分，它是一种独立的责任。我国国家赔偿法对追偿的数额没有规定确定的标准，因而追偿责任不具有惩罚性，不是一种惩戒责任。所以，追偿责任不归属于其他法律责任形式，追偿制度也因之而成为法律上的一项独立制度。① 第三种观点认为，追偿权是国家基于特别权力关系对公务员实施制裁的一种形式，主要通过金钱给付的方式实施。换言之，当公务员违法行使职权侵害他人时，国家对公务员的行为理应纠正。国家通过特定方式予以制裁，金钱赔偿最为便当。因而被常用，同时也可以采用其他纪律处分措施以实现制裁目的。②

我们认为，国家追偿对国家来讲，是一种权力，即国家追偿权；对被追偿人来讲，是一种责任，是一种具有惩戒性的行政法律责任，这种责任主要是通过金钱给付的方式实现的。可从下列方面理解这种责任：第一，国家只对有故意或重大过失的公务人员行使追偿权，不对具有一般过失或根本没有过失的公务人员行使追偿权，这就说明，国家要使有故意或重大过失的公务人员承担不利的法律后果，以示惩戒。第二，国家行使追偿权，虽然有弥补国家损害的目的，但根本的目的并不在于此。与其说这种权力是弥补损害，还不如说是实施纪律处分，给予惩戒。第三，《国家赔偿法》规定的是赔偿义务机关"责令"工作人员承担被追偿责任，这也就意味着公务人员的行为是应受到国家谴责和制裁的行为。

国家追偿、行政处分和刑事责任是三种不同的相互独立的责任形式，不能互相替代。根据《国家赔偿法》第16条的规定，赔偿义务机关赔偿损失后，应当向有故意或者重大过失的工作人员或者受委托的组织或者个人行使追偿权。对有故意或重大过失的责任人员，有关机关应当依法给予处分；构成犯罪的，应当依法追究刑事责任。《国家赔偿法》第31条规定："赔偿义务机关赔偿损失后，应当向有下列情形之一的工作人员追偿部分或者全部赔偿费用：(一) 有本法第17条第4项、第5项规定情形的；(二) 在处理案件中有贪污受贿，徇私舞弊，枉法裁判行为的。对有前款规定情形的责任人员，有关机关应当依法给予处分；构成犯罪的，应当依法追究刑事责任。"

---

① 皮纯协、冯军主编：《国家赔偿法释论》(修订本)，中国法制出版社1996年版，第189页。

② 马怀德著：《国家赔偿法的理论与实务》，中国法制出版社1994年版，第129页。

三、国家追偿的金额

国家追偿的金额是追偿制度中的核心内容，事关国家机关、国家机关工作人员的切身利益，追偿的金额是否恰当，直接影响国家机关内部管理制度的效用和国家机关工作人员积极性的发挥。我国国家赔偿法只确立了一个抽象的原则，即要求被追偿人偿还部分或全部国家赔偿费用，给予了追偿人以较大的自由裁量权，虽然追偿金额不能超过赔偿金额，但在赔偿金额所限定的范围内有较大弹性的选择项，极易出现畸重畸轻的情形。如果将追偿的数额确定得偏低，不利于监督被追偿人依法行使职权与履行职责，不足以惩戒；如果将追偿的数额确定得过高，也容易造成被追偿人的心理压力和在特定情况下的无力负担，不利于其执行公务。鉴于国家赔偿法对追偿数额的弹性规定，我们认为，实务中应坚持下列原则：

1. 追偿金额的确定与被追偿人的主观过错相适应的原则。追偿权是一种具有惩戒性质的公权力，其行使必须考虑到被追偿人主观过错的大小。追偿人在确定追偿金额时应将被追偿人在实施侵权行为时的主观过错结合起来，针对不同的过错程度，确定不同的追偿金额。如对于故意实施违法侵权行为的，则可责令其偿还全部或大部分国家赔偿费用；对于因重大过失而实施违法侵权行为的，则可根据过失的严重程度偿还一定比例的国家赔偿费用。具体而言，追偿应当以故意或重大过失为限，故意或重大过失本身就有程度的不同，而且，故意或重大过失之中还可以区分出不同程度的过错。一般情况下，故意之中的直接故意比间接故意程度重些，故意比重大过失程度重些。重大过失之中还可以根据具体情节区分程度不同的几种情况，如疏忽大意的过失和过于自信的过失等。一般来说，过错重，追偿金额就应大些；过错轻，追偿金额就应小些。这样做，既合理又符合建立追偿制度的宗旨。

2. 追偿金额以赔偿义务机关依法实际支付的赔偿金为限的原则。这包括以下几层意思：一是对国家赔偿的范围与计算标准问题，在国家赔偿法中有明确规定，按照赔偿法定原则的要求，赔偿义务机关支付给受害人的赔偿金不得超过法定的最高计算标准。如果因赔偿义务机关自己的过错超过了法定的赔偿标准向受害人多支付了赔偿金的，对超额部分无权向国家机关工作人员追偿，对超额支付部分，财政部门也不向赔偿义务机拨付赔偿费用，而由赔偿义务机关自己承担。二是在法定的计算标准内，赔偿义务机关可以和赔偿请求人就赔偿金的支付问题进行协商，如果赔偿请求人部分放弃赔偿请求权，且赔偿义务机关也减少支付的，减少部分不能向国家机关工作人员进行追偿；如果赔偿请求人全部放弃赔偿请求权，且赔偿义务机关全部未支付的，就不能向国家机关工作人员追偿。三是在国家赔偿案件处理过程中，赔偿义务机关所支付的办案经费等应从该机关的行政经费中支付，不能列入向国家机关工作人员追偿的范围。

3. 追偿金额与被追偿人的实际承受能力相结合的原则。国家追偿作为一项法律制度，首先体现的是法律责任的承担，即违法者要对自己的违法行为承担法律责任。追偿可以对公务人员滥用权力的行为、疏忽和懈怠行为起控制、教育和预防作用，但责令公务人员履行金钱给付义务时应考虑其经济承受能力。目前，我国公务人员的工资收入普遍较低，尤其是那些参加工作时间不长的公务人员，月工资收入就更低，一旦进行追偿、特别是较大数额的追偿，其事实上难以支付。同时，逐年逐月偿付也将旷日持久，甚至终身负债也不能偿清。因此，我们认为，将实际经济承受能力作为追偿的参考标准是恰当的。这样做，一来可以避免因公务人员不能偿付而使追偿无法实施，导致追偿制度落空；二来可以减轻或消除因过重的追偿给公务人员造成难以承受的经济负担和精神压力，以致产生负面影响。因此，在公务人员的实际经济承受能力较差且公务人员本人提出申请的情况下，可以适当减轻或免除其追偿责任。当然，这并不意味着公务人员就不承担任何法律责任，国家机关可依法对公务人员给予处分，构成犯罪的，依法追究其刑事责任。至于实际经济承受能力的标准，可以根据公务人员的个人实际收入（包括工资以外的其他收入）、家庭经济状况和实际负担等方面加以确定。

4. 追偿金额的确定与侵权行为所造成的社会影响相联系的原则。被追偿人的侵权行为所造成的社会影响直接损害着国家政权的威信，造成国家权力与公民权利的紧张对峙。在确定追偿金额时，应将侵权行为所造成的社会影响作为一个参照因素，对于那些影响极大的可以选择一个较大的追偿金额，同时对受损害的合法权益辅之以其它的救济措施，以矫正因侵权行为而在社会中所造成的不良影响。

追偿金额的确定是采用弹性的模式，还是采用固定的模式，世界各国有不同的做法。前苏联的立法规定，求偿范围不得超过被求偿人 3 个月的工资。①捷克斯洛伐克的立法规定，除非过错系故意，求偿额原则上不超过已赔偿额的 1/6，以 1000 克朗为最高限额。② 匈牙利法律规定，有过错的侵权人每月必须

① 周汉华、何峻著：《外国国家赔偿制度比较》，警官教育出版社 1992 年版，第 233 页。

② 应松年主编：《行政法专题讲座》，东方出版社 1992 年版，第 344 页。

付出平均收入的15%来补偿其雇主为损害所付的赔偿，雇主可以根据过错的程度、社会危害性以及被追偿人的地位等减少数额或完全放弃追偿。当然弹性的模式并非没有任何限制，它将追偿金额限制在赔偿金额的范围内固定性的模式也有弹性，即在有限的范围内追偿人可以确定适当的追偿金额。

我国国家赔偿法选择了弹性的模式，是根据现阶段的具体情况确定的。但是由于此种模式伸缩性较大，必须要有具体的操作规则与之相配套。在现行的法律体系中，国家可以根据国家赔偿法的规定制定实施细则。目前，我国很多省、市、自治区都根据当地的特点，特别考虑了当地的经济发展状况及国家公务人员的实际收入，就如何贯彻实施《国家赔偿法》制定了配套性的地方政府规章。如《重庆市实施中华人民共和国国家赔偿法办法》第38条规定，行政追偿数额因过错而异，故意是赔偿金的50%～100%，重大过失是20%～80%。第39条规定，司法追偿的数额是赔偿金的50%～100%。《四川省国家赔偿费用管理实施办法》第14条规定：行政赔偿义务机关赔偿损失后，应当对责任者追偿国家赔偿费用：（一）因重大过失造成国家赔偿的，应向责任者追偿30%以下的国家赔偿费用；（二）因故意行为造成国家赔偿，国家赔偿费用在2万元以下的，应向责任者追偿20%以上直至全部国家赔偿费用；国家赔偿费用在2万元以上的，应向责任者追偿10%以上（不少于4000元）直至全部国家赔偿费用。《甘肃省国家赔偿费用管理规定》第12条规定："赔偿义务机关的工作人员因故意造成的赔偿，个人应当承担全部费用；因重大过失造成的国家赔偿，赔偿义务机关赔偿损失后，应当按照损失额的3%～5%的标准分别向责任者和有关负责人实施追偿国家赔偿费用，但最多不超过5000元。"《安徽省国家赔偿费用管理规定》第15条规定：个人追偿标准是：有故意的，为个人18个月的工资收入；有重大过失的，为个人12个月的工资收入。第16条规定：对受委托组织的追偿标准为：有故意的，追偿金为赔偿金的100%；有重大过失的，为60%，等等。

第二节　行政追偿

一、行政追偿的概念

行政追偿，是指国家向行政赔偿请求人支付赔偿费用以后，依法责令有故意或重大过失的公务人员、受委托组织和个人承担部分或全部赔偿费用的法律制度。这一概念包含了以下几层含义：（1）行政追偿的主体是国家，但具体的追偿事务是由行政赔偿义务机关来实施的；（2）行政追偿的对象是对损害的造成有故意或重大过失的行政机关工作人员，法律法规授权组织的工作人员，以及受委托执行公务的组织或个人；（3）行政追偿以行政赔偿为前提，赔偿义务机关只有在赔偿了受害人的损失后，才能对有故意或重大过失的行政机关工作人员、法律法规授权组织的工作人员、受委托的组织或个人行使追偿权；（4）行政追偿采用支付赔偿费用的方式，其程序与行政赔偿的程序不同，且主要是一种内部程序。

二、行政追偿的形式

关于追偿的形式，纵观世界各国的情况，主要有两种：（1）公务员向受害人赔偿损失，然后请求国家予以补偿，即"先赔后补"的方式。英国曾经采用过这种形式。这种"先赔后补"式的追偿，要求公务员在请求国家补偿时，必须证明其在行使职权不具有主观过错，或者公务员个人不是故意侵权及不怀恶意的侵权，国家才予以补偿。但是，由于公务员个人财力有限，无法承担起应有的赔偿责任，加之公务员个人证明个人无过失和行政有过错也很困难。因此，这种追偿方式已经很少使用了。（2）国家先向受害人赔偿，而后再责令致害公务员支付赔偿费用，即"先赔后追"的方式。这种方式的优点在于，使受害人的损失能得到及时的赔偿，避免了因公务员个人财力的薄弱而使受害人无法取得赔偿的问题，有利于有效保护公民的合法权益；而且对有故意或者重大过失的公务员行使追偿权，可以监督其依法行政，使公务员既不滥用权力，增强责任心，善尽职守，又不遇事畏缩不前，顾虑重重，鼓励公务员敢于合法公正地行使职权，恪尽职守；同时，追偿还可以减轻国家财力上的负担。目前，世界上许多国家都采用这种"先赔后追"的追偿形式。如奥地利《国家赔偿法》第 3 条规定："依本法为赔偿之官署得向该故意或重大过失的行为所引起损害与赔偿机关行使求偿权。"这里"机关"指实施致害行为的行政组织和公务员或受行政组织雇佣之人员，"求偿权"即是追偿权。日本《国家赔偿法》第 1 条第 2 项规定："公务员有故意或者重大过失时，国家或公共团体对该公务员有求偿权。"韩国《国家赔偿法》第 2 条第 2 项规定："因公务员执行职务造成损害，国家或地方公共团体赔偿后"，如果"公务员有故意或重大过失时，国家或地方自治团体对该公务员有求偿权"。

从我国《行政诉讼法》和《国家赔偿法》的规定来看，我国采用的是"先赔后追"的方式。行政机关工作人员或受委托的组织和个人违法行使行政职权侵犯了公民、法人和其他组织的合法权益造成损害的，行政机关在代表国家赔偿了受害人的损失后，再责令有故意或者重大过失的行政机关工作人员或者受委托的组织或者个人承担部分或者全部赔偿费用。

三、追偿人与被追偿人

（一）追偿人

根据《国家赔偿法》的规定，行政追偿人为行政赔偿义务机关。主要包括以下几种情形：

（1）因行政机关的工作人员违法行使职权，侵犯公民、法人和其他组织的合法权益造成损害，引起赔偿的，该工作人员所在的行政机关为追偿人；

（2）法律、法规授权组织的工作人员违法行使职权，侵犯公民、法人和其他组织的合法权益造成损害，引起赔偿的，该组织是追偿人；

（3）受行政机关委托的组织或个人违法行使行政职权，造成公民、法人和其他组织的合法权益损害，引起赔偿的，委托的行政机关是追偿人。

（4）作为追偿人的行政机关被撤销的，继续行使其职权的行政机关为追偿人；没有继续行使其职权的行政机关的，撤销该机关的行政机关为追偿人。

（二）被追偿人

被追偿人是指在行使行政职权过程中，有故意或重大过失，实施加害行为的行政机关工作人员或法律、法规授权组织的工作人员，或者受行政机关委托的组织和个人。具体有以下情况：

（1）行政机关工作人员行使行政职权造成侵权损害赔偿的，该工作人员是被追偿人。这里有几种特殊情况需要注意：一是在数人共同实施侵权行为的情况下，该数人均为被追偿人。在具体追偿时，应根据各行为人在加害行为中的地位、作用以及过错的大小，分别确定被追偿的责任，分别追偿各被追偿人应当承担的份额①；二是经过行政机关召开会议并集体作出决定造成损害赔偿的，所有参加会议投赞成票的人是被追偿人。

（2）法律、法规授权组织的工作人员行使行政职权造成侵权损害赔偿的，该工作人员是被追偿人。

（3）受行政机关委托的组织或个人行使行政职权造成侵权损害赔偿的，该受委托的组织或个人是被追偿人。如果损害是由受委托组织的工作人员的过错导致的，则受委托组织被行政机关追偿后，有权再向有过错的工作人员

---

① 追偿责任不是连带责任，赔偿义务机关不能向一个或一部分被追偿人追偿全部被追偿人应偿还的赔偿金额，而只能分别向各个被追偿人追偿其应当承担的份额。

追偿。

四、行政追偿的条件

《国家赔偿法》第16条规定："赔偿义务机关赔偿损失后，应当责令有故意或者重大过失的工作人员或者受委托的组织或者个人承担部分或者全部赔偿费用。"据此规定，行政机关行使追偿权必须具备两个条件：

1. 赔偿义务机关已经向赔偿请求人赔偿了损失。追偿本身的性质就决定了只有在国家承担了赔偿责任的前提下才产生追偿问题，这是行使追偿权的前提条件。赔偿义务机关在根据行政赔偿决定书、协议书或人民法院作出的已经发生法律效力的判决、裁定或调解书，履行行政赔偿义务后，行使追偿权的时机才算成熟。值得注意的是，"赔偿了损失"不仅包括支付赔偿金情形，而且还包括可能的返还财产、恢复原状等情形。由于追偿权的内容为偿还赔偿金额，因此，追偿一般以赔偿义务机关已支付赔偿金为基础。但是，赔偿义务机关采用返还财产、恢复原状或其他赔偿方式的，也可以行使追偿权，追偿范围以实施该项赔偿方式实际支出的费用为限。

2. 行政公务人员及受委托的组织或个人实施侵权行为时主观上有故意或重大过失。所谓故意，简而言之，就是"明知故犯"，是指致害人实施加害行为时，明知自己的行为违法并将造成公民、法人和其他组织合法权益的损害，仍希望或放任这种损害结果的发生的主观态度。故意的特征比较明显，其与过失有着性质上的差别，比较容易判断。而对"重大过失"的认定存在一定的困难。台湾学者以欠缺注意的程度为依据，认为是指显然欠缺普通人应有之注意者。① 有人认为按照一般人预见能力的要求，行为人应当预见自己行为可能发生不良后果而没有预见的，② 或者行为人已经预见到自己行为的不良后果而轻信不会发生的，③ 是重大过失，这类观点是以行为人是否预见到行为的后果出发的。前述两类观点都有一定合理性，但不便于掌握，因为何为"普通人应有之注意"随意性比较大，而行为人是否预见到，更多的是依靠行为人自述来判定。而有学者认为，法律在某种情况下对一行为人应当注意和能够注意的程度有较高的要求时，如果行为人不仅没有遵守法律对他的较高要求，甚至

---

① 林准、马原主编：《国家赔偿问题研究》，人民法院出版社1992年版，第256页。

② 余能斌、马俊驹主编：《现代民法学》，武汉大学出版社1995年版，第674页。

③ 魏振瀛等：《论构成民事责任条件中的过错》，载《中国法学》1986年第5期。

连人们都应当注意，并能注意的一般标准也未达到，就是重大过失。① 此观点将"重大过失"的判断诉诸法律要求，更为合理和利于掌握。我们认为，重大过失是相对于一般过失而言的，其要旨是"常识性错误"，即行政机关工作人员或受委托的组织和个人，不但没有注意到其身份或职务上的特别要求，而且未能预见和避免普通公民均能预见或避免的事情，即未达到法律对一个公民的起码要求，这就构成了重大过失。它具体表现为公务人员主观上严重不负责任，在行使职权时未尽应有的谨慎要求以及与职务规范相适应的注意义务。将追偿权的行使限制在"故意和重大过失"范围内，排除"一般过失"，是有理由的。由于行政自由裁量权的存在，行政职权的行使本身就存在着可能造成侵害的危险性。不能苛责行政机关工作人员凡事皆能尽高度之注意、作正确、恰当之判断，不出半点差错，而应该允许其在一定限度内出现差错而不负任何责任。只有这样，才能保护其恪尽职守、戮力从公之信心。

只有同时具备上述两项条件，行政赔偿义务机关才能行使追偿权。根据《国家赔偿法》第16条的规定，赔偿义务机关应当责令有故意或重大过失的工作人员或受委托的组织和个人承担部分或全部赔偿责任。这里使用了"应当"一词，说明了赔偿义务机关必须行使追偿权，而不得放弃。这样做，一方面可以避免或减少国家的损失；另一方面也可以起到对行政机关工作人员的教育作用。但这并不是说，国家不考虑行政机关工作人员的经济负担情况。如果行政机关工作人员确属经济困难的，国家也可以减少以至免除其被追偿的责任。

五、行政追偿的程序

行政追偿的程序是指行政追偿主体行使追偿权时应经历的一个正当的过程，这个过程主要由方式、步骤、顺序和时限等构成。建立统一的行政追偿程序，既有利于保障行政追偿制度的有效实施，又有利于保障被追偿人的合法权益。我国《国家赔偿法》对行政追偿的程序没有作出规定，综观世界各国的立法，追偿程序主要有：② （1）通过内部程序追偿。国家机关承担赔偿责任之后，由国家机关基于其与公务员之间的特别权力关系进行追偿。（2）通过独立的诉讼程序追偿。在行政机关履行了赔偿义务之后作出追偿决定，如果被追偿人不自觉履行追偿义务，赔偿义务机关有权向法院提起追偿诉讼。（3）通过协商、诉讼程序追偿。在行政机关承担了行政赔偿义务之后，可与被追偿

① 佟柔主编：《民法原理》，法律出版社1987年版，第244页。

② 江必新著：《国家赔偿法原理》，中国人民公安大学出版社1994年版，第176页。

人进行协商，如协商不成或达成协议后被追偿人拒不履行协议，赔偿义务机关可向法院提起追偿诉讼。（4）通过附带诉讼的方式追偿。在请求人提起的行政赔偿诉讼中，如果赔偿义务机关认为公务人员应当承担部分或全部的赔偿责任，可以提起追偿诉讼，法院可以将追偿诉讼和已经提起的行政赔偿诉讼并案处理。上述四种程序各有利弊。借鉴国外的有关规定，结合我国的实际情况，可将我国行政追偿的程序设计为：

（一）立案

行政追偿程序要通过对追偿案件的确立才能启动。确立追偿案件一般来源于以下三种途径：一是行政赔偿义务机关在处理行政赔偿案件时发现有应予追偿的事实，提出追偿意见，报单位的负责人批准，予以立案；二是行政复议机关在审理行政复议案件过程中，一并解决行政赔偿问题时，发现有应予追偿的事实，向行政赔偿义务机关提出追偿意见，赔偿义务机关认为应当追偿的，即予以立案；三是人民法院在审理行政诉讼案件过程中，一并解决行政赔偿问题时，发现有应予追偿的事实，以司法建议的形式提出追偿意见，行政赔偿义务机关认为应当追偿的，即予以立案。立案时应制作有关的法律文书，如立案报告表、审批表等。

（二）调查取证

立案后，应确定专人负责办理，并开始调查取证工作。调查核实证据工作主要针对有关追偿意见中提出的事实进行。重点是核实有关公务人员在实施行政侵权行为时，有无故意或重大过失，对所造成损失的过错范围，过错的起因以及该公务人员的经济承受能力等。调查收集的所有证据都必须入卷保存。

（三）告知与申辩

调查完毕后，案件承办人员应通过口头或者书面的形式告知被追偿人有关追偿的事实和理由等，并规定一个合理的期限，给予被追偿人发表自己意见和抗辩的机会，认真听取被追偿人的陈述和辩解，保证被追偿人的申辩权得以实现。

（四）协商与作出追偿决定

听取被追偿人的陈述和辩解以后，应由案件承办人员提出书面审查意见，连同所有证据材料一起提交给行政赔偿义务机关的负责人。行政赔偿义务机关负责人必要时可以召集法制、监察、人事、财务等有关部门集体讨论，确定是否应予追偿、追偿额度和追偿方式等问题。行政赔偿义务机关可就追偿问题（如追偿金额、履行期限、缴纳方式及其他有关事项）与被追偿人进行协商，在协商过程中双方充分交换意见，利于行政赔偿义务机关更为深入地了解被追偿人的主观状态和经济状况，从而科学、合理的确定追偿的数额；利于化解被追偿人的抵触情绪，利于执行，并对被追偿人起到教育的作用。① 协商不成的，行政赔偿义务机关应当及时作出追偿决定。行政追偿决定应以书面形式出现，即应制作行政追偿决定书，加盖行政赔偿义务机关的印章，并将行政追偿决定书送达给被追偿人。行政追偿决定书应载明追偿的事实、理由、法律依据，追偿的金额、缴纳方式、期限以及被追偿人不服追偿决定时的救济途径及期限等内容。行政赔偿义务机关还应将处理结果及时告知给提出追偿意见的有关机关，如行政复议机关和人民法院等。

（五）执行

根据被追偿费用的多少以及被追偿人的实际经济承受能力，执行可采取一次性执行或分期执行的方式进行，由被追偿人自动交纳或由单位在其工资中按月扣缴。执行应当严格掌握，一般只限于执行被追偿人的个人收入，不执行其他家庭成员的财产和收入。

（六）救济

从行政行为的角度看，行政追偿是一种内部行政行为，其主要目的在于对有故意或重大过失的公务人员予以惩戒，是一种具有惩戒性质的行政法律责任，它在很大程度上会影响被追偿人的利益，为保护被追偿人的权益不受非法侵犯，要设置救济程序。从理论上说，不服追偿的救济程序包括行政救济程序和司法救济程序。对能否适用司法救济程序，学者们有不同见解。有的从特别权力关系理论出发，认为不必要；有的借鉴外国立法例，主张为保障追偿制度的公平合理，应允许被追偿人享有向法院起诉的权利。②

我国《国家赔偿法》没有规定被追偿人可以通过复议或诉讼获得救济。

---

① 当然，行政赔偿义务机关能否就追偿问题与被追偿人进行协商，学界有不同看法。有学者持反对态度，认为追偿的金额只能由行政机关来确定。理由是：第一，追偿权不是民事权利，而是一种公权力，赔偿义务机关与其工作人员之间不具有平等的地位，因而双方也就不具有协商的基础。第二，追偿是赔偿义务机关的职责，对赔偿义务机关来说，对具有故意或重大过失的工作人员进行追偿，不仅仅是一种权力，也是一种义务。在权力行使中，没有商量的余地。第三，对于被追偿人来说，追偿是一种惩戒性的法律责任，被追偿不能与赔偿义务机关讨价还价。鉴于以上原因，在追偿中赔偿义务机关与其工作人员之间不可就追偿事宜进行协商。参见马怀德主编：《国家赔偿法学》，中国政法大学出版社2001年版，第278页。

② 参见林准、马原主编：《国家赔偿问题研究》，人民法院出版社1992年版，第264页。

《行政诉讼法》和《行政复议法》则将行政追偿争议排除在受案范围之外。《行政诉讼法》第12条规定，“行政机关对行政机关工作人员的奖惩、任免等决定”不是人民法院的受案范围。《行政复议法》第8条第1款规定：“不服行政机关作出的行政处分或其他人事处理决定的，依照有关法律、行政法规的规定提出申诉。”目前，被追偿人不服追偿决定，只能通过申诉的途径寻求救济，具体可参照《公务员法》第90条、第91条①的规定进行，即被追偿人在收到行政追偿决定书后30日内向作出追偿决定的机关的上一级行政机关提出申诉，说明不应被追偿或追偿数额不当的理由，并提供相应的证据。上一级行政机关应当自受理申诉之日起60日内作出处理决定；案情复杂的，可以适当延长，但是延长时间不得超过30日。今后，可以逐渐将行政追偿纳入行政复议和行政诉讼的范围，并赋予被追偿人选择救济途径的权利。

第三节　司法追偿

一、司法追偿的概念

司法追偿，是指国家对司法赔偿请求人赔偿损失后，依法责令有特定过错的司法工作人员承担部分或全部赔偿费用的法律制度。司法追偿在运作之中不同于行政追偿，具有自己的特征，主要体现在：

1. 追偿对象的特定性。根据《国家赔偿法》第17条的规定，司法追偿的对象一般是指实施侵权行为的侦查、检察、审判、看守、监狱管理机关的工作

---

① 《公务员法》第90条规定：“公务员对涉及本人的下列人事处理不服的，可以自知道该人事处理之日起30日内向原处理机关申请复核；对复核结果不服的，可以自接到复核决定之日起15日内，按照规定向同级公务员主管部门或者作出该人事处理的机关的上一级机关提出申诉；也可以不经复核，自知道该人事处理之日起30日内直接提出申诉：（一）处分；（二）辞退或者取消录用；（三）降职；（四）定期考核定为不称职；（五）免职；（六）申请辞职、提前退休未予批准；（七）未按规定确定或者扣减工资、福利、保险待遇；（八）法律、法规规定可以申诉的其他情形。对省级以下机关作出的申诉处理决定不服的，可以向作出处理决定的上一级机关提出再申诉。行政机关公务员对处分不服向行政监察机关申诉的，按照《中华人民共和国行政监察法》的规定办理。”第91条规定：“原处理机关应当自接到复核申请书后的30日内作出复核决定。受理公务员申诉的机关应当自受理之日起60日内作出处理决定；案情复杂的，可以适当延长，但是延长时间不得超过30日。复核、申诉期间不停止人事处理的执行。”

人员，又称司法工作人员。由于司法机关工作人员行使职权的专门性，其他机关及其工作人员不能行使司法权，司法机关也不能将其职权委托给其他的机关或个人行使，因而追偿的对象是特定的。在我国现行的政治体制中，司法权和行政权是彼此分离的权力结构体系，虽然财政部门是国家赔偿费用的监督机关，可以提请本级政府责令赔偿义务机关自行承担国家赔偿费用，但由于司法权不受行政权控制，因而政府不能责令法院、检察院承担国家赔偿费用。在这个意义上，司法机关就不作为司法追偿的对象。

2. 司法工作人员过错的法定性。"故意或重大过失"构成行政追偿的必要条件，但在司法追偿中，《国家赔偿法》则没有将此作为司法追偿的条件，只确定了对某些特定的过错行为实行追偿。这就使司法追偿的范围窄于行政追偿。《国家赔偿法》对司法追偿中过错的特别限定，对司法追偿的条件作出如此明确的规定，反映了司法权运用的特点，即司法机关及其工作人员所面临的情况比较复杂，需要让司法工作人员具有较大的独立性，充分发挥其主观能动性，法律赋予了其较大的裁量权，认定司法工作人员主观上是否存在故意或重大过失比较困难，而且追偿的范围不能过宽，否则很容易挫伤司法人员的积极性。因此，世界上大多数国家对司法追偿都持比对行政追偿更谨慎的态度。

二、司法追偿的条件

根据《国家赔偿法》第 31 条的规定，司法追偿的条件为：

1. 司法赔偿义务机关已经代表国家履行了赔偿责任。即司法赔偿义务机关已经向受害人支付了赔偿费用后，才能行使司法追偿权。

2. 司法工作人员有《国家赔偿法》第 31 条所列举的应予追偿的情形。《国家赔偿法》第 31 条规定："赔偿义务机关赔偿损失后，应当向有下列情形之一的工作人员追偿部分或者全部赔偿费用：（1）有本法第 17 条第 4 项、第 5 项规定情形的；（2）在处理案件中有贪污受贿、徇私舞弊、枉法裁判行为的。对有前款规定情形的责任人员，有关机关应当依法给予处分；构成犯罪的，应当依法追究刑事责任。"据此规定，司法工作人员实施的应受追偿的行为包括：（1）在执行职务过程中刑讯逼供或者以殴打、虐待等行为或者唆使、放纵他人以殴打、虐待等行为造成公民身体伤害或者死亡的；（2）在执行职务过程中违法使用武器或者警械造成公民身体伤害或者死亡的；（3）在执行职务过程中贪污受贿、徇私舞弊、枉法裁判的。除此之外，国家不得向司法工作人员行使追偿权。

三、追偿人与被追偿人

根据《国家赔偿法》第31条的规定，司法追偿人为司法赔偿义务机关。司法赔偿义务机关依照不同情况分别是公安机关（包括国家安全机关和军队的保卫部门）、检察机关、审判机关、看守所和监狱管理部门。各赔偿义务机关只能对自己所属的工作人员行使追偿权。

被追偿人为行使侦查、检察、审判、看守、监狱管理职权的司法工作人员，当其具备《国家赔偿法》第31条所列举的国家应予追偿的情形之一的，即成为被追偿人。

四、司法追偿程序

司法追偿程序，是指司法赔偿义务机关行使追偿权、作出追偿决定的方式、步骤、顺序和时限的总称。司法追偿程序对于保障和监督司法赔偿义务机关依法正确、及时地行使国家追偿权，切实保护被追偿人的合法权益等具有重要的意义和作用。我国《国家赔偿法》对司法追偿的程序没有作出具体的规定。借鉴国外对追偿程序的有关规定，根据我国的实际，我们认为，我国司法追偿应当经历下列步骤：

1. 立案。司法赔偿义务机关在履行赔偿责任之后，对符合追偿范围和条件的工作人员，应当在规定的期限内启动追偿程序。作为追偿程序开始的标志，司法赔偿义务机关应当办理立案手续。在决定是否立案时，赔偿义务机关应当对追偿的条件做初步的审查，经审查认为符合司法追偿的范围和条件的，应当按照司法赔偿义务机关的内部工作制度，经主管领导批准，办理立案手续，同时确定办案人员。

2. 调查搜集证据。司法赔偿义务机关应当调查有关司法追偿范围和条件的事实，收集必要的证据。为此，司法赔偿义务机关可以询问证人，询问被追偿人，向有关的单位和个人调取证据材料。司法赔偿义务机关应当全面调查搜集证据，无论其是否有利于被追偿人。被追偿人认为某个证据需要调查的，可以向赔偿义务机关提出申请，但赔偿义务机关不受其申请的约束。

3. 陈述与申辩。基于公正原则，在法律上应赋予被追偿人知情权，即知晓赔偿义务机关对自己进行追偿的有关事实、理由及法律依据等的权利。与此相适应，还应规定赔偿义务机关通过积极作为来实现被追偿人知情权的义务，即告知义务。司法赔偿义务机关在作出追偿决定之前，应当恰当履行告知义务，并依法认真听取被追偿人的陈述和申辩。如果在作出追偿决定前，司法赔偿义务机关没有履行告知义务，或者没有依法听取被追偿人的陈述和申辩，所作出的追偿决定无效。当然，被追偿人主动放弃陈述和申辩的除外。

4. 作出决定与送达。听取被追偿人的陈述和申辩以后，应由办案人员提出书面审查和处理意见，连同所有证据材料一起提交给司法赔偿义务机关的负责人。司法赔偿义务机关可就追偿问题（如追偿金额、履行期限、缴纳方式及其他有关事项）与被追偿人进行协商，协商不成的，司法赔偿义务机关应当及时作出追偿决定。追偿决定应以书面形式出现，即应制作司法追偿决定书，加盖司法赔偿义务机关的印章，并将司法追偿决定书送达给被追偿人。司法追偿决定书应载明追偿的事实、理由、法律依据，追偿的金额、缴纳方式、期限以及被追偿人不服追偿决定时的救济途径等内容，以方便被追偿人申诉和上级机关监督。

6. 执行。被追偿人无正当理由不按照追偿决定规定的期限和方式履行追偿义务的，司法赔偿义务机关可以依法采取执行措施。有学者认为，公安机关、人民检察院和监狱管理机关的采取强制性措施的权力具有特定的适用范围和条件，不能适用于追偿决定的执行，在被追偿人无正当理由拒不履行追偿决定的情况下，应当申请人民法院执行。人民法院作出决定的，可以自行依法强制执行。①

7. 申诉。被追偿人对追偿决定不服的，可以向司法赔偿义务机关的上一级机关申诉，但申诉期间追偿决定不停止执行。

【思考与探索】

一、关于国家追偿的时效②

国家追偿的时效，是指国家向被追偿人行使追偿权的有效期限。世界各国或地区的赔偿立法一般都规定了追偿权应在自支付赔偿金或恢复原状之日起多少日内行使，逾期不得追偿。如奥地利《国家赔偿法》第6条第2款规定："本法第3条的偿还请求权自官署向受害人表示承认或自损害赔偿义务的判决确定时6个月消灭时效。"《德国为其公务员承担责任法》第2条第2款规定：

① 参见马怀德主编：《国家赔偿法学》，中国政法大学出版社2001年版，第281~282页。

② 参见刘嗣元、石佑启编著：《国家赔偿法要论》，北京大学出版社2005年版，第131页。

"国家求偿权自国家承认被害人的赔偿请求自确定判决时起，因3年不行使而消灭。"瑞士《关于联邦及其机构成员和其公务员的责任的瑞士联邦法》第21条规定："联邦对公务员的追偿请求，时效为从认定或法院确定联邦的损害赔偿义务之日起1年；无论如何，从公务员为该损害行为之日起10年以后，时效消灭。"① 我国台湾地区的"赔偿法"第8条第2款规定："求偿权自支付赔偿金或恢复原状之日起，因2年间不行使而消灭。"②

规定追偿时效，一方面可以督促行政赔偿义务机关在规定的期限内行使追偿权，履行追偿职责，让追偿制度落到实处；另一方面也使被追偿的行政公务人员承担追偿责任时，在时间期限上具有可预见性，以稳定公务人员的情绪，避免公务人员因无期限担心承担追偿责任，而增加其精神负担，使其一直处于一种心绪不宁的状态之中，以影响其正常执行公务。

我国《国家赔偿法》对行政追偿的时效没有规定。《国家赔偿法》(试拟稿）曾提出追偿的时效为一年，自赔偿义务机关向赔偿请求人赔偿损失之日起计算。后经修改，删除了这一规定，因此，在我国，国家追偿权不发生因时效届满而消灭的问题。但我们认为，这种做法不尽合理，因为，没有追偿时效的规定，对行政机关和行政公务人员双方都是不利的。它既不利于促使行政机关积极履行追偿职责，也会影响行政公务人员的工作积极性和工作效率。参照我国《行政处罚法》关于2年的处罚时效的规定和《国家赔偿法》中赔偿请求人请求赔偿的2年的时效的规定，借鉴我国台湾地区的做法，我们建议将对公务人员追偿的时效规定为2年为宜。

二、赔偿义务机关作为追偿人是否合理?

由赔偿义务机关作为追偿人，代表国家向有过错的公务人员行使追偿权是否合理？特别是当加害行为人是赔偿义务机关的负责人时，赔偿义务机关行使追偿权是否可行？有学者认为，赔偿义务机关行使追偿权的困难是多方面的，比如特殊场合下对加害行为主体的确定问题，重大过失的标准问题，缺乏对追偿人的职权和职责以及被追偿人的权利和义务的详细规定，等等。但是最大的挑战来自于追偿人与被追偿人的特殊关系（人事隶属关系），特别是当被追偿人为赔偿义务机关的首长时。为了逃避追偿，被追偿人可能利用其在赔偿义务机关中的地位和影响干预追偿，而赔偿义务机关为了照顾有关人员的情面，也

① 皮纯协、何寿生编著：《比较国家赔偿法》，中国法制出版社1998年版，第195页。

② 张正钊等编：《国家赔偿制度研究》，中国人民大学出版社1996年版，第361页。

可能包庇被追偿人而大事化小、小事化了。除了过于放纵的情况外，还可能出现过于严苛的情况，如出于派系斗争和打击压制的需要，就可能造成“替罪羊”或“冤大头”。①

我们认为，赔偿义务机关作为追偿人有利有弊，为了兴利除弊，在制度设计上可以分类型进行处理：一般情况下，由赔偿义务机关作为追偿人，并加强对追偿权行使的监督和对被追偿人权利的保护，以防止追偿中的不作为与乱作为行为的发生；但当赔偿义务机关的负责人为被追偿人时，就应实行职能分离，即赔偿义务机关只享有追偿建议权，而不享有追偿决定权，将追偿决定权赋予给赔偿义务机关的上一级机关或相对独立的第三方。这样做，在一定程度上能够保证追偿活动公平与公正，也可以使追偿权的行使落到实处。

三、公务人员执行上级决定或命令导致赔偿的，能否确定为被追偿人？

有的学者认为，遵照上级命令而为的行为造成损害的，有关国家机关不得对该公务人员追偿。② 也有人认为，公务人员在执行上级决定或命令产生损害的情况有两种：一种是命令正确，而执行人员因故意或重大过失造成损害的，该公务人员自应为被追偿人；另一种是命令错误，公务人员执行错误命令而造成损失的谁作为被求偿人则值得分析。对于这个问题，有些学者根据过错责任的划分提出了四种学说：③ 一是绝对执行说。即不管命令对错，下属都要执行，责任上交；二是绝对不执行说。即错误命令自始无效，下属没有执行的义务，否则就要承担相应的责任；三是相对执行说。即对于错误命令，一般应予执行，但普通人均可发现的错误而给予执行的，执行人应承担责任；四是意见陈述说。即执行人对错误的命令应当执行，但应在执行前或执行中向机关首长或上级机关陈述自己的意见，否则应承担责任。

另有学者认为，一般情况下，公务员按上级命令、批示办事，下级服从上级，个人服从组织，因此造成的损害，公务员不承担责任。但如果公务员明知上级或领导的命令、批示违法，且有条件不执行或变通执行，但却没有提出异议，仍照样执行的，应视为“故意”，予以追偿；或者按照职务素质要求，应当发现上级或领导的命令、批示违法，却未发现，甚至连一般常人也能注意到

---

① 参见刘劲刚、苏彦来：《行政追偿程序研究》，载《黑龙江省政法管理干部学院学报》2000年第1期。

② 马怀德著：《国家赔偿法的理论与实践》，中国法制出版社1994年版，第129页。

③ 林准、马原主编：《国家赔偿问题研究》，人民法院出版社1992年版，第262页。

有问题，但他仍未注意，照样执行，应认定有“重大过失”，应予追偿。①

还有学者认为，由于执行上级违法的命令而引起的国家赔偿，执行命令的公务员不应承担责任，国家不能对其行使追偿权，而应向作出命令的“上级”追偿。具体来说，如果上级命令是由个人作出的，则向个人追偿，如果是由合议制机关作出的，应向投票赞成该命令的人员追偿。②

我们认为，应视具体情况区别对待。如果上级的决定、命令正确，公务人员执行错误，机关因执行行为而承担了赔偿责任的，主观上有故意或重大过失的公务人员应确定为被追偿人。如果上级的决定、命令错误，公务人员执行了错误的命令或决定并导致国家赔偿的，其能否确定为被追偿人？应分为以下几种情形：第一种情形是执行人员明知上级命令或者决定错误，自己也有条件不执行或变通执行，但考虑到其他因素仍然予以执行，致使他人合法权益受到损害，并引起国家赔偿，则应确定该公务人员有故意，应承担被追偿的责任；第二种情形是执行人员应当理解或发现上级命令错误而没有理解或发现，从而执行上级的错误命令造成了国家赔偿，或者普通人能发现的错误而执行人员没有发现或虽已发现而未在执行前或执行中向上级陈述自己意见的，则应当认定为执行人员的重大过失，应承担被追偿的责任；第三种情形是执行人员执行公务时，发现上级的决定或者命令有错误，并向上级提出改正或者撤销该决定或者命令的意见而上级不改变该决定或者命令，或者要求立即执行的，执行人员因此执行了该决定或者命令并造成损害，则应当认定为是上级的过错，执行人员不承担被追偿的责任；若执行人员执行的是明显违法的决定或者命令，则认定该执行人员有过错，应承担被追偿的责任③。

四、赔偿义务机关能否作为被追偿人？

《国家赔偿法》没有将赔偿义务机关列为追偿的责任主体，但《行政诉讼法》第69条规定：“赔偿费用，从各级财政列支。各级人民政府可以责令有责任的行政机关支付部分或全部赔偿费用。具体办法由国务院规定。”国务院

① 应松年主编：《国家赔偿法研究》，法律出版社1995年版，第143页。

② 皮纯协、冯军主编：《国家赔偿法释论》（修订本），中国法制出版社1996年版，第155页。

③ 这样理解与我国《公务员法》第54条的规定相一致。《公务员法》第54条规定：“公务员执行公务时，认为上级的决定或者命令有错误的，可以向上级提出改正或者撤销该决定或者命令的意见，上级不改变该决定或者命令，或者要求立即执行的，公务员应当执行该决定或者命令，执行的后果由上级负责，公务员不承担责任；但是，公务员执行明显违法的决定或者命令的，应当依法承担相应的责任。”

制定的《国家赔偿费用管理办法》第10条规定："财政机关审核行政赔偿的赔偿义务机关的申请时，发现该赔偿义务机关因故意或者有重大过失造成国家赔偿的，或者超出国家赔偿法规定的范围和标准赔偿的，可以提请本级政府责令该赔偿义务机关承担部分或全部国家赔偿费用。"据此规定，一种观点认为，行政赔偿义务机关也可以成为被追偿人，并将行政追偿的含义界定为：行政追偿是指国家行政机关对赔偿请求人承担赔偿责任以后，有权要求负有责任的实施机关和人员承担全部或部分赔偿费用的法律制度，包括各级人民政府对行政机关的追偿。① 另有观点认为，行政追偿的前提是被追偿人在执行具体行政职务的过程中因自己的过错侵犯了行政相对人的合法权益，而具体行政职务一般都是由具体自然人执行，况且行政追偿制度设计的目的主要是让有过错的个人或非行政机关承担因自己的过错而应当承担的经济责任，分担政府的赔偿负担，而非追究行政机关自身的责任，行政机关自身的责任有自己的责任追究制度。政府向赔偿义务机关追偿是为了"纠正某些行政机关横征暴敛、滥施处罚、违法摊派和收费的行为"，为了"纠正官僚主义"②。因此，"各级人民政府可以责令有责任的行政机关支付部分或者全部赔偿费用"是政府在纠正行政机关的不良作风甚至违法行为，是政府对其所属的行政机关实施的监督、管理职能，不属于行政追偿的范畴。

我们认为，赔偿义务机关能否作为被追偿人，本级政府责令赔偿义务机关承担部分或全部国家赔偿费用是否属于行政追偿，关键在于对行政追偿的不同理解。如果将追偿理解为主观上有故意或重大过失的机关或个人向国家支付部分或全部赔偿费用，则政府责令赔偿义务机关承担部分或全部赔偿费用的行为也属于行政追偿，是一种特殊的追偿形式，赔偿义务机关在一定的条件下也可以成为被追偿人；如果将追偿理解为是一种个人责任，不是一种机关责任，追偿人必须是代表国家向赔偿请求人支付了赔偿费用的机关，而被追偿人是代表该机关执行公务时实施了侵权行为且主观上有故意或重大过失的个人，则赔偿义务机关就不是被追偿人，政府责令赔偿义务机关承担部分或全部赔偿费用的行为就不属于行政追偿。通常情况下，行政追偿指的是第二种情形，即不包括政府对赔偿义务机关的追偿。一般而言，机关的行为都是通过个人来实施的，行政追偿是追究执行公务时主观上有故意或重大过失的公务人员的一种个人责

---

① 参见胡建淼著：《行政法学》，法律出版社1998年版，第546~547页。

② 肖峋著：《中华人民共和国国家赔偿理论与实用指南》，中国民主法制出版社1994年版，第256页。

任，并且，从理论上讲，行政机关自身不能创收，其所需的费用都来自公共财政保障，如果赔偿义务机关从本单位的预算经费中列支赔偿费用后，而财政不予核拨赔偿款，则最终有可能导致行政机关行政经费不足，行政权无法正常有效行使，甚至会出现因经费不足而又不能得到核拨的情况下，为维持机关的运作，行政机关违法收费、滥施处罚，结果导致腐败现象滋生，政府形象和个人利益受损。因此，政府对赔偿义务机关不宜采用追偿的方式，而可采用其他追究责任的方式监督行政机关依法行使职权。故不宜将赔偿义务机关作为被追偿人。

【练习题】

1. 简述国家追偿的含义与意义。
2. 简述国家追偿与国家赔偿的关系。
3. 简述国家追偿的性质。
4. 简述行政追偿与司法追偿的区别。
5. 简述行政追偿的条件。
6. 简述司法追偿的条件。
7. 试述行政追偿的程序。

附录一：常用法律文书[①]

一、国家赔偿申请书

国家赔偿申请书

（供向赔偿义务机关或人民法院赔偿委员会申请赔偿时用）

赔偿请求人……（姓名、住址、电话等基本情况）。（如是法人或其他组织的，应写明：赔偿请求人名称、地址：法定代表人或其他组织负责人姓名、职务；委托代理人姓名、住址）

被请求赔偿义务机关……（名称）。（向人民法院赔偿委员会申请作出赔偿决定，有复议机关的，还应当写明复议机关名称）

赔偿请求人……（姓名、名称）因……（申请赔偿案由），请求××××××××（赔偿义务机关名称）……（申请赔偿的具体要求）。

（事实与理由：……）。

（向人民法院赔偿委员会申请作出赔偿决定的，还须写明赔偿义务机关的确认、决定或复议机关复议情况）

此致

×××××××××（赔偿义务机关或人民法院赔偿委员会名称）

附：有关法律文书及证明材料

赔偿请求人（签名或盖章）

年　月　日

① 根据各级人民法院的裁判文书，参考《国家赔偿法实用手册》（中国法制出版社2007年版）、《国家赔偿法一本通》（中国法制出版社2005年版）、《新编赔偿法小全书》（法律出版社2006年版）、陈春龙著：《中国司法赔偿实务操作与理论探讨》（法律出版社2002年版）的相关内容整理而成。

二、法院受理国家赔偿案件通知书

格式一：

×××人民法院受理案件通知书

（供通知赔偿请求人用）

（××××）××法赔字第××号

××××（赔偿请求人姓名或名称）：

你（或你单位）于××××年××月××日以……（申请赔偿的案由）为由，要求本院……（申请赔偿的具体要求）。经审查，你（或你单位）的赔偿申请符合《中华人民共和国国家赔偿法》第××条的规定，本院决定立案。（如有事项需当事人，写明“现将有关事项通知如下：”）

年　月　日

（院印）

（送达本通知书应使用送达回证）

格式二：

×××人民法院赔偿委员会受理案件通知书

（供通知赔偿请求人用）

（××××）××法委赔字第××号

××××（赔偿请求人姓名或名称）：

你（或你单位）因……（申请赔偿的案由）申请……（赔偿义务机关名称）赔偿一案，……（写明不服×××机关×字第×号决定，或者向××赔偿义务机关申请，×××逾期未作出决定，或向×××复议机关申请复议，复议机关逾期未作出决定等情况）向本院赔偿委员会申请作出赔偿决定，经审查，你（或你单位）的申请符合法定立案条件，本院赔偿委员会决定立案审理。（如有事项需通知当事人，写明“现将有关事项通知如下：”）

年　月　日

（院印）

（送达本通知书应使用送达回证）

格式三：

×××人民法院赔偿委员会通知书

（供通知赔偿义务机关和复议机关时用）

（×××）××法委赔字第××号

×××（赔偿义务机关或复议机关名称）：

……（赔偿请求人姓名或名称）因……（申请赔偿的案由）申请你单位赔偿一案，……（写明不服××××赔偿义务机关××字第×号××决定，或向赔偿义务机关申请赔偿逾期未作决定，或向复议机关申请复议，复议机关逾期未作决定等情况）向本院赔偿委员会申请作出赔偿决定，本院赔偿委员会决定立案审理。现随文发送赔偿申请书副本一份，并将有关事项通知如下：（如递交法定代表人身份证明书、委托代理书、调取案卷等事项）

年　月　日

（院印）

（送达本通知书应使用送达回证）

格式四：

×××人民法院赔偿委员会通知书

（供调查案件事实时用）

（×××）××法委赔字第××号

×××（赔偿请求人、赔偿义务机关、复议机关或有关证人姓名）：

本院赔偿委员会受理赔偿请求人……（姓名或名称）申请……（赔偿义务机关名称）赔偿一案，定于××××年××月××日××时××分在……（地点）进行调查，请准时参加。

特此通知。

年　月　日

（院印）

（送达本通知书应使用送达回证）

三、法院不予受理国家赔偿案件通知书

格式一：

×××人民法院不予受理案件通知书

（供人民法院赔偿案件审查立案时用）

（×××）××法赔通字第××号

×××（赔偿请求人姓名或名称）：

你（或你单位）因……（申请赔偿的案由）申请本院……（请求赔偿的具体事项）。经审查认为，你（或你单位）的赔偿申请不符合……（写明所依据的法律规定），决定不予受理。

特此通知。

年　月　日

（院印）

（送达本通知书应使用送达回证）

格式二：

×××人民法院赔偿委员会不予受理案件通知书

（供人民法院赔偿委员会审查立案时用）

（××××）××法委赔通字第××号

×××（赔偿请求人姓名或名称）：

你(或你单位)因……(申请赔偿的案由)申请……(赔偿义务机关名)赔偿一案,于××××年××月××日向本院赔偿委员会申请作出赔偿决定。经审查认为,你(或你单位)的赔偿申请不符合《中华人民共和国国家赔偿法》第××条规定的条件,(需写明理由的,写明理由)决定不予受理。

特此通知。

年　月　日

（院印）

（送达本通知书应使用送达回证）

四、法院国家赔偿案件审理报告

关于……（写明赔偿请求人姓名或名称和案由）一案的审理报告

（供人民法院赔偿委员会审理案件时用）

（×××）××法委赔字第××号

一、案件的由来

……（写明赔偿请求人的姓名）不服……（写明赔偿义务机关名称）××××年××月××日作出的（×××）××字第××号决定（或者复议机关的复议决定，或逾期未作决定），向本院赔偿委员会提出赔偿申请。

二、赔偿请求人的基本情况及赔偿义务机关、复议机关的名称

……（分项写明赔偿请求人的基本情况，赔偿义务机关、复议机关的名称、法定代表人、委托代理人）。

三、赔偿请求人的申请事项及理由

……（写明赔偿请求人提出申请事项的依据，所陈述的事实及其申请的理由。对此部分应作必要的归纳，力求简明扼要）。

四、申请的赔偿案件确认情况、赔偿义务机关决定情况以及复议机关的复议情况（或逾期未作决定、复议决定的情况）

……（简要写明赔偿义务机关违法侵权确认情况、赔偿义务机关对赔偿申请作出的决定情况，或逾期未作决定的情况。复议机关的复议情况，或逾期未作复议决定的情况）。

五、承办人审查认定的事实及依据

……（详细写明赔偿义务机关原违法侵权的事实以及赔偿义务机关依法确认后复议机关确认的违法侵权事实及证据、法律根据；赔偿义务机关、复议机关赔偿或不予赔偿的事实、证据、理由以及法律根据。详细写明经过查证，原赔偿义务机关或者复议机关认定的事实哪些是正确的或全部是正确的，有哪些可靠的证据可以充分证明：哪些是错误的或是全部错误的，有哪些足以否定的理由和根据等）。

六、应当报告的其他情况

……（写明与本案有关的，尤其是与案件处理有直接关系的情况，有什么写什么，没有不写）

七、承办人提出的处理意见及理由

……（写明根据认定的事实，遵照有关的法律、法规，对赔偿请求人的申请及其理由能否成立，作出全面的分析评定；对于原赔偿义务机关或者复议机关的决定是否正确，是全部正确或者部分正确，哪些部分有错误或者全部错误，理由和根据有哪些，作出全面的分析评定，并在分析评定的基础上引述法律、法规的有关规定，提出处理意见。对于赔偿义务机关或者复议机关的决定适用法律正确，处理方式得当的，应当予以维持；对于赔偿义务机关或者复议机关的决定适用法律错误，或者处理方式不当的，应当予以撤销或变更；对于经依法确认有赔偿法第 15 条、第 16 条、第 31 条规定情形之一，赔偿义务机关或者复议机关逾期未作决定的，应当作出赔偿或者不予赔偿的决定；对于赔偿请求人的申请属于赔偿法第十七条规定的国家不承担赔偿责任的情形，应当作出不予赔偿的决定）。

八、赔偿办讨论意见

……（写明赔偿办讨论的时间、拟决定主文的内容及所依据的法律。有两种以上不同意见的，应分别表述，并写明不同意见的理由及法律依据）。

承办人　×××

年　　月　　日

五、国家赔偿决定书

格式一：

×××人民法院赔偿决定书

（供人民法院作为赔偿义务机关用）

（×××）××法赔字第××号

赔偿请求人……（姓名、住址、电话等基本情况）。（如是法人或其他组织的，应写明：赔偿请求人名称、地址：法定代表人姓名、职务；委托代理人姓名、地址）

赔偿请求人……（姓名或名称）于××××年××月××日以……（申请赔偿的案由）向本院……（申请赔偿的具体要求）。

本院查明：……（叙述侵权事实和应予赔偿或者不予赔偿的事实，以及认定的证据）。

本院认为，……（决定赔偿或者不予赔偿的理由）。根据《中华人民共和国国家赔偿法》第××条之规定，决定如下：

（根据不同情况分别适用以下决定主文）

（一）决定赔偿主文

……写明赔偿请求人姓名或名称、赔偿方式及赔偿数额）。

（二）决定不予赔偿主文

对……（赔偿请求人姓名或名称）以……（申请事项）的申请予以驳回，不予赔偿。

如对本决定有异议，可在收到本决定之日起30日内向×××人民法院赔偿委员会申请作出赔偿决定。

年　月　日

（院印）

（送达本通知书应使用送达回证）

格式二：

×××人民法院赔偿委员会决定书

（×××）××法委赔字第××号

赔偿请求人……（姓名、住址、电话等基本情况）。（如是法人或其他组织的，应写明赔偿请求人名称、地址；法定代表人的姓名、职务；委托代理人的姓名、地址）

赔偿义务机关……（名称）。

法定代表人……（姓名、职务）。

委托代理人……（姓名、住址、电话等基本情况）。

复议机关……（名称）。

法定代表人……（姓名、职务）。

委托代理人……（姓名、住址、电话等基本情况）。

赔偿请求人……（姓名或名称）于××××年××月××日以……（申请赔偿的案由）为由，要求……（赔偿义务机关名称）……（申请赔偿的具体要求）。……（赔偿义务机关赔偿与否，以及赔偿情况，复议机关及复议决定情况）。……（赔偿请求人不服赔偿义务机关或者复议机关决定的理由，赔偿义务机关或复议机关逾期未作决定亦应写明，要求本院赔偿委员会作出决定的事项及理由）。

赔偿委员会经审理查明：……（叙述赔偿义务机关、复议机关确认的侵权事实，赔偿义务机关和复议机关决定情况、复议情况，赔偿委员会审查认定的事实及依据）。

本院赔偿委员会认为……（决定赔偿、不予赔偿、或者维持原决定、撤销原决定、变更原决定的理由）。根据《中华人民共和国国家赔偿法》第××条之规定，决定如下：（根据不同情况分别适用以下决定主文）

（一）赔偿义务机关没有作出决定的，赔偿委员会经审理决定赔偿主文

……（写明赔偿义务机关名称、赔偿请求人姓名或名称、赔偿方式及数额）

（二）赔偿义务机关没有作出决定的，赔偿委员会经审理决定不予赔偿主文

对赔偿请求人……（姓名或名称）关于……（申请的事项）的申请予以驳回，不予赔偿。

（三）维持原复议决定主文

维持……（赔偿义务机关或者复议机关名称）……（决定的时间及文号）的决定。

（四）撤销复议机关（赔偿义务机关）决定，重新作出决定的主文

1. 撤销……（赔偿义务机关名称）……（决定的时间及文号）决定和……（复议机关名称）……（决定的时间及文号）的决定。

2. ……（写明赔偿义务机关名称、赔偿请求人姓名或名称、赔偿方式及数额）。

（五）变更复议机关（赔偿义务机关）决定的主文

1. 撤销……（指出撤销的原决定的款项或主要内容）

2. 维持……（写明维持的原决定的款项或主要内容）

3. ……（写明变更的款项和内容、重新决定赔偿的赔偿方式及赔偿数额。赔偿义务机关、复议机关已决定赔偿并已支取的部分应写明予以扣除）。

本决定自收到之日起 15 日内履行完毕。

本决定为发生法律效力的决定。

年　月　日

（院印）

（送达本通知书应使用送达回证）

格式三：

×××人民法院、×××人民检察院共同赔偿决定书

（供人民法院办理共同赔偿案件时用）

（×××）××法检赔字第××号

赔偿请求人……（姓名或名称、住址或所在地、电话等基本情况）。

赔偿请求人……（姓名或名称）于××××年××月××日以……（申请共同赔偿案由）为由，向本院和×××人民检察院提出共同赔偿申请，要求本院和×××人民检察院……（申请共同赔偿的具体要求）。

经本院和×××人民检察院查明：……（叙述应予赔偿或者不予赔偿的事实，以及认定的证据）。

本院和×××人民检察院认为，……（决定赔偿或者不予赔偿的理由）。根据《中华人民共和国国家赔偿法》第××条之规定，决定如下：

……【写明决定结果。分两种情况：

第一，决定赔偿的，表述为：

赔偿……（赔偿请求人姓名或名称、赔偿方式及赔偿数额）。

第二，决定不予赔偿的，表述为：

对……（赔偿请求人姓名或名称）的申请不予赔偿。】

如对本决定有异议，可在收到本决定之日起30日内向×××人民法院赔偿委员会申请作出赔偿决定。

×××人民法院　　　　×××人民检察院

（印章）　　　　（印章）

年　月　日

（院印）

格式四：

×××人民检察院、×××人民法院共同赔偿决定书

（供人民检察院办理共同赔偿案件时用）

（×××）××检法赔字第××号

赔偿请求人……（姓名或名称、住址或所在地、电话等基本情况）。

赔偿请求人……（姓名或名称）于××××年××月××日以……（申请共同赔偿案由）为由，向本院和×××人民法院提出共同赔偿申请，要求本院和×××人民法院……（申请共同赔偿的具体要求）。

经本院和×××人民法院查明：……（叙述应予赔偿或者不予赔偿的事实，以及认定的证据）。

本院和×××人民法院认为，……（决定赔偿或者不予赔偿的理由）。根据《中华人民共和国国家赔偿法》第××条之规定，决定如下：

……【写明决定结果。分两种情况：

第一，决定赔偿的，表述为：

赔偿……（赔偿请求人姓名或名称、赔偿方式及赔偿数额）。

第二，决定不予赔偿的，表述为：

对……（赔偿请求人姓名或名称）的申请不予赔偿。】

如对本决定有异议，可在收到本决定之日起30日内向×××人民法院赔偿委员会申请作出赔偿决定。

×××人民检察院　　　　×××人民法院
（印章）　　　　（印章）

年　月　日
（院印）

格式五：

×××人民法院赔偿决定书

（供准许撤回申请时用）

（×××）××法赔字第××号

赔偿请求人……（姓名、住址、电话等基本情况）。（如是法人或其他组织的，应写明赔偿请求人名称、地址；法定代表人的姓名、职务；委托代理人的姓名、住址）

赔偿请求人……（姓名或名称）于××××年××月××日以……（申请赔偿的案由）为由，向本院申请赔偿。本院在审理过程中，……（赔偿请求人姓名或名称）提出撤回赔偿申请。

本院决定如下：

准许……（赔偿请求人姓名或名称）撤回赔偿申请。

年　月　日

（院印）

（送达本决定书应使用送达回证）

格式六：

×××人民法院赔偿委员会决定书

（供准许撤回申请时用）

（×××）××法委赔字第××号

赔偿请求人……（姓名、地址、电话等基本情况）。（如是法人或其他组织的，应写明赔偿请求人名称、地址；法定代表人姓名、职务；委托代理人姓名、工作单位）

赔偿义务机关……（名称、所在地）。

法定代表人……（姓名、职务）。

委托代理人……（姓名、工作单位）。

复议机关……（名称、所在地）。

法定代表人……（姓名、职务）。

委托代理人……（姓名、工作单位）。

赔偿请求人……（姓名或名称）于××××年××月××日以……（申请赔偿的案由）为由，向本院赔偿委员会申请……（赔偿义务机关名称）赔偿。本案在审理过程中，……（赔偿请求人姓名或名称）以……（理由）为由，撤回赔偿申请。

本院赔偿委员会决定如下：

准许……（赔偿请求人姓名或名称）撤回赔偿申请。

年　月　日

（院印）

（送达本决定书应使用送达回证）

格式七：

×××人民法院赔偿决定书

（供人民法院立案后程序性驳回赔偿申请用）

（×××）××法赔字第××号

赔偿请求人……（姓名、地址、电话等基本情况）。（如是法人或其他组织的，应写明：赔偿请求人名称、地址；法定代表人的姓名、职务；委托代理人的姓名、地址）

赔偿请求人……（姓名或名称）于××××年××月××日以……（申请赔偿的案由）向本院……（申请赔偿的具体要求）。

经审查，本院认为，……（写明赔偿请求人不符合法定的主体资格或者其他违反程序性规定的理由）。本院决定如下：

驳回赔偿请求人……（姓名或名称）的赔偿申请。

年　月　日

（院印）

（送达本决定书应使用送达回证）

格式八：

×××人民法院赔偿委员会决定书

（供人民法院赔偿委员会立案后决定程序性驳回申请用）

（×××）××法委赔字第××号

赔偿请求人……（姓名、地址、电话等基本情况）。（如是法人或其他组织的，应写明：赔偿请求人名称、地址；法定代表人的姓名、职务；委托代理人的姓名、地址）

赔偿义务机关……（名称）。

法定代表人……（姓名、职务）。

委托代理人……（姓名、住址）。

复议机关……（名称）。

法定代表人……（姓名、职务）。

委托代理人……（姓名、住址）。

赔偿请求人……（姓名或名称）于××××年××月××日以……（申请赔偿的案由）为由，要求……（赔偿义务机关名称）……（申请赔偿的具体要求）。……（赔偿义务机关的决定情况、复议机关的复议情况）。赔偿请求人于××××年××月××日向本院赔偿委员会提出赔偿申请。

经审查，本院赔偿委员会认为，……（写明不符合赔偿请求人法定主体资格，或赔偿义务机关、复议机关作出决定后逾期向赔偿委员会提出赔偿申请等违反程序性规定的理由）。本院赔偿委员会决定如下：

驳回赔偿请求人……（姓名或名称）的赔偿申请。

年　月　日

（院印）

（送达本决定书应使用送达回证）

六、刑事赔偿复议决定书

刑事赔偿复议决定书

检　赔复字【　　】　号

一、赔偿请求人的基本情况，赔偿义务机关名称

赔偿请求人：……（姓名、性别、年龄、工作单位和住所，法人或其他组织的名称、住所，法定代表人或主要负责人的姓名、职务）。

赔偿义务机关：×××（名称）

二、申请赔偿的具体事项及理由，赔偿义务机关决定情况

赔偿请求人……(姓名或名称)于××××年××月××日,以……(申请赔偿理由)为由,请求……(赔偿义务机关名称)……(申请赔偿的具体事项)。

……（赔偿义务机关决定情况）。

三、申请复议的具体事项及理由

赔偿请求人……（姓名或名称）不服……（赔偿义务机关的决定情况）于××××年××月××日，要求本院……（申请复议的具体事项及理由）。

四、复议机关认定的事实和依据

本院经审查查明：……（复议机关认定的事实和依据）。

五、复议决定的法律根据、理由和内容

根据《中华人民共和国国家赔偿法》第×条的规定，本院认为：……（维持原决定、变更原决定、撤销原决定重新作出决定或决定赔偿、不予赔偿的理由），现决定如下：

（一）维持原决定的主文

原决定事实清楚，适用法律正确，赔偿方式、数额适当，予以维持。

（二）纠正原决定，重新作出决定的主文

原决定认定事实或适用法律错误，予以撤销，重新作出决定的内容。

（三）变更原决定的主文

原决定赔偿方式、数额不当，决定予以变更的内容。

（四）决定赔偿或不予赔偿的主文（适用于赔偿义务机关逾期未作出决定的情况）

……（赔偿请求人姓名或名称）申请的赔偿，……（赔偿义务机关名称）逾期未作出决定，经本院审查，……（决定的内容）。

如不服本决定，可以在收到本决定之日起 30 日内向……（复议机关所在地的同级人民法院名称）赔偿委员会申请作出赔偿决定。

年　月　日

（院印）

（送达本决定书应使用送达回证）

七、刑事赔偿决定书

刑事赔偿决定书

检　赔偿字【　　】　号

一、赔偿请求人的基本情况

赔偿请求人：……（姓名、性别、年龄、工作单位和住所，法人或其他组织的名称、住所，法定代表人或主要负责人的姓名、职务。）

二、申请赔偿具体事项及理由

赔偿请求人×××（姓名或名称）于××××年××月××日，以……（申请赔偿理由）为由，要求本院……（申请赔偿的具体事项）。

三、确认的事实和根据

本院查明：……（叙述确认的侵权事实以及认定的依据）。

四、决定赔偿或不予赔偿的法律根据、理由和内容

根据《中华人民共和国国家赔偿法》第×条的规定，本院认为：……（决定赔偿或不予赔偿的理由），现决定如下：

……（决定赔偿或不予赔偿的内容）。

如不服本决定，可以自本院受理赔偿申请 2 个月的期间届满之日起 30 日内向……（复议机关名称）申请复议。

年　月　日

（院印）

（送达本决定书应使用送达回证）

八、人民法院行政赔偿调解书

×××人民法院行政赔偿调解书

（一审行政赔偿案件用）

（×××）××行初字第××号

原告……（写明起诉人的姓名或名称等基本情况）。

被告……（写明被诉的行政机关名称和所在地址）。

第三人……（写明姓名或名称等基本情况）。

（当事人及其他诉讼参加人的列项和基本情况的写法，与一审行政判决书样式相同。）

案由：……

……（简要写明当事人的诉讼请求和案件的事实）。

经本院调解，双方当事人自愿达成如下协议：

……（写明协议的内容）。

……（写明诉讼费用的负担）。

上述协议，符合有关法律规定，本院予以确认。

本调解书经双方当事人签收后，即具有法律效力。

审判长×××
审判员×××
审判员×××

年　月　日
（院印）

本件与原本核对无异

书记员×××

×××人民法院

（送达本调解书应使用送达回证）

九、人民法院行政赔偿判决书

×××人民法院行政赔偿判决书

（一审行政赔偿案件用）

（____）____行初字第____号

原告……（写明姓名或名称等基本情况）。

法定代表人……（写明姓名、性别和职务）。

委托代理人（或指定代理人、法定代理人）……（写明姓名等基本情况）。

被告……（写明行政主体名称和所在地址）。

法定代表人……（写明姓名、性别和职务）。

委托代理人……（写明姓名等基本情况）。

第三人……（写明姓名或名称等基本情况）。

法定代表人……（写明姓名、性别和职务）。

委托代理人（或指定代理人、法定代理人）……（写明姓名等基本情况）。

原告______不服（行政主体名称）作出的行政赔偿处理决定，于××××年××月××日向本院提起行政赔偿诉讼【被告不作行政赔偿裁决的写：原告于××××年××月××日向（行政主体名称）提出行政赔偿申请，被告未给予答复（含未给予实质性答复），原告于××××年××月××日向本院提起行政赔偿诉讼】。本院于××××年××月××日受理后，于××××年××月××日向被告送达了起诉状副本及应诉通知书。因与本案被诉具体行政行为有法律上的利害关系，本院依法通知其为第三人参加诉讼（公民、法人或者其他组织申请作为第三人参加诉讼的写："因与本案被诉行政行为或者事实行政行为有法律上的利害关系，经____申请，本院依法准许其为第三人参加诉讼"）。

本院依法组成合议庭，于××××年××月××日公开（或不公开）开庭审理了本案（不公开开庭的，写明原因）。……（写明到庭参加庭审活动的当事人、诉讼代理人、证人、鉴定人、勘验人和翻译人员等）到庭参加诉讼。……（写明发生的其他重要程序活动，如：被批准延长审理期限等）。本案现已审理终结。

原告____诉称，……（概括写明原告提出的主要事实、理由及赔偿诉讼请求）。

被告____辩称，……（概括写明被告答辩的主要理由和要求），（如被告未提交答辩状的，写明："被告未提交答辩状，但在庭审中辩称……"）。

第三人____ 述称，……（概括写明第三人的主要意见，第三人提供的证据）。

原告就赔偿请求提供了以下证据：……（概括证据名称、内容及证明目的）。

经质证，被告认为，……（写明被告异议的理由，如无异议，应予说明）。原告则认为，……（辩驳理由）。

被告就答辩内容提供了以下证据：……（证据的名称、内容及证明目的）。

经质证，原告认为……。被告则认为，……（辩驳理由）。

本院依法（或依原告、第三人的申请）调取了以下证据：……

经庭审质证，本院对证据作如下确认：……

本院根据以上有效证据及当事人的质证意见认定以下事实：……（写明有效证据所证明的事实）。

本院认为，……（1. 对未经确定的事实行政行为，应根据被告的举证确定该行为是否存在；对已经确认违法的具体行政行为和事实行政行为，无须分析论证。2. 论证原告的合法权益是否被侵害、被侵害的程度和后果及其与被诉行政行为的因果关系，是否应予赔偿。3. 论证各方当事人的诉讼理由是否成立，表明是否予以支持或采纳，并说明理由）。依照……（写明判决依据的行政诉讼法、国家赔偿法以及相关司法解释的条、款、项、目）之规定，判决如下：

……（写明判决结果），分两种情况：第一，驳回原告赔偿请求的，写：驳回原告关于……（赔偿请求事项）的赔偿请求。第二，判决被告予以赔偿的，写：被告（行政主体名称）于本判决生效之日起____日内赔偿原告……（写明赔偿的金额）。

年 月 日

（院印）

十、驳回申诉通知书

×××人民法院赔偿委员会驳回申诉通知书

（×××）××法委赔监字第××号

×××（申诉人姓名或名称）：

你（或你单位）为……（案件名称）一案，对×××人民法院（或×××人民法院赔偿委员会）××字第××号××决定不服，以……（申诉的主要理由）为由，向本院赔偿委员会提出申诉。

本院赔偿委员会经审查认为，原决定在认定事实和适用法律方面是正确的，（针对申诉的主要论点讲道理，说服教育）。

原决定正确，你对该案的申诉理由不能成立。

特此通知。

年　月　日

（院印）

十一、执行通知书

×××人民法院赔偿委员会执行通知书

（××××）××法委赔字第××号

×××（赔偿义务机关名称）：

关于……（赔偿请求人姓名或名称）因……（申请赔偿的案由）申请你单位赔偿一案，我院赔偿委员会于××××年××月××日作出（×××）××字第××号决定，根据《中华人民共和国国家赔偿法》第二十三条第二款的规定，该决定已发生法律效力，请你单位在接到本通知后10日内向……（赔偿请求人名称）给付……（赔偿金或财物）。

附：决定书　　份。

年　月　日

（院印）

（送达本通知书应使用送达回证）

十二、协助执行通知书

×××人民法院赔偿委员会协助执行通知书

（××××）××法委赔字第××号

×××（赔偿义务机关名称）：

关于……（赔偿请求人姓名或名称）申请……（赔偿义务机关名称）赔偿一案，我院赔偿委员会于××××年××月××日作出（×××）××字第××号决定，根据《中华人民共和国国家赔偿法》第二十九条第三款的规定，该决定已发生法律效力，因……（写明请求协助的原因）。根据《国家赔偿费用管理办法》的规定，请协助执行以下事项：

……（事项的具体内容）。

附：决定书　　份。

年　月　日

（院印）

（送达本通知书应使用送达回证）

十三、司法建议书

司法建议书

××××（主送单位名称）：

本院赔偿委员会在审理……（赔偿请求人姓名或名称）申请……（赔偿义务机关名称）赔偿一案中，发现……（写明发现有关单位存在的主要问题和提出建议的理由）。为此，特建议：

……（写明建议的主要事项）

年　月　日

（院印）

抄送：××××（抄送单位名称）

附录二：中华人民共和国国家赔偿法及其新旧对照表

全国人民代表大会常务委员会关于修改《中华人民共和国国家赔偿法》的决定

（2010年4月29日第十一届全国人民代表大会常务委员会第十四次会议通过）

中华人民共和国主席令

第二十九号

《全国人民代表大会常务委员会关于修改〈中华人民共和国国家赔偿法〉的决定》已由中华人民共和国第十一届全国人民代表大会常务委员会第十四次会议于2010年4月29日通过，现予公布，自2010年12月1日起施行。

中华人民共和国主席　胡锦涛

2010年4月29日

第十一届全国人民代表大会常务委员会第十四次会议决定对《中华人民共和国国家赔偿法》作如下修改：

一、将第二条修改为："国家机关和国家机关工作人员行使职权，有本法规定的侵犯公民、法人和其他组织合法权益的情形，造成损害的，受害人有依照本法取得国家赔偿的权利。"

"本法规定的赔偿义务机关，应当依照本法及时履行赔偿义务。"

二、将第三条第三项修改为："（三）以殴打、虐待等行为或者唆使、放纵他人以殴打、虐待等行为造成公民身体伤害或者死亡的。"

三、将第四条第三项修改为：“（三）违法征收、征用财产的”。

四、将第六条第三款修改为：“受害的法人或者其他组织终止的，其权利承受人有权要求赔偿。”

五、将第九条修改为：“赔偿义务机关有本法第三条、第四条规定情形之一的，应当给予赔偿。

“赔偿请求人要求赔偿，应当先向赔偿义务机关提出，也可以在申请行政复议或者提起行政诉讼时一并提出。”

六、在第十二条中增加一款，作为第三款：“赔偿请求人不是受害人本人的，应当说明与受害人的关系，并提供相应证明。”

增加一款，作为第四款：“赔偿请求人当面递交申请书的，赔偿义务机关应当当场出具加盖本行政机关专用印章并注明收讫日期的书面凭证。申请材料不齐全的，赔偿义务机关应当当场或者在五日内一次性告知赔偿请求人需要补正的全部内容。”

七、将第十三条改为第十三条、第十四条。第十三条：“赔偿义务机关应当自收到申请之日起两个月内，作出是否赔偿的决定。赔偿义务机关作出赔偿决定，应当充分听取赔偿请求人的意见，并可以与赔偿请求人就赔偿方式、赔偿项目和赔偿数额依照本法第四章的规定进行协商。

“赔偿义务机关决定赔偿的，应当制作赔偿决定书，并自作出决定之日起十日内送达赔偿请求人。”

“赔偿义务机关决定不予赔偿的，应当自作出决定之日起十日内书面通知赔偿请求人，并说明不予赔偿的理由。”

第十四条：“赔偿义务机关在规定期限内未作出是否赔偿的决定，赔偿请求人可以自期限届满之日起三个月内，向人民法院提起诉讼。”

“赔偿请求人对赔偿的方式、项目、数额有异议的，或者赔偿义务机关作出不予赔偿决定的，赔偿请求人可以自赔偿义务机关作出赔偿或者不予赔偿决定之日起三个月内，向人民法院提起诉讼。”

八、增加一条，作为第十五条：“人民法院审理行政赔偿案件，赔偿请求人和赔偿义务机关对自己提出的主张，应当提供证据。”

“赔偿义务机关采取行政拘留或者限制人身自由的强制措施期间，被限制人身自由的人死亡或者丧失行为能力的，赔偿义务机关的行为与被限制人身自由的人的死亡或者丧失行为能力是否存在因果关系，赔偿义务机关应当提供证据。”

九、将第十四条改为第十六条，第二款修改为：“对有故意或者重大过失的责任人员，有关机关应当依法给予处分；构成犯罪的，应当依法追究刑事责任。”

十、将第十五条改为第十七条，修改为：“行使侦查、检察、审判职权的机关以及看守所、监狱管理机关及其工作人员在行使职权时有下列侵犯人身权情形之一的，受害人有取得赔偿的权利：（一）违反刑事诉讼法的规定对公民采取拘留措施的，或者依照刑事诉讼法规定的条件和程序对公民采取拘留措施，但是拘留时间超过刑事诉讼法规定的时限，其后决定撤销案件、不起诉或者判决宣告无罪终止追究刑事责任的；（二）对公民采取逮捕措施后，决定撤销案件、不起诉或者判决宣告无罪终止追究刑事责任的；（三）依照审判监督程序再审改判无罪，原判刑罚已经执行的；（四）刑讯逼供或者以殴打、虐待等行为或者唆使、放纵他人以殴打、虐待等行为造成公民身体伤害或者死亡的；（五）违法使用武器、警械造成公民身体伤害或者死亡的。”

十一、将第十六条改为第十八条，修改为：“行使侦查、检察、审判职权的机关以及看守所、监狱管理机关及其工作人员在行使职权时有下列侵犯财产权情形之一的，受害人有取得赔偿的权利：（一）违法对财产采取查封、扣押、冻结、追缴等措施的；（二）依照审判监督程序再审改判无罪，原判罚金、没收财产已经执行的。”

十二、将第十七条改为第十九条，第三项修改为：“（三）依照刑事诉讼法第十五条、第一百四十二条第二款规定不追究刑事责任的人被羁押的。”

第四项修改为：“（四）行使侦查、检察、审判职权的机关以及看守所、监狱管理机关的工作人员与行使职权无关的个人行为。”

十三、将第十九条改为第二十一条，修改为：“行使侦查、检察、审判职权的机关以及看守所、监狱管理机关及其工作人员在行使职权时侵犯公民、法人和其他组织的合法权益造成损害的，该机关为赔偿义务机关。”

“对公民采取拘留措施，依照本法的规定应当给予国家赔偿的，作出拘留决定的机关为赔偿义务机关。”

“对公民采取逮捕措施后决定撤销案件、不起诉或者判决宣告无罪的，作出逮捕决定的机关为赔偿义务机关。”

“再审改判无罪的，作出原生效判决的人民法院为赔偿义务机关。二审改判无罪，以及二审发回重审后作无罪处理的，作出一审有罪判决的人民法院为赔偿义务机关。”

十四、将第二十条改为第二十二条，修改为：“赔偿义务机关有本法第十七条、第十八条规定情形之一的，应当给予赔偿。”

"赔偿请求人要求赔偿，应当先向赔偿义务机关提出。"

"赔偿请求人提出赔偿请求，适用本法第十一条、第十二条的规定。"

十五、将第二十一条改为第二十三条和第二十四条。第二十三条："赔偿义务机关应当自收到申请之日起两个月内，作出是否赔偿的决定。赔偿义务机关作出赔偿决定，应当充分听取赔偿请求人的意见，并可以与赔偿请求人就赔偿方式、赔偿项目和赔偿数额依照本法第四章的规定进行协商。"

"赔偿义务机关决定赔偿的，应当制作赔偿决定书，并自作出决定之日起10日内送达赔偿请求人。"

"赔偿义务机关决定不予赔偿的，应当自作出决定之日起10日内书面通知赔偿请求人，并说明不予赔偿的理由。"

第二十四条："赔偿义务机关在规定期限内未作出是否赔偿的决定，赔偿请求人可以自期限届满之日起30日内向赔偿义务机关的上一级机关申请复议。"

"赔偿请求人对赔偿的方式、项目、数额有异议的，或者赔偿义务机关作出不予赔偿决定的，赔偿请求人可以自赔偿义务机关作出赔偿或者不予赔偿决定之日起30日内，向赔偿义务机关的上一级机关申请复议。"

"赔偿义务机关是人民法院的，赔偿请求人可以依照本条规定向其上一级人民法院赔偿委员会申请作出赔偿决定。"

十六、将第二十二条改为第二十五条，第二款修改为："赔偿请求人不服复议决定的，可以在收到复议决定之日起30日内向复议机关所在地的同级人民法院赔偿委员会申请作出赔偿决定；复议机关逾期不作决定的，赔偿请求人可以自期限届满之日起30日内向复议机关所在地的同级人民法院赔偿委员会申请作出赔偿决定。"

十七、增加一条，作为第二十六条："人民法院赔偿委员会处理赔偿请求，赔偿请求人和赔偿义务机关对自己提出的主张，应当提供证据。"

"被羁押人在羁押期间死亡或者丧失行为能力的，赔偿义务机关的行为与被羁押人的死亡或者丧失行为能力是否存在因果关系，赔偿义务机关应当提供证据。"

十八、增加一条，作为第二十七条："人民法院赔偿委员会处理赔偿请求，采取书面审查的办法。必要时，可以向有关单位和人员调查情况、搜集证据。赔偿请求人与赔偿义务机关对损害事实及因果关系有争议的，赔偿委员会可以听取赔偿请求人和赔偿义务机关的陈述和申辩，并可以进行质证。"

十九、增加一条，作为第二十八条："人民法院赔偿委员会应当自收到赔偿申请之日起3个月内作出决定；属于疑难、复杂、重大案件的，经本院院长批准，可以延长3个月。”

二十、将第二十三条改为第二十九条，第一款修改为：“中级以上的人民法院设立赔偿委员会，由人民法院三名以上审判员组成，组成人员的人数应当为单数。”

二十一、增加一条，作为第三十条：“赔偿请求人或者赔偿义务机关对赔偿委员会作出的决定，认为确有错误的，可以向上一级人民法院赔偿委员会提出申诉。”

“赔偿委员会作出的赔偿决定生效后，如发现赔偿决定违反本法规定的，经本院院长决定或者上级人民法院指令，赔偿委员会应当在2个月内重新审查并依法作出决定，上一级人民法院赔偿委员会也可以直接审查并作出决定。”

“最高人民检察院对各级人民法院赔偿委员会作出的决定，上级人民检察院对下级人民法院赔偿委员会作出的决定，发现违反本法规定的，应当向同级人民法院赔偿委员会提出意见，同级人民法院赔偿委员会应当在2个月内重新审查并依法作出决定。”

二十二、将第二十四条改为第三十一条，第二款修改为：“对有前款规定情形的责任人员，有关机关应当依法给予处分；构成犯罪的，应当依法追究刑事责任。”

二十三、将第二十七条改为第三十四条，第一款第一项修改为：“（一）造成身体伤害的，应当支付医疗费、护理费，以及赔偿因误工减少的收入。减少的收入每日的赔偿金按照国家上年度职工日平均工资计算，最高额为国家上年度职工年平均工资的五倍。”

第一款第二项修改为：“（二）造成部分或者全部丧失劳动能力的，应当支付医疗费、护理费、残疾生活辅助具费、康复费等因残疾而增加的必要支出和继续治疗所必需的费用，以及残疾赔偿金。残疾赔偿金根据丧失劳动能力的程度，按照国家规定的伤残等级确定，最高不超过国家上年度职工年平均工资的二十倍。造成全部丧失劳动能力的，对其扶养的无劳动能力的人，还应当支付生活费。”

第二款修改为：“前款第二项、第三项规定的生活费的发放标准，参照当地最低生活保障标准执行。被扶养的人是未成年人的，生活费给付至十八周岁止；其他无劳动能力的人，生活费给付至死亡时止。”

二十四、将第三十条改为第三十五条，修改为：“有本法第三条或者第十七条规定情形之一，致人精神损害的，应当在侵权行为影响的范围内，为受害人消除影响，恢复名誉，赔礼道歉；造成严重后果的，应当支付相应的精神损害抚慰金。”

二十五、将第二十八条改为第三十六条，第一项修改为：“（一）处罚款、罚金、追缴、没收财产或者违法征收、征用财产的，返还财产。”

第五项修改为：“（五）财产已经拍卖或者变卖的，给付拍卖或者变卖所得的价款；变卖的价款明显低于财产价值的，应当支付相应的赔偿金。”

增加一项，作为第七项：“（七）返还执行的罚款或者罚金、追缴或者没收的金钱，解除冻结的存款或者汇款的，应当支付银行同期存款利息。”

二十六、将第二十九条改为第三十七条，修改为：“赔偿费用列入各级财政预算。”

“赔偿请求人凭生效的判决书、复议决定书、赔偿决定书或者调解书，向赔偿义务机关申请支付赔偿金。”

“赔偿义务机关应当自收到支付赔偿金申请之日起 7 日内，依照预算管理权限向有关的财政部门提出支付申请。财政部门应当自收到支付申请之日起 15 日内支付赔偿金。”

“赔偿费用预算与支付管理的具体办法由国务院规定。”

二十七、将第三十二条改为第三十九条，第一款修改为：“赔偿请求人请求国家赔偿的时效为 2 年，自其知道或者应当知道国家机关及其工作人员行使职权时的行为侵犯其人身权、财产权之日起计算，但被羁押等限制人身自由期间不计算在内。在申请行政复议或者提起行政诉讼时一并提出赔偿请求的，适用行政复议法、行政诉讼法有关时效的规定。”

本决定自 2010 年 12 月 1 日起施行。

《中华人民共和国国家赔偿法》根据本决定作相应修改并对条款顺序作相应调整，重新公布。

中华人民共和国国家赔偿法

（1994 年 5 月 12 日第八届全国人民代表大会常务委员会第七次会议通过根据 2010 年 4 月 29 日第十一届全国人民代表大会常务委员会第十四次会议《关于修改〈中华人民共和国国家赔偿法〉的决定》修正）

目　录

第一章　总　　则

第一条　为保障公民、法人和其他组织享有依法取得国家赔偿的权利，促进国家机关依法行使职权，根据宪法，制定本法。

第二条　国家机关和国家机关工作人员行使职权，有本法规定的侵犯公民、法人和其他组织合法权益的情形，造成损害的，受害人有依照本法取得国家赔偿的权利。

本法规定的赔偿义务机关，应当依照本法及时履行赔偿义务。

第二章　行政赔偿

第一节　赔偿范围

第三条　行政机关及其工作人员在行使行政职权时有下列侵犯人身权情形之一的，受害人有取得赔偿的权利：

（一）违法拘留或者违法采取限制公民人身自由的行政强制措施的；

（二）非法拘禁或者以其他方法非法剥夺公民人身自由的；

（三）以殴打、虐待等行为或者唆使、放纵他人以殴打、虐待等行为造成公民身体伤害或者死亡的；

（四）违法使用武器、警械造成公民身体伤害或者死亡的；

（五）造成公民身体伤害或者死亡的其他违法行为。

第四条　行政机关及其工作人员在行使行政职权时有下列侵犯财产权情形之一的，受害人有取得赔偿的权利：

（一）违法实施罚款、吊销许可证和执照、责令停产停业、没收财物等行政处罚的；

（二）违法对财产采取查封、扣押、冻结等行政强制措施的；

（三）违法征收、征用财产的；

（四）造成财产损害的其他违法行为。

第五条 属于下列情形之一的，国家不承担赔偿责任：

（一）行政机关工作人员与行使职权无关的个人行为；

（二）因公民、法人和其他组织自己的行为致使损害发生的；

（三）法律规定的其他情形。

第二节 赔偿请求人和赔偿义务机关

第六条 受害的公民、法人和其他组织有权要求赔偿。

受害的公民死亡，其继承人和其他有扶养关系的亲属有权要求赔偿。

受害的法人或者其他组织终止的，其权利承受人有权要求赔偿。

第七条 行政机关及其工作人员行使行政职权侵犯公民、法人和其他组织的合法权益造成损害的，该行政机关为赔偿义务机关。

两个以上行政机关共同行使行政职权时侵犯公民、法人和其他组织的合法权益造成损害的，共同行使行政职权的行政机关为共同赔偿义务机关。

法律、法规授权的组织在行使授予的行政权力时侵犯公民、法人和其他组织的合法权益造成损害的，被授权的组织为赔偿义务机关。

受行政机关委托的组织或者个人在行使受委托的行政权力时侵犯公民、法人和其他组织的合法权益造成损害的，委托的行政机关为赔偿义务机关。

赔偿义务机关被撤销的，继续行使其职权的行政机关为赔偿义务机关；没有继续行使其职权的行政机关的，撤销该赔偿义务机关的行政机关为赔偿义务机关。

第八条 经复议机关复议的，最初造成侵权行为的行政机关为赔偿义务机关，但复议机关的复议决定加重损害的，复议机关对加重的部分履行赔偿义务。

第三节 赔偿程序

第九条 赔偿义务机关有本法第三条、第四条规定情形之一的，应当给予赔偿。

赔偿请求人要求赔偿，应当先向赔偿义务机关提出，也可以在申请行政复议或者提起行政诉讼时一并提出。

第十条 赔偿请求人可以向共同赔偿义务机关中的任何一个赔偿义务机关

要求赔偿，该赔偿义务机关应当先予赔偿。

第十一条 赔偿请求人根据受到的不同损害，可以同时提出数项赔偿要求。

第十二条 要求赔偿应当递交申请书，申请书应当载明下列事项：

（一）受害人的姓名、性别、年龄、工作单位和住所，法人或者其他组织的名称、住所和法定代表人或者主要负责人的姓名、职务；

（二）具体的要求、事实根据和理由；

（三）申请的年、月、日。

赔偿请求人书写申请书确有困难的，可以委托他人代书；也可以口头申请，由赔偿义务机关记入笔录。

赔偿请求人不是受害人本人的，应当说明与受害人的关系，并提供相应证明。

赔偿请求人当面递交申请书的，赔偿义务机关应当当场出具加盖本行政机关专用印章并注明收讫日期的书面凭证。申请材料不齐全的，赔偿义务机关应当当场或者在五日内一次性告知赔偿请求人需要补正的全部内容。

第十三条 赔偿义务机关应当自收到申请之日起两个月内，作出是否赔偿的决定。赔偿义务机关作出赔偿决定，应当充分听取赔偿请求人的意见，并可以与赔偿请求人就赔偿方式、赔偿项目和赔偿数额依照本法第四章的规定进行协商。

赔偿义务机关决定赔偿的，应当制作赔偿决定书，并自作出决定之日起十日内送达赔偿请求人。

赔偿义务机关决定不予赔偿的，应当自作出决定之日起十日内书面通知赔偿请求人，并说明不予赔偿的理由。

第十四条 赔偿义务机关在规定期限内未作出是否赔偿的决定，赔偿请求人可以自期限届满之日起三个月内，向人民法院提起诉讼。

赔偿请求人对赔偿的方式、项目、数额有异议的，或者赔偿义务机关作出不予赔偿决定的，赔偿请求人可以自赔偿义务机关作出赔偿或者不予赔偿决定之日起三个月内，向人民法院提起诉讼。

第十五条 人民法院审理行政赔偿案件，赔偿请求人和赔偿义务机关对自己提出的主张，应当提供证据。

赔偿义务机关采取行政拘留或者限制人身自由的强制措施期间，被限制人身自由的人死亡或者丧失行为能力的，赔偿义务机关的行为与被限制人身自由的人的死亡或者丧失行为能力是否存在因果关系，赔偿义务机关应当提供证据。

第十六条 赔偿义务机关赔偿损失后，应当责令有故意或者重大过失的工作人员或者受委托的组织或者个人承担部分或者全部赔偿费用。

对有故意或者重大过失的责任人员，有关机关应当依法给予处分；构成犯罪的，应当依法追究刑事责任。

第三章 刑事赔偿

第一节 赔偿范围

第十七条 行使侦查、检察、审判职权的机关以及看守所、监狱管理机关及其工作人员在行使职权时有下列侵犯人身权情形之一的，受害人有取得赔偿的权利：

（一）违反刑事诉讼法的规定对公民采取拘留措施的，或者依照刑事诉讼法规定的条件和程序对公民采取拘留措施，但是拘留时间超过刑事诉讼法规定的时限，其后决定撤销案件、不起诉或者判决宣告无罪终止追究刑事责任的；

（二）对公民采取逮捕措施后，决定撤销案件、不起诉或者判决宣告无罪终止追究刑事责任的；

（三）依照审判监督程序再审改判无罪，原判刑罚已经执行的；

（四）刑讯逼供或者以殴打、虐待等行为或者唆使、放纵他人以殴打、虐待等行为造成公民身体伤害或者死亡的；

（五）违法使用武器、警械造成公民身体伤害或者死亡的。

第十八条 行使侦查、检察、审判职权的机关以及看守所、监狱管理机关及其工作人员在行使职权时有下列侵犯财产权情形之一的，受害人有取得赔偿的权利：

（一）违法对财产采取查封、扣押、冻结、追缴等措施的；

（二）依照审判监督程序再审改判无罪，原判罚金、没收财产已经执行的。

第十九条 属于下列情形之一的，国家不承担赔偿责任：

（一）因公民自己故意作虚伪供述，或者伪造其他有罪证据被羁押或者被判处刑罚的；

（二）依照刑法第十七条、第十八条规定不负刑事责任的人被羁押的；

（三）依照刑事诉讼法第十五条、第一百四十二条第二款规定不追究刑事责任的人被羁押的；

（四）行使侦查、检察、审判职权的机关以及看守所、监狱管理机关的工作人员与行使职权无关的个人行为；

（五）因公民自伤、自残等故意行为致使损害发生的；

（六）法律规定的其他情形。

第二节　赔偿请求人和赔偿义务机关

第二十条　赔偿请求人的确定依照本法第六条的规定。

第二十一条　行使侦查、检察、审判职权的机关以及看守所、监狱管理机关及其工作人员在行使职权时侵犯公民、法人和其他组织的合法权益造成损害的，该机关为赔偿义务机关。

对公民采取拘留措施，依照本法的规定应当给予国家赔偿的，作出拘留决定的机关为赔偿义务机关。

对公民采取逮捕措施后决定撤销案件、不起诉或者判决宣告无罪的，作出逮捕决定的机关为赔偿义务机关。

再审改判无罪的，作出原生效判决的人民法院为赔偿义务机关。二审改判无罪，以及二审发回重审后作无罪处理的，作出一审有罪判决的人民法院为赔偿义务机关。

第三节　赔 偿 程 序

第二十二条　赔偿义务机关有本法第十七条、第十八条规定情形之一的，应当给予赔偿。

赔偿请求人要求赔偿，应当先向赔偿义务机关提出。

赔偿请求人提出赔偿请求，适用本法第十一条、第十二条的规定。

第二十三条　赔偿义务机关应当自收到申请之日起两个月内，作出是否赔偿的决定。赔偿义务机关作出赔偿决定，应当充分听取赔偿请求人的意见，并可以与赔偿请求人就赔偿方式、赔偿项目和赔偿数额依照本法第四章的规定进行协商。

赔偿义务机关决定赔偿的，应当制作赔偿决定书，并自作出决定之日起十日内送达赔偿请求人。

赔偿义务机关决定不予赔偿的，应当自作出决定之日起十日内书面通知赔偿请求人，并说明不予赔偿的理由。

第二十四条　赔偿义务机关在规定期限内未作出是否赔偿的决定，赔偿请求人可以自期限届满之日起三十日内向赔偿义务机关的上一级机关申请复议。

赔偿请求人对赔偿的方式、项目、数额有异议的，或者赔偿义务机关作出不予赔偿决定的，赔偿请求人可以自赔偿义务机关作出赔偿或者不予赔偿决定之日起三十日内，向赔偿义务机关的上一级机关申请复议。

赔偿义务机关是人民法院的，赔偿请求人可以依照本条规定向其上一级人民法院赔偿委员会申请作出赔偿决定。

第二十五条 复议机关应当自收到申请之日起两个月内作出决定。

赔偿请求人不服复议决定的，可以在收到复议决定之日起三十日内向复议机关所在地的同级人民法院赔偿委员会申请作出赔偿决定；复议机关逾期不作决定的，赔偿请求人可以自期限届满之日起三十日内向复议机关所在地的同级人民法院赔偿委员会申请作出赔偿决定。

第二十六条 人民法院赔偿委员会处理赔偿请求，赔偿请求人和赔偿义务机关对自己提出的主张，应当提供证据。

被羁押人在羁押期间死亡或者丧失行为能力的，赔偿义务机关的行为与被羁押人的死亡或者丧失行为能力是否存在因果关系，赔偿义务机关应当提供证据。

第二十七条 人民法院赔偿委员会处理赔偿请求，采取书面审查的办法。必要时，可以向有关单位和人员调查情况、搜集证据。赔偿请求人与赔偿义务机关对损害事实及因果关系有争议的，赔偿委员会可以听取赔偿请求人和赔偿义务机关的陈述和申辩，并可以进行质证。

第二十八条 人民法院赔偿委员会应当自收到赔偿申请之日起三个月内作出决定；属于疑难、复杂、重大案件的，经本院院长批准，可以延长三个月。

第二十九条 中级以上的人民法院设立赔偿委员会，由人民法院三名以上审判员组成，组成人员的人数应当为单数。

赔偿委员会作赔偿决定，实行少数服从多数的原则。

赔偿委员会作出的赔偿决定，是发生法律效力的决定，必须执行。

第三十条 赔偿请求人或者赔偿义务机关对赔偿委员会作出的决定，认为确有错误的，可以向上一级人民法院赔偿委员会提出申诉。

赔偿委员会作出的赔偿决定生效后，如发现赔偿决定违反本法规定的，经本院院长决定或者上级人民法院指令，赔偿委员会应当在两个月内重新审查并依法作出决定，上一级人民法院赔偿委员会也可以直接审查并作出决定。

最高人民检察院对各级人民法院赔偿委员会作出的决定，上级人民检察院对下级人民法院赔偿委员会作出的决定，发现违反本法规定的，应当向同级人民法院赔偿委员会提出意见，同级人民法院赔偿委员会应当在两个月内重新审查并依法作出决定。

第三十一条 赔偿义务机关赔偿后，应当向有下列情形之一的工作人员追偿部分或者全部赔偿费用：

（一）有本法第十七条第四项、第五项规定情形的；

（二）在处理案件中有贪污受贿，徇私舞弊，枉法裁判行为的。

对有前款规定情形的责任人员，有关机关应当依法给予处分；构成犯罪的，应当依法追究刑事责任。

第四章 赔偿方式和计算标准

第三十二条 国家赔偿以支付赔偿金为主要方式。

能够返还财产或者恢复原状的，予以返还财产或者恢复原状。

第三十三条 侵犯公民人身自由的，每日赔偿金按照国家上年度职工日平均工资计算。

第三十四条 侵犯公民生命健康权的，赔偿金按照下列规定计算：

（一）造成身体伤害的，应当支付医疗费、护理费，以及赔偿因误工减少的收入。减少的收入每日的赔偿金按照国家上年度职工日平均工资计算，最高额为国家上年度职工年平均工资的五倍；

（二）造成部分或者全部丧失劳动能力的，应当支付医疗费、护理费、残疾生活辅助具费、康复费等因残疾而增加的必要支出和继续治疗所必需的费用，以及残疾赔偿金。残疾赔偿金根据丧失劳动能力的程度，按照国家规定的伤残等级确定，最高不超过国家上年度职工年平均工资的二十倍。造成全部丧失劳动能力的，对其扶养的无劳动能力的人，还应当支付生活费；

（三）造成死亡的，应当支付死亡赔偿金、丧葬费，总额为国家上年度职工年平均工资的二十倍。对死者生前扶养的无劳动能力的人，还应当支付生活费。

前款第二项、第三项规定的生活费的发放标准，参照当地最低生活保障标准执行。被扶养的人是未成年人的，生活费给付至十八周岁止；其他无劳动能力的人，生活费给付至死亡时止。

第三十五条 有本法第三条或者第十七条规定情形之一，致人精神损害的，应当在侵权行为影响的范围内，为受害人消除影响，恢复名誉，赔礼道歉；造成严重后果的，应当支付相应的精神损害抚慰金。

第三十六条 侵犯公民、法人和其他组织的财产权造成损害的，按照下列规定处理：

（一）处罚款、罚金、追缴、没收财产或者违法征收、征用财产的，返还财产；

（二）查封、扣押、冻结财产的，解除对财产的查封、扣押、冻结，造成财产损坏或者灭失的，依照本条第三项、第四项的规定赔偿；

（三）应当返还的财产损坏的，能够恢复原状的恢复原状，不能恢复原状的，按照损害程度给付相应的赔偿金；

（四）应当返还的财产灭失的，给付相应的赔偿金；

（五）财产已经拍卖或者变卖的，给付拍卖或者变卖所得的价款；变卖的价款明显低于财产价值的，应当支付相应的赔偿金；

（六）吊销许可证和执照、责令停产停业的，赔偿停产停业期间必要的经常性费用开支；

（七）返还执行的罚款或者罚金、追缴或者没收的金钱，解除冻结的存款或者汇款的，应当支付银行同期存款利息；

（八）对财产权造成其他损害的，按照直接损失给予赔偿。

第三十七条 赔偿费用列入各级财政预算。

赔偿请求人凭生效的判决书、复议决定书、赔偿决定书或者调解书，向赔偿义务机关申请支付赔偿金。

赔偿义务机关应当自收到支付赔偿金申请之日起七日内，依照预算管理权限向有关的财政部门提出支付申请。财政部门应当自收到支付申请之日起十五日内支付赔偿金。

赔偿费用预算与支付管理的具体办法由国务院规定。

第五章　其他规定

第三十八条 人民法院在民事诉讼、行政诉讼过程中，违法采取对妨害诉讼的强制措施、保全措施或者对判决、裁定及其他生效法律文书执行错误，造成损害的，赔偿请求人要求赔偿的程序，适用本法刑事赔偿程序的规定。

第三十九条 赔偿请求人请求国家赔偿的时效为两年，自其知道或者应当知道国家机关及其工作人员行使职权时的行为侵犯其人身权、财产权之日起计算，但被羁押等限制人身自由期间不计算在内。在申请行政复议或者提起行政诉讼时一并提出赔偿请求的，适用行政复议法、行政诉讼法有关时效的规定。

赔偿请求人在赔偿请求时效的最后六个月内，因不可抗力或者其他障碍不能行使请求权的，时效中止。从中止时效的原因消除之日起，赔偿请求时效期间继续计算。

第四十条 外国人、外国企业和组织在中华人民共和国领域内要求中华人民共和国国家赔偿的，适用本法。

外国人、外国企业和组织的所属国对中华人民共和国公民、法人和其他组织要求该国国家赔偿的权利不予保护或者限制的，中华人民共和国与该外国人、外国企业和组织的所属国实行对等原则。

第六章 附 则

第四十一条 赔偿请求人要求国家赔偿的，赔偿义务机关、复议机关和人民法院不得向赔偿请求人收取任何费用。

对赔偿请求人取得的赔偿金不予征税。

第四十二条 本法自1995年1月1日起施行。

《中华人民共和国国家赔偿法》新旧对照表

（条文中的黑体部分是对条文所做的修改或增加内容）

国家赔偿法（1995）	国家赔偿法（2010）
第一章 总则	第一章 总则
第一条 为保障公民、法人和其他组织享有依法取得国家赔偿的权利，促进国家机关依法行使职权，根据宪法，制定本法。	第一条 为保障公民、法人和其他组织享有依法取得国家赔偿的权利，促进国家机关依法行使职权，根据宪法，制定本法。
第二条 国家机关和国家机关工作人员违法行使职权侵犯公民、法人和其他组织的合法权益造成损害的，受害人有依照本法取得国家赔偿的权利。 国家赔偿由本法规定的赔偿义务机关履行赔偿义务。	第二条 国家机关和国家机关工作人员行使职权，有本法规定的侵犯公民、法人和其他组织合法权益的情形，造成损害的，受害人有依照本法取得国家赔偿的权利。 **本法规定的赔偿义务机关**，应当依照本法及时履行赔偿义务。

续表

国家赔偿法（1995）	国家赔偿法（2010）
第二章　行政赔偿	第二章　行政赔偿
第一节　赔偿范围	第一节　赔偿范围
第三条　行政机关及其工作人员在行使行政职权时有下列侵犯人身权情形之一的，受害人有取得赔偿的权利： （一）违法拘留或者违法采取限制公民人身自由的行政强制措施的； （二）非法拘禁或者以其他方法非法剥夺公民人身自由的； （三）以殴打等暴力行为或者唆使他人以殴打等暴力行为造成公民身体伤害或者死亡的； （四）违法使用武器、警械造成公民身体伤害或者死亡的； （五）造成公民身体伤害或者死亡的其他违法行为。	第三条　行政机关及其工作人员在行使行政职权时有下列侵犯人身权情形之一的，受害人有取得赔偿的权利： （一）违法拘留或者违法采取限制公民人身自由的行政强制措施的； （二）非法拘禁或者以其他方法非法剥夺公民人身自由的； （三）以殴打、虐待等行为或者唆使、放纵他人以殴打、虐待等行为造成公民身体伤害或者死亡的； （四）违法使用武器、警械造成公民身体伤害或者死亡的； （五）造成公民身体伤害或者死亡的其他违法行为。
第四条　行政机关及其工作人员在行使行政职权时有下列侵犯财产权情形之一的，受害人有取得赔偿的权利： （一）违法实施罚款、吊销许可证和执照、责令停产停业、没收财物等行政处罚的； （二）违法对财产采取查封、扣押、冻结等行政强制措施的； （三）违反国家规定征收财物、摊派费用的； （四）造成财产损害的其他违法行为。	第四条　行政机关及其工作人员在行使行政职权时有下列侵犯财产权情形之一的，受害人有取得赔偿的权利： （一）违法实施罚款、吊销许可证和执照、责令停产停业、没收财物等行政处罚的； （二）违法对财产采取查封、扣押、冻结等行政强制措施的； （三）违法征收、征用财产的； （四）造成财产损害的其他违法行为。

续表

国家赔偿法（1995）	国家赔偿法（2010）
第五条　属于下列情形之一的，国家不承担赔偿责任： （一）行政机关工作人员与行使职权无关的个人行为； （二）因公民、法人和其他组织自己的行为致使损害发生的； （三）法律规定的其他情形。	第五条　属于下列情形之一的，国家不承担赔偿责任： （一）行政机关工作人员与行使职权无关的个人行为； （二）因公民、法人和其他组织自己的行为致使损害发生的； （三）法律规定的其他情形。
第二节　赔偿请求人和赔偿义务机关	第二节　赔偿请求人和赔偿义务机关
第六条　受害的公民、法人或者其他组织有权要求赔偿。 受害的公民死亡，其继承人和其他有扶养关系的亲属有权要求赔偿。 受害的法人或者其他组织终止，承受其权利的法人或者其他组织有权要求赔偿。	第六条　受害的公民、法人或者其他组织有权要求赔偿。 受害的公民死亡，其继承人和其他有扶养关系的亲属有权要求赔偿。 受害的法人或者其他组织终止的，**其权利承受人**有权要求赔偿。
第七条　行政机关及其工作人员行使行政职权侵犯公民、法人和其他组织的合法权益造成损害的，该行政机关为赔偿义务机关。 两个以上行政机关共同行使行政职权时侵犯公民、法人和其他组织的合法权益造成损害的，共同行使行政职权的行政机关为共同赔偿义务机关。 法律、法规授权的组织在行使授予的行政权力时侵犯公民、法人和其他组织的合法权益造成损害的，被授权的组织为赔偿义务机关。 受行政机关委托的组织或者个人在行使受委托的行政权力时侵犯公民、法人和其他组织的合法权益造成损害的，委托的行政机关为赔偿义务机关。 赔偿义务机关被撤销的，继续行使其职权的行政机关为赔偿义务机关；没有继续行使其职权的行政机关的，撤销该赔偿义务机关的行政机关为赔偿义务机关。	第七条　行政机关及其工作人员行使行政职权侵犯公民、法人和其他组织的合法权益造成损害的，该行政机关为赔偿义务机关。 两个以上行政机关共同行使行政职权时侵犯公民、法人和其他组织的合法权益造成损害的，共同行使行政职权的行政机关为共同赔偿义务机关。 法律、法规授权的组织在行使授予的行政权力时侵犯公民、法人和其他组织的合法权益造成损害的，被授权的组织为赔偿义务机关。 受行政机关委托的组织或者个人在行使受委托的行政权力时侵犯公民、法人和其他组织的合法权益造成损害的，委托的行政机关为赔偿义务机关。 赔偿义务机关被撤销的，继续行使其职权的行政机关为赔偿义务机关；没有继续行使其职权的行政机关的，撤销该赔偿义务机关的行政机关为赔偿义务机关。

续表

国家赔偿法（1995）	国家赔偿法（2010）
第八条　经复议机关复议的，最初造成侵权行为的行政机关为赔偿义务机关，但复议机关的复议决定加重损害的，复议机关对加重的部分履行赔偿义务。	第八条　经复议机关复议的，最初造成侵权行为的行政机关为赔偿义务机关，但复议机关的复议决定加重损害的，复议机关对加重的部分履行赔偿义务。
第三节　赔偿程序	第三节　赔偿程序
第九条　赔偿义务机关对依法确认有本法第三条、第四条规定的情形之一的，应当给予赔偿。 赔偿请求人要求赔偿应当先向赔偿义务机关提出，也可以在申请行政复议和提起行政诉讼时一并提出。	第九条　**赔偿义务机关有本法**第三条、第四条规定情形之一的，应当给予赔偿。赔偿请求人要求赔偿应当先向赔偿义务机关提出，也可以在申请行政复议和提起行政诉讼时一并提出。
第十条　赔偿请求人可以向共同赔偿义务机关中的任何一个赔偿义务机关要求赔偿，该赔偿义务机关应当先予赔偿。	第十条　赔偿请求人可以向共同赔偿义务机关中的任何一个赔偿义务机关要求赔偿，该赔偿义务机关应当先予赔偿。
第十一条　赔偿请求人根据受到的不同损害，可以同时提出数项赔偿要求。	第十一条　赔偿请求人根据受到的不同损害，可以同时提出数项赔偿要求。
第十二条　要求赔偿应当递交申请书，申请书应当载明下列事项： （一）受害人的姓名、性别、年龄、工作单位和住所，法人或者其他组织的名称、住所和法定代表人或者主要负责人的姓名、职务； （二）具体的要求、事实根据和理由； （三）申请的年、月、日。 赔偿请求人书写申请书确有困难的，可以委托他人代书；也可以口头申请，由赔偿义务机关记入笔录。	第十二条　要求赔偿应当递交申请书，申请书应当载明下列事项： （一）受害人的姓名、性别、年龄、工作单位和住所，法人或者其他组织的名称、住所和法定代表人或者主要负责人的姓名、职务； （二）具体的要求、事实根据和理由； （三）申请的年、月、日。 赔偿请求人书写申请书确有困难的，可以委托他人代书；也可以口头申请，由赔偿义务机关记入笔录。 **赔偿请求人不是受害人本人的，应当说明与受害人的关系，并提供相应证明。** **赔偿请求人当面递交申请书的，赔偿义务机关应当当场出具加盖本行政机关专用印章并注明收讫日期的书面凭证。申请材料不齐全的，赔偿义务机关应当当场或者在五日内一次性告知赔偿请求人需要补正的全部内容。**

续表

国家赔偿法（1995）	国家赔偿法（2010）
第十三条　赔偿义务机关应当自收到申请之日起两个月内依照本法第四章的规定给予赔偿；逾期不予赔偿或者赔偿请求人对赔偿数额有异议的，赔偿请求人可以自期间届满之日起三个月内向人民法院提起诉讼。	第十三条　赔偿义务机关应当自收到申请之日起两个月内，作出是否赔偿的决定。赔偿义务机关作出赔偿决定，应当充分听取赔偿请求人的意见，并可以与赔偿请求人就赔偿方式、赔偿项目和赔偿数额依照本法第四章的规定进行协商。 赔偿义务机关决定赔偿的，应当制作赔偿决定书，并自作出决定之日起十日内送达赔偿请求人。 赔偿义务机关决定不予赔偿的，应当自作出决定之日起十日内书面通知赔偿请求人，并说明不予赔偿的理由。
	第十四条　赔偿义务机关在规定期限内未作出是否赔偿的决定，赔偿请求人可以自期限届满之日起三个月内，向人民法院提起诉讼。 赔偿请求人对赔偿的方式、项目、数额有异议的，或者赔偿义务机关作出不予赔偿决定的，赔偿请求人可以自赔偿义务机关作出赔偿或者不予赔偿决定之日起三个月内，向人民法院提起诉讼。
	第十五条　人民法院审理行政赔偿案件，赔偿请求人和赔偿义务机关对自己提出的主张，应当提供证据。 赔偿义务机关采取行政拘留或者限制人身自由的强制措施期间，被限制人身自由的人死亡或者丧失行为能力的，赔偿义务机关的行为与被限制人身自由的人的死亡或者丧失行为能力是否存在因果关系，赔偿义务机关应当提供证据。

续表

国家赔偿法（1995）	国家赔偿法（2010）
第十四条　赔偿义务机关赔偿损失后，应当责令有故意或者重大过失的工作人员或者受委托的组织或者个人承担部分或者全部赔偿费用。 对有故意或者重大过失的责任人员，有关机关应当依法给予行政处分；构成犯罪的，应当依法追究刑事责任。	第十六条　赔偿义务机关赔偿损失后，应当责令有故意或者重大过失的工作人员或者受委托的组织或者个人承担部分或者全部赔偿费用。 对有故意或者重大过失的责任人员，有关机关应当**依法给予处分**；构成犯罪的，应当依法追究刑事责任。
第三章　刑事赔偿	第三章　刑事赔偿
第一节　赔偿范围	第一节　赔偿范围
第十五条　行使侦查、检察、审判、监狱管理职权的机关及其工作人员在行使职权时有下列侵犯人身权情形之一的，受害人有取得赔偿的权利： （一）对没有犯罪事实或者没有事实证明有犯罪重大嫌疑的人错误拘留的； （二）对没有犯罪事实的人错误逮捕的； （三）依照审判监督程序再审改判无罪，原判刑罚已经执行的； （四）刑讯逼供或者以殴打等暴力行为或者唆使他人以殴打等暴力行为造成公民身体伤害或者死亡的； （五）违法使用武器、警械造成公民身体伤害或者死亡的。	第十七条　行使侦查、检察、审判职权的机关**以及看守所、监狱管理机关**及其工作人员在行使职权时有下列侵犯人身权情形之一的，受害人有取得赔偿的权利： **（一）违反刑事诉讼法的规定对公民采取拘留措施的，或者依照刑事诉讼法规定的条件和程序对公民采取拘留措施，但是拘留时间超过刑事诉讼法规定的时限，其后决定撤销案件、不起诉或者判决宣告无罪终止追究刑事责任的；** **（二）对公民采取逮捕措施后，决定撤销案件、不起诉或者判决宣告无罪终止追究刑事责任的；** （三）依照审判监督程序再审改判无罪，原判刑罚已经执行的； （四）刑讯逼供或者以殴打、**虐待**等行为或者唆使、**放纵**他人以殴打、**虐待**等行为造成公民身体伤害或者死亡的； （五）违法使用武器、警械造成公民身体伤害或者死亡的。

续表

国家赔偿法（1995）	国家赔偿法（2010）
第十六条　行使侦查、检察、审判、监狱管理职权的机关及其工作人员在行使职权时有下列侵犯财产权情形之一的，受害人有取得赔偿的权利： （一）违法对财产采取查封、扣押、冻结、追缴等措施的； （二）依照审判监督程序再审改判无罪，原判罚金、没收财产已经执行的。	第十八条　行使侦查、检察、审判职权的机关**以及看守所、监狱管理机关**及其工作人员在行使职权时有下列侵犯财产权情形之一的，受害人有取得赔偿的权利： （一）违法对财产采取查封、扣押、冻结、追缴等措施的； （二）依照审判监督程序再审改判无罪，原判罚金、没收财产已经执行的。
第十七条　属于下列情形之一的，国家不承担赔偿责任： （一）因公民自己故意作虚伪供述，或者伪造其他有罪证据被羁押或者被判处刑罚的； （二）依照刑法第十四条、第十五条规定不负刑事责任的人被羁押的； （三）依照刑事诉讼法第十一条规定不追究刑事责任的人被羁押的； （四）行使国家侦查、检察、审判、监狱管理职权的机关的工作人员与行使职权无关的个人行为； （五）因公民自伤、自残等故意行为致使损害发生的； （六）法律规定的其他情形。	第十九条　属于下列情形之一的，国家不承担赔偿责任： （一）因公民自己故意作虚伪供述，或者伪造其他有罪证据被羁押或者被判处刑罚的； （二）依照刑法**第十七条、第十八条**规定不负刑事责任的人被羁押的； （三）依照刑事诉讼法**第十五条、第一百四十二条第二款**规定不追究刑事责任的人被羁押的； （四）行使侦查、检察、审判职权的机关**以及看守所、监狱管理机关**的工作人员与行使职权无关的个人行为； （五）因公民自伤、自残等故意行为致使损害发生的； （六）法律规定的其他情形。
第二节　赔偿请求人和赔偿义务机关	第二节　赔偿请求人和赔偿义务机关
第十八条　赔偿请求人的确定依照本法第六条的规定。	第二十条　赔偿请求人的确定依照本法第六条的规定。

续表

国家赔偿法（1995）	国家赔偿法（2010）
第十九条　行使国家侦查、检察、审判、监狱管理职权的机关及其工作人员在行使职权时侵犯公民、法人和其他组织的合法权益造成损害的，该机关为赔偿义务机关。 对没有犯罪事实或者没有事实证明有犯罪重大嫌疑的人错误拘留的，作出拘留决定的机关为赔偿义务机关。 对没有犯罪事实的人错误逮捕的，作出逮捕决定的机关为赔偿义务机关。 再审改判无罪的，作出原生效判决的人民法院为赔偿义务机关。二审改判无罪的，作出一审判决的人民法院和作出逮捕决定的机关为共同赔偿义务机关。	第二十一条　行使侦查、检察、审判职权的机关以及**看守所、监狱管理机关**及其工作人员在行使职权时侵犯公民、法人和其他组织的合法权益造成损害的，该机关为赔偿义务机关。对公民采取拘留措施，依照本法的规定应当给予国家赔偿的，作出拘留决定的机关为赔偿义务机关。 **对公民采取逮捕措施后决定撤销案件、不起诉或者判决宣告无罪的，作出逮捕决定的机关为赔偿义务机关。** **对公民采取逮捕措施后决定撤销案件、不起诉或者判决宣告无罪的，作出逮捕决定的机关为赔偿义务机关。** 再审改判无罪的，作出原生效判决的人民法院为赔偿义务机关。**二审改判无罪，以及二审发回重审后作无罪处理的，作出一审有罪判决的人民法院为赔偿义务机关。**
第三节　赔偿程序	第三节　赔偿程序
第二十条　赔偿义务机关对依法确认有本法第十五条、第十六条规定的情形之一的，应当给予赔偿。 赔偿请求人要求确认有本法第十五条、第十六条规定情形之一的，被要求的机关不予确认的，赔偿请求人有权申诉。 赔偿请求人要求赔偿，应当先向赔偿义务机关提出。 赔偿程序适用本法第十条、第十一条、第十二条的规定。	第二十二条　赔偿义务机关有**本法第十七条、第十八条**规定情形之一的，应当给予赔偿。 赔偿请求人要求赔偿，应当先向赔偿义务机关提出。 **赔偿请求人提出赔偿请求，适用本法第十一条、第十二条的规定。**

续表

国家赔偿法（1995）	国家赔偿法（2010）
第二十一条　赔偿义务机关应当自收到申请之日起两个月内依照本法第四章的规定给予赔偿；逾期不予赔偿或者赔偿请求人对赔偿数额有异议的，赔偿请求人可以自期间届满之日起三十日内向其上一级机关申请复议。 赔偿义务机关是人民法院的，赔偿请求人可以依照前款规定向其上一级人民法院赔偿委员会申请作出赔偿决定。	第二十三条　赔偿义务机关应当自收到申请之日起两个月内，**作出是否赔偿的决定。赔偿义务机关作出赔偿决定，应当充分听取赔偿请求人的意见，并可以与赔偿请求人就赔偿方式、赔偿项目和赔偿数额依照本法第四章的规定进行协商。** **赔偿义务机关决定赔偿的，应当制作赔偿决定书，并自作出决定之日起十日内送达赔偿请求人。** **赔偿义务机关决定不予赔偿的，应当自作出决定之日起十日内书面通知赔偿请求人，并说明不予赔偿的理由。**
	第二十四条　赔偿义务机关在规定期限内未作出是否赔偿的决定，赔偿请求人可以自期限届满之日起三十日内向赔偿义务机关的上一级机关申请复议。 **赔偿请求人对赔偿的方式、项目、数额有异议的，或者赔偿义务机关作出不予赔偿决定的，赔偿请求人可以自赔偿义务机关作出赔偿或者不予赔偿决定之日起三十日内，向赔偿义务机关的上一级机关申请复议。** 赔偿义务机关是人民法院的，赔偿请求人可以依照本条规定向其上一级人民法院赔偿委员会申请作出赔偿决定。
第二十二条　复议机关应当自收到申请之日起两个月内作出决定。 赔偿请求人不服复议决定的，可以在收到复议决定之日起三十日内向复议机关所在地的同级人民法院赔偿委员会申请作出赔偿决定；复议机关逾期不作决定的，赔偿请求人可以自期间届满之日起三十日内向复议机关所在地的同级人民法院赔偿委员会申请作出赔偿决定。	第二十五条　复议机关应当自收到申请之日起两个月内作出决定。 赔偿请求人不服复议决定的，可以在收到复议决定之日起三十日内向复议机关所在地的同级人民法院赔偿委员会申请作出赔偿决定；复议机关逾期不作决定的，赔偿请求人可以自期限届满之日起三十日内向复议机关所在地的同级人民法院赔偿委员会申请作出赔偿决定。

续表

国家赔偿法（1995）	国家赔偿法（2010）
	第二十六条　人民法院赔偿委员会处理赔偿请求，赔偿请求人和赔偿义务机关对自己提出的主张，应当提供证据。 **被羁押人在羁押期间死亡或者丧失行为能力的，赔偿义务机关的行为与被羁押人的死亡或者丧失行为能力是否存在因果关系，赔偿义务机关应当提供证据。**
	第二十七条　人民法院赔偿委员会处理赔偿请求，采取书面审查的办法。必要时，可以向有关单位和人员调查情况、搜集证据。赔偿请求人与赔偿义务机关对损害事实及因果关系有争议的，赔偿委员会可以听取赔偿请求人和赔偿义务机关的陈述和申辩，并可以进行质证。
	第二十八条　人民法院赔偿委员会应当自收到赔偿申请之日起三个月内作出决定；属于疑难、复杂、重大案件的，经本院院长批准，可以延长三个月。
第二十三条　中级以上的人民法院设立赔偿委员会，由人民法院三名至七名审判员组成。赔偿委员会作赔偿决定，实行少数服从多数的原则。赔偿委员会作出的赔偿决定，是发生法律效力的决定，必须执行。	第二十九条　中级以上的人民法院设立赔偿委员会，由人民法院三名**以上**审判员组成，**组成人员的人数应当为单数。** 赔偿委员会作赔偿决定，实行少数服从多数的原则。 赔偿委员会作出的赔偿决定，是发生法律效力的决定，必须执行。

续表

国家赔偿法（1995）	国家赔偿法（2010）
	第三十条　赔偿请求人或者赔偿义务机关对赔偿委员会作出的决定，认为确有错误的，可以向上一级人民法院赔偿委员会提出申诉。 **赔偿委员会作出的赔偿决定生效后，如发现赔偿决定违反本法规定的，经本院院长决定或者上级人民法院指令，赔偿委员会应当在两个月内重新审查并依法作出决定，上一级人民法院赔偿委员会也可以直接审查并作出决定。** **最高人民检察院对各级人民法院赔偿委员会作出的决定，上级人民检察院对下级人民法院赔偿委员会作出的决定，发现违反本法规定的，应当向同级人民法院赔偿委员会提出意见，同级人民法院赔偿委员会应当在两个月内重新审查并依法作出决定。**
第二十四条　赔偿义务机关赔偿损失后，应当向有下列情形之一的工作人员追偿部分或者全部赔偿费用： （一）有本法第十五条第（四）、（五）项规定情形的； （二）在处理案件中有贪污受贿，徇私舞弊，枉法裁判行为的。 对有前款（一）、（二）项规定情形的责任人员，有关机关应当依法给予行政处分；构成犯罪的，应当依法追究刑事责任。	第三十一条　赔偿义务机关赔偿后，应当向有下列情形之一的工作人员追偿部分或者全部赔偿费用： （一）有本法**第十七条第四项、第五项**规定情形的； （二）在处理案件中有贪污受贿，徇私舞弊，枉法裁判行为的。 对有前款**规定**情形的责任人员，**有关机关应当依法给予处分**；构成犯罪的，应当依法追究刑事责任。
第四章　赔偿方式和计算标准	第四章　赔偿方式和计算标准
第二十五条　国家赔偿以支付赔偿金为主要方式。 能够返还财产或者恢复原状的，予以返还财产或者恢复原状。	第三十二条　国家赔偿以支付赔偿金为主要方式。 能够返还财产或者恢复原状的，予以返还财产或者恢复原状。

续表

国家赔偿法（1995）	国家赔偿法（2010）
第二十六条　侵犯公民人身自由的，每日的赔偿金按照国家上年度职工日平均工资计算。	第三十三条　侵犯公民人身自由的，每日赔偿金按照国家上年度职工日平均工资计算。
第二十七条　侵犯公民生命健康权的，赔偿金按照下列规定计算： （一）造成身体伤害的，应当支付医疗费，以及赔偿因误工减少的收入。减少的收入每日的赔偿金按照国家上年度职工日平均工资计算，最高额为国家上年度职工年平均工资的五倍； （二）造成部分或者全部丧失劳动能力的，应当支付医疗费，以及残疾赔偿金，残疾赔偿金根据丧失劳动能力的程度确定，部分丧失劳动能力的最高额为国家上年度职工年平均工资的十倍，全部丧失劳动能力的为国家上年度职工年平均工资的二十倍。造成全部丧失劳动能力的，对其扶养的无劳动能力的人，还应当支付生活费； （三）造成死亡的，应当支付死亡赔偿金、丧葬费，总额为国家上年度职工年平均工资的二十倍。对死者生前扶养的无劳动能力的人，还应当支付生活费。 前款第（二）、（三）项规定的生活费的发放标准参照当地民政部门有关生活救济的规定办理。被扶养的人是未成年人的，生活费给付至十八周岁止；其他无劳动能力的人，生活费给付至死亡时止。	第三十四条　侵犯公民生命健康权的，赔偿金按照下列规定计算： （一）造成身体伤害的，应当支付医疗费、**护理费**，以及赔偿因误工减少的收入。减少的收入每日的赔偿金按照国家上年度职工日平均工资计算，最高额为国家上年度职工年平均工资的五倍； （二）造成部分或者全部丧失劳动能力的，应当支付医疗费、**护理费、辅助器具费、康复费等因残疾而增加的必要支出和继续治疗所必需的费用**，以及残疾赔偿金，残疾赔偿金根据丧失劳动能力的程度，**按照国家规定的伤残等级确定，最高不超过**国家上年度职工年平均工资的二十倍。造成全部丧失劳动能力的，对其扶养的无劳动能力的人，还应当支付生活费； （三）造成死亡的，应当支付丧葬费和死亡赔偿金，总额为国家上年度职工年平均工资的二十倍。对死者生前扶养的无劳动能力的人，还应当支付生活费。 前款**第二项、第三项**规定的生活费的发放标准，参照当地**最低生活保障标准执行**。被扶养的人是未成年人的，生活费给付至十八周岁止；其他无劳动能力的人，生活费给付至死亡时止。

续表

国家赔偿法（1995）	国家赔偿法（2010）
第三十条　赔偿义务机关对依法确认有本法第三条第（一）、（二）项、第十五条第（一）、（二）、（三）项情形之一，并造成受害人名誉权、荣誉权损害的，应当在侵权行为影响的范围内，为受害人消除影响，恢复名誉，赔礼道歉。	第三十五条　**有本法第三条或者第十七条规定情形之一，致人精神损害的**，应当在侵权行为影响的范围内，为受害人消除影响，恢复名誉，赔礼道歉；**造成严重后果的，应当支付相应的精神损害抚慰金。**
第二十八条　侵犯公民、法人和其他组织的财产权造成损害的，按照下列规定处理： （一）处罚款、罚金、追缴、没收财产或者违反国家规定征收财物、摊派费用的，返还财产； （二）查封、扣押、冻结财产的，解除对财产的查封、扣押、冻结，造成财产损坏或者灭失的，依照本条第（三）、（四）项的规定赔偿； （三）应当返还的财产损坏的，能够恢复原状的恢复原状，不能恢复原状的，按照损害程度给付相应的赔偿金； （四）应当返还的财产灭失的，给付相应的赔偿金； （五）财产已经拍卖的，给付拍卖所得的价款； （六）吊销许可证和执照、责令停产停业的，赔偿停产停业期间必要的经常性费用开支； （七）对财产权造成其他损害的，按照直接损失给予赔偿。	第三十六条　侵犯公民、法人和其他组织的财产权造成损害的，按照下列规定处理： （一）处罚款、罚金、追缴、没收财产或者**违法征收、征用财产的**，返还财产； （二）查封、扣押、冻结财产的，解除对财产的查封、扣押、冻结，造成财产损坏或者灭失的，依照**本条第三项、第四项**的规定赔偿； （三）应当返还的财产损坏的，能够恢复原状的恢复原状，不能恢复原状的，按照损害程度给付相应的赔偿金； （四）应当返还的财产灭失的，给付相应的赔偿金； **（五）财产已经拍卖或者变卖的，给付拍卖或者变卖所得的价款；变卖的价款明显低于财产价值的，应当支付相应的赔偿金；** （六）吊销许可证、执照，责令停产停业的，赔偿停产停业期间必要的经常性费用开支； **（七）返还执行的罚款或者罚金、追缴或者没收的金钱，解除冻结的存款或者汇款的，应当支付银行同期存款利息；** （八）对财产权造成其他损害的，按照直接损失给予赔偿。

续表

国家赔偿法（1995）	国家赔偿法（2010）
第二十九条　赔偿费用，列入各级财政预算，具体办法由国务院规定。	第三十七条　赔偿费用，列入各级财政预算。 **赔偿请求人凭生效的判决书、复议决定书、赔偿决定书或者调解书，向赔偿义务机关申请支付赔偿金。** **赔偿义务机关应当自收到支付赔偿金申请之日起七日内，依照预算管理权限向有关的财政部门提出支付申请。财政部门应当自收到支付申请之日起十五日内支付赔偿金。** **赔偿费用预算与支付管理的具体办法由国**务院规定。
第五章　其他规定	第五章　其他规定
第三十一条　人民法院在民事诉讼、行政诉讼过程中，违法采取对妨害诉讼的强制措施、保全措施或者对判决、裁定及其他生效法律文书执行错误，造成损害的，赔偿请求人要求赔偿的程序，适用本法刑事赔偿程序的规定。	第三十八条　人民法院在民事诉讼、行政诉讼过程中，违法采取对妨害诉讼的强制措施、保全措施或者对判决、裁定及其他生效法律文书执行错误，造成损害的，赔偿请求人要求赔偿的程序，适用本法刑事赔偿程序的规定。
第三十二条　赔偿请求人请求国家赔偿的时效为两年，自国家机关及其工作人员行使职权时的行为被依法确认为违法之日起计算，但被羁押期间不计算在内。 赔偿请求人在赔偿请求时效的最后六个月内，因不可抗力或者其他障碍不能行使请求权的，时效中止。从中止时效的原因消除之日起，赔偿请求时效期间继续计算。	第三十九条　赔偿请求人请求国家赔偿的时效为两年，**自其知道或者应当知道国家机关及其工作人员行使职权时的行为侵犯其人身权、财产权之日起计算**，但被羁押等限制人身自由期间不计算在内。**在申请行政复议或者提起行政诉讼时一并提出赔偿请求的，适用行政复议法、行政诉讼法有关时效的规定。** 赔偿请求人在赔偿请求时效的最后六个月内，因不可抗力或者其他障碍不能行使请求权的，时效中止。从中止时效的原因消除之日起，赔偿请求时效期间继续计算。

续表

国家赔偿法（1995）	国家赔偿法（2010）
第三十三条　外国人、外国企业和组织在中华人民共和国领域内要求中华人民共和国国家赔偿的，适用本法。 外国人、外国企业和组织的所属国对中华人民共和国公民、法人和其他组织要求该国国家赔偿的权利不予保护或者限制的，中华人民共和国与该外国人、外国企业和组织的所属国实行对等原则。	第四十条　外国人、外国企业和组织在中华人民共和国领域内要求中华人民共和国国家赔偿的，适用本法。 外国人、外国企业和组织的所属国对中华人民共和国公民、法人和其他组织要求该国国家赔偿的权利不予保护或者限制的，中华人民共和国与该外国人、外国企业和组织的所属国实行对等原则。
第六章　附则	第六章　附则
第三十四条　赔偿请求人要求国家赔偿的，赔偿义务机关、复议机关和人民法院不得向赔偿请求人收取任何费用。 对赔偿请求人取得的赔偿金不予征税。	第四十一条　赔偿请求人要求国家赔偿的，赔偿义务机关、复议机关和人民法院不得向赔偿请求人收取任何费用。 对赔偿请求人取得的赔偿金不予征税。
第三十五条　本法自 1995 年 1 月 1 日起施行。	第四十二条　本法自 1995 年 1 月 1 日起施行。

附录三：有关国家赔偿的行政法规和司法解释

国家赔偿费用管理办法

（1995 年 1 月 16 日国务院第 29 次常务会议通过　1995 年 1 月 25 日中华人民共和国国务院令第 171 号发布　自发布之日起施行）

第一条　为了加强国家赔偿费用的管理，保障公民、法人和其他组织享有依法取得国家赔偿的权利，促进国家机关依法行使职权，根据国家赔偿法的规定，制定本办法。

第二条　本办法所称国家赔偿费用，是指赔偿义务机关依照国家赔偿法的规定，应当向赔偿请求人支付的费用。

第三条　国家赔偿以支付赔偿金为主要方式。

支付赔偿金的计算标准，依照国家赔偿法的规定执行。

第四条　赔偿义务机关能够通过返还财产或者恢复原状实施国家赔偿的，应当返还财产或者恢复原状。

第五条　国家机关及其工作人员违法行使职权，对公民、法人和其他组织处以罚款、罚金、追缴、没收财产或者违反国家规定征收财物、摊派费用，对其造成损害，需要返还财产的，依照下列规定返还：

（一）财产尚未上缴财政的，由赔偿义务机关负责返还；

（二）财产已经上缴财政的，由赔偿义务机关负责向同级财政机关申请返还。

第六条　国家赔偿费用，列入各级财政预算，由各级财政按照财政管理体制分级负担。

各级政府应当根据本地区的实际情况，确定一定数额的国家赔偿费用，列入本级财政预算。

国家赔偿费用由各级财政机关负责管理。当年实际支付国家赔偿费用超过年度预算的部分，在本级预算预备费中解决。

第七条 国家赔偿费用由赔偿义务机关先从本单位预算经费和留归本单位使用的资金中支付，支付后再向同级财政机关申请核拨。

第八条 赔偿义务机关申请核拨国家赔偿费用或者申请返还已经上缴财政的财产，应当根据具体情况，提供下列相应的有关文件或者文件副本：

（一）赔偿请求人请求赔偿的申请书；

（二）赔偿义务机关作出的赔偿决定；

（三）复议机关的复议决定书；

（四）人民法院的判决书、裁定书或者赔偿决定书；

（五）赔偿义务机关对有故意或者重大过失的责任者依法实施追偿的意见或者决定；

（六）财产已经上缴财政的有关凭据；

（七）财政机关要求提供的其他文件或者文件副本。

第九条 财政机关对赔偿义务机关的申请进行审核后，应当分别情况，按照下列规定作出处理：

（一）财产已经上缴财政，应当依法返还给赔偿请求人的，应当及时返还；

（二）申请核拨已经依法支付的国家赔偿费用的，应当及时核拨。

第十条 财政机关审核行政赔偿的赔偿义务机关的申请时，发现该赔偿义务机关因故意或者有重大过失造成国家赔偿的，或者超出国家赔偿法规定的范围和标准赔偿的，可以提请本级政府责令该赔偿义务机关自行承担部分或者全部国家赔偿费用。

第十一条 赔偿义务机关向赔偿请求人支付国家赔偿费用或者返还财产，赔偿请求人应当出具收据或者其他凭证，赔偿义务机关应当将收据或者其他凭证的副本报送同级财政机关备案。

第十二条 赔偿义务机关赔偿损失后，应当依照国家赔偿法第十四条和第二十四条的规定，向责任者追偿部分或者全部国家赔偿费用。

国家赔偿费用依照本办法第九条第二项的规定核拨的，追偿的国家赔偿费用应当上缴同级财政机关。

第十三条 各级财政机关应当加强对国家赔偿费用的监督管理，建立健全国家赔偿费用的管理和核拨制度。

第十四条 国家机关有下列行为之一的，由财政机关依法追缴被侵占的国家赔偿费用：

（一）虚报、冒领、骗取国家赔偿费用的；

（二）挪用国家赔偿费用的；

（三）未按照规定追偿国家赔偿费用的；

（四）违反国家赔偿法的规定支付国家赔偿费用的。

国家机关有前款所列行为之一的，对负有直接责任的主管人员和其他直接责任人员依法追究法律责任。

第十五条 财政部根据本办法制定中央国家机关国家赔偿费用管理的具体规定。

省、自治区、直辖市人民政府根据本办法，并结合本地区实际情况，制定具体规定。

第十六条 本办法自发布之日起施行。

最高人民法院关于审理行政赔偿案件若干问题的规定

（1997年4月29日　法发〔1997〕10号）

为正确审理行政赔偿案件，根据《中华人民共和国国家赔偿法》和《中华人民共和国行政诉讼法》的规定，对审理行政赔偿案件的若干问题作以下规定：

一、受案范围

第一条 《中华人民共和国国家赔偿法》第三条、第四条规定的其他违法行为，包括具体行政行为和与行政机关及其工作人员行使行政职权有关的，给公民、法人或者其他组织造成损害的，违反行政职责的行为。

第二条 赔偿请求人对行政机关确认具体行政行为违法但又决定不予赔偿，或者对确定的赔偿数额有异议提起行政赔偿诉讼的，人民法院应予受理。

第三条 赔偿请求人认为行政机关及其工作人员实施了国家赔偿法第三条第（三）、（四）、（五）项和第四条第（四）项规定的非具体行政行为的行为侵犯其人身权、财产权并造成损失，赔偿义务机关拒不确认致害行为违法，赔偿请求人可直接向人民法院提起行政赔偿诉讼。

第四条 公民、法人或者其他组织在提起行政诉讼的同时一并提出行政赔偿请求的，人民法院应一并受理。

赔偿请求人单独提起行政赔偿诉讼，须以赔偿义务机关先行处理为前提。赔偿请求人对赔偿义务机关确定的赔偿数额有异议或者赔偿义务机关逾期不予赔偿，赔偿请求人有权向人民法院提起行政赔偿诉讼。

第五条 法律规定由行政机关最终裁决的具体行政行为，被作出最终裁决的行政机关确认违法，赔偿请求人以赔偿义务机关应当赔偿而不予赔偿或逾期不予赔偿或者对赔偿数额有异议提起行政赔偿诉讼，人民法院应依法受理。

第六条 公民、法人或者其他组织以国防、外交等国家行为或者行政机关制定发布行政法规、规章或者具有普遍约束力的决定、命令侵犯其合法权益造成损害为由，向人民法院提起行政赔偿诉讼的，人民法院不予受理。

二、管　　辖

第七条 公民、法人或者其他组织在提起行政赔偿诉讼的同时一并提出行政赔偿请求的，人民法院依照行政诉讼法第十七条、第十八条、第二十条的规定管辖。

第八条 赔偿请求人提起行政赔偿诉讼的请求涉及不动产的，由不动产所在地的人民法院管辖。

第九条 单独提起的行政赔偿诉讼案件由被告住所地的基层人民法院管辖。

中级人民法院管辖下列第一审行政赔偿案件：

（1）被告为海关、专利管理机关的；

（2）被告为国务院各部门或者省、自治区、直辖市人民政府的；

（3）本辖区内其他重大影响和复杂的行政赔偿案件。

高级人民法院管辖本辖区内有重大影响和复杂的第一审行政赔偿案件。

最高人民法院管辖全国范围内有重大影响和复杂的第一审行政赔偿案件。

第十条 赔偿请求人因同一事实对两个以上行政机关提起行政诉讼的，可以向其中任何一个行政机关住所地的人民法院提起。赔偿请求人向两个以上有管辖权的人民法院提起行政赔偿诉讼的，由最先收到起诉状的人民法院管辖。

第十一条 公民对限制人身自由的行政强制措施不服，或者对行政赔偿机关基于同一事实对同一当事人作出限制人身自由和对财产采取强制措施的具体行政行为不服，在提起行政诉讼的同时一并提出行政赔偿请求的，由受理该行政案件的人民法院管辖；单独提起行政赔偿诉讼的，由被告住所地或原告住所地或不动产所在地的人民法院管辖。

第十二条 人民法院发现受理的案件不属于自己管辖，应当移送有管辖权的人民法院；受移送的人民法院不得再行移送。

第十三条 人民法院对管辖权发生争议的，由争议双方协商解决，协商不成的，报请他们的共同上级人民法院指定管辖。如双方为跨省、自治区、直辖市的人民法院，高级人民法院协商不成的，由最高人民法院及时指定管辖。

依前款规定报请上级人民法院指定管辖时，应当逐级进行。

三、诉讼当事人

第十四条 与行政赔偿案件处理结果有法律上的利害关系的其他公民、法人或者其他组织有权作为第三人参加行政赔偿诉讼。

第十五条 受害的公民死亡，其继承人和其他有抚养关系的亲属以及死者生前抚养的无劳动能力的人有权提起行政赔偿诉讼。

第十六条 企业法人或者其他组织被行政机关撤销、变更、兼并、注销，认为经营自主权受到侵害，依法提起行政赔偿诉讼，原企业法人或其他组织，或者对其享有权利的法人或其他组织均具有原告资格。

第十七条 两个以上行政机关共同侵权，赔偿请求人对其中一个或者数个侵权机关提起行政赔偿诉讼，若诉讼请求系可分之诉，被诉的一个或者数个侵权机关为被告；若诉讼请求系不可分之诉，由人民法院依法追加其他侵权机关为共同被告。

第十八条 复议机关的复议决定加重损害的，赔偿请求人只对作出原决定的行政机关提起行政赔偿诉讼，作出原决定的行政机关为被告；赔偿请求人只对复议机关提起行政赔偿诉讼的，复议机关为被告。

第十九条 行政机关依据行政诉讼法第六十六条的规定申请人民法院强制执行具体行政行为，由于据以强制执行的根据错误而发生行政赔偿诉讼的，申请强制执行的行政机关为被告。

第二十条 人民法院审理行政赔偿案件，需要变更被告而原告不同意变更的，裁定驳回起诉。

四、起诉与受理

第二十一条 赔偿请求人单独提起行政赔偿诉讼，应当符合下列条件：

（1）原告具有请求资格；

（2）有明确的被告；

（3）有具体的赔偿请求和受损害的事实根据；

（4）加害行为为具体行政行为的，该行为已被确认为违法；

（5）赔偿义务机关已先行处理或超过法定期限不予处理；

（6）属于人民法院行政赔偿诉讼的受案范围和受诉人民法院管辖；

(7) 符合法律规定的起诉期限。

第二十二条 赔偿请求人单独提起行政赔偿诉讼，可以在向赔偿义务机关递交赔偿申请后的两个月届满之日起三个月内提出。

第二十三条 公民、法人或者其他组织在提起行政诉讼的同时一并提出行政赔偿请求的，其起诉期限按照行政诉讼起诉期限的规定执行。

行政案件的原告可以在提起行政诉讼后至人民法院一审庭审结束前，提出行政赔偿请求。

第二十四条 赔偿义务机关作出赔偿决定时，未告知赔偿请求人的诉权或者起诉期限，致使赔偿请求人逾期向人民法院起诉的，其起诉期限从赔偿请求人实际知道诉权或者起诉期限时计算，但逾期的期间自赔偿请求人收到赔偿决定之日起不得超过一年。

第二十五条 受害的公民死亡，其继承人和有抚养关系的人提起行政赔偿诉讼，应当提供该公民死亡的证明及赔偿请求人与死亡公民之间的关系证明。

第二十六条 当事人先后被采取限制人身自由的行政强制措施和刑事拘留等强制措施，因强制措施被确认为违法而请求赔偿的，人民法院按其行为性质分别适用行政赔偿程序和刑事赔偿程序立案受理。

第二十七条 人民法院接到原告单独提起的行政赔偿起诉状，应当进行审查，并在七日内立案或者作出不予受理的裁定。

人民法院接到行政赔偿起诉状后，在七日内不能确定可否受理的，应当先予受理。审理中发现不符合受理条件的，裁定驳回起诉。

当事人对不予受理或者驳回起诉的裁定不服的，可以在裁定书送达之日起十日内向上一级人民法院提起上诉。

五、审理和判决

第二十八条 当事人在提起行政诉讼的同时一并提出行政赔偿请求，或者因具体行政行为和与行使行政职权有关的其他行为侵权造成损害一并提出行政赔偿请求的，人民法院应当分别立案，根据具体情况可以合并审理，也可以单独审理。

第二十九条 人民法院审理行政赔偿案件，就当事人之间的行政赔偿争议进行审理与裁判。

第三十条 人民法院审理行政赔偿案件在坚持合法、自愿的前提下，可以就赔偿范围、赔偿方式和赔偿数额进行调解。调解成立的，应当制作行政赔偿调解书。

第三十一条 被告在一审判决前同原告达成赔偿协议，原告申请撤诉的，人民法院应当依法予以审查并裁定是否准许。

第三十二条 原告在行政赔偿诉讼中对自己的主张承担举证责任。被告有权提供不予赔偿或者减少赔偿数额方面的证据。

第三十三条 被告的具体行政行为违法但尚未对原告合法权益造成损害的，或者原告的请求没有事实根据或法律根据的，人民法院应当判决驳回原告的赔偿请求。

第三十四条 人民法院对赔偿请求人未经确认程序而直接提起行政赔偿诉讼的案件，在判决时应当对赔偿义务机关致害行为是否违法予以确认。

第三十五条 人民法院对单独提起行政赔偿案件作出判决的法律文书的名称为行政赔偿判决书、行政赔偿裁定书或者行政赔偿调解书。

六、执行与期间

第三十六条 发生法律效力的行政赔偿判决、裁定或调解协议，当事人必须履行。一方拒绝履行的，对方当事人可以向第一审人民法院申请执行。

申请执行的期限，申请人是公民的为一年，申请人是法人或者其他组织的为六个月。

第三十七条 单独受理的第一审行政赔偿案件的审理期限为三个月，第二审为两个月；一并受理行政赔偿请求案件的审理期限与该行政案件的审理期限相同。如因特殊情况不能按期结案，需要延长审限的，应按照行政诉讼法的有关规定报请批准。

七、其　　他

第三十八条 人民法院审理行政赔偿案件，除依照国家赔偿法行政赔偿程序的规定外，对本规定没有规定的，在不与国家赔偿法相抵触的情况下，可以适用行政诉讼的有关规定。

第三十九条 赔偿请求人要求人民法院确认致害行为违法涉及的鉴定、勘验、审计等费用，由申请人预付，最后由败诉方承担。

第四十条 最高人民法院以前所作的有关司法解释与本规定不一致的，按本规定执行。

最高人民法院关于民事、行政诉讼中司法赔偿若干问题的解释

（2000 年 9 月 14 日由最高人民法院审判委员会第 1130 次会议通过　2000 年 9 月 16 日公布　自 2000 年 9 月 21 日起施行　法释〔2000〕第 27 号）

根据《中华人民共和国国家赔偿法》（以下简称国家赔偿法）以及有关法律规定，现就审理民事、行政诉讼中司法赔偿案件具体适用法律的若干问题解释如下：

第一条　根据国家赔偿法第三十一条的规定，人民法院在民事、行政诉讼过程中，违法采取对妨害诉讼的强制措施、保全措施或者对判决、裁定及其他生效法律文书执行错误，侵犯公民、法人和其他组织合法权益造成损害的，依法应由国家承担赔偿责任。

第二条　违法采取对妨害诉讼的强制措施，是指下列行为：

（一）对没有实施妨害诉讼行为的人或者没有证据证明实施妨害诉讼的人采取司法拘留、罚款措施的；

（二）超过法律规定期限实施司法拘留的；

（三）对同一妨害诉讼行为重复采取罚款、司法拘留措施的；

（四）超过法律规定金额实施罚款的；

（五）违反法律规定的其他情形。

第三条　违法采取保全措施，是指人民法院依职权采取的下列行为：

（一）依法不应当采取保全措施而采取保全措施或者依法不应当解除保全措施而解除保全措施的；

（二）保全案外人财产的，但案外人对案件当事人负有到期债务的情形除外；

（三）明显超过申请人申请保全数额或者保全范围的；

（四）对查封、扣押的财物不履行监管职责，严重不负责任，造成毁损、灭失的，但依法交由有关单位、个人负责保管的情形除外；

（五）变卖财产未由合法评估机构估价，或者应当拍卖而未依法拍卖，强行将财物变卖给他人的；

（六）违反法律规定的其他情形。

第四条　对判决、裁定及其他生效法律文书执行错误，是指对已经发生法律效力的判决、裁定、民事制裁决定、调解、支付令、仲裁裁决、具有强制执

行效力的公证债权文书以及行政处罚、处理决定等执行错误。包括下列行为：

（一）执行尚未发生法律效力的判决、裁定、民事制裁决定等法律文书的；

（二）违反法律规定先予执行的；

（三）违法执行案外人财产且无法执行回转的；

（四）明显超过申请数额、范围执行且无法执行回转的；

（五）执行过程中，对查封、扣押的财产不履行监管职责，严重不负责任，造成财物毁损、灭失的；

（六）执行过程中，变卖财物未由合法评估机构估价，或者应当拍卖而未依法拍卖，强行将财物变卖给他人的；

（七）违反法律规定的其他情形。

第五条 人民法院及其工作人员在民事、行政诉讼或者执行过程中，以殴打或者唆使他人以殴打等暴力行为，或者违法使用武器、警械，造成公民身体伤害、死亡的，应当比照国家赔偿法第十五条第（四）项、第（五）项规定予以赔偿。

第六条 人民法院及其工作人员在民事、行政诉讼或者执行过程中，具有本解释第二条至第五条规定情形，造成损害的，应当承担直接损失的赔偿责任。

因多种原因造成的损害，只赔偿因违法侵权行为所造成的直接损失。

第七条 根据国家赔偿法第十七条、第三十一条的规定，具有下列情形之一的，国家不承担赔偿责任：

（一）因申请人申请保全有错误造成损害的；

（二）因申请人提供的执行标的物有错误造成损害的；

（三）人民法院工作人员与行使职权无关的个人行为；

（四）属于民事诉讼法第二百一十四条规定情形的；

（五）被保全人、被执行人，或者人民法院依法指定的保管人员违法动用、隐匿、毁损、转移、变卖人民法院已经保全的财产的；

（六）因不可抗力造成损害后果的；

（七）依法不应由国家承担赔偿责任的其他情形。

第八条 申请民事、行政诉讼中司法赔偿的，违法行使职权的行为应当先经依法确认。

申请确认的，应当先向侵权的人民法院提出。

人民法院应自受理确认申请之日起两个月内依照相应程序作出裁决或相关

的决定。

申请人对确认裁定或者决定不服或者侵权的人民法院逾期不予确认的，申请人可以向其上一级人民法院申诉。

第九条 未经依法确认直接向人民法院赔偿委员会申请作出赔偿决定的，人民法院赔偿委员会不予受理。

第十条 经依法确认有本解释第二条至第五条规定情形之一的，赔偿请求人可依法向侵权的人民法院提出赔偿申请，人民法院应当受理。人民法院逾期不作决定的，赔偿请求人可以向其上一级人民法院赔偿委员会申请作出赔偿决定。

第十一条 民事、行政诉讼中司法赔偿的赔偿方式主要为支付赔偿金。包括：支付侵犯人身自由权、生命健康权的赔偿金；财产损坏的，赔偿修复所需费用；财产灭失的，按侵权行为发生时当地市场价格予以赔偿；财产已拍卖的，给付拍卖所得的价款；财产已变卖的，按合法评估机构的估价赔偿；造成其他损害的，赔偿直接损失。

能够返还财产或者恢复原状的，予以返还财产或者恢复原状。包括：解除查封、扣押、冻结；返还财产、恢复原状；退还罚款、罚没财物。

第十二条 国家赔偿法第二十八条第（七）项规定的直接损失包括下列情形：

（一）保全、执行过程中造成财物灭失、毁损、霉变、腐烂等损坏的；

（二）违法使用保全、执行的财物造成损坏的；

（三）保全的财产系国家批准的金融机构贷款的，当事人应支付的该贷款借贷状态下的贷款利息。执行上述款项的，贷款本金及当事人应支付的该贷款借贷状态下的贷款利息；

（四）保全、执行造成停产停业的，停产停业期间的职工工资、税金、水电费等必要的经常性费用；

（五）法律规定的其他直接损失。

第十三条 违法采取司法拘留措施的，按国家赔偿法第二十六条规定予以赔偿。

造成受害人名誉权、荣誉权损害的，按照国家赔偿法第三十条规定，在侵权行为影响的范围内，为受害人消除影响、恢复名誉、赔礼道歉。

第十四条 人民法院赔偿委员会在审理侦查、检察、监狱管理机关及其工作人员违法行使职权侵犯公民财产权造成损害的赔偿案件时，可参照本解释的有关规定办理。

主要参考书目

1. 曹竞辉著:《国家赔偿法之理论与实务》，台湾新文丰出版公司 1981 年版。

2. 刘春堂著:《国家赔偿法》，台湾三民书局 1982 年版。

3. 曹竞辉著:《国家赔偿实用》，台湾五南图书出版公司 1984 年版。

4. 王名扬著:《英国行政法》，中国政法大学出版社 1987 年版。

5. 王名扬著:《法国行政法》，中国政法大学出版社 1989 年版。

6. 林准、马原主编:《国家赔偿问题研究》，人民法院出版社 1992 年版。

7. 林准、马原主编:《中国现实国家赔偿制度》，人民法院出版社 1992 年版。

8. 周汉华、何峻著:《外国国家赔偿制度比较》，警官教育出版社 1992 年版。

9. 肖峋著:《中华人民共和国国家赔偿的理论与实用指南》，中国民主法制出版社 1994 年版。

10. 马怀德著:《国家赔偿法的理论与实务》，中国法制出版社 1994 年版。

11. 王盼主编:《国家赔偿法学》，中国政法大学出版社 1994 年版。

12. 张树义主编:《国家赔偿法适用手册》，法律出版社 1994 年版。

13. 应松年主编:《国家赔偿法研究》，法律出版社 1995 年版。

14. 刘善春主编:《国家赔偿法条文释义与案例分析》，中国政法大学出版社 1995 年版。

15. 皮纯协、冯军主编:《国家赔偿法释论》，中国法制出版社 1996 年版。

16. 吴庚著:《行政法之理论与实用》，台湾三民书局 1996 年（增订第 3 版)。

17. 张正钊主编:《国家赔偿制度研究》，中国人民大学出版社 1996 年版。

18. 王利明著:《侵权行为法归责原则研究》，中国政法大学出版社 1997 年版。

19. 薛刚凌著:《国家赔偿法教程》，中国政法大学出版社 1997 年版。

20. 皮纯协、何寿生编著:《比较国家赔偿法》,中国法制出版社 1998 年版。

21. 刘士国著:《现代侵权损害赔偿研究》,法律出版社 1998 年版。

22. 房绍坤、丁乐超、苗生明著:《国家赔偿法原理与实务》,北京大学出版社 1998 年版。

23. 高家伟著:《国家赔偿法》,工商出版社 2000 年版。

24. 张步洪著:《国家赔偿法判解与应用》,中国法制出版社 2000 年版。

25. 刘静仑著:《比较国家赔偿法》,群众出版社 2001 年版。

26. 马怀德主编:《国家赔偿法学》,中国政法大学出版社 2001 年版。

27. 陈春龙著:《中国司法赔偿实务操作与理论探讨》,法律出版社 2002 年版。

28. 石均正主编:《国家赔偿法教程》,中国人民公安大学出版社 2003 年版。

29. 张雪林等著:《刑事赔偿的原理与执法实务》,北京大学出版社 2003 年版。

30. 房绍坤、毕可志编著:《国家赔偿法学》,北京大学出版社 2004 年版。

31. 高家伟著:《国家赔偿法》,商务印书馆 2004 年版。

32. 姜明安主编:《行政法与行政诉讼法》(第二版),北京大学出版社、高等教育出版社 2005 年版。

33. 杨小君著:《国家赔偿法律问题研究》,北京大学出版社 2005 年版。

34. 刘嗣元、石佑启编著:《国家赔偿法要论》,北京大学出版社 2005 年版。

35. 马怀德主编:《国家赔偿问题研究》,法律出版社 2006 年版。

36. 张红著:《司法赔偿研究》,北京大学出版社 2007 年版。

37. 中国法制出版社编:《国家赔偿法新解读》,中国法制出版社 2008 年版。

38. 周友军、马锦亮著:《国家赔偿法教程》,中国人民大学出版社 2008 年版。

39. 马怀德主编:《完善国家赔偿立法基本问题研究》,北京大学出版社 2008 年版。

40. 江必新主编:《〈中华人民共和国国家赔偿法〉条文理解与适用》,人民法院出版社 2010 年版。

后　记

1994年5月12日，第八届全国人民代表大会常务委员会第七次会议通过了《中华人民共和国国家赔偿法》，并于1995年1月1日起实施。这标志着我国国家赔偿制度的正式确立，是我国民主法制建设的一个重要里程碑。《国家赔偿法》的颁布实施，对于保护公民、法人和其他组织依法取得国家赔偿的权利，促进国家机关及其工作人员依法行使职权，化解矛盾纠纷，维护社会和谐稳定，具有重要意义。与此同时，《国家赔偿法》在实施中也暴露出诸多不尽如人意之处。为了适应经济社会发展的需要，2010年4月29日，十一届全国人大常委会第十四次会议表决通过了《全国人民代表大会常务委员会关于修改〈中华人民共和国国家赔偿法〉的决定》，该决定自2010年12月1日起施行。此次修改虽然未能一步到位，但仍是对我国国家赔偿制度的一次重大完善。

我们在总结自己教学与研究的一些心得体会、借鉴国内外有关研究成果的基础上，结合新《国家赔偿法》的具体规定，撰写了这本《国家赔偿法新论》。全书对国家赔偿法的基本原理和主要制度作了较为全面、深入地阐述和分析，力求反映国家赔偿法理论研究和制度建设的最新成果，并对一些热点和前沿问题进行了思考与探索，既体现了理论的系统性，又注重对实践的指导作用。本书适合于高等院校师生、有关研究人员和各级各类公务员阅读使用。

本书撰写的分工如下：

石佑启：第一、九章；

刘嗣元：第三、四章；

朱最新：第二、七、八章；

杨　桦：第五、六章。

初稿完成后，由石佑启、朱最新统一作了整理、审定。

本书写作所使用的有关法律、法规等文件资料截止于2010年6月。写作过程中参考了同行学者的有关论著，武汉大学出版社对本书的出版给予了大力支持，在此一并致以诚挚的谢意！

由于水平所限，书中错误和疏漏之处难免，恳请读者批评指正，以便于我们今后对该书进行修改和完善。

作　者

2010 年 8 月于广州